"新常态 新趋势 新探索"丛书

广东适应引领新常态研究

Research of Adaptation and Steering the New Normal of Guangdong

汪一洋★主编

南方日报出版社
NANFANG DAILY PRESS
中国·广州

图书在版编目（CIP）数据

广东适应引领新常态研究 / 汪一洋主编. — 广州 :南方日报出版社，2017.4
（“新常态　新趋势　新探索”丛书）
ISBN 978-7-5491-1592-1

Ⅰ. ①广… Ⅱ. ①汪… Ⅲ. ①区域经济发展－研究－广东 Ⅳ. ①F127.65

中国版本图书馆CIP数据核字(2017)第051361号

GUANGDONG SHIYING YINLING XINCHANGTAI YANJIU
广东适应引领新常态研究

主　　编：汪一洋
出版发行：南方日报出版社
地　　址：广州市广州大道中289号
出 版 人：周洪威
出版统筹：周山丹
责任编辑：陈盈璐
装帧设计：邓晓童
责任技编：王　兰
责任校对：阮昌汉
经　　销：全国新华书店
印　　刷：广东信源彩色印务有限公司
开　　本：787mm×1092mm　1/16
印　　张：25.75
字　　数：494.4千字
版　　次：2017年4月第1版
印　　次：2017年4月第1次印刷
定　　价：85.00元

投稿热线：（020）87373998-8503　读者热线：（020）87373998-8502

网址：http://www.nanfangdaily.com.cn/press　http://www.southcn.com/ebook

《广东适应引领新常态研究》编委会

主　编：汪一洋

副主编：李鲁云　李惠武　陈圣河

　　　　李晓辉　谭炳才　田晓霞

执笔人：（以姓氏笔划排列）

马占亚　王余靖　孔祥勤　叶　彤　宁雪兰　朱　荃　朱　洁

任红伟　刘方舟　刘培培　刘慧琳　孙英翘　李　哲　李　潇

李经纬　李鲁云　杨广丽　杨文婷　杨鹏飞　吴唐生　张　帅

张　燕　张冬霞　张良亮　陈彦玲　陈智颖　邵　帅　郁宏辉

岳亚兰　冼　频　康念福　梁婷婷　谢归鸿　蔡祖顺　谭炳才

总序

践行“三为”服务
努力建设地方一流智库

汪一洋

广东省政府发展研究中心近年来认真贯彻中央《关于加强中国特色新型智库建设的意见》和广东省委《关于加强广东新型智库建设的意见》，开展了一系列的探索和实践。按照新型智库的要求，确立了“三为”服务的工作方针，即为省委省政府决策服务、为省领导服务、为基层社会服务，深入调查研究，致力改革创新，先后参与起草了《中共广东省委广东省人民政府关于进一步促进粤东西北地区振兴发展的决定》等一批具有重要影响力的政策文件，深入开展了广东经济转型升级、广东创新驱动发展战略、“一带一路”广东国际枢纽大通道建设、广东适应引领新常态、广东供给侧结构性改革、广东国资国企改革、新型城镇化、广东民生发展“补短板”、“三农”和扶贫开发等重大问题研究，完成了一批具有较高水平的研究成果，许多研究成果转化为省委省政府的重要决策。省政府决策咨询顾问委员会运转良好，每年举行的“省长与专家座谈会”得到省领导充分肯定，智库作用得到较好发挥。在2017年全国100多家地方智库评价排名中，广东省政府发展研究中心名列第7位，跻身国内地方智库前列。

按照“三为”服务的要求，围绕广东省委省政府的重大决策部署，2015年，时任广东省委常委、常务副省长徐少华同志要求我们迅速组织研究力量，在适应引领新常态、创新驱动发展、产业转型升级、“一带一路”和自贸区建设、基层社会治理、现代农业等9大领域开展专题研究。经过一年多努力，形成了一系列质量高、影响力大的研究成果，通过决策建议、领导批示、成果发布等多种方式，对广东经济社会发展产生了积极的推动作用。

为提升新型智库品牌，进一步扩大系列研究成果的社会影响力，我们决定将近年来部分重要研究成果进行汇编，以“新常态 新趋势 新探索”系列丛书形式公开出版发行。其中《广东适应引领新常态研究》主要收录2015年广东省政府发展研究中心关于新常态下广东经济社会发展若干重大问题研究的系列成果，分为经济提质增效篇、产业转型升级篇、金融改革创新篇等9个篇章；《广东实施创新驱动发展战略研究》主要收录近两年来的创新发展相关研究成果，包括体制创新、企业创新、模式创新、实践创新及国外创新借鉴；《广东参与“一带一路”战略研究》包括对外区域合作、企业“走出去”、自贸区建设等内容；《2014年广东发展研究奖优秀成果选编》及《2015年广东发展研究奖优秀成果选编》，分别收录由广东发展研究奖评委会从全省众多决策咨询机构报送的研究成果中评选出的2014、2015两个年度的获奖研究成果。

本系列丛书选题紧扣时代热点、主题鲜明突出，从实践中来到实践中去，主要有四大共性特点。

一是注重理论与实践的创新性。丛书注重问题导向，在理论构建和案例选取上均有较大力度的创新，将理论创新与广东实践紧密结合，重在解决广东问题。如在对广东资本有机构成变动趋势的研究中，创新性地将资本有机构成理论与“机器代人”和智能制造进行有机结合，使报告既有理论支撑，又能落到实处；在研究珠三角重大项目的经济发展和转型升级支撑功用中，创新性地设计了财政资金放大效应等五大转型升级指标并相应赋值，开创了这一领域定量分析的先河。对供给侧结构性改革、珠三角自创区建设的研究，均在一定的理论基础上，充分结合广东实际进行了创新。通过赴国内外实地调研，提升出具有创新性的成功案例、发展模式，如创新国度的“以色列模式”、创新引领的“深圳模式”、转型升级的“东莞模式”、国企改革的“广州模式”、政府公共资源市场化配置改革的“佛山模式”、基层社会治理的“清远模式”与“云浮模式”等。

二是注重适度超前研究的前瞻性。丛书注重对未来经济发展和政策取向的分析研判。如进入经济新常态以来，研究报告从“十二五”时期三大需求变动对广东经济增长影响的分析研判入手，利用经济学模型预测了广东未来十年经济的潜在增长率，并对广东转型升级的阶段作了预见性分析，认为转型升级的“拐点”还未出现，转型升级仍是未来3—5年的主攻方向。这种前瞻性研究对广东提前布局今后工作有重要的参考价值。

三是注重协调发展的综合性。丛书除经济领域外，在文化、生态、社会等多个方面均作了较多的研究。如文化建设方面，提出从推动文化创意与科技深度融合、与新型城镇化发展融合等方式，培育壮大文化产业新业态；生态文明建设方面，剖析生态环境法治保护的案例，提出着力加强面源污染治理，把生态优势转化为经济优势；农村基层治理方面，提出要在农村基层治理取得重大突破，推进城乡同治，重多元主体共建，重制度激活创新，重群众参与共享；民生补短板方面，着重从促进基本公共服务均等化、提高底线民生保障水平等方面提出对策建议。

四是具有全球化视野的开放性。丛书以经济全球化和区域经济一体化的视野，研究广东与世界、区域经济贸易的合作发展，尤其是重点关注“一带一路”合作、广东自贸区创新建设的研究。如广东参与21世纪海上丝绸之路建设研究，广东陆上大通道枢纽建设研究，多项研究成果已转化为省委、省政府的重大决策。同时，从对接全球自贸区发展趋势、参与打造“中国－东盟自贸区升级版”等角度，形成了系列自贸区改革创新的研究报告。在外经贸方面，有针对性地研究美资、德资的“优进”问题及粤港澳全面合作，涉及内容十分广泛。

广东省委省政府高度重视省发展研究中心的工作，充分肯定中心为省委省政府决策发挥的重要作用。近三年来，各类研究成果和文稿获得省领导批示200多件和400多人次，一系列具有较高决策价值的研究成果，转化为推动广东经济社会发展的政策举措。省委省政府领导对我们工作多次批示鼓励并提出殷切期望，激发了研究人员和全体干部职工的创造力和进取心，在省直绩效考核中，省发展研究中心2014、2015连续两年被评为一等奖，新型智库的凝聚力战斗力不断增强。

展望未来，我们充满信心。我们要继续提高研究水平和研究质量，扩大研究成果的效用和社会影响力，全力打造地方一流智库品牌，将成果出版作为智库建设的常态化机制，让智库研究成果惠及更多社会大众，为广东率先全面建成小康社会和率先基本实现现代化贡献智慧和力量。

二〇一七年二月十六日

目录 CONTENTS

第一篇 经济提质增效

第二篇 产业转型升级

第三篇　金融改革创新

第四篇　服务消费升级

第五篇　大众创业

第六篇　对外开放

第七篇　社会安全

第八篇　基层社会治理

第九篇　建设现代农业强省

第一篇
经济提质增效

JINGJI TIZHI
ZENGXIAO

新常态下广东经济发展提质增效研究报告

经济发展提质增效是广东增创未来发展新优势、实现“双中高”发展的重要前提和保障。中央经济工作会议提出“认识新常态、适应新常态、引领新常态，是当前和今后一个时期我国经济发展的大逻辑”；习近平总书记多次强调了中国经济提质增效升级的重要性，为我国经济保持平稳健康发展进一步指明了方向。广东作为先于全国进入经济发展新常态的经济大省，在“三期叠加”阶段，应当坚持改革创新，进一步认识、适应和引领新常态，通过经济发展提质增效打造珠三角和粤东西北两大增长极，为全国稳增长、调结构发挥两大支撑作用，加快实现“三个定位、两个率先”。广东省政府发展研究中心课题组在深入省内外调研、座谈和分析研判的基础上，形成了本研究报告。

一、新常态下广东经济发展的新趋向新特征

在中国经济进入“速度变化、结构优化、动力转化”的新常态下，广东经济社会发展趋向虽基本与全国相同，但也呈现以下新趋向新特征。

（一）广东经济先于全国进入新常态，主动认识和适应新常态也较早

2014 年以来，世界经济处于深度调整阶段，国内“三期叠加”对经济的影响继续加深，经济增速降至24 年来低点，全国30 个省区市均未完成预期增长目标，2015 年经济下行压力不减。而广东由于进入新常态早，遇到问题早，解决问题也早，已度过“三期叠加”最困难时期。速度变化早，1979—2008 年，广东经济年均增长 13.7%，2009—2014 年年均增长 9.4%，自 2012 年起经济已转入个位数增长，保持了略高于全国的中高速增长水平。结构调整早，自 2008 年国际金融危机以来，广东就以主动调结构倒逼产业加快转型升级，率先实施产业和劳动力“双转移”、建设现代产业体系，初步形成现代服务业和先进制造业“双轮驱动”的产业结构。动力转换早，2008 年提出了建设创新型广东战略，大力提升企业自主创新能力，率先建立省部、省院产学研合作机制，科技创新对经济增长的贡献率明显提高，应对新常态下广东经济运行中的问题和困难时更为从容淡定。

（二）经济增长的传统动力减退，新需求、新动力、新模式加快形成

广东以投资和生产要素拉动经济增长的动力逐渐弱化，模仿性、排浪式的传统消费

发展空间相对饱和。与此同时，以公共产品服务为重点的新引擎出现。高铁、高速公路、空港海港、能源电力等现代基础设施建设，城乡供电、供水、供气，治污以及防灾减灾等公用事业呈现巨大发展空间。以服务消费为核心的新需求快速增长。信息消费、网购消费方兴未艾，发展型、享受型消费所带来的文化教育、休闲娱乐、养老家政健康等服务消费需求快速增加，“商品+服务”双轮驱动消费增长。以“互联网+”为代表的新模式加速形成。“互联网+”带来消费模式颠覆性变革，基于大数据、云计算、物联网、O2O的个性化、多样化、便利化、品质化消费将成为主流，推动消费结构加快升级。

（三）传统行业产能过剩，新技术、新产业、新业态快速涌现

广东传统产业和高耗能、高污染、资源型行业产能过剩，产能利用率处于75%以下的较低水平。作为全国制造业大省，以工业4.0为特征的智能制造快速崛起，正广泛应用于工业制造、船舶、先进轨道交通、航天航空领域，3D打印、机器人、智能装备、智能交通、智能家居、智能穿戴产业快速兴起。制造业定制化、服务化趋向明显。面向制造业的互联网金融、电子商务、数字化设计、现代物流等高端生产性服务业快速发展，有力推动制造业服务化、服务业高端化，引领产业发展的“智高点”。

（四）经济发展日益受到要素资源制约，创新驱动成为发展新引擎

新技术革命在全球兴起，创新成为广东未来发展的关键所在。技术创新推动广东在移动互联网关键技术与器件、增材制造、机器人、分布式能源、智能电网等关键核心技术研发上形成优势，有可能与全球站在同一起跑线甚至走在创新的最前沿。组织方式创新促进企业适应市场需求的多元化趋势，小型化、个性化、专业化、智能化生产成为企业组织形式的新特征。商业模式创新促进电子商务加快提升传统制造和传统服务，广东以腾讯、魅族、唯品会、维尚家居等“互联网+”企业为代表的个性化、定制化生产和服务，催生出更多的新商业模式。

（五）珠三角带动全省发展动力依然强劲，粤东西北正加快形成“新的经济增长极”

珠三角地区仍是广东经济增长的主要发动机，加快珠三角一体化和实现九年大跨越将不断提升其辐射带动能力。粤东西北地区通过构建快速交通网络、中心城区扩容提质、产业园区提速增效三大抓手，加速发展12市经济，振兴发展的势头很好。广东经济发展正由珠三角单极带动转向珠三角与粤东西北双极带动，“两大发动机”将共同支撑广东经济长远发展。

二、广东经济提质增效的主要成效

近年来，省委、省政府准确把握广东经济发展态势，带领全省主动认识和适应新常

态，沉着应对经济下行压力，坚持改革创新，注重精准调控，着力稳增长、调结构、促改革、惠民生，广东经济呈现稳中向好的发展态势，增长的质量效益不断提升，支撑经济发展的动力不断加强。

（一）经济运行稳中提质，为全国稳增长提供了支撑

呈现出“四稳”亮点：一是经济增长稳中有进。2014 年至 2015 年，保持了经济增速略高于全国平均水平的态势。2015 年上半年广东 GDP 达 3.4 万亿元，同比增长 7.7%，比一季度提高 0.5 个百分点，高于全国 0.7 个百分点，继续保持了第一经济大省地位。二是发展质量效益稳步提升。2015 年上半年，全省一般公共预算收入 4612.56 亿元，同比增长 11.9%，增幅高于全国地方平均水平 7 个百分点且含金量高，税收收入占比达 80%。物价涨幅低位回稳，城乡居民收入跑赢 GDP 增速；大众创业就业状况良好，全省城镇新增就业 83.1 万人，完成年度计划近七成。上半年全省规模以上工业企业实现利润 3020.87 亿元，同比增长 7.5%，比一季度提高 7.0 个百分点；高于全国地方平均水平 8.2 个百分点，产成品库存增速比一季度回落 3.8 个百分点。三是全社会劳动生产率稳步提高。2014 年广东全员劳动生产率上升到 11.03 万元/人，同比增长 8%。四是能耗水平稳步下降。2014 年全省单位 GDP 能耗同比下降 3.4%；2015 年上半年下降 5.66%，单位工业增加值能耗同比下降 10.4%。

（二）创新驱动成效显现，经济结构持续优化升级

全省区域创新能力综合排名连续 7 年位居全国第二，申报并获评审的国家高新技术企业超过 2500 家，以深圳、广州为代表的珠三角地区自主创新的示范作用突出。经济结构呈现“五优化”：一是产业结构优化。2012 年以来广东服务业增加值对 GDP 贡献率首次超过二产，形成了“三二一”的产业排序；2015 年上半年，三次产业比重优化为4.1：47.1：48.9，第三产业对经济增长的贡献率达 52.2%，现代服务业增加值占服务业比重达 59%；先进制造业增加值占规模以上工业比重提高到 48.1%，珠三角产业结构呈现出高端化、智能化、服务化趋向。二是需求结构优化。2014 年，全省消费对经济增长的贡献率为 50.49%，投资和净出口的贡献率分别为 49.3%、0.3%，形成了消费、投资、出口拉动经济增长的新格局。三是投资结构优化。2015 年上半年，全社会固定资产投资 1.2 万亿元，同比增长 17.3%，高于全国 5.9 个百分点。其中工业投资增长 23.5%，高技术制造业投资增长 46.8%，工业技改投资增长 80.1%；基础设施投资增长 14.2%。四是进出口结构优化。2015 年上半年，体现外贸自主发展能力的一般贸易进出口突破 1 万亿元，增长 5%，占全省比重提高到 43.4%；服务贸易占比提高到 10.7%；对“海丝”沿路重点 14 国进出口增长 11.5%；23 家外贸综合服务试点企业出口增长 44.5%。五是区域结构优化。2013 年以来，粤东西北地区的 GDP、工业增加值、投资、消费和财政收入等指标增幅均高于全省和珠三角地区，区域发展差异系数缩小为 0.698，区域发展协调性增强。

（三）新业态、新消费热点蓬勃兴起，对经济增长的支撑作用突显

城乡市场消费保持增长，新兴消费规模扩大。一是智能化新业态迅猛发展。2015年上半年，全省机器人制造企业同比增长1倍，达120家。深圳、广州、佛山、东莞工业机器人、3D打印等智能产业制造和应用已形成规模，佛山拥有322家智能制造企业，智能制造产值超1000亿元。东莞传统产业“机器换人”使规模以上工业企业全员劳动生产率提升了17%，企业用工减少6.8%。二是网络消费亮点纷呈。2014年，全省电子商务交易额达2.63万亿元，占全国1/5以上；2015年上半年，限上批零企业网上零售额364.11亿元，同比增长52%，拉动消费增长1.1个百分点，带动快递业大幅增长50.8%。2014年，广东信息消费规模占全国1/4以上，2015年上半年达4100亿元。三是服务消费增速加快。高铁经济拉动了旅游出行消费，2015年上半年，广东高铁客运量5621万人，增长52%，占铁路总量比重达43.3%。健康、家政、养老、文娱、体育等新型服务消费快速增长。

（四）重大项目建设和淘汰落后产能成效显著，投入产出率不断提高

一是重大项目投入产出效用高。珠三角“四年大发展”46个重大项目已建成投产，新增固定资产1848.1亿元，固定资产形成率为76.1%；新增GDP 1060.6亿元，平均每个项目新增23.1亿元；形成产值或营业收入1959.1亿元，投入产出率为81%；新增税收62.7亿元；带动直接就业约10.7万人。二是金融科技产业“三融合”提高了资金使用效率。全省已形成金融科技产业融合区9个。2014年，全省金融总资产19.6万亿元，实现社会融资规模达1.32万亿元，境内上市公司406家，均居全国首位；全省股权交易中心挂牌企业8108家，新三板挂牌企业数270家，居全国第二位。2015年上半年，金融业增加值同比增长23.6%，占GDP比重8.39%，对经济增长贡献率达18.2%，均创历史之最。三是“三旧”改造提高了土地产出率。2014年全省共投入改造资金1642亿元，完成改造面积4.22万亩，节地率超过45%，当年实现产值比改造前增长9倍。四是淘汰落后产能提高了资源利用率。2015年上半年，全省制造业5大高耗能产业中3个增速大幅回落；完成电机能效提升917万千瓦，注塑机改造8088台，可实现年节电45.85亿度。

（五）深化重点领域和关键环节改革，经济发展活力不断增强

一是简政放权提高企业经营效率。省级政府各部门已实施权责清单管理，对企业投资已实施负面清单管理，企业投资项目实现网上备案管理，办结时间从200天缩减至当天。二是商事登记改革激发市场主体活力。实施“零门槛”“零首付”改革创新商事登记制度，企业享受“先照后证”，前置审批事项缩减82%。2015年上半年，全省新登记注册市场主体67.7万户，市场主体总量达715.44万户，约占全国1/10。三是混合制改革壮大国企民企实力。省属国企50家体制机制创新试点企业改革成效明显，一批混合

制企业实现优势互补、共同发展。2014 年全省国企进入中国企业 500 强有 16 家，资产超千亿企业 15 家，营业收入超千亿企业 2 家。2015 年上半年全省国企资产总额和实现利润均保持了两位数以上增长。2014 年，全省进入中国民营企业 500 强的民企有 23 家。2015 年上半年，民间投资同比增长 19.5%，占全省总投资比重为 59.7%，拉动全省投资增长 11 个百分点。

三、广东经济提质增效的目标及几点研判

实现经济提质增效升级是广东当前和未来可持续发展的关键，是不得不过的关坎，"等不得、熬不得，只能主动调、主动转"。广东已经打响了转型升级的持久战，未来五年必须打赢提质增效的攻坚战，当好全国改革开放的排头兵。

（一）"十三五"时期广东经济提质增效的主要目标

——经济保持中高速增长，率先全面建成小康社会。"十三五"时期，全省经济实力进一步增强，GDP 年均增长 7% 以上，到 2020 年实现国内生产总值和城乡居民人均收入比 2010 年翻一番。珠三角在转型升级中优化发展，率先基本实现现代化；粤东西北实现振兴发展，12 市人均 GDP 如期达到全国平均水平，全面建成小康社会。

——产业结构中高端发展，建立起现代产业体系。到 2020 年，全省产业实现转型升级，企业综合实力和竞争力明显提升。"三二一"排序的产业结构进一步优化，现代服务业占服务业比重、先进制造业占工业比重达到中等发达国家先进水平，制造业数字化、网络化、智能化取得明显进展，珠江西岸先进装备制造产业带建设加快，珠江东岸电子信息产业带和粤东西北产业园区发展质量提升，形成产业结构高级化、产业发展集聚化、产业水平国际化、产业竞争力高端化的现代产业体系。

——实现创新驱动和消费驱动发展，形成"双轮驱动"的内生发展主动力。创新能力达到创新型国家地区标准，研发投入占 GDP 的 3% 以上，科技成果贡献率超过 70%，科技技术对外依存度低于 30%；企业成为自主创新主体，过半企业成为拥有自主知识产权、自主品牌和自有核心技术的"三自"企业，优势行业形成引领全球创新的能力。传统消费和新兴消费融合发展，信息、住房、绿色、旅游、家政健康养老等消费新业态发展壮大，多点支撑的消费格局基本形成，最终消费率达到中等发达国家水平。

——发展质量效益不断提升，经济增长潜力充分释放。财政税收与 GDP 保持同步增长；形成公平阳光、充分竞争、优胜劣汰的市场环境，各类企业实现利润、创造社会财富不断增加；全社会劳动生产率年递增 7% 以上，投资回报率、劳动生产率、土地产出率和资源配置效率达到国内先进水平。

——"五化"同步融合发展，形成全面协调可持续发展模式。新型工业化、新型城镇化、信息化、农业现代化和绿色化"五化"并举、融合发展。全省进入新型工业

化后期发展阶段，基本形成质量好、效益高、结构优、后劲足、用地省的新型工业发展道路。全省城镇化率达到73%左右，形成珠三角国际大都市圈为引领，汕潮揭同城化、湛茂阳都市区和粤北生态城为支撑，大中小城市协调互补的新型城镇化格局。高产优质高效农业生产体系和产供销一体化的服务体系全面完善，基本实现农业现代化。电子信息技术应用实现经济社会领域全覆盖，全省信息化总体达到中等发达国家水平，基本建成“智慧广东”。以生态经济、循环经济和低碳经济为主的绿色经济全面发展，形成绿色生产、生活、消费模式，资源节约型、环境友好型社会建设基本建成。

——基本实现公共服务均等化，发展成果惠及全体人民。城乡居民收入增速跑赢GDP，全省各市实现充分就业，失业率保持在3.5%以下。“大众创业、万众创新”成为发展新引擎，各市形成一批众创空间、创客空间。具有广东特色惠及全民的社会保障体系建成，底线民生保障水平位居全国前列，全省实现基本公共服务均等化。

（二）对实现提质增效目标的几点研判

实现上述目标广东仍面临着严峻的挑战和较多的困难。基于目前复杂多变的国内外环境和广东经济运行状况分析，可作如下研判：

研判一：广东经济先于全国筑底回升，“十三五”期间经济潜在增长率将支撑全省中高速发展。目前，我国经济增速缓中趋稳，据国家发改委预测，“十三五”期间GDP潜在增长率将保持在年均6.5%以上。而广东经济早于全国进入新常态，提质增效升级不断提高经济增长的动力和“含金量”，2015年以来已完成增速减缓的“筑底期”，经济增长呈逐季上升态势，可望实现全年7.5%的预期增长目标。据省发改委预测，“十三五”期间广东经济潜在增长率将保持在年均7.2%左右，略高于全国平均水平，可率先实现“翻一番”目标。广东动力转换和支撑条件都将对未来五年7.2%的中高速增长提供基础和保障，关键要成为有质量、有效益、有后劲的增长。目前国际经济环境不确定性、复杂性加大，广东经济发展仍属速度效益型，随着经济增速减缓，实体经济特别是企业效益也大幅回落。因而“十三五”时期广东经济提质增效的着力点要放在稳实体经济、稳企业效益上，加快从速度效益型到质量效益型增长的转变。

研判二：“十三五”时期广东实现产业中高端发展的主导力量来自适应新常态早、转型升级早的地区；难点在于高度依赖资源和重化工业、转型升级难的地区。根据均值聚类和系统聚类法统计分析显示，深圳、广州、佛山、惠州、中山、东莞、珠海等珠三角7市自主创新力强，增长中高速、产业中高端基本形成，经济增长的质量和效益较高，将成为未来五年支撑广东经济“双中高”发展的主动力。韶关、河源、梅州、汕尾、阳江、云浮、潮州等7个高度依赖资源产业和重化工业的地级市，未来五年去产能化周期较长，资源型产业受市场价格波动影响大，转型升级的任务较重，将是全省提质增效的难点。区域经济分化本身是结构调整和新旧动力转换接替的体现，关键是要抓好转型再平衡，着重解决好这些地区转型升级的最难点，加快其提质增效的进程，确保广东全面实现“双中高”发展。

研判三：“十三五”时期各种风险隐患逐步显性化，“去四化”成效将关系广东经济提质增效的成败。一是制造业产能消化。自2012年以来，广东工业生产者出厂价格和购进价格指数连续38个月下降，成为1978年以来最长的下跌周期；CPI连续10个月处于“1时代”。2015年上半年工业通缩压力加大，石化、金属冶炼、钢铁、汽车等行业产能过剩，用电、产销、投资、利润等指标全面下降；有41.3%的企业产能利用率低于70%，其中16.6%的企业低于50%，拉低工业增长。解决全省产能过剩问题，是保持“十三五”工业中高速增长的重要前提。二是进出口扭转低迷化。外需持续低迷导致广东外贸进出口形势十分严峻，2014年广东外贸进出口同比下降1.4%，2015年上半年下降1.8%，全省13个市进出口负增长，且降幅均大于全省平均水平，导致工业出口增速连续4个月放缓，进出口对经济增长的贡献率连续2年小于1%。推动外贸进出口增长负转正，保持和巩固广东外贸大省地位和作用，将是“十三五”外经贸发展的重中之重。三是金融去杠杆化。金融脱媒现象加剧，目前大量银行信贷资金通过理财产品、伞形信托、P2P网贷平台等流入股市，杠杆化风险极大；影子银行底数不清，金融机构不良贷款率上升，广东57.6%的企业向各类融资机构融资不成功；部分地方政府融资平台负债量大，大部分企业负债率过高；部分市县行业联保贷款风险突出，全省P2P网贷问题平台占全国17%，风险隐患增多。“十三五”防范化解金融风险将是广东必须突出解决好的难点问题。四是环境去污染化。广东各地均面临较大的资源环境和生态恶化压力，2014年粤东西北地区12市除湛江、汕尾、云浮外PM2.5指标均不达标；珠三角土壤重金属污染率达28%，大气、水污染、垃圾围城现象突出。“十三五”时期广东强化“绿色化”，实现以低碳、循环为主导的绿色发展迫在眉睫。

研判四：“十三五”时期广东经济提质增效的潜力巨大，提高全社会劳动生产率是实现此目标最有效的途径之一。目前广东要素投入产出率仍然偏低。2014年全社会劳动生产率上升至11.03万元/人，但与江苏的差距由2009年的0.35万元/人进一步扩大为3.38万元/人；投资效果系数约0.21，低于北京的0.33和上海的0.24；土地产出率为3.45亿元/平方公里，低于上海、天津等地；资本回报率大大低于中等发达国家先进水平。“十三五”时期广东要实现提质增效目标，保持全国第一经济大省的地位，实现稳增长和调结构的再平衡，必须从供给入手，大力提高全社会劳动生产率。

四、广东经济实现提质增效的对策建议

未来五年是广东实现“两个率先”的关键时期，经济发展提质增效升级对广东保持第一经济大省的地位至关重要。必须紧紧围绕经济中高速增长、产业中高端水平的“双中高”目标，通过推动创新和消费的“双驱动”，打造大众创业、万众创新和扩大公共产品服务供给的“双引擎”，保持经济全面协调可持续发展，为全国稳增长和调结

构提供“双支撑”。

（一）适应新形势新变化，建立一套准确研判和科学衡量广东经济提质增效的指标体系

为确保实现全省经济提质增效目标，建议省政府组织省有关部门研究建立一套广东经济提质增效的可衡量、可评价、可考核的指标体系，以此倒逼各级政府着力提质增效。指标体系的一级指标可分为五大类：第一类是经济运行支撑，二级指标包括GDP、人均GDP、CPI、社会融资、金融机构存贷款、PMI、发电量、货运量等指标增长状况。第二类是经济发展质量，二级指标包括财税收入、企业利润、居民收入、就业、淘汰落后产能、去库存、节能减排等指标增长状况。第三类是经济运行效率，二级指标包括投入产出率、投资效果系数、全员劳动生产率、土地产出率、劳动生产率、资源配置效率等指标变化状况。第四类是经济结构优化，二级指标包括三次产业结构比例、最终消费与资本形成比例、新型城镇化率、区域发展差异系数等指标变化状况。第五类是产业转型升级，二级指标包括研发投入占GDP比重、第三产业增加值占GDP比重、先进制造业和战略性新兴产业占工业比重、现代服务业占服务业比重等指标。再根据各指标细化三级指标。通过指标体系衡量，推动各地做好提质增效的“加减乘除”，即：培育新增长点做加法，压减过剩产能做减法，全面推进体制机制创新做乘法，提高劳动生产率和投入产出率做除法，力争实现高质量的增长和后劲足的发展。

（二）把稳增长作为重中之重，多管齐下扩投资、稳效益

必须坚持发展是第一要务，时刻绷紧发展这根弦，不唯GDP、不去GDP，确保经济运行调速不减势、量增质更优，在提高质量效益前提下保持中高速发展，为全国稳增长作贡献。一是提高宏观调控的精准度、有效性。省有关部门和各级政府要加强新常态下宏观经济形势的监测、研判和预警，加强定向调控和相机调控，针对经济平稳、经济波动、经济下行三种态势分别建立“政策工具箱”，储备一批务实管用的政策预案，关键时打好政策组合拳。二是扩大有效投资，充分发挥投资对稳增长的关键作用。突出抓“四重”投资：扩大重大战略投资。重点投向“一带一路”和广东自贸区建设的重大项目，抓好东莞石龙、广州国际铁路货运枢纽、粤新欧国际物流大通道等重大项目建设，推动广东与海丝沿线国家和地区的投资合作。扩大重大基础设施投资。重点投向出省高铁、城际轨道交通、市县高速公路、重点水利枢纽、航港设施等，启动新一轮环保基础设施建设，加强清洁能源、污水处理和垃圾处理设施投资。加大重大产业项目投资。重点加快智能装备和先进制造业龙头项目、高新技术和战略性新兴产业项目、金融、电商等生产性服务业项目投资建设，力争全年推动5500家规上工业企业实施技改，保持工业投资增长的良好势头。加大重大民生项目投资。大力推进保障性住房特别是棚户区改造、农村和华侨农场危房改造。二是稳住企业效益，推动严重过剩行业减产转型。坚持把稳实体经济、稳企业效益放在突出位置抓。针对当前煤炭、石油、石化、钢铁、金属

冶炼五大行业产能过剩、各地为保增长均不愿主动压减的现状，建议省政府下决心对压过剩产能实行“问责制”，并采用“行政+市场”相结合的手段，对各市实行“等比例减产+配额可交易”的措施去产能，各市对严重过剩行业实行等比例减产10%，同时借鉴碳排放交易办法，允许减产配额公开市场交易，优胜劣汰。加快装备制造走出去，积极开展国际产能合作，促进去产能化。

（三）以创新驱动产业中高端发展，加快壮大新技术、新产业、新模式、新业态

坚持实施创新驱动核心战略，培育更多新的经济增长点。一是重点发展以智能制造为主导的新技术、新产业。制定实施“广东制造2025行动计划”，建设制造强省。提升珠江西岸先进装备制造产业带智能化水平，加快突破以机器人为重点的智能制造核心关键技术，打造完整的机器人制造产业链。三年内全省培育100家年产值超亿元的智能制造企业，形成4个产值规模超100亿元、国内领先的智能制造产业基地。推动2000家企业开展“机器换人”；建设一批智能工厂、数字化车间、自动化流水线，广泛开展工业机器人示范应用。二是大力发展“互联网+”为主流的新模式、新流程。加快企业由产品渐进式创新向商业模式创新转变，推动大数据、云计算、移动互联网与广东现代制造业结合、“线上”优势与“线下”制造优势相结合，支持传统制造企业引进应用数字化、网络化、智能化生产设备和技术，优化生产工艺流程，推进制造企业“上网”“触电”，由流水线向定制化转变、由生产性向服务性转变，抢占产业“智高点”。三是大力发展以“众创空间”为代表的新业态、新平台。在全省推广深圳、佛山“大众创业、万众创新”经验，利用“三旧”改造为众创空间等新型创新创业孵化机构和平台提供集中的、成本较低的运营场所，引导天使基金、风投基金、产业基金、融资担保机构扶持一批众创平台和孵化器，打造一批市场化、专业化、集成化、网络化的新型孵化平台，实现创新与创业、线上与线下、投资与孵化、资源整合与配置融合发展，激发全社会拥抱“创时代”。

（四）增强经济发展内生动力，提高最终消费的贡献率

把最终消费作为经济增长的重要引擎来抓，瞄准群众多样化需求，培育消费新热点。一是大力发展电商消费新热点，推动线上线下消费融合发展。加快全省网络信息技术与产品服务模式融合创新，支持O2O、B0C和C2M等电商新模式发展，打造“传统消费+互联网”等个人订制模式，推动个性化、多样化、定制化的网上消费需求发展壮大。实施宽带广东工程和光网城市工程，加快4G、移动互联网应用，扩大信息消费。加快电商向农村延伸，大力发展“淘宝村”和农村电商配送，推动农产品流通网上行。二是打造大众消费产业链，实现服务和商品消费双驱动。顺应从精英观光旅游向大众休闲旅游的转变，发展空港海港、高铁、自驾游经济，培育海陆空、山水景、农工商多样化的旅游新业态，拉动大众休闲旅游消费。适应广东老龄化社会的趋势，提供多元化、

个性化、高质量的养老、医疗、康复、养生、家政服务，培育壮大银发消费需求。三是利用自贸区运作优势，推动境外消费境内化。拓展跨境电子商务试点，建设跨境商务通关服务平台，打造跨境电商产业功能区，争取有条件的地市以旅游购物方式先行先试，在全省各大城市、机场、高铁站等增设自贸区进口商品免税体验店。

（五）打好全面深化改革攻坚战，为提质增效创造良好的外部环境

要彻底厘清政府与市场的边界，简政放权，优化服务，实现效益最大化和效率最优化。一是加快“三证合一”改革，提高市场准入效率。推广深圳经验，将原由工商、质监、税务部门办理的企业营业执照、机构代码证、税务登记证，改由工商部门统一办理，实行三证同发，最终实现“一照一号”的高效目标。二是通过“三张清单一张网”简政放权，提高政府行政效率。“十三五”期间，各级政府全面实施权责清单和监管清单，做到“法有授权必须为、法无授权不可为”；企业全面实施负面清单，做到“法无禁止即可为”，最大限度减少政府直接配置资源和行政干预。强化各级政府监督和服务的职能，健全省市县镇村五级网上办事大厅，提供优质高效的公共服务。三是深化公共资源市场化配置改革，提高市场配置效率。完善以省产权集团为核心的市场化综合型产权交易平台，建立省、市互联互通的公共资源统一交易市场，推动公共资源向各市场主体公平配置。进一步放宽政府定价管制，深化煤炭、天然气、电、水资源等价格市场化改革，建立反映市场供求关系、资源稀缺程度、环境损害成本的资源和资源性产品价格形成机制。四是深化“财政＋金融”投融资改革，提高资金使用效率。大力改革创新投融资方式，对全省建设回收周期长、投资大的重大基础设施项目，加快推广运用政府与社会资本合作（PPP）模式，制定实施广东PPP项目落地运作的配套法规规章，重点总结推广一批基础设施建设PPP模式的成功典型。发挥财政资金的放大效应，建立多形式的产业投资引导基金和股权投资母基金，优化增量。加快建设全省多层次资本市场，推进有条件的国企实现整体或主营业务上市，扶持高成长型、科技型中小企业进入创业板、中小板，加快建立广东地方OTC市场对接新三板转板机制，有效解决中小微企业融资难、融资贵问题。五是有效防范化解债务风险和金融风险，保持经济稳健发展。要用好国家2万亿地方政府债务置换政策，有效盘活存量资金，降低各级政府融资平台负债率，建立健全地方性政府债务预警和监管机制，形成财政资金“借用还”的良性循环。加快广东金融体制机制创新，强化广东地方金融监管职能、力量和手段，有效防范化解行业联保贷款风险、融资担保风险、互联网金融风险特别是P2P网贷平台恶意诈骗风险等。建立地方信贷风险补偿基金和风险处置基金，运用市场化方式有效处理地方突发金融事件和风险救助，坚决守住不发生系统性、区域性金融风险的底线。

建立准确研判和科学衡量广东经济发展提质增效的评价指标体系

广东经济先于全国进入新常态，速度变化、结构调整和动力转换较早，经济呈现出稳中向好的发展态势；“十三五”时期经济潜在增长率将支撑全省中高速增长，可望率先实现“两个翻番”目标，关键是要实现有质量、有效益、有后劲的增长。因此，加快从速度效益型转变为质量效益型增长，是广东“十三五”时期经济发展的重要任务。根据《新常态下广东经济发展提质增效研究报告》中提出的“建立一套准确研判和科学衡量广东经济发展提质增效的评价指标体系”的主要构想，课题组在深入调研全省各地经济发展的质量效益状况的基础上，研究设计了“广东经济发展提质增效评价指标体系”，供领导决策参考。同时，通过在实践运用中不断改进和完善，使之成为一套可考量、可评价、可考核的指标体系，以此倒逼各地着力提质增效，加快转变经济发展方式。

一、建立指标体系的主要原则

建立广东经济发展提质增效评价指标体系，旨在引导全省各地更加注重经济发展的质量效益，加快转向质量效益型增长。本体系中指标的选取主要基于以下三个原则：

（一）全面系统

对经济增长质量效益的评判，既要考虑总量和速度，也要突出质量效益；既要考虑投入产出的效果，也要突出经济结构的优化；既要考虑传统产业的新提升，也要突出新兴产业的新驱动；既要考虑经济数据上的连续性，也要突出重要指标的趋向变化；既要考虑民生福祉的改善，也要突出提质增效的体现。

（二）可比可得

对提质增效升级指标在保证全面性和代表性的同时，指标的选取应保证数据来源准确可靠、口径一致、便于对比、容易获得；既能够纵向观察广东经济增长的历史变化情况，也能够横向对比国内其他省份，从而对广东及各地的自身状况作出完整的判断。

（三）可考量可操作

每个领域可供选择的指标很多，但关键是要选取具有高度代表性的指标，指标不宜太繁多。通过代表性指标的显示，可衡量出各地经济发展质量效益和转型升级的大致状态及短板；通过指标体系的比较，可引导各地党政有针对性地采取有效政策举措，扬长补短，加快发展。

二、指标体系的构成设置

本指标体系包括一级指标和二级指标；一级指标分为五大类：第一类是经济运行支撑，第二类是经济运行质量，第三类是经济运行效率，第四类是经济结构优化，第五类是产业转型升级；下设35个二级指标；为便于统计评价不再设三级指标。具体详见下表：

表1　广东经济发展提质增效评价指标体系

一级指标	二级指标	单　位
经济运行支撑	GDP及增长率	亿元、%
	人均GDP及增长率	元、%
	金融机构本外币存贷款余额	亿元
	全社会用电量	亿千瓦时
	总货运量	万吨
	居民消费价格指数（CPI）	—
	制造业采购经理指数（PMI）	—
经济运行质量	地方一般公共预算收入及增长率	亿元、%
	税收占财政收入比重	%
	城乡居民人均可支配收入	元
	城镇新增就业人数	万人
	规模以上工业企业利润总额及增长率	亿元、%
	工业产成品存货增长率	%
	规上工业亏损企业占企业比重	%
	单位GDP能耗	吨标准煤/万元
	碳排放总量	万吨
经济运行效率	增加值率（投入产出率）	%
	全员劳动生产率	元/人
	投资效果系数	—
	土地产出率	%
	工业企业总资产贡献率	%
	民营经济增加值及增长率	亿元、%

续上表

一级指标	二级指标	单　位
经济结构优化	最终消费率	%
	资本形成率	%
	货物和服务净流出率	%
	三次产业比重	—
	三次产业拉动力	—
	区域差异系数	—
产业转型升级	现代服务业增加值占服务业增加值比重	%
	先进制造业增加值占规模以上工业增加值比重	%
	高技术制造业增加值占规模以上工业增加值比重	%
	研发投入占 GDP 比重	%
	金融业增加值占 GDP 比重	%
	电商交易额及增长率	亿元、%
	无线宽带网络覆盖率	%

三、指标体系的内涵诠释

本指标体系所选取的指标，均为广东统计年鉴和广东宏观经济监测月报中可查找的数据，体现了其规范性和权威性。

（一）经济运行支撑类

指标体系的第一大类为经济运行支撑，共选取 7 个二级指标，主要包含四个方面的内容：

1. GDP、人均 GDP 及其增长率。这两个指标反映了一个地区经济体量的大小及其发展趋势。

2. 制造业采购经理指数（PMI）、居民消费价格指数（CPI）。通过 PMI 从商业活动的角度，反映工业运行是处于繁荣上升，还是衰退下降；通过 CPI 从物价水平的增减，反映经济通胀、通缩状况，及对人民生活的影响。

3. 金融机构本外币存贷款余额。以这两个指标反映一个地区的资金丰缺情况和金融业的活跃程度，以及对实体经济的支撑状况。

4. 全社会用电量、总货运量。全社会用电量包含了产业、企业和居民用电，可反映出经济的景气度及对经济运行的支撑情况；用总货运量包括了海陆空等各种货运量，能客观反映出各个地区的交通运输状况，准确反映该地区的经济运行景气状况。

（二）经济运行质量类

指标体系的第二大类为经济运行质量，共选取9个二级指标，主要包含四个方面的内容：

1. 地方一般公共预算收入及增长率、税收占财政收入比重。这两个指标从财政收入的角度考察经济运行的质量，前者着眼点在财政收入增长好坏，后者则反映财政收入的含金量：对一个地方的财政收入而言，税收占比越高意味着企业盈利产生税收状况越好，经济发展处于良性循环中。

2. 城乡居民人均可支配收入、城镇新增就业人数。用这两个指标从个人收入和就业的角度考察经济运行的质量，更能够反映经济发展状况及企业优胜劣汰、社会各业兴旺的活力。由于存在隐性失业在统计上变化不明显的因素，因此，没有选用失业率作为评价指标。

3. 规模以上工业企业利润总额及增长率、产成品存货增长率、亏损企业占企业比重。这三个指标通过企业运营的盈亏情况来考察经济运行的质量。由于近年来中国的制造业企业存在严重的产能过剩情况，故指标体系纳入了工业产成品存货增长率这一指标来考察企业的去库存、去产能情况。

4. 单位GDP能耗、碳排放总量。这两个指标是从节能减排、低碳环保的角度考察全省各地不断淘汰落后产能、降低碳排放、提升经济增长质量状况，体现促进经济绿色发展是广东未来可持续发展的趋向。

（三）经济运行效率类

指标体系的第三大类为经济运行效率，共选取6个二级指标，主要包含四个方面的内容：

1. 增加值率。即GDP/总产出，反映单位总产出中所包含的新增价值。它是从宏观去度量一个地方投入产出效益及经济增长效率最具代表性的综合指标，通过该指标的变化趋势，反映判断广东转型升级所处的阶段和经济发展趋向，衡量经济运行的效率优劣。

2. 全员劳动生产率、投资效果系数、土地产出率。这三个指标可考察出各地劳动、固定资产投资以及土地三种要素的产出效果。选取土地产出率，是由于广东人多地少，人均建设用地不足0.46亩，珠三角部分城市的土地开发强度很高，通过用GDP与建设用地的比值来反映土地产出效率，更能反映广东节约用地的实际情况。

3. 工业企业总资产贡献率。即企业利润、税收和利息额/资产平均额，以这一指标评判企业资源的配置和资产增值效果，它反映出企业结构调整、转型升级的真实效果及效益状况。

4. 民营经济增加值及增长率。这一指标通过考察民营经济的发展情况来反映广东市场活力。民营经济是经济活动中不可或缺的重要组成部分，民营经济发展的好坏将直接影响当地经济社会健康持续发展。

（四）经济结构优化类

指标体系的第四大类为经济结构优化，共选取6个二级指标，主要包含三个方面的内容：

1. 最终消费率、资本形成率、货物和服务净流出率。这三个指标即由支出法统计的GDP构成，由此可以判断形成GDP的主要因素是消费、投资还是出口，从而反映出经济结构优化程度，经济增长主要依靠哪种因素拉动。

2. 三次产业比重、三次产业拉动力。以这两个指标考察出各地形成GDP的一、二、三产业结构，以及一、二、三产业增加值增值部分对GDP的真正拉动作用，也有助于评判全省产业结构调整的程度、当前所处的阶段及真正的升级效果。

3. 区域差异系数。这个指标反映了一个省份、区域中各个小区域间经济发展的差异情况。就广东而言，区域经济发展不平衡状况仍较突出，而东西两翼与山区与珠三角的经济实力差距较大。因此，通过地区差异系数变化反映区域发展的协调性，这对促进各地缩小贫富差距，实现珠三角与粤东西北地区的协调发展十分必要。

（五）产业转型升级类

指标体系的第五大类为产业转型升级，共选取7个二级指标，主要包含三个方面内容：

1. 现代服务业增加值占服务业增加值比重、先进制造业增加值占规模以上工业增加值比重、高技术制造业增加值占规模以上工业增加值比重。这三个指标分别从现代服务业、先进制造业和高技术制造业发展三方面评价产业转型升级向中高端发展的状况，通过此反映出全省产业优化的程度，也体现广东经济未来产业发展的导向。

2. 研发投入占GDP比重、金融业增加值占GDP比重。这两个指标从科技创新和金融创新的角度评价产业转型升级的状况。通过金融增加值占比反映金融业做大做强对实体经济发展和经济总量的重要支持；通过研发投入占比反映全省各地对自主创新的扶持力度及创新驱动发展的程度。

3. 电商交易额及增长率、无线宽带网络覆盖率。这两个指标是评价全省各地实施“中国制造2025”和“互联网+”行动计划催生的新业态、带来的产业新变化。用此反映大数据、互联网时代的无线城市、智能制造、O2O线上线下消费等新业态、新模式发展程度，也反映出产业中高端发展的趋向和程度，体现未来巨大的成长空间。

（六）其他注释

本指标体系没有对各项指标设置权重，主要是考虑到权重的设置存在较大的主观成分，加权的结果相比未加权的结果，对客观反映各地现状的公平性有限，并且有可能造成对评价结果的误判。同时，由于经济发展是动态和长期演进的，提质增效过程只有进行时，没有完成时。因此，本指标体系也有一个不断更新完善过程，将会在日后操作使用过程中根据实际情况适时增减，与时俱进。

广东21个地级以上市产业转型升级成效分析

加快产业转型升级是广东提升经济发展质量效益、实现“双中高”发展的关键，习近平总书记多次强调转型升级等不得、熬不得，也等不来、熬不起。经济新常态下，传统产业与新兴产业此消彼长、新旧增长动力转换接替已成为广东经济运行的重要特征。因此，我们必需从多视角深入分析产业发展的新变化，准确把握全省各地产业转型升级的程度和趋向，促进经济平稳健康发展。本文以统计数据为基础，通过定量定性分析比较，对21个地级以上市的产业转型升级程度进行了研判评价。

一、全省21个地级以上市产业转型升级情况比较

自2008年国际金融危机以来，广东省委省政府出台了一系列政策举措，主动调结构倒逼产业转型，推动现代产业迅猛发展。从全省看，广东产业结构优化成效明显，已逐步建立起产业竞争力较强的现代产业体系，进入了工业化中后期发展阶段。但从区域看，由于目前对转型升级缺少一套统计评价指标体系，从省委省政府到各地均难以衡量和准确把握21个地市产业转型升级的程度。为了全面掌握各市产业转型升级的程度和优劣，我们参考省委省政府出台的《关于加快建设现代产业体系的决定》等相关文件，以及省发展研究中心《新常态下广东经济发展提质增效研究报告》《突破转型升级“拐点”实现全面优化发展——广东转型升级拐点研究》和《珠三角重大项目对广东经济发展和转型升级的支撑作用与功能分析》等研究成果中提出的评价标准及数据，试从以下六大方面对21个地级以上市转型升级程度进行比较分析，为日后建立一套转型升级统计评价指标体系提供依据。

（一）产业发展规模与速度等情况比较

主要通过第二、三产业增加值及其在2008至2014年间的年均增长率等指标比较分析21个地市的产业发展规模与速度。

——第二产业方面：总量上看，规模最大的是深圳、广州、佛山。珠三角9市产业基础较强，规模最大的是深圳，接近7千亿元；肇庆最小，但也接近1千亿元。粤东西北地区12市除揭阳第二产业增加值超1千亿元外产业规模均较小，云浮等7市少于5百亿元。速度上看，2008—2014年，全省增速最快的是肇庆、阳江、揭阳；珠三角地区增长最快的是肇庆（24%），最慢的是东莞（6%），9市除肇庆、惠州外年均增长均

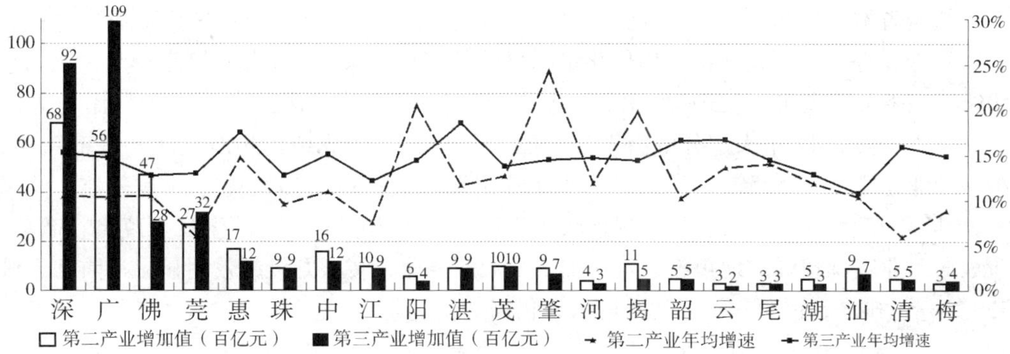

图 1　广东 21 个地市第二、三产业增加值与年均增长率

低于 11%，部分支柱传统制造产业发展疲态渐显，新的产业增长点尚不够壮大，工业增长逐渐放缓；粤东西北地区 12 市除清远（6%）、梅州（8.9%）、韶关（10.2%）外均保持 12% 以上的年均增长，成为全省工业发展的新动力，其中阳江、揭阳高达 20.5%、19.8%。

——第三产业方面：总量上看，规模最大的是广州、深圳、东莞。珠三角地区广州居首，已破万亿元；肇庆居末，约 6 百多亿元。粤东西北地区服务业规模相对较小，规模最大的是茂名，接近 1 千亿元；最小的是云浮，约 2 百亿元；共有 7 市规模小于 5 百亿元，亟需加快发展。速度上看，2008—2014 年，21 个地市第三产业增加值年均增长率均超过 10%，发展势头迅猛；珠三角地区 9 市均超过 12%，发展最快的是惠州（17.5%），最需提速的是江门（12.2%）；粤东西北地区最快的是湛江（18.6%），最慢的是汕头（10.8%），其中粤北山区 5 市围绕资源型工业加快发展配套服务业，均保持了 14.5% 以上的高增长。

（二）产业结构优化情况比较

主要通过一、二、三产业占 GDP 比重比较分析各市产业结构优化变化情况。

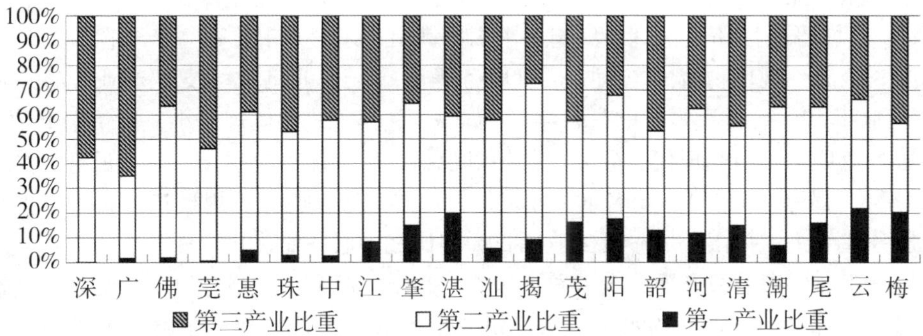

图 2　广东 21 个地市三次产业占 GDP 比重

从全省看：广州、深圳、东莞、湛江、茂名、韶关、清远、梅州8市形成了“三二一”产业排序。珠三角9市结构优化最明显的是广州、深圳、东莞，第三产业占比均超50%，服务业主导地位凸显；佛山、惠州因制造业相对发达，第三产业占比均少于40%。粤东西北12市大部分市仍为“二三一”排序。产业结构相对较优的是汕头市，第一产业比重少于5.5%，第二、三产业较协调发展；最需加快优化的是云浮、汕尾等，其第一产业比重较大，工业规模较小，产业竞争力相对不足。湛江、茂名、韶关、清远等工业基础较强的地市，近年来加快发展服务业，转型升级成效明显，目前已形成“三二一”排序；但第一产业比重较大，仍需加快优化。

（三）产业形态升级情况比较

主要通过服务业形态升级指标（即现代服务业增加值占服务业增加值比重）与工业形态升级指标（即先进制造业增加值占规上工业增加值比重）比较分析产业形态升级情况。

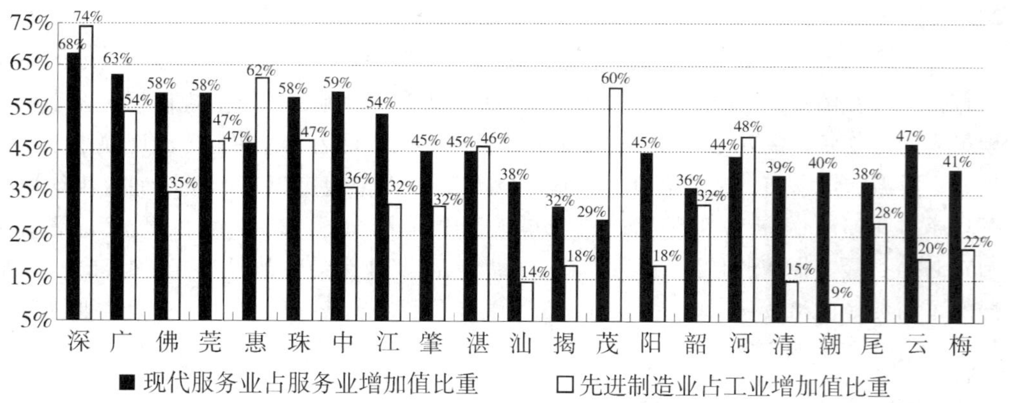

图3　广东21个地级以上市先进制造业占规上工业增加值比重、现代服务业占服务业增加值比重

——服务业形态升级方面：珠三角9市的现代服务业比重除惠州（47%）、肇庆（45%）外均超过50%，深圳、广州、中山、佛山、东莞5市比重高于全省58.1%的平均水平；金融、现代物流、电商、信息服务等高端服务业已成为支柱产业。粤东西北12市均低于50%，比重最高的是云浮（46.8%），其工业整体规模小，近年来上了一批现代服务业项目，因此现代服务业占比相对较高，后发优势较明显。比重最低的是茂名（28.9%）、揭阳（32%），茂名重工业发达，虽然近年来服务业规模持续扩大，但仍以传统服务业为主；揭阳上了一批工业项目，相比之下服务业优化较慢。

——工业形态升级方面：全省看，深圳、惠州、茂名、广州、河源5市先进制造业比重高于全省48.1%的平均水平。珠三角9市均形成了特色产业集群，先进制造业已具一定规模，特别是深圳、惠州由于高技术制造业集群发展迅猛，该比重分别高达74%、62%，工业形态优化显著。粤东西北12市产业集群也初具规模，河源因现代服务业规模较小，近年来建设了一批先进制造项目，先进制造业比重达48.3%；汕头、揭阳工业规模相对较大，但先进制造业比重仍较低，今后需加大工业技改力度；潮州、清远、阳江、云浮4市先进制造业比重均低于20%，以传统制造业为主，未来须加大先进制造业发展力度，发挥后发优势。

（四）创新驱动的产业发展情况比较

主要通过研发经费（R&D）占GDP比重指标比较分析各地市自主创新驱动产业发展的状况。

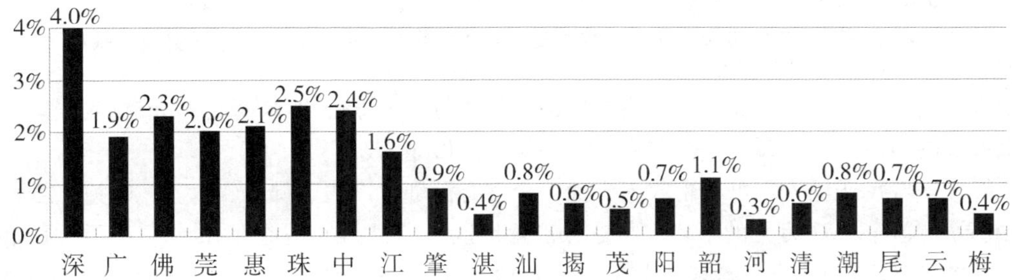

图4　广东21个地级以上市研发经费（R&D）占GDP比重

从全省看，深圳、珠海、中山、佛山高于全省2.3%的平均水平，4市近年来不断加大创新投入，加快向创新驱动产业发展转变。珠三角9市占比最高的是深圳，达4%，已成为国家自主创新示范区，逐步迈向国际创新型城市；广州、惠州、东莞、江门和肇庆5市占比低于全省平均水平，值得高度重视。粤东西北12市制造业大都处于产业链中低端环节，核心竞争力不强，仍未形成较强的创新动力；各市的R&D投入占比均远小于全省平均水平，12市除韶关（1.1%）外均在1%以下。

（五）产业发展的效益情况比较

主要通过全社会劳动生产率（GDP/全体从业人员）、投资效果系数（GDP增加值/固定资产投资总额）、城乡居民人均可支配收入等指标比较分析产业发展效益状况。

——全社会劳动生产率方面：全省有广州、深圳、佛山、珠海、中山5市高于全省11万元/人的平均水平。珠三角9市最高的是广州，达21.3万元/人；最低的是江门，约8.6万元/人。粤东西北12市最高的是阳江（9.1万元/人），最低的是梅州（4.2万元/人）。

——投资效果系数方面：全省有深圳、东莞、广州、中山、湛江5市高于全省0.26的平均水平。珠三角9市中服务业占比较高的深圳（0.8）、东莞（0.6）、广州（0.31）

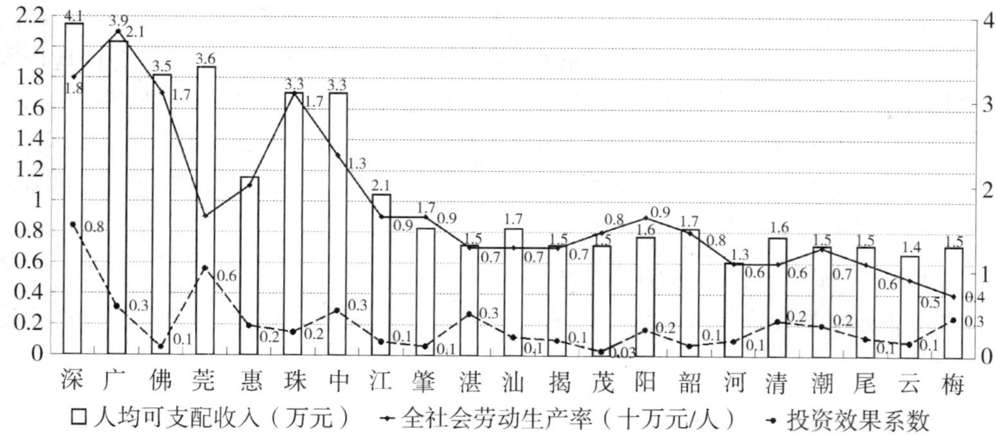

图5　广东21个地市城乡居民人均可支配收入、全社会劳动生产率、投资效果系数

投入产出效果较好；工业占比较高的佛山，该指标仅0.05。粤东西北12市投入产出效果最好的是湛江（0.27），效果较差的是重工业化城市茂名（0.03）。

——城乡居民人均可支配收入方面：全省有深圳、广州、佛山、东莞、珠海、中山6市高于全省2.57万元的平均水平。珠三角地区9市最高的是深圳（4.1万元），最低的是肇庆（1.7万元）。粤东西北地区人均收入水平普遍偏低，最高的是汕头，仅1.7万元；最低的是河源，约1.3万元。

（六）“工业化、城镇化、农业现代化、信息化、绿色化”五化并举情况比较

主要通过规模以上工业增加值、城镇化率（城镇人口/总人口）、人均信息业务量（邮政电信业务量/总人口）、单位规上工业增加值能耗（规上工业能源消费量/规上工业增加值）、人均农机总动力（农机总动力/第一产业从业人员数量）等指标分析各市五化并举情况。

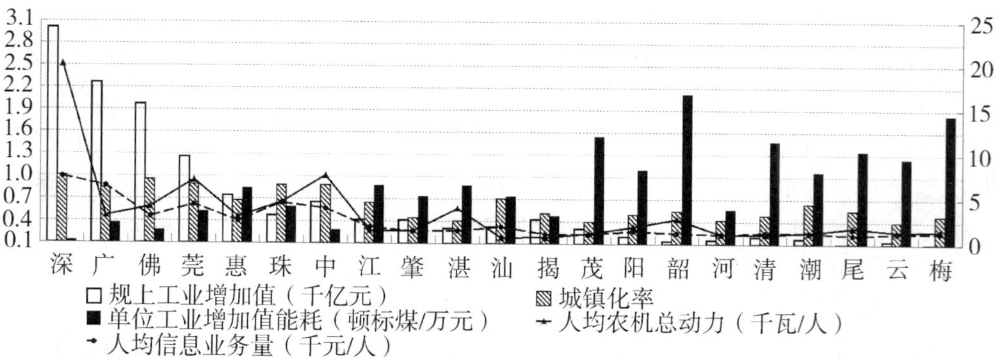

图6　广东21个地市“五化”并举情况

珠三角9市中表现最好的是深圳、广州、佛山、中山，4市“五化”指标均高于全省平均水平；最需优化的是肇庆，“五化”基本未达全省平均水平。粤东西北地区表现最好的是汕头，其城镇化指标高于全省平均水平，绿色化、信息化等指标也接近平均水平；湛江、韶关的农业现代化水平高于全省平均水平；最需优化的是除汕头、湛江、韶关外的其他9市，其“五化”均未达全省平均水平。

二、广东21个地级以上市产业转型升级成效的基本研判

由于产业转型升级是个动态过程，没有终结的时候，为了准确研判21个地级以上市产业转型升级的成效和程度，根据全省各地市产业转型升级16个相关指标的数据研判，以及前面所作的分析比较，全省21个地级以上市转型升级状况可分为以下3个梯队。

1. 深圳、广州、佛山、东莞、惠州、中山、珠海等珠三角7市属转型升级第一梯队，已进入产业转型升级中后期。此类地市较早进行结构调整优化，目前增长中高速、产业中高端发展基本形成，自主创新力较强，经济增长的质量和效益较高，各类指标均居全省前列。其中深圳在20世纪90年代初就率先进行产业转型，将传统制造业转移到东莞、惠州等周边地区，大力发展高新技术产业和金融业，加大自主创新力度，推动老旧工业区转变为高新科技园，形成一大批自主创新力和国际竞争力强的大企业，目前已成为我国首个国家创新型城市和国家自主创新示范区，转型升级水平已接近国际发达国家水平，成为全省产业转型升级排头兵。广州以建设国际中心城市为突破口，通过大力发展现代服务业推动千年商都转型升级，目前现代服务业主导地位凸显，保持了全省经济发展的龙头地位。佛山以大力发展智能制造推动制造业迈向产业中高端，加快从“制造大市”转型为“智造大市”。东莞以加工贸易转型升级为抓手，力促加工型企业创品牌、拓内销，从“代工之城”转向“品牌之都”。中山以新型专业镇发展为着力点，加快传统制造业向微笑曲线两端延伸，创新服务业平台和高科技企业群不断壮大。惠州、珠海2市近年大力实施项目带动和创新驱动发展，实现经济总量和发展质量双提升，跃进了转型升级第一梯队。珠海大力发展海洋航空等先进装备制造业，依托横琴区加快高端服务业发展，以高端产业集聚发展力促产业迈向中高端；惠州大力促进产业竞争力、自主创新力“双提升”，形成石化、电子信息、汽车等中高端产业集群，先进制造业比重位居全省前列。

“十三五”期间，第一梯队各市要以“中国制造2025”和“互联网+”行动计划为重要抓手，要加快发展新产业、新技术、新业态，加大工业技改、重大产业项目等投资，夯实发展后劲，在结构优化中加快发展。同时，要继续加强对欠发达地区的对口帮扶，构建基于产业链整合的分工协作体系，变单向帮扶为产业互补发展，拓展产业配套和经济腹地。

2. 江门、肇庆、湛江、汕头、揭阳、茂名等6市属转型升级第二梯队，产业转型升级正在出现拐点。此类地市坚持走新型工业化道路，产业实现了规模化、集聚化发展，目前第二、三产业发展提速，先进制造业和现代服务业已具一定规模，经济增长的

质量效益和科技含量也不断提高，产业中高端发展正出现拐点，各类指标基本位居全省中游。其中江门发挥中国中车、中微子等重大项目的支撑带动作用，以优化增量盘活存量、扩大总量，重大项目产业集聚效应明显。肇庆、揭阳加快装备制造产业集群和骨干企业建设，金属加工等产业集群规模快速扩张，基本形成比较齐备的产业链，2 市第二产业发展速度迈入全省前列。湛江、茂名通过大力发展石化等先进装备制造业以及港口物流等现代服务业，逐步从重化工业城市转变为先进制造业和现代服务业“双轮驱动”的现代海滨城市。汕头以全产业链服务为主线，促进物流、电商、金融等与传统商贸服务业融合，加快传统商贸业向现代服务业转型。

第二梯队目前还处于产业规模扩张阶段，工业产业快速发展，但创新驱动力不足及生产性服务业比重小等短板突出。“十三五”时期要围绕“双中高”发展目标，大力发展技术研发、工业设计、现代物流和电子商务等生产性服务业，打造优势产业链，促进“生产型制造”向“服务型制造”转变；同时要加快新型城镇化进程，拓展现代服务业发展空间，做大城市规模，实现产城共融发展。

3. 阳江、韶关、河源、清远、潮州、汕尾、云浮、梅州 8 市属转型升级第三梯队，产业转型升级任务艰巨。此类地市基本上都是经济欠发达地区，交通基础设施大都比较薄弱，财力不足，工业化和城镇化进程相对滞后，先进制造业和生产性服务业规模偏小；因高度依赖重化工业和资源型产业，在新常态下，产业调整优化难度较大，去产能周期较长，资源型产业受市场价格波动影响深，转型升级任务艰巨，各类指标基本上都低于全省平均水平，将是全省提质增效的难点。若不加大力度加快其产业发展和转型升级进程，将会影响广东“两个率先”和“双中高”发展等既定目标的实现。

“十三五”期间，第三梯队各市必须着重解决好转型升级的最难点，牢牢扭住“三大抓手”不放松，加快推进新型工业化、新型城镇化、信息化、农业现代化和绿色化“五化”并举进程，加大招商引资引智力度，积极承接珠三角产业转移，加快发展先进制造业和生产性服务业，围绕珠三角先进制造产业发展配套产业链，以此倒逼和加快产业转型升级。同时，要严格落实产业园区的项目准入和投资强度要求，确保新上项目绿色发展的起点高、技术含量高。要加快推进体制机制改革，优化营商环境，吸引资金流入和项目落地，尤其要大力推进政府与社会资本合作 PPP 项目的落地建设，缓解重大基础设施和产业发展的资金困难，加快改善居住条件和产业发展环境。

4. 要尽快建立一套科学合理的产业转型升级评价指标体系。为便于及时掌握全省各市产业发展情况，加快 21 个地级以上市产业转型升级步伐，建议省政府在我中心对全省 21 个地级以上市产业转型升级情况与分析的基础上，加快研究建立一套可统计、可评价、可考核的标准化、系统化统计评价指标体系，更加注重反映全省各地稳增长、调结构、促改革、转方式、提质量、增效益的成效，引导各地区、各部门更新发展观念，充分发挥评价指标体系在促进经济和转型升级中的导向作用。

附表　全省21个地级以上市产业转型升级主要经济指标（一）

	城市	第二产业增加值（亿元）	第三产业增加值（亿元）	第一产业比重	第二产业比重	第三产业比重	现代服务业比重	先进制造业比重	研发投入（R&D）占GDP比重	规模以上工业增加值（亿元）	单位工业增加值能耗（吨标煤/万元）	城镇化率	人均农机总动力（千瓦/人）	人均电信业务量（千元/人）	全社会劳动生产率（万元/人）	投资效果系数	城乡居民人均可支配收入（万元）
	全省	33695	36738	4.7%	46.2%	49.1%	58%	48%	2.3%	13700	0.5	68%	1.78	2.26	11	0.26	2.57
第一梯队	深圳	6823	9173	0.03%	42.6%	57.3%	68%	74%	4.0%	3007	0.13	100%	20.1	7.4	17.8	0.8	4.1
	广州	5606	10862	1.4%	33.6%	65.0%	63%	54%	1.9%	2261	0.37	83%	3.0	6.4	21.3	0.3	3.9
	佛山	4687	2774	1.9%	61.6%	36.5%	58%	35%	2.3%	1970	0.27	95%	4.0	3	17.4	0.1	3.5
	东莞	2698	3162	0.4%	45.9%	53.8%	58%	47%	2.0%	1256	0.52	89%	7.1	4.3	8.9	0.6	3.6
	惠州	1698	1160	4.8%	56.6%	38.7%	47%	62%	2.1%	740	0.84	67%	2.9	2.5	10.7	0.2	2.3
	珠海	939	869	2.6%	50.6%	46.8%	58%	47%	2.5%	475	0.59	88%	4.6	4.5	17.1	0.2	3.3
	中山	1560	1192	2.5%	55.3%	42.2%	59%	36%	2.4%	648	0.28	88%	7.6	3.9	13.3	0.3	3.3
第二梯队	江门	1024	890	8.1%	49.2%	42.7%	54%	32%	1.6%	419	0.88	64%	1.4	1.8	8.6	0.1	2.1
	肇庆	923	650	14.7%	50.0%	35.2%	45%	32%	0.9%	413	0.73	44%	1.4	1.4	8.5	0.1	1.7
	湛江	896	915	19.8%	39.7%	40.5%	45%	46%	0.4%	301	0.88	40%	3.9	1.4	6.6	0.3	1.5
	汕头	898	725	5.4%	52.3%	42.3%	38%	14%	0.8%	325	0.73	70%	0.7	1.9	7.2	0.1	1.7
	揭阳	1133	485	9.1%	63.6%	27.3%	32%	18%	0.6%	426	0.47	50%	0.7	1.1	6.5	0.1	1.5
	茂名	975	995	16.1%	41.5%	42.4%	29%	60%	0.5%	302	1.54	39%	1.2	1.1	8.4	0.03	1.5

附表　全省21个地级以上市产业转型升级主要经济指标（二）

	城市	第二产业增加值（亿元）	第三产业增加值（亿元）	第一产业比重	第二产业比重	第三产业比重	现代服务业比重	先进制造业比重	研发投入（R&D）占GDP比重	规模以上工业增加值（亿元）	单位工业增加值能耗（吨标煤/万元）	城镇化率	人均农机总动力（千瓦/人）	人均电信业务量（千元/人）	全社会劳动生产率（万元/人）	投资效果系数	城乡居民人均可支配收入（万元）
	全省	33695	36738	4.7%	46.2%	49.1%	58%	48%	2.3%	13700	0.5	68%	1.78	2.26	11	0.26	2.57
第三梯队	阳江	589	375	17.5%	50.4%	32.1%	45%	18%	0.7%	197	1.1	49%	1.9	1.4	9.1	0.2	1.6
	韶关	451	517	12.9%	40.6%	46.5%	36%	32%	1.1%	144	2.12	54%	2.8	1.2	7.7	0.1	1.7
	河源	385	284	11.9%	50.7%	37.4%	44%	48%	0.3%	159	0.56	41%	1.1	1.1	5.6	0.1	1.3
	清远	484	526	14.9%	40.8%	44.3%	39%	15%	0.6%	194	1.48	48%	1.1	1.3	5.8	0.2	1.6
	潮州	480	312	6.9%	56.4%	36.7%	40%	9%	0.8%	173	1.06	63%	1.3	1.3	6.7	0.2	1.5
	汕尾	340	263	15.9%	47.4%	36.7%	38%	28%	0.7%	100	1.35	55%	1.8	1	6	0.1	1.5
	云浮	296	224	21.8%	44.5%	33.7%	47%	20%	0.7%	143	1.24	39%	1.4	1.2	5	0.1	1.4
	梅州	323	383	20.3%	36.5%	43.3%	41%	22%	0.4%	98	1.83	47%	1.5	1.3	4.2	0.3	1.5

注：1. 基础数据均来源广东省统计局、科技厅，以及《广东省统计年鉴2014》《广东省农村统计年鉴2014》等。

2. 规模以上工业增加值、投资效果系数、工业企业利润额、单位工业增加值能耗指标为2015年6月数据；研发投入占GDP比重、人均农机总动力为2013年数据；其他数据均为2014年末数据。

新常态下佛山市经济提质增效升级迈向中高端发展

新常态下，佛山市紧扣其制造业强、本土经济发达及信息化程度高等优势，迅速找准经济提质增效的着力点和创新点，有效培育新增长点和增长动力，提质增效升级走出特色。目前，顺德的智能制造、南海的“互联网＋”已经率先形成优势并取得显著成效，禅城的“三旧”改造盘活存量资源走出老城区发展的新路子，金融高新区集聚创新资源实现金融科技产业融合发展，使佛山真正迈向中高端发展。

一、立足优势制造业根基，以机器人产业开启工业4.0

佛山第二产业占经济比重达61.6%，制造业强则实体强，历届市领导班子对此都有清晰认识，在施政上一以贯之，咬定制造业不放松，“一张蓝图干到底”，即使在金融危机时亦坚定不移。经过不懈努力，佛山装备制造业发展迅速，2014年总产值达5168.3亿元，同比增长15.6%，快于工业5.8个百分点，形成制造业转型升级的强大发展后劲，为机器人产业发展提供了极好的基础和配套。佛山瞄准德国工业4.0方向，大力发展智能工业机器人产业。

（一）创造优越的产业发展环境

一是政策先行指引。佛山市率先推出了机器代人计划，顺德更是为机器人产业量身定制了一系列惠企政策，如设立专项资金，并以无偿资助、无息使用、政策性融资担保和股权投资四种方式给予企业扶持。家电、机械装备、家具、汽配等行业规模以上企业大部分已启动以机器人为主的智能化升级改造，智能制造重点项目近100项，投入近540亿元。二是全球合作引进技术和品牌。佛山率先通过合资、合作方式引入多家机器人行业巨头。德国KUKA在佛山建立了机器人应用工程中心，并带动多家配套企业一同落户。2010年由不锈钢企业转型而来的佛山利迅达机器人公司与瑞士ABB、意大利COMAU分别签订战略合作协议，进口机器人基础部件进行二次开发，年产200—300台定制机器人，可增值70%—80%。三是搭建机器人产学研平台。于2013年1月成立的南海广工大数控装备协同创新研究院，是以精密装备、3D打印、机器人等技术为核心，集研发、成果转化及孵化、人才培养等于一体的开放式公共服务平台，已引进国内外高端创业团队20多个，开发创新产品50多项，申请专利170件，2014年实现技术服务收入3000多万元。顺德金属表面处理机器人应用技术工程中心、华南智能机器人创新研究院等产学研平台也已相继启动建设。

（二）企业应用广泛效益突显

机器人的应用不但大幅提升劳动生产率，而且产品的稳定性、标准化也得以保证。通过机器换人，佛山已形成一大批无人车间、智慧工厂。美的集团2014年智能制造工程投入4亿元，生产线上机器人达800多台，预计到2015年末可节省工人2.5万人，年工资开支节约14亿元。樱奥厨具投资1500万元，对劳动强度大、风险系数高的不锈钢打磨抛光工序进行机器人智能化改造，节约人工成本达90%，并降低了安全生产风险。一汽大众佛山工厂引进800多台德国KUKA机器人，生产环节自动化程度极高，不仅节省了大量人工，而且不同车型可通过智能化、数字化控制实现混线生产，大大提升了生产效率。

二、推行“互联网+”，加出新业态新商业模式和新动力

佛山的信息化、互联网基础非常好，南海区自1998年起就如火如荼率先推进整体信息化并名震全国，其经验还走进了中南海。近年来，佛山先后成为国家级“两化融合”试验区、全国“三网融合”试点城市，这一领先优势保持至今，成为“互联网+”发展的坚实基础。虽然国家“互联网+”行动计划刚刚提出，但佛山在实践中已经跨出了一大步。

（一）企业诞生多种“互联网+”新业态

维尚家居通过设计师服务、“新居网”需求导向C2B模式、集全国数千个楼盘数万种房型数据等方式满足用户个性化需求，并借助大数据、云计算技术将每一生产环节进行数字化、柔性化精准控制，实现了个性化定制与大规模生产的完美结合，这种“互联网+家具”模式的生产效率达到传统模式的8—10倍，资金周转速度达到行业平均水平的5倍，成品实现零库存，2009—2013年连续四年销售增长超过100%，成为全国最大的互联网家居企业，被评为国家高新技术企业和2013年度中国工业设计十佳创新型企业。爱斯达服饰是一家用互联网思维做个性化定制服装的品牌，自主研发了智能裁缝设备，用户只要通过互联网提交个性化诉求，网上虚拟试衣系统就可以自动扫描量身，72小时即可收到自己设计的衣服，开创了“互联网+服饰”的“私人定制”模式。美的集团于2014年发布了M－Smart智慧家居战略，并与小米科技合作，依托自身强大的制造基础，植入小米的极致用户体验及服务的互联网基因，在智能家居及其生态链、移动互联网领域深度融合，倾力打造“互联网+智能家居”。美的还与阿里巴巴合作构建物联网开放平台，并发售了首款物联网空调。

（二）政府通过“互联网+”行动计划和中国“互联网+”博览会打造佛山品牌

为集聚更多创新资源，引领中国“互联网+”发展，佛山将发布“互联网+”行

动计划，通过政策引导、孵化平台建设、企业资源对接、人才引进等方式，探索佛山制造企业与互联网企业跨界融合，加快培育一批具有互联网思维、业态新、创新能力强的优质企业。鉴于此，佛山将于2015年9月举办由中国工程院、工信部、科技部领衔的中国“互联网+”博览会，通过投资洽谈、产品展贸、创新创业大赛、跨界融合高峰论坛等活动，激发大众创业万众创新热潮、培育具有互联网基因的新兴业态，将佛山打造成全球“互联网+”创新创业中心城市。

三、狠抓“三旧”改造，盘活存量资源提升发展质量

“三旧”改造是佛山经济提质增效升级的又一大亮色，起步早、经验多，近年来持续推动，对转型升级的贡献有增无减。

（一）“三旧”改造改出先进经验

2007年以来，佛山实施“三旧”改造项目共1088个，总用地面积10.14万亩，项目改造预算投入资金达1899亿元。其中，已完成改造项目476个，占地面积1.7万亩。佛山的“三旧”改造尤以禅城区最为著名，不仅极大地改善了地少地贵的突出问题，摘掉了环境污染的帽子，而且改出了6个“全国之最”，即一次性最大规模的旧城镇改造、最大的岭南历史文化街区、最大的创意产业园、最大的家居博览城、最大的陶瓷展示交易平台和最大的不锈钢交易市场，其经验吸引各地争相学习借鉴。佛山“三旧”改造的许多经典案例，经过这几年后续建设及服务和配套的不断完善，已成为转型升级和提质增效的有力见证。

（二）“三旧”改造造出靓丽风景线

禅城区非常繁华的“岭南新天地”是著名的“三旧”改造项目，所处地块大片的危旧、残破平房之中，散落着大量的明清古建筑和传统街巷，有20多个重点文物保护单位。佛山作价70多亿元引入香港瑞安集团进行改造开发，改造后既保存了原有的珍贵文化遗产和岭南历史文化气息，又注入了国际化设计和现代都市理念，现已成为佛山最集聚人气的旅游休闲区。佛山创意产业园所在地的前身是12间小而分散、污染重的陶瓷制造旧工厂，改造后由民营企业全额投资运营，12间工厂变成500多家创意企业，2千多名蓝领工人变成2万名白领精英，产业也从低端走向高端，成为全国陶瓷研发、检测中心和总部聚集地，并吸引了文化创意、生产性服务业等高端产业入园；还获得了“广东省知识产权试点园区”“国家知识产权局专利交易基地”等称号。佛山（国际）家居博览城项目所在地原为简易厂房、仓库和专业市场，低投入、低效能，改造后建成了建筑面积80万平米的家居博览城，形成了“泛家居”商业模式，2000多家中高端家居品牌进驻经营，年交易额达150亿元，容纳就业2万多人，显著带动上下游产业集聚发展。

四、金融科技产业三融合，合成创新驱动的要素支撑

金融与科技创新是实现中高端发展的必要支撑。佛山在环境营造和平台建设上下足苦功，创新驱动成效十分明显。

（一）优化政策体系和创新环境

近两年佛山围绕建设国家创新型城市总体规划出台了一系列实施方案及配套文件，并由于知识产权战略、专利资助体系不断完善，于2014年底获批“国家知识产权示范市”和“国家知识产权服务业集聚发展试验区”。一是打造创新载体和平台。2014年新增国家级科技企业孵化器2个，省级科技企业孵化器4个，各类创新平台138个，培育省级创新团队5个、市级创新团队29个，累计引进中科院创新团队近90个，开展项目合作超过1100项。二是探索研发准备金和科技创新券等模式。顺德已率先出台《顺德区创新驱动行动计划》，对于企业在销售收入中提取一定比例作为研发费用即执行研发准备金制度的，可按比例获补助资金。符合条件的企业也可向科技部门申请创新券，用于购买科研服务机构的检测、认证、知识产权等服务，使财政补助和奖励可100%用于研发。三是放大财政资金使用效用。佛山组建了规模30亿元的金融科技产业融合创新基金，重点用于建设科技街、民间金融街、文旅街；组建了科技型中心企业信贷风险补偿基金，通过财政资金增信功能降低企业融资成本，财政资金可放大3.74倍。

（二）依托广东金融高新区打造金融后援基地

作为金融强省战略七大基础性平台之首，2010年金融高新区在全省率先提出金融科技产业融合发展战略，发挥金融后台和产业金融、民间金融、科技金融优势。一是集聚大量优质金融科技和人才资源。截至2015年3月，已有全球219家金融机构及知名企业落户，引进投资总额509亿元，其中私募创投类机构108个，募集资金达254亿元，规模位居全国前列。目前包括友邦金融中心、法国凯捷BPO运行中心、德迅集团亚太资源共享中心等180个项目已投入运营，吸纳近2万名中高端人才就业。二是充分吸纳社会资本。2013年，佛山民间金融街落户金融高新区，截至2014年底，首批进驻企业60多家，32个项目正式运营，集聚民营资本达40多亿元。三是完善多层次资本市场。金融高新区股权交易中心2013年正式投入运营，目前登记挂牌企业已有1151家，涵盖省内多个地市，其中挂牌企业47家，实现融资51.15亿元。已有会员单位188户，合格投资者265户。未来将继续探索资本市场、债券发行领域的产品和机制创新，发挥其产业金融中心的作用。

珠海市努力推进经济提质增效升级

习近平总书记在中央经济工作会议上指出，中国经济要实现持续健康发展，就必须坚持不懈地推动提质增效升级。广东省委书记胡春华多次强调，要坚定不移地推动广东经济结构调整和产业转型升级。近年来，珠海市委市政府大力激发企业发展活力，加快构建现代产业体系，增强经济发展后劲，经济发展取得了可喜成绩。2015 年一季度实现 GDP 405.27 亿元，同比增长 8.5%，高出全省平均增速 1.3 个百分点；规模以上工业增加值 209.53 亿元，同比增长 9.5%，增速同比提高 1.3 个百分点，高出全省平均增速 2.1 个百分点，产业转型升级成就明显。

一、技术改造和企业服务两手抓，加快企业转型升级

珠海从技术改造和企业服务两方面着手，力促传统企业转型升级，增强活力。

（一）做好技术改造，促进传统企业转型升级

一是落实珠海工业企业新一轮技术改造行动计划。制订主营业务 5000 万元以上企业技术改造滚动计划，建立技术改造项目库，并对投资额 5000 万元以上的技术改造项目建立工作台账。2014 年，完成工业技术改造投资 58.3 亿元，增长 156.7%，增速居珠三角首位。通过技改，方正、健帆、汤臣倍健等企业近三年年均销售收入增长均达到 30% 以上；格力电器累计开发 53 个系列、1100 多款变频空调产品，实现年销售量 1390 万台套，销售收入 397 亿元、利润近 36 亿元。二是着重引导大型骨干企业技术改造。重点以格力电器、双赢科技、丽珠医药等骨干企业为突破口，引导企业加大技术改造投入力度。三是加大财政技改资金和政策支持力度。积极帮助企业争取国家和省的技术改造资金支持，推动各区对企业承担的各级技术改造项目给予资金配套，形成上下联动的工作合力。

（二）做好企业服务，促进大型骨干企业和民营中小企业加快发展

一是继续培育大型骨干企业，落实好《珠海市大型骨干企业培育工作方案》，建立企业档案，发挥市区联动和领导挂点服务机制的作用；实施“三高一特”百家重点企业培育工程（高端制造业、高新技术产业、高端服务业、特色海洋经济和生态农业），集中资源和优质服务培育一批在各细分领域的“单打冠军”和创新型企业。2014 年全市重点跟踪的 30 家重点工业企业实现工业总产值占比达到 48.3%；新增主营业收入超百亿元企业 2 家，总数达到 6 家。二是营造促进民营中小微企业健康发展的良好环境，

落实《关于进一步促进民营经济健康发展的政策措施》和三年行动计划，建设市民营中小企业政务信息公共服务平台，整合科技、产业、金融等相关资源，为民营企业提供一站式服务。民营经济增加值占全市 GDP 的比重为 32.3%，形成国有、外资和民营三足鼎立局面。

二、先进装备制造业和高端服务业两手抓，加快产业转型升级

凭借隶属于珠江西岸先进装备制造产业带和毗邻澳门的区域优势，珠海着力发展先进装备制造和高端服务业，打造高端产业集聚地。

（一）大力发展先进装备制造业，做强“珠海制造”

珠海先后出台了《珠海市先进装备制造业发展规划（2015—2025）》及三年行动计划等规划政策，努力建设以高栏港区为中心，航空产业园、富山工业园为两翼，香洲区和高新区培育孵化基地、横琴总部研发基地和保税区商贸服务基地为支撑，船舶与海洋工程、航空航天、轨道交通、新能源汽车、高端电子电气、智能制造六大产业为重点的先进装备制造业体系。着重抓 47 个 2014 年签约项目和 48 个在建项目建设，推动中联重科、新兴际华、格力商用空调等项目开工建设，促成三一海洋重工产业园一期等项目建成投产，促进中海油系列、中航通飞等新投产项目尽快达产。珠海借助科技金融加速产业发展，建立 10 亿规模的珠海市创业投资引导基金，引导创业投资机构投资先进装备制造业企业。2014 年，装备制造业增加值达 318.33 亿元，增长 13.1%，占比达到 35.5%。2015 年 4 月，电子信息和家电电气业同比分别增长 10.5% 和 6.1%，增速比 1—3 月加快 2.0 和 1.0 个百分点。

（二）发展高端服务业，打造“珠海服务”

一是发展跨境电子商务。珠海启动了跨境电子商务零售进口试点城市申报工作；确定珠海邮局快件监管中心和南屏快件监管中心为全市跨境电子商务零售出口的通关监管场，珠海电子口岸公司负责建设跨境电子商务通关服务平台，引进大龙网作为首家试点企业；组织 100 多家企业参加阿里巴巴、亚马逊等电商平台的跨境电子商务专题对接会。二是依托横琴新区加快服务业发展。横琴新区设立五年来，金融、现代旅游、总部经济等高端服务业迅速发展。金融产业快速发展。目前，横琴新区共引进各类金融类企业 744 家，注册资本 1291 亿元，管理资产超 8000 亿元。组建了金融服务中心，成立了注册资本金达 40 亿元的横琴金融投资有限公司；大横琴投资公司在香港成功发行 15 亿元人民币债券。高端旅游业迅速壮大。2014 年长隆国际海洋度假区开业以来累计接待游客超过 800 万人次，二期工程正抓紧推进，企鹅酒店、海豚酒店建设进展顺利；澳门银河娱乐体育休闲度假项目已正式签约，计划投资超百亿元；WTA 超级精英赛落户横琴，连续 5 年将在横琴举办。总部企业和基地加快聚集。国家食品安全创新工程、“星

光中国芯物联网工程”和国际广告创意产业基地三大国家级战略工程相继落户横琴；香港瑞银企业管理、澳门优越企业管理等港澳商务服务类企业陆续进驻；中国铁建股份有限公司、珠海横琴国际煤炭交易中心、三一集团南方总部等正式落户横琴。

三、推进创新驱动，增强经济发展后劲

在要素驱动、投资驱动发展乏力的新常态下，珠海把创新作为立市之本，狠抓创新驱动发展。一是在2014年出台了《关于实施创新驱动发展战略 建设创新型城市的意见》。突出企业自主创新的主体地位、完善行业创业创新公共服务、促进政产学研一体化等9项工作任务和25项重大创新项目。实行了孵化器倍增计划，一批科技金融企业投入运营。落实高企所得税优惠、企业研发费税前加计扣除和财政补助等政策。2013—2014年度，企业享受了2.8亿元研发费用加计扣除税收优惠。截至2014年底，全市经认定的高新技术企业346家，新增40家。二是加大力度建设科技创新平台。加快建设中科院广州技术转移中心珠海分中心、珠海诺贝尔国际生物医药研究院、清华珠海创新中心等新型研发机构。三是投入专项资金招才引智。新增留学人才创业项目42个、省创新创业团队1个、省领军人才2名、“国家千人计划”特聘专家6名。四是加快国家知识产权试点城市建设。推进全国知识产权运营公共服务珠海特色分平台建设，2014年，珠海全社会研发投入占GDP比重达2.6%，每百万人口发明专利申请量达到1763件，均位居全省第二。

南沙自贸区建设引领广州提质增效升级

广州南沙新区作为广东国家自贸试验区片区，自国家批复以来，正以制度创新为核心，高水平谋划发展，积极推进高端产业集聚、国际航运中心建设、新城建设、交通基础设施建设和招商引资等工作，努力打造成为广东对外开放的大平台、粤港澳全面合作示范区和21世纪海上丝绸之路战略节点。2015年上半年，南沙实现国内生产总值517.95亿元，同比增长14.1%；固定资产投资达到216.29亿元，同比增长52.2%；进出口总额116.6亿美元，同比增长35%。南沙自贸试验区的发展及实施的一系列改革创新举措，使其成为广州经济增长的新引擎，并且在促进全市改革创新、经济提质增效升级等方面，发挥着重要的引领作用。

一、有助于带动广州行政管理体制改革

南沙自贸区建设的关键，在于通过负面清单、引入国际惯例和通行制度来进一步推动广州市深化改革，特别是在行政体制改革方面，如何促进政府职能转变，减少不适当的市场干预，集中精力提供公共服务，营造法治化国际化的公平环境，是南沙自贸区面临的首要任务。自2015年4月21日挂牌以来，南沙积极在商事登记改革、实施全面负面清单、口岸“单一窗口”建设、海关快速验放机制、检验检疫“智检口岸”业务监管、跨境人民币政策实施、统一市场监管信息平台、电子税务、粤港陆空跨境联运中心管理、政府购买服务帮助进出口企业支付查验费等方面，进行了一系列改革创新，初步构建起与国际投资贸易规则相衔接的的基本制度框架，为广州乃至全省行政管理体制改革积累了可借鉴的经验。

二、有助于促进广州投资贸易便利化

南沙自贸区减少和取消对外商投资准入限制，对外商投资实行准入前国民待遇加负面列表管理模式。对特别管理措施（负面清单）之外的领域，外商投资项目实行备案制（国务院规定对国内投资项目保留核准的除外），更有利于引进外资。南沙自贸区挂牌首日百家企业就获颁营业执照。2015年上半年，新设立企业2993家，同比增长212%；新增外商投资企业77家，同比增长235%；新增注册资本516.3亿元，同比增长517%。预计2015年内将有5000家企业落户南沙自贸区。这种井喷式增长将为广州发展带来良好的辐射效应，也有利于促进广州乃至全省开展境外投资。南沙自贸区实行境外投资备案制，支持投资者开展多种形式的境外投资，逐步减少对个人对外投资的外

汇管制，片区内企业到境外投资一般项目实行备案管理（国务院规定对境外投资项目保留核准的除外）。按照广州市区域功能规划，市委市政府将在南沙蕉门河中心区区块建立境外投资综合服务区，为港澳中小企业开拓国内市场、国内中小企业开拓国际市场提供支撑，建设成为国内企业和个人"走出去"的窗口和综合服务平台。这意味着广州企业通过这一高端平台"走出去"开展国际经济合作将更加便捷，广州乃至广东参与国家"一带一路"建设也将拥有一个更好的前沿阵地。

三、有助于推动广州产业高端化发展

根据《中国（广东）自由贸易实验区广州南沙新区片区建设实施方案》，南沙自贸区的战略定位为重点发展航运物流、特色金融、国际商贸、高端制造等产业，建设以生产性服务业为主导的现代产业新高地和具有世界先进水平的综合服务枢纽，构建引领广州乃至广东产业发展的现代产业体系。同时，南沙自贸区将实行启运港退税和汽车平行进口政策，这一功能定位和相关政策的出台，将为广州建设国际航运中心、区域金融中心、国际商贸中心和高端制造业基地奠定良好基础。至 2015 年为止，南沙自贸区已集聚 215 家金融和类金融机构，2015 年新增珠江金融租赁有限公司、渤海租赁 SPV 单机公司、越秀融资租赁有限公司、广州航运交易有限公司等 100 家公司。其中新落户的 40 家融资租赁企业，注册资金总额 250 亿元，合同金额预计达到 400 亿元，占广州市合同金额近一半份额。一批高端制造业也将加速落地，会较快形成现代服务业和先进制造业协同发展的格局，引领广州产业结构进一步优化发展。

四、有助于打造广州消费新增长点

南沙是广东自贸试验区三个片区中唯一可以开展汽车平行进口的片区。这意味着，从自贸区购买同款进口汽车，将比传统 4S 店便宜 15% 至 30% 不等。目前广州市相关委办正在牵头制订南沙自贸区汽车平行进口管理方案，不久后将公布。届时，南沙自贸区将成为广州市原装进口车的高地，将有更多的高端消费群体涌入南沙购买原装进口的欧美豪车。同时，区内将引进更多的独资外资医疗机构、旅行社和演艺经纪公司，这就为区外市民享受更多的国际医疗、境外旅游、境外表演等服务提供了便利；区内将建设"免税店"等消费形态，在海关特殊监管区设立保税商品展示交易平台，这都将有力地促进消费，形成新的消费增长点。

五、有助于改善广州国际营商环境

一是推行"一口受理"机制。南沙自贸区建立投资项目核准（备案）、企业设立和变更审批（备案）等企业准入"一口受理、一表申报"工作机制和服务平台，统一接收申请材料，统一送达文书，实行企业准入和开业登记关联审批，将外商投资项目核准

（备案）、外商投资企业设立和变更审批（备案）、商事主体设立登记、机构组织代码证、税务登记证（地税）、税务登记证（国税）、社保登记号、公章刻制备案等事项纳入企业开业登记并联办理。二是全面实行工商注册登记便利化。南沙自贸区依法实行注册资本认缴登记制、先证后照登记制，允许“一址多照、一照多址”。实行“一证三号”，对在区内登记设立的企业核发加载工商注册号、组织机构代码和税务登记号的营业执照，不再单独核发组织机构代码证、税务登记证。三是试点国际贸易单一窗口。南沙自贸区开展国际贸易单一窗口试点，由“串联执法”转为“并联执法”，形成跨部门的贸易、运输、加工、仓储等业务的综合管理服务平台，实现部门之间信息共享、业务互通、监管互认、执法互助。企业（居民）可以通过单一窗口，一次性递交各管理部门所要求的标准化电子信息，处理结果通过单一窗口回馈。通过以上制度创新，将有助于广州将来在全市复制和推广南沙自贸区经验。南沙自贸区作为广州的重要发展平台，率先建立起法治化、国际化、市场化的营商环境，对于提升广州在全球的经济地位无疑有重要的影响。

南海广工大数控装备研究院成功抢占先进装备制造业“智高点”

创新型科研院是科技创新和创新创业中最具动力、活力和吸引力的载体，是创新驱动发展战略的重要支撑。为加快先进装备制造业智能化发展，2013 年佛山市南海区政府投入 1.2 亿元，与广东工业大学共建了数控装备协同创新研究院，专注于精密装备、机器人和 3D 打印等智能制造领域的技术研发和项目孵化。该院通过打造“创新链 + 资本链 + 产业链”融合的生态链孵化模式，实现了政产学研融合和科技成果高效转化，自筹办起 2 年内即屡获硕果，成功孵化了 26 个国际高端创业团队和 19 家高新科技企业；申请发明专利 173 件，帮助 90 多家传统企业实现智能化改造，开发创新产品超 50 项，其中网络式运动控制器等多个产品的性能达到国际领先水平，填补了国内多项行业空白，有力推动“佛山制造”转变为“佛山智造”，成为广东创新驱动的示范典型。该院的成功模式已在一些地方复制推广，其中河源市政府已同广工大合作推行该研究院模式，并已正式挂牌运营。

一、激活创新链，形成“科学家团队 + 对接企业 + 学生创业基地 + 人才券科技券”模式，打造最具动力和活力的众创空间

南海广工大研究院紧跟国际高端装备前沿技术，积极融入全球创新网络，重点攻克行业关键技术和产品，打造成最具科技含量和创新活力的众创空间，为先进装备制造业科技创新打造强力发动机。

（一）把科学家变为创业领军人，增强创新能力

聚集全球智慧资源支撑智能制造。一是以柔性引才机制集聚科技精英。建立“以市场吸引人才、以团队集聚人才、以服务提升人才、以机制留住人才”的柔性引才机制，集聚全球科技领军人才到研究院创新创业。目前已成功引进美国科学院院士 David A. Weitz、俄罗斯科学院首席科学家波特波夫等高端人才 120 多人。二是以科技领军人才为核心组建创业团队。以高层次领军人才为核心组建了创业团队 26 个，如美国 IEEE 院士刘云辉教授带领广工大 4 名博士组建了 3D 云打印团队，广工大教授熊晓明团队联合熊鹰等 4 位硅谷芯片专家组建了芯珠微电子团队等。三是以创业团队为主体突破重点技术瓶颈。目前已申请专利 173 件，开发创新产品超过 50 项，其中韦达尔团队研发了面向电子、汽车等行业的等离子设备，性能提升了 2 倍，能耗和成本均下降 50%，填

补国内设备技术的空白。固高团队研发的开放式运动控制器等多个产品性能达到国际领先水平。

（二）把龙头企业变为创业“盟友”，凝聚创新合力

为创业团队分别引入固高科技公司等行业龙头企业结成战略合作伙伴，重点引入龙头企业的市场化运作经验、管理制度和企业文化等。如引入我国最大的现场加工设备制造商广州新成公司与院内的纳米数控装备技术团队对接，联合成立了新成洪鼎机械公司，目前该公司已获得20多项专利，预计3年内销售额将超过2亿元。引入陶瓷模具行业的龙头企业新鹏陶瓷机械公司与中国工程院院士蔡鹤皋教授和秦磊博士团队对接，联合成立了新鹏机器人公司，目前该公司已研发出多种工业机器人，有望在近几年成为工业机器人系统领域的领军企业。

（三）构筑大学生创新创业基地，培育创新活力

推进产学研合作，提供源源不断的创新资源。一是建立人才联合培养基地。推出“3+1”“2+2”等联合培养模式，为企业“私人订制”技术研发和应用人才。大学生在大学三、四年级时到院内团队和企业实践，毕业后可留在团队或企业。累计培育符合企业需求的大学生200多人。二是成立机器人学院。与全球领先的工业机器人制造商库卡公司共建了广工大库卡机器人学院，共享技术与人才资源，每年将培养100多名技术人才。三是设立大学生创新创业中心。以“科学家+创业导师+企业家”模式建立机器人技术专家委员会、3D打印技术专家委员会等，为大学生创业项目孵化提供技术支撑。与广工大合作成立了大学生创新创业基金，对优秀的创业项目进行深度孵化。

（四）推出科技券、人才券等激励措施，激发创新动力

研究院通过实施科技券和人才券项目，对创业企业的技术研发、项目孵化和人才培养等进行资金奖励。如申请国家级专利发明的，将获得5万元支持；引入高水平人才的，将依照“博士后10万元/人/年、博士5万元/人/年”标准获得奖励；实现科技成果产业化的，将获得合同金额20%的资金奖励等。目前第一批科技创新券项目即将完成，预计将培养100多名技术人才，申请发明专利44项，实现科技成果转化10多项。

二、强化资本链，形成“持股孵化+对接金融机构+资本市场”模式，打造创业企业孵化的加速器

研究院一改以往孵化器主要依靠收取租金维持运营的“房东”模式，以整合资金、技术、人才、场地等资源为核心，形成为创业企业从“初创到成长再到成熟”的整个孵化过程提供全方位支持的“股东”模式。通过持股孵化并引导企业对接金融机构和资本市场等，既有效突破了科技型企业孵化的融资难瓶颈，又提高了研究院的收入。

（一）企业初创期：对创业企业持股孵化

为帮助初创企业加快发展，研究院投资4000万元成立了创业投资基金进行初始投资。成功投资了固高自动化、先临三维、泰格威机器人等多个项目。在基金支持下，一批商业模式新、成长性好、专注于细分市场的“小巨人”企业迅速崛起，其中泰格威机器人项目已实现10倍以上的投资回报。

（二）企业成长期：推动企业全面对接金融机构，实现“贷+股+债”多渠道融资

通过定期举办科技成果与产业对接会、项目路演、企业沙龙等活动，加强创业企业与金融机构对接，形成“贷+股+债”多渠道融资模式。一是引入商业银行进行贷款融资。与华夏银行、南海农商银行等金融机构达成了合作意向，银行将对优秀创业企业给予400万元的无抵押融资支持。二是引入风投机构进行股权融资。与红杉资本、粤科金融集团、南海产业投资等风投机构展开合作，部分项目已获得投资意向。三是与金融机构合作开发债券融资产品。如与粤科金融集团等科技金融机构共同研究开发“粤科－科技债”“粤科－高新债”等私募债产品，拓宽企业融资渠道。

（三）企业成熟期：推动企业进入多层次资本市场

依托临近广东金融高新区的地理优势，与高新区股权交易中心全面合作，由股权交易中心对企业进行路演等上市辅导，推进企业进入OTC等资本市场。并引入了齐鲁证券、深圳证券等金融机构为企业上市提供全方位服务。研究院计划在3—5年内培养一批上市企业，目前新鹏机器人公司等5家企业即将登陆“新三板”挂牌。

三、拓展产业链，创新“点+线+面+体”四维一体的技术服务模式，打造传统制造业智能化改造的助推器

佛山制造业基础雄厚，拥有1.1万家装备制造企业，但以中小企业居多，技术研发能力薄弱，对智能化改造拥有巨大需求。南海广工大研究院根据企业、产业和区域技术创新的共性需求，突破了一批行业关键技术和产品，通过“点+线+面+体”技术服务模式推动传统制造向智能制造转变。

（一）丰富“点”的服务

针对传统企业关键技术难点，提供最具针对性的智能化改造方案。一是为客户研发“量身订做”的技术。如为企业开发新型传感器、数字化工业控制系统等智能核心装置，加快生产设备的智能化改造，显著提高了产品的技术含量和附加值。二是研发满足各企业不同需求的机器人。如新鹏机器人公司根据传统企业的需求，研发出喷釉机器人、打磨机器人等多种工业机器人，产品已被广东新明珠陶瓷、佛山法恩洁具、江门冠立金属等企业广泛应用。目前院内企业已与60多家传统企业开展单点技术合作。

（二）延长“线”的服务

围绕企业技术成长路线，与企业开展涵盖“初创期－成长期－成熟期”全过程、“技术创新－产品创新－创新管理”全方位的技术路线设计和实施。如为企业开展技术研发、检验检测、技术评价、质量认证、人才培训等专业化服务，设立无人车间、智能工厂，助企业实现装备智能化、生产自动化、管理数字化和人才高端化等目标。目前已成功与20多家企业开展全方位合作。

（三）拓宽“面”的服务

面向珠江西岸装备制造业转型升级需求，研发具有前瞻性、共性的关键技术。一是打造三大高水平创新平台。针对装备、家电、建材等产业转型升级的需求，依托“机器人技术与系统国家重点实验室”等科研平台，搭建起精密装备、工业机器人、3D打印三大创新平台，重点突破一批关键技术，力争在3—5年内建成珠江西岸先进装备产业带的创新引擎。二是加强与国际先进技术成果对接。积极融入全球创新网络，如与全球3D打印巨头德国EOS公司共建华南3D打印应用技术中心，与ABB集成商意戈力公司共建机器人技术应用集成中心等，共同攻克行业关键技术和产品。三是组建智能制造产业联盟。如牵头组建了佛山市机器人产业创新联盟，推动机器人行业上下游企业深度合作和组织研制行业标准。

（四）扩大“体”的服务

构建起共享、高速、实用的高水平公共服务平台，目前研究院向社会开放的、与企业共享的研发设备价值已超5000万元。通过与企业、大学等科研院校等单位合作，为区域经济发展汇聚科技、产业、人才等各类优质创新要素和创新资源。研究院逐渐成为连接政府、企业、大学的中枢和区域创新体系的关键环节，持续推动“佛山制造”向“佛山智造”转变。

应充分发挥广州超算中心“天河二号”对创新驱动发展的重要作用

当前，信息技术与多领域融合正引发新一轮产业革命。广州市委市政府审时度势，于2011年成功申报了国家超算中心项目，并大力推动超级计算机“天河二号”落户广州。2013年，习近平总书记在国防科技大学远程视察“天河二号”时曾指出：“超级计算要在解决重大理论问题、科技进步问题、推动产业发展上发挥更大的作用”。目前广州超算中心已成为广东最大的高科技基础设施，“天河二号”实现了世界最快超算“五连冠”，并建设了数字制造等6个云超算平台，为区域创新以及智能制造、生物医疗等新兴产业加速发展发挥了重要作用，逐渐成为广东科技创新的新引擎。当前广东部分支柱传统产业发展疲态渐显，先进装备制造等新增长点正在孕育但规模尚不够壮大。在新旧增长动力转换的关键时刻，应进一步发挥“天河二号”的支撑带动作用，助高端装备制造、生物医疗、新材料、新能源等新兴产业和“互联网＋”新业态实现“超速度”发展。

一、超级计算机具有广阔的应用前景

超级计算机集高性能计算、大数据分析和云计算于一体，是当今全球国家创新体系的重要组成部分和世界各国争夺的战略制高点。以超级计算机为支撑的互联网应用正加速向各个领域渗透。

（一）超级计算机是基础科学创新和重大技术攻关的重要手段

超级计算机是物理、化学、新材料等原始理论创新的主要研究平台，更是微观粒子等基础科学研究的唯一平台。美日等国已利用超级计算机在超材料、基因工程、新能源等众多领域取得了大量科技突破，科研成果在众多新兴产业领域产生了深远影响。我国的载人航天、“两弹一星”等科技进步也离不开超算的支持。

（二）超级计算机是“加速”企业科技创新的重要工具

超级计算机是使“互联网＋”动力更充足的新引擎，是企业实现技术创新、提高生产率和竞争力的重要工具。据《美国国家科学院工程技术委员会报告》统计，与普通计算机应用相比，使用超级计算机可显著加快生产速度和提高经济效益，助企业实现产品研发周期缩短30%—60%，工程成本降低13%—30%，产品产出率增加25%等。

（三）超级计算机是吸引高端产业和优秀人才集聚的重要平台

超级计算机有较强的产业支撑、功能承载和创新引领能力，能吸引高端产业和创新资源集聚。天津的“天河一号”比广州的“天河二号”早4年研制成功，天津市依托“天河一号”已吸引了一大批云计算、智能装备、影视制作等企业落户超算中心周边，聚集了大量高端科技领军人才，生物医药国际创新园、国家新媒体产业园等众多园区相继崛起。目前“天河一号”所在的天津滨海新区已成为京津冀地区自主创新和高新技术研发的高地之一。

二、广州“天河二号”“6+X”模式加速推动全省科技创新和产业转型升级

广州市围绕产业转型升级需要，以“天河二号”超级计算机为依托，大力促进高性能计算、大数据和云计算应用与多学科、多领域的深度融合及应用转化，逐步形成了超算应用的“6+X”模式，即六大应用服务平台+不断拓展的科技服务，为解决广东基础科技创新和重大技术攻关提供了重要抓手，助推“互联网+”新产业、新业态加速发展。

（一）以“装备的全数字设计与制造平台”加速高端装备制造等产业发展壮大

广州超算中心通过该平台为用户提供产品设计、加工和装配等全生命周期仿真支持，助装备制造将从数字制造转变为依托高性能计算、大数据、云服务协同运行的更智能化制造；目前已支撑了商用大飞机、高铁、新型汽车等研发。其中中国商用飞机设计公司通过广州“天河二号”开展飞机气动设计，计算6天即完成普通计算平台2年的工作量，并在国际上首次实现了全机复杂构型高精度数值模拟，为高端工程研制提供了关键的精准数据。目前，基于“天河二号”平台，广船、广汽等行业龙头企业组建了数字制造协同创新中心，广州光机电研究所等组建了3D打印云制造创新服务平台，共同推动广东制造技术的协同创新。

（二）以“生物计算与个性化医疗平台”推动医疗健康产业变革

广州超算中心该平台可使基因大规模系统建模等复杂研究成为可能，使医疗与基因工程更加集成化、个性化，加速精准医疗、健康大数据、可穿戴设备等新产业发展。如华大基因公司通过广州“天河二号”进行全基因组信息分析，3小时内即完成普通计算机处理1年的工作量，大大提高了服务质量与效率；并构建了面向产前检查的完整产业链，开展了百万人基因测序，推动现代医疗向精准医疗变革。该平台助中科院上海药研所完成了600多个各类药物的体内外活性测试评价，为治疗恶性肿瘤、乙肝、糖尿病等重大疑难疾病提供了宝贵的药物先导化合物。

（三）以“能源及相关技术数字化设计平台”开启“互联网＋能源”新时代

广州超算中心该平台可解决能源生产、储存和利用中材料、装置、工艺等的研发与安全评估等问题。如远景能源公司在该平台开发了寻找风能的格林威治云平台，用户通过手机接入该云平台，2 小时内即可选定风机的精确地址。该云平台改变了传统风机需翻山越岭、耗费大量人力物力的宏观选址模式，通过超级计算机和地理大数据应用，助客户更便捷、更精准地找到资源，使项目实际投资收益提升 20% 以上。目前远景能源公司已经成为全球能源互联网技术领军企业。

（四）以“城市云服务平台”推动智慧城市建设

广州超算中心该平台可为智慧城市建设提供高效可靠的服务。目前广州“天河二号”已适配广州市电子政务数据管理、云盘存储等系统，电子政务、电子医疗、电子灾害预报等业务都在该平台上实现。同时，该平台还可进行银行、保险、证券等行业的大数据储存、快速分析等。如陕西省高性能研究中心依托“天河二号”实现了千万级投资组合的多维度市场风险分钟级准实时计量，为我国金融机构增强风险敏感性、提升资金精细化管理能力提供新途径。

（五）以“材料科学与工程计算应用服务平台”助推新材料产业蓬勃兴起

广州超算中心该平台可助企业依托计算模拟在极短时间内对材料进行纳观、微观、介观、宏观尺度等多层次研究，从大量化合物中快速找到理想材料，并在模拟的极端环境下测试新材料性能。目前已支持中科院等在材料科学研究上取得突破。随着超级计算的应用加强，广东的材料设计将迎来黄金时代。

（六）以“天文地球科学与环境工程平台”加快地理、物理等基础科研创新

广州超算中心该平台可为客户提供地质、海洋等环境活动及宇宙粒子演化等模拟研究，并对泥石流、台风等灾害天气进行快速预警。北师大科研团队利用该平台率先在国际上完成了 3 万亿粒子数的中微子模拟。德国慕尼黑工业大学等团队利用广州“天河二号”模拟再现了 1992 年美国兰德斯地震波传播过程，在研究地质灾害机理和地震预报方面取得新突破。

（七）拓展“互联网＋”新业态新领域应用，加速更多新兴产业发展壮大

广州“天河二号”可显著提升动漫和 3D 电影制作速度，目前已为华强、奥飞、酷卡等企业提供快速渲染支持。可通过数字虚拟孕育“互联网＋”新业态，开发虚拟试衣、模拟试驾等应用项目。创业者可通过互联网创新使用“天河二号”进行材料加工、软件设计、动漫渲染等多种应用，一个人可代替多人在短时间内完成一部机器、动画片等的设计制作。

三、几点建议

广州超算中心“天河二号”虽在技术方面已获得全球最快“五连冠”，但在应用方面目前存在一些瓶颈，如应用市场处于初级阶段，大量对高性能计算有需求的企业对超级计算机“不了解”；应用软件研发不足，部分行业领域“用不了”；超算人才匮乏，部分企业“不会用”等。因而目前广州“天河二号”的利用率远低于天津“天河一号”，且应用范围较狭窄，支撑区域经济发展和吸引高端产业集聚的潜能亟待释放。新常态下，广东正处于新旧产业更替、新旧增长动力转换的关键阶段，省直有关部门和各级政府应高度重视广州超算中心“天河二号”的辐射带动作用，加快应用推广，助推广东先进制造业、高端服务业和战略性新兴产业实现“超速度”发展，培育新的经济增长极。

（一）要加快全省超级计算机市场的培育

一是围绕广州超算中心6大平台定期组织各行业、各领域的合作交流会，加强广州超算中心与全省各地企业的业务对接。二是建议有条件的地级市引进建设一批超算应用示范项目，发挥示范带动效应，吸引更多企业运用广州“天河二号”。三是推广广州市在“天河二号”上建设电子政务的成功经验，逐步把各级政府的政务和海量数据置于广州“天河二号”上运行，提升各级行政效率，及时掌握和分析全省及地方的经济社会运行情况。

（二）要推进超算应用软件研发

一是推动广州超算中心与天津、上海、深圳等超算中心以及曙光、浪潮等企业的合作，共同解决应用软件的引进和研发问题。二是建议各级财政加大对超级计算机应用的投入力度，重点支持大型超算应用软件的研发。三是以国务院出台《关于运用大数据加强对市场主体服务和监管的若干意见》为契机，大力加快基于大数据、云计算、物联网的新兴产业发展，加强大数据、云计算应用软件研发。

（三）要加强超算人才队伍建设

一是积极推动全省各大院校举办或承办大学生超算大赛等活动，培养大学生使用超级计算机的兴趣和技能。二是以更加优惠的政策吸引海内外高层次超算人才落户广东。三是建立人才培养机制，如促进广州超算中心与曙光、浪潮等高性能计算机公司联合共建高性能计算培训基地，开辟超算人才培养的新渠道。

（四）以广州超算中心、分中心为重要支点吸引高端产业集聚

借鉴天津通过在“天河一号”周边建设多个新兴产业园区形成高端产业集群的经验，建议广东省科技厅及广州市在系统分析区域产业规划的基础上，在广州超算中心以及天河、黄埔、南沙三大分中心周边加快规划建设若干相关产业园区，吸引软件、智能制造等企业集聚，形成高端产业集群。

佛山大力发展生产性服务业 助推“佛山制造”实现“佛山创造”

生产性服务业是为保持工业生产过程的连续性，延伸产业链、价值链，促进工业技术进步、产业升级和提高生产效率提供配套服务的高端服务业，具有专业性强、创新活跃、产业融合度高、带动作用显著等特点。作为以工业为主导，“佛山制造”享誉海内外的制造业大市，近年来，佛山市委市政府全力加快生产性服务业的发展，推动传统制造业服务化、智能化。2014 年佛山市生产性服务业产值较 2009 年增长 60.83%，增速比同期全省高 6 个百分点；占第三产业比重达 38.9%，较 2009 年增加 2.76%，而全省同期仅为 31.1%。佛山通过大力发展生产性服务业，提高了制造企业的创新能力，促进了两化深度融合，催生了新业态新商业模式，为新兴产业发展提供了智力支撑，有效助推了“佛山制造”实现“佛山创造”，为全省发展生产性服务业、形成与先进制造业双轮驱动提供了示范。

一、大力发展研发设计服务，提高“佛山制造”创新能力

研发设计作为工业生产前的技术创新活动，是产业链的重要环节，居于附加值较高的“微笑曲线”高端。佛山通过积极开展研发设计服务抢占产业链、价值链前端，提高了佛山企业的自主创新能力。2014 年佛山发明专利申请 7259 件，同比增长 55.31%，发明专利授权 1109 件，同比增长 9.58%。全年百万人口发明专利申请量 995.75 件，万人有效发明专利拥有量 7.27 件，超额完成省《珠三角规划纲要》考核指标任务。一是鼓励企业设立研究院和工程中心，发挥企业创新主体作用。引导海天味业、日丰管业、德美化工等大中型企业设立研究院，美的集团计划未来三年也投资 30 亿元建设可容纳万人办公的中央研究院。通过设立市、区扶植资金，鼓励中小企业组建各级工程技术研发中心。2012 年以来新增省级工程中心 102 家，超过此前历年组建总和，有效地提升了企业的原始创新能力。二是与高等院校、科研机构共建新型创新平台，推进产学研成果转化。强化与高校合作，参与组建顺德西安交通大学研究院、佛山市南海区广工大数控装备协同创新研究院、广东三水合肥工业大学研究院等数十个创新型科研实体，使本地科研成果能够迅速转化为生产力，推动佛山产业转型升级。深化院市合作，依托中科院佛山产业技术创新与育成中心，在各区设立 7 个专业中心、33 个创新平台和若干个产业园区，开展项目合作近 1100 项，形成新产品 300 多项，近 100 个项目实现产业化，

带动产值超500亿元。三是加强知识产权保护和服务体系建设，确保创新成果量质提升。深入实施“鲲鹏计划”和“繁星计划”，发展一批专利数量和质量领先的龙头企业，培育一批实施知识产权战略的中小企业。开设广东金融区股权交易中心科技版、青创版，为新兴产业提供知识产权交易和质押融资服务。引进德国VJP知识产权事务所，与德国史太白技术转移（中国）公司合作搭建史太白技术转移佛山平台，为佛山以知识产权为核心的技术交易和国际化运营提供高端专业的服务。2014年11月，佛山正式获批成为“国家知识产权示范城市”和“国家知识产权服务业集聚发展试验区”。四是创新财政资金对企业科技研发的支持方式，加快金融、科技、产业融合创新。成立规模约30亿元的金融·科技·产业融合创新基金，促进科技投融资、成果转化和创新创业环境不断完善。投入1.2亿元组建科技型中小企业信贷风险补偿基金，为24家科技型企业增信获得贷款1.794亿元，财政资金有效放大3.74倍，通过财政资金增信功能降低企业融资成本21.39%。在南海实行科技创新券制度，向企业发放“科技创新券”，专门用于向科技服务机构购买科技及金融创新服务，从而降低小微企业创新成本，引导区内小微企业积极创新。

二、全面发展信息技术服务，促进两化深度融合

佛山全面发展和提升信息服务业，大大推动了信息化和工业化深度融合，培育和发展了一批战略性新兴产业，从而加快了产业结构优化升级。一是推进信息基础设施建设和服务，扩大光纤入户和无线宽带覆盖范围。推进“U-佛山”工程建设，全面推进光纤入户和无线宽带覆盖工作，加强互联网、移动通信网络、无线宽带网络之间的无缝衔接和高度融合。截至2014年底，佛山互联网普及率约为85%以上，光纤接入户数约为50万以上，3G/4G覆盖率达95%以上，Wi-Fi热点约10000个以上，无线宽带覆盖率达20%以上，网络环境水平居全国领先水平。二是鼓励企业推行“互联网+”，推动传统产业嵌入互联网基因。佛山大力支持传统企业运用云计算、物联网等信息技术，改变传统的商业模式，发展涉及网络新应用的信息技术，推动制造业的智能化、柔性化和服务化。例如，维尚家居的“互联网+家具”改革创新技术和商业模式，将生产技术与信息技术紧密结合，借助大数据、云计算等工具，实现个性化定制与大规模生产的有机结合，迅速从传统家具取得营业收入增速连续4年超过100%的辉煌成绩。三是开展两化融合管理体系贯标试具点，全面推进信息化和工业化进一步走向融合。规范企业两化融合相关过程，形成获取可持续竞争优势所要求的信息化环境下的新型能力。全市共有9家企业获批“全国两化融合管理体系贯标试点企业”，13家企业获批“省两化融合管理体系贯标试点企业”。

三、全力发展电子商务，催生新业态新商业模式

佛山市将发展电子商务作为培育壮大新型经营管理模式和先进生产营销业态的重要抓手，推动产业结构优化升级，加快创造新的经济增长点。全市电子商务发展迅猛，2014 年电子商务交易额突破 2800 亿元，其中年交易额超亿企业约 50 家，同比增长 47.36%，共有 27 家企业获评“2013—2014 年度广东电商 100 强企业”。一是鼓动企业“上网”“触电”。深化大中型企电子商务应用，促进大宗原材料网上交易、工业产品网上定制、上下游关联企业业务协同发展。创新组织结构和经营模式，成立“石湾泛家居产业联盟”“中国在线制造”等在线公共服务平台，整合资源，促进产业交流合作。2014 年 B2B 交易额约 2324 亿元，同比增长 43%。结合“广货网上行”工程，引导小微企业依托第三方电子商务服务平台开展业务。全市 2014 年网络零售市场交易额约 364 亿元，同比增长 61%。二是推动跨境电子商务发展。佛山与清华大学电子商务交易技术国家工程实验室合作，制定了跨境电子商务发展规划。成立首个跨境电商产业园作为佛山跨境电商的集合地，园区引进了亚洲排名第 7 位、拥有 46 个国家的核心网络营销资源和手段的语言服务供应商——传神网络科技公司，企业入驻园区，即可做全球生意。三是利用“三旧”改造创建电子商务示范区。佛山投资约 1.5 亿元将禅城中心区的旧厂房原地改造为泛家居电商创意园，为传统产业提供转型升级平台，打造六大服务平台（投融资服务平台、公共电子商务服务平台、展示交流服务平台、人力资源服务平台、招商服务平台、生活配套服务平台）和四大功能区（综合公共服务中心、大型泛家居电商总部区、生活配套区、泛家居线下交易体验区），上楼下楼即可实现产业链商贸对接；一公里以内即可实现从石湾公仔、泛家居、电子商务、创意设计、原创手工到前沿科技的转换。

四、着力拓展人力资源服务，为新兴产业发展提供智力支撑

佛山在工资成本接连上涨、劳动力供给日趋紧张的形势下，着力拓展人力资源服务，为劳动者提供专业化的服务，吸引、培育、留住人才。一是以领军型人才和重大平台为抓手，引进高端人才团队。通过创新团队、科技特派员、科技镇长团等多种形式，着重引进带项目、带团队的领军型创新创业人才。例如，毕利军“结核病系统生物学与转化医学团队”，聚集海内外近 20 名国际水平专家，已成功研制出一批具有自主知识产权和巨大市场潜力的医药产品并上市。全面深化与中国科学院、清华大学、复旦大学、中山大学、香港科技大学等院校的平台合作关系，以重大平台吸引人才落户。截至 2014 年底，佛山共有省级创新团队 5 个、市级创新团队 29 个、区级创新团队 95 个。二是与国内外著名高校和机构共建人才培育基地，增强内生动力。通过与国内外名校和科研机构联合办学，在全市五区开展了高端人才培育工作。例如，建设顺德中山大学 - 卡内基梅隆大学国际联合研究院，培育智能汽车、先进制造等领域人才；与德国 KUKA 联合办学，共建机器人技术应用

与培训基地；引进荷兰PLCopen国际认证培训机构，成为华南目前唯一能颁发“IEC61131－3国际工程师”资格认证的地区，将为佛山机械行业培养一批先进的技术人才。三是完善人才落户配套，实现人才落地生根。按照“布局合理、环境优美、交通便捷、配套完整”的要求，采取政府投入、政企合作、民间投资等多种方式，在人才聚集区域建设人才安居房。落实高层次人才子女入学、公共交通、旅游景区优惠等政策，为创新创业提供良好的工作和生活环境配套，吸引、留住创新创业人才。

第二篇
产业转型升级

CHANYE
ZHUANXING SHENGJI

新常态下广东加快转型升级实现创新驱动研究

当前，广东经济已经进入新常态，实现经济可持续健康发展，核心是要推动经济结构调整和产业转型升级，根本途径是要走创新驱动发展道路。当前和今后一个时期，我们应当全面贯彻落实党的十八大、十八届三中、四中全会和习近平总书记系列重要讲话精神，抓住和用好全球新一轮科技革命和产业变革的重大机遇，把创新驱动发展战略作为经济结构调整和产业转型升级的总抓手，推动广东经济发展迈上新台阶。

一、新常态下广东加快转型升级，实现创新驱动具有重大战略意义

（一）新常态对转型升级和创新驱动提出迫切需求

新常态下，经济增速放缓的同时，拉动经济增长的传统动力逐步下降，过去以劳动力、土地、资源等要素驱动的生产方式已陷入困境。依靠结构优化、效率提高、创新驱动推动发展的新动力，为经济增长开启了更广阔的发展空间，创新驱动上升为广东经济发展的“核心战略”和“总抓手”。广东是经济大省，不仅地区生产总值要支撑全国，结构调整也要支撑全国，必须在推动经济结构战略性调整上走在前列，当好创新驱动发展的排头兵。经济新常态下的转型升级和创新驱动，既是从数量规模向质量效益转型的“转换器”，更是实现动力转换的“加速器”。要打赢这场硬仗，迫切需要更新经济增长的“发动机”，加快经济社会转型发展，培育经济增长新动力，依靠创新驱动，才能换挡提速、爬坡越坎，走出一条新型的创新驱动发展道路。

（二）创新驱动是转型升级的核心动力

加快转型升级，要以创新驱动作为核心动力。党的十八大明确提出，要实施创新驱动发展战略。从产业发展的趋势看，广东由要素驱动型向创新驱动型全面转型是必由之路。转型升级的本质是一场抢占新科技制高点与价值链高端的竞赛，无论是优化增量，还是调整存量，都离不开创新驱动。创新是活力的源泉，能够带来更有质量和更高效益的发展，能够为转型升级提供动力源，从而提升产业核心竞争力。广东科技创新在加快产业转型升级中发挥了核心推动作用。自 2008 年起，广东省区域创新能力连续 5 年稳居全国第一梯队。特别是省部院产学研合作以来，助力企业和行业不断推出新工艺、新技术、新产品，有力支撑和引领了全省产业转型升级。面对当前错综复杂的世界经济形

势和经济下行的新常态，面对各种矛盾和困难，我们要强化创新驱动，促进转型升级，以实施创新驱动战略为总抓手推动产业转型升级，实现产业“凤凰涅槃”，当好创新驱动发展的排头兵。

（三）创新驱动是广东实现“三个定位、两个率先”的必然选择

广东要实现“三个定位、两个率先”的总目标，成为发展中国特色社会主义的排头兵、深化改革开放的先行地、探索科学发展的实验区，率先全面建成小康社会、率先基本实现社会主义现代化，这是习近平总书记视察广东时对我们提出的新要求，也是广东今后工作的前进方向和行动指南。贯彻落实“三个定位、两个率先”，意味着新起点上的广东在强调经济健康发展的同时，必须保持合理的增长速度，也就是处理好加快发展和经济结构调整之间的关系。新常态下如何确保这一目标的实现，这就要求进一步增强实施创新驱动发展战略的责任感和紧迫感，从创新中要效益，从增量扩张和存量优化中出成效，通过创新驱动引领、推动广东实现“三个定位、两个率先”的宏伟蓝图。

（四）创新驱动对全国实现创新驱动起示范引领作用

近年来，广东在争取国家科技项目经费、牵头承担国家重大项目、承担国家大科学建设工程、培育发展新型科研机构、构建具有广东特色的创新政策法规体系等方面都取得了重大突破，显著提升了广东在国家创新发展大局中的地位。一批具有世界竞争力的新型科研机构相继涌现，在超材料、中微子、基因组、干细胞等重大原始创新领域跻身国际领先水平。散裂中子源、中微子实验、超级计算中心等重大科学工程先后落户广东，基础研究水平和能力大为提高，广东科技在国家创新发展大局的地位实现了重大提升。实施创新驱动战略，广东可积极发挥市场化程度与产学研一体化水平高的优势，进一步推动广东加快融入全国科研与创新体系，对全国实现创新驱动起示范引领作用。

二、广东加快转型升级实现创新驱动的优势特点和存在问题

（一）优势特点

——转型升级走在全国前列，要素驱动向创新驱动转变。广东的转型升级始终走在全国前列，通过推动经济发展方式不断转变，赢得了发展先机，初步形成要素驱动向创新驱动转变的局面。2008 年国际金融危机后，广东把加快产业结构调整、推动产业转型升级作为转变发展方式的关键环节，在危机时期顶住压力，先后制定实施产业和劳动力“双转移”、建设现代产业体系“双轮驱动”、自主创新能力和产业竞争力“双提升”、振兴粤东西北促进区域协调发展等一系列推动转型升级的重大战略举措，产业结构不断向高级化迈进，工业发展阶段已从工业化中期阶段向中后期阶段过渡。经过全省多年的共同努力，经济竞争力明显增强，2014 年，全省三次产业比重调整为 4.7：46.2：49.1，

先进制造业增加值、高技术制造业增加值占规模以上工业比重分别提高 48.1%、25.7%；中国（东莞）散裂中子源、中国超算（广州）中心、大亚湾中微子实验室等一批崭新的创新平台崛起；工业化与信息化加速融合；3D 打印、工业机器人等制造和应用取得新进展。

——自主创新能力不断增强，科技创新发展新优势显现。广东历来重视科技创新，已发展一批新型研发机构，培育一批创新型企业，自主创新能力稳步增强，科技创新发展对产业支撑作用明显。2014 年，全省区域创新能力综合排名连续 7 年位居全国第二；全年 R&D 经费支出达 1600 亿元，占 GDP 比重提高至 2.4%，超过全国平均水平；技术自给率达 70%，接近创新型国家和地区水平；有效发明专利量和 PCT 国际专利申请量保持全国第一，其中 PCT 国际专利申请量占全国比重超过 50%；全省从事研发人员超过 52 万人，规模居全国第一。科技创新发展已初步在重点领域重点环节取得了突破，为广东赢得了经济发展新优势。2014 年，高新技术产品产值达 5.18 万亿元，同比增长 15%；省级高新区实现地级市全覆盖，传统优势产业转型升级持续推进；4G 技术、超材料、基因测序、3D 显示、新能源汽车等领域创新能力处于世界前沿，以华为、比亚迪、华大基因、光启科技、大疆科技为代表的一批具有国际竞争力的创新型企业迅速崛起。

——市场配置资源作用显著，政府坚持营造创业创新环境。与其他省市相比，市场配置创新资源是广东的比较优势之一。广东省政府长期致力于建立和完善各类市场，努力确立企业的市场主体地位，发挥市场在创新资源配置的决定性作用，营造创业创新环境。许多发达国家的经验表明，创新能力强的地区，研发投入强度都较高；创新资源受市场配置作用显著的地区，创新成果转化率高。广东的研发投入结构特征是以企业为主要主体、创新与产业结合紧密。全省 90% 以上的研发经费来源于企业，70% 以上的省级重大和重点科技计划项目由企业牵头或参与，其中深圳坚持让企业在创新中唱主角，实现了研发机构、研发人员、研发资金来源等“6 个 90% 在企业”。尊重市场规律的基础作用的同时，政府注重宏观调控与市场机制有机结合，在各行各业为企业创新创业发展服务，早在 2008 年广东制定实施了《建设创新型广东行动纲要》，2014 年以来相继出台了《科技创新促进粤东西北地区振兴发展专项实施方案（2014—2020 年）》《关于全面深化科技体制改革加快创新驱动发展的决定》《关于加快科技创新的若干政策意见》等文件。到 2014 年，全省孵化场地面积 1348 万平方米，在孵企业 14748 家，累计毕业企业 5014 家；落实企业研发费用税前加计扣除政策，预计为企业减免税收超过 80 亿元；实施金融科技产业融合创新发展重点行动，依托高新区、专业镇建成一批金融科技综合服务中心、中小科技企业征信中心。

——区域创新体系日趋完善，开放合作创新的新格局初步形成。广东注重集聚国际国内创新资源、吸引国外国内创新人才，坚持构建开放合作的科技创新格局。省部院产学研合作向纵深发展，2014 年发展新型研发机构 120 多家，累计建成各类产学研创新平台 1600 多家、技术创新联盟 100 多家、标准创新联盟 167 家。珠三角大科学工程创新体系加速形成，新增 9 项 973 首席科学家项目，新增“加速器驱动嬗变系统研究装置”“强流重离子加速装置”等 2 个国家重大科技基础设施落户。新型研发机构成为全国深化科技体制改革的标杆，各类新型科研机构 122 家，服务企业 3 万多家。高层次人才引进培育取得新成效，多渠道解决高层次人才住房难问题，率先开展收益权改革事项，改革科技成果转移转化收入分配，调动科技人员积极性。

（二）存在问题

当前，新一轮技术革命和产业变革席卷全球，德国出台了“工业 4.0”战略，美国出台了“再工业化”发展战略，各发达经济体都希望在这一轮新科技革命中争夺话语权，抢占产业发展制高点。外部环境的剧烈变化对广东产业发展提出了空前的挑战。尽管经过多年的努力与积累，广东省产业转型升级、创新驱动发展已形成具有鲜明特色的比较优势。但外部的竞争压力与内部的发展要求，使得广东经济社会发展长期积累的经济结构不合理、体制机制不健全、自主创新能力不强等深层次矛盾和问题愈发凸显。

——转型升级拐点仍待突破。经济社会转型升级的力度和成效与省委、省政府制定的目标还有一定的距离，产业结构调整仍不到位，转型升级拐点仍未突破。先进制造业自主发展能力有待提高。除电子及通信设备制造业外，广东普通机械及专用设备制造落后于长三角，通用装备和专用装备等“工作母机”基础薄弱，全省固定资产投资中有 2/3 的设备依靠进口，数控机床、光纤制造装备、集成电路芯片制造设备、纺织机械等大部分依赖进口。战略性新兴产业尚未形成引领优势。2014 年全省战略性新兴产业增加值占 GDP 比重离“十二五”末达到 10% 的目标值还有很大差距。“缺核少芯”问题突出，高端新型电子信息产业的关键元器件、专用电子设备发展滞后，半导体照明产业上游大功率 LED 芯片、外延设备（MOCVD）、工业机器人精密减速器等关键部件严重依赖进口，新能源汽车三大关键部件电机、电池、电控核心技术受制于人。现代服务业中的相当一部分处于产业链的低端环节。

——自主创新能力亟待进一步提升。R&D 经费支出占 GDP 比重明显低于发达国家、国内发达地区的水平，广东（2.4%）与北京（6.03%）、上海（3.6%）和江苏（2.5%）都有差距，省内仅深圳超过 4.0%，而韩国在 2011 年已经达到 4.03%。2014 年广东技术自给率已经达到 71%，但基本处于中低端水平，大量的高端、核心技术仍然依赖进口。企业依靠科技、人才、品牌等要素增长的创新驱动模式尚未成熟，创新成果转化应用不足，关键技术供给不能满足产业转型升级的需要；传统经济增长模式尚未根本改变。

——创业创新环境有待进一步营造。转变政府职能、加强政风建设、优化发展环境任务依然繁重；科技创新体制不适应创新驱动要求；外部创新资源利用有待加强，人才集聚、平台发展等与创新需求不适应。

三、广东加快转型升级实现创新驱动的总体思路与重点任务

——明确企业的创新主体地位，培育新型科技企业。发挥市场对技术研发方向、路线选择和各类创新资源配置的导向作用，促进企业成为技术创新的主体，要着眼于提升产业的国际竞争力，以提高企业自主创新能力为基点，使企业在提升产业层次、调整产业结构上发挥更大的能动作用。整合孵化资源，大力推进科技企业孵化器体系建设，利用孵化器的聚集效应，吸引更多的优秀科技企业到孵化器创业。加强服务平台的建设。进一步完善引导企业加大技术创新投入的机制，通过构筑政策扶持、资金支撑、管理咨询、创新文化平台，加快创业企业科技成果产业化，大力培育新型科技创新型企业。

——构建更加高效的创新体系，加快培育新型研发机构。加强创新体系建设的顶层设计，立足国内外资源和瞄准国际科技前沿，充分利用广州南沙、深圳前海、珠海横琴自由贸易区的政策优势，加强产学研合作，加大研发力度，积极推进源头技术创新高地建设。完善创新体系建设的战略布局，构建以企业为主体的技术创新体系，以科研院所和大学为重点的知识创新体系，以高新科技园区为核心的成果孵化体系，以政府科技投入、企业研发投入、风险投资基金、中小企业创新基金、银行证券金融机构共同参与的科技投融资体系，以技术交易中心为重点的科技成果转化和服务体系。明确新型研发机构在创新体系中的重要作用，制定扶持新兴研发机构发展的政策措施，鼓励境内外组织、企业、高校及个人以多种形式创办这类机构，引导省内大型科研机构、知名高校设立科技创新平台，扶持海外创新科研团队创立民办科研机构，对新型研发机构提供进口设备免税优惠、政府科研项目承担、海外人才引进、创业板上市融资条件等与科研机构有关的优惠政策，为新兴源头技术创新机构的健康发展提供全面、专业的服务支撑。

——坚持需求导向和产业化方向，实现新一轮技术改造。坚持市场主导和政府引导相结合，以企业为主体、市场需求为导向、技术创新为动力，充分运用先进适用技术，通过改技术、改工艺、改设备、改产品、改管理等方式，推动企业实行全方位的技术改造。鼓励企业按照国内外先进标准对现有产品进行改造提升，加快运用信息技术改造提升现有产业，支持企业信息化、智能化成果应用、新产品开发、新工艺应用等，支持家电家具、食品饮料、纺织服装等优势传统产业企业应用电子商务转型升级。推动设备更新和智能化改造，支持在电子、家电产品装配企业和家具、纺织服装等劳动密集型行业购置先进适用设备，推广应用集多学科先进技术于一体的工业机器人装备，普及现代化制造模式，推进企业“机器换人”行动计划。加强公共服务平台建设，大力发展研发设计、技术信息、检验检测、中试孵化、技术交易、科技信息、国际化促进等公共服务平台，推进科技成果资本化、产业化。整合相关资源，重点支持一批产业共性技术开发、研发设计、质量认证、试验检测、电子商务、信息服务、资源综合利用、人才培

训、第三方中介组织等公共服务平台的建设，并支持现有公共服务平台的升级改造。

——明确广东科技创新主攻方向和突破口，着力攻克一批关键核心技术。瞄准国际技术前沿，围绕产业链部署创新链，在基础研究和应用研究领域建好创新平台，在LED、新一代显示技术、新一代移动通信、智能制造、新能源汽车、生物医药、生物农业、新材料、物联网等战略性新兴产业领域集成实施一批重大科技研发项目。以现有省部共建国家重点实验室和省级工程技术研究中心为基础，布局建设一批基础研究和原始创新的重大平台。牵头或参与实施国家科技重大专项、973和863计划，培育一批能够承担该类项目的科研团队和学术带头人。围绕开展企业技术研发与升级改造、战略性新兴产业关键技术攻关，通过会员制、合同研发、项目经理制等市场化手段，建立产业技术研究院，统筹产业链和创新链研发力量，促进企业、大学和科研机构等在战略层面的有机结合，实现创新资源的有效分工与合理衔接，提升高校和科研院所的源头性创新能力。

——加快商业模式创新和社会管理创新，推动以科技创新为核心的全面创新。顺应全球化、互联网和新技术潮流，以制造业转型升级和现代服务业发展为重点，重塑传统优势产业的商业模式边界，大力培育新型业态，引导发展O2O（线上线下相结合）、P2P（点对点）、C2C（消费者对消费者）等电子商务新模式，引导企业上下延伸、左右拓展实现跨界经营，推动企业从卖产品向卖设计、卖服务等高端环节延伸，鼓励和支持企业探索更多形式、市场广泛接受、老百姓喜闻乐见的商业模式。拓展商业模式创新的多种渠道，推动线上与线下相结合，推动制造与服务相结合，推动科技与市场相结合，推动产业与金融相结合。充分利用数字化信息化手段，转变社会管理服务模式，继续完善全省统一的网上办事大厅，开发自助服务终端版，以惠民便民为目标，进一步拓展完善功能、提升政务服务，优化办事程序、提高办事效率，支持各类利用科技创新手段完善社会管理与便民服务工作的开展。通过科技创新带动商业模式与社会管理创新，实现以科技创新为核心的全面创新。

——鼓励草根创新、基层创新，实现“大众创业、万众创新”。集聚整合创新创业资源和政策，大力发展众创空间等新型创业服务机构，实现创新与创业、线上与线下、孵化与投资相结合，提供低成本、便利化、全要素的开放式创业综合服务平台。完善多层次资本市场体系，对初创企业的扶持方式要从选拔式、分配式支持向普惠式、引领式转变，发挥财政资金撬动社会资本的杠杆作用，强化资本对大众创新创业的推进作用，鼓励社会力量依托传统孵化器发展新型创业服务机构，引导创新创业服务向着市场化、专业化、网络化、开放化方向发展，满足新时期大众创新创业的新需求。加强对大众创新创业的宏观引导、公共服务和市场监管，营造公平合理的市场竞争环境，充分发挥市场配置创新创业资源的决定性作用，坚持让市场选择大众创新创业的方向和路径，通过价格机制和供需关系来调节大众创新创业的规模和形式，避免直接干预创新创业活动。

着力完善创新创业政策体系和制度体系，保障创新创业者合法权益和竞争秩序，营造鼓励创业创新、实业致富的社会氛围。

四、政策保障

（一）市场配置资源决定性作用和更好发挥政府作用相结合，建立技术创新市场导向机制

实施创新驱动发展，既要有效发挥市场机制配置创新要素的作用，也要更好发挥政府的作用。发挥市场配置资源的决定性作用，不仅是要由市场定价，更重要的是放开市场准入，建立公平竞争、法治有序的市场环境，减少不必要的行政干预和限制，给企业更多自主选择的权利，让企业能够根据市场需求决定创新投入的方向，使企业创新能够在市场上获利。发挥市场机制的作用，不等于政府不作为，关键是政府要找准定位，处理好政府与市场的关系。一方面，政府要营造公平竞争的市场环境，增强企业创新的内在动力。另一方面，政府要尊重客观规律和创新规律，通过科学、合理的政策作用于市场机制，引导社会资源向创新集聚。建立技术创新市场导向机制，在技术创新不同阶段政府要发挥不同的作用。在技术跟踪和追赶阶段，技术路线和市场比较确定，政府可以通过规划和计划，引导和支持引进技术消化和改进创新。在前沿技术领域和突破创新阶段，市场和技术路线均不确定，政府应当公平对待各种技术路线，由市场选择，优胜劣汰。同时政府可以通过机制和政策调整利益机制，引导创新资源的配置。

（二）实施工业转型升级攻坚战三年行动计划，构建与广东转型升级特征相吻合的创新指标体系

打好工业转型升级三年攻坚战，提高产业附加值，提升广东制造业整体发展水平。一是全方位推进“互联网+”行动计划。充分发挥互联网在生产要素配置中的优化和集成作用，将互联网的创新成果深度融合于传统产业中，提升制造业的创新力和生产力。重点推进互联网与金融、农业、医疗、教育等行业的深度融合，发展壮大新兴业态，打造新的产业增长点。二是大力推动智能制造。国务院最新出台《中国制造2025》规划，为广东制造业创新发展、提质增效指明了方向。广东应结合自身实际，选择一批成长快、带动力强的装备制造业加快发展，为全省制造业提供装备支撑，掌握制造业发展的主动权，推动“广东制造”迈向“广东智造”。三是加快推进“机器换人”。在家电、五金、电子信息、纺织服装等劳动密集型产业推广“机器换人”示范应用，对制造过程实行智能化升级改造。四是建立与广东转型升级特征相吻合的创新指标体系，将全社会研发投入占GDP比重、研发实力与PCT、发明专利数量与质量、创新载体、高新技术企业、重大项目、固定资产投资等指标纳入指标体系当中，让转型升级的成效看得见、摸得着、可衡量、可考核。

（三）以国家自主创新示范区为引领，加快建设创新载体和创新示范工程

加快建设创新载体、创新示范工程对于加快转型升级、推动创新驱动发展发挥着重要的引领、带动和辐射作用。一是以广深为龙头，建设珠三角国家级自主创新示范区。以现有创新载体和高新区为依托，通过一区多园、产业分工合作、要素有序流动等形式，实现创新驱动点、线、面推进。广州、深圳发挥中心城市的引领作用，大力发展以生产性服务业为重点的现代服务业，走在全省乃至全国前列。珠三角其他各市要依托现有产业基础和创新资源，找准创新驱动发展定位，珠江东岸重点发展以电子信息产业为主的高新技术产业带，珠江西岸加快形成先进装备制造产业带，形成错位发展、一体联动的创新驱动发展格局。二是加强科研院所和产学研创新平台的资源整合和横向联系，在科研实力总体不够强的情况下，捏紧拳头，形成合力，提高科技平台的科研实力和科研品牌，更好地发挥它们的作用。三是采取措施推动光启研究院、深圳清华大学研究院等一批新型研发机构发展壮大，实现政产学研资相结合，科技创新与产业化无缝对接，突出广东创新驱动发展的亮点。四是加快建设科技孵化器、生产力服务中心、专业镇和产业集群技术创新平台等技术和公共服务中介机构，集成技术服务资源，实现科技服务信息资源共享，更好地服务中小企业。

（四）进一步深化科技管理体制改革，大力提高创新成果市场化应用水平

发挥科研对创新驱动的引领和支撑作用，构建更加高效的科研体系。一是让创新成果与产业和市场对接。市场是重要的创新要素，只有在市场上获得成功才是有效的创新。在推动创新成果产业化和市场化应用时，从市场供给和需求两方面出发制定配套政策，重点支持广东经济社会发展、产业转型升级急需的项目，尤其是核心技术开发和重大技术示范项目，着力发展智能机器人、新能源汽车电池、3D 打印等 9 个重大科技专项。二是提高科技投入的效益效率，增强科技进步对经济增长的贡献度。深化省部院产学研合作，加强与央企及其所属科研院所的创新合作，鼓励深圳清华大学研究院、东莞华中科技大学制造工程研究院等新型研发机构拿出一批高质量的研究成果，为全省创新驱动发展做支撑。三是建立健全以企业为主体、市场为导向、产学研结合的协同创新体系。大力推广新型研发机构的发展模式，建立市场化现代研发机构运行机制，盘活省内外创新资源，将自身技术优势和人才储备转化为现实生产力，实现存量科技资源与市场需求的有效结合。

（五）实行更具竞争力的人才培育与吸引制度，奠定创新驱动的坚实基础

创新驱动发展最关键的因素是人。坚持人才培育与吸引“两条腿走路”，补齐广东人才不足的短板，建立一支规模宏大的创新型人才队伍。一是通过优化制度设计，让研发人员的创新劳动与其收益对接。在利用财政资金设立的高等院校和科研院所中，将职务发明成果转让收益在重要贡献人员和所属单位之间合理分配，提高科研负责人、骨干

技术人员等重要贡献人员和团队的收益比例，从现行不低于20%提高到不低于50%，让科研人员在创新活动中得到合理回报。二是建立健全科研人才双向流动机制，切实发挥好高校和科研院所的作用，深化产教融合、校企合作，向企业和社会输送创新型人才和高素质劳动者。高校和科研院所设置一定比例的流动岗位，吸引创新实践经验的企业家进行兼职。三是引导和帮助企业建立健全创新人才培育和引进机制，建立企业高技能人才评价机制，大力提升企业的人才聚集度，加快现代职业教育体系建设，面向中小企业有针对性地培养高级技能人才。四是围绕广东人才缺口和产业发展需求，面向全球吸引科研人才、创新团队来广东干事创业。鼓励广东人才资源服务机构走出去，积极参与国际人才竞争与合作。

（六）构建创新的法规制度保障，打破制约创新的行业垄断与市场分割

结合广东实际，抓住关键环节，制定一批定位准、思路新、力度大的政策法规，引领、保障广东创新驱动发展战略深入实施，为创新驱动发展保驾护航。一是增强政策稳定性和透明度，形成可预期的投资回报机制。创新需要长期投入，必须有明确的、长期稳定的、可预期的政策，企业才舍得花钱投入、下达力气进行创新。目前，政府的很多产业政策以短期政策为主，经常依靠行政命令和红头文件，支持与限制交替，企业无法也不敢进行长期创新投入。因此，创新政策需要建立公开透明、长期稳定的激励机制，形成可预期的投资回报，鼓励投资者进行长期技术创新投入。二是加强知识产权保护，保障创新者的权益。加大打击侵权盗版、制假贩假的执法力度，健全知识产权维权援助体系，保证相关法规的执行落实，为企业营造一个公平、公正的法制环境和发展空间。三是打破制约创新的行业垄断与市场分割，打破地方保护，清除妨碍全国统一市场的规定和做法，加强反垄断执法，为中小企业创新发展拓宽空间。

（七）有效利用国内外创新资源，形成深度融合的开放创新局面

深化国际合作是实施开放创新的战略选择。广东应围绕产业转型升级、建设创新广东的需求，站在全球角度加强创新发展的国际战略布局，主动参与国际科技、经济的合作与竞争，积极融入国际创新网络，努力提升统筹国内外两种资源、两个市场的能力，不断提升科研机构的科研实力和高新企业的创新能力，为经济社会发展提供强大支撑。一是在推进国际科技交流与合作过程中，重点推进省内科研机构与国际知名科研机构建立长期、稳定的战略合作关系，围绕产业技术需求，进一步厘清国际合作发展思路，积极探索和创新国际合作模式。二是与国外相关科研机构建立各类研发平台，开展应用基础研究和联合开发，提升广东相关科研机构研发和创新能力，通过组建联合实验室、联合研究单元、技术转移机构等多种方式，合作共建研发平台。三是依托广东自贸区，有效对接国际创新资源。2015 年 4 月 20 日，国务院正式公布广东自贸试验区总体方案，其战略定位为“依托港澳，服务内地，面向世界”。港澳两个特别行政区的参与，将使广东拥有内地其他经济区所没有的独特优势。充分利用自贸区的优惠政策，面向港澳深

度合作，汇聚国内外科技、人才、产业等创新资源，加快广东经贸规则与国际对接。四是对接国家21世纪海上丝绸之路战略，充分利用好国家赋予的资源和政策，推动与沿线国家合作。丰富合作内容，设计好与各国利益分享的机制，挖掘双向合作的空间。针对每一个沿线国家制定个性化全方位的对接方案，发挥广东特色鲜明的产业、文化、社会优势，利用有限资源在比较成熟、潜力巨大、优势明显的领域集中发力，立足既有的产业基地，利用好广交会这一平台，盘活海外侨务资源。针对沿线国家不同发展层次的现状，发挥高新技术产业、重化工业和传统产业等不同层次产业的优势，提高各层次市场占有率，鼓励企业抱团在沿线国家建立产业园区，吸引上下游企业集群发展。

（八）进一步优化创新环境，构建创新驱动的坚实支撑

企业创新以市场为导向，由利益驱动，企业是否愿意创新在于创新是否能够为其带来收益。目前，政府更多的是采取自上而下的主导创新模式，支持创新的方式以直接选择企业的研发和建设项目实行点对点的资助为主。其结果容易造成企业间不公平竞争，可能扼杀了一些更好的创新。因此，要减少政府直接选择企业和点对点资助，通过定向的普惠性政策形成各类技术路线和企业公平竞争的环境，让市场机制引导创新要素的配置。发挥金融对创新驱动的助推作用，构建多层次的金融市场体系，扩大和完善企业的直接融资渠道，规范和完善民间金融体系，逐步引导民间资本成立社区银行服务小微企业，同时加强对民间资本的规范与监管。现在的创业不仅有精英创业，更多的是草根创业，要大力发展草根金融和科技金融，设立新兴产业创业投资引导基金，构建众创空间等创业服务平台，鼓励更多的 VC、PE，特别是天使投资参与创业、创新。

珠三角重大项目对广东经济发展和转型升级的支撑作用与功能分析

重大项目是指规模庞大、投资巨额、工程复杂、周期较长的投资项目，重大项目建设对经济社会发展具有支撑性强、集聚度高、带动力大、影响面广，是转变发展方式、推动经济社会持续快速发展的重要载体。2014 年，时任广东省常务副省长徐少华牵头落实胡春华书记和时任广东省省长朱小丹关于推进珠三角“九年大跨越”工作的重要指示精神，提出并组织开展“珠三角重大项目对广东经济发展和转型升级的支撑作用与功能分析”的专题研究，广东省政府发展研究中心牵头组织、在省发改委、统计局、规划纲要办协助下，深入全省及有关部门实地调研、匡算分析，在此基础上形成了本研究报告。

一、重大项目建设对经济发展和转型升级的作用重大

国际国内发展历程表明，重大项目建设对一国一地发展模式的形成具有明显的导向性，是推动经济发展的重要引擎，是加快经济转型升级的重要载体，是提升综合竞争力的重要手段，对打造广东经济升级版、增强可持续发展能力具有重要的战略意义和现实作用。

从国际上看，工业化国家高增长、大发展、大跨越的时期，无一不是重大项目上得多、上得快、投入大的结果。如前苏联从 1929 年起通过实施两个“五年计划”，建成投产涵盖汽车、飞机、化工、装备制造等产业的上千个重大项目和 6000 多个大型工业企业，迅速变成工业强国，1937 年工业总产值跃居欧洲第一、世界第二位。又如意大利为缩小南北发展差距，于 1950—1960 年实施“南方工业发展计划”，政府每年投入 4 万亿里拉建设交通、港口和水电等基础设施项目，使南方在 10 年内从农业经济时代进入工业经济时代。

从国内来看，各地提升产业发展水平、加速工业化进程、实现经济快速崛起，无一不是通过重大项目建设来完成的。1999—2006 年中央实施了西部大开发、振兴东北老工业基地、推动中部崛起等重大战略，通过一系列重大项目投资建设和政策扶持，快速提升了中西部的产业发展水平，促进了经济发展。天津滨海新区的崛起也一样，以总投资 1. 5 万亿元引进了空客 A320 飞机总装线、新一代运载火箭、千万吨炼油等 770 项重大项目，迅速形成航空航天、装备制造、生物医药、石油化工等八大高端支柱产业。

从广东来看，以大项目推动产业转型升级、促进经济发展的成效更为突出。上世纪九十年代中期和本世纪之初形成的两个经济快速增长周期，很大程度上依赖于数百个重大项目的建成投产，其间投资增速均在30%以上。如2003—2007年，省委省政府实施“十项工程”，总投资5470亿元，建成投产了包括能源、电力、石化、汽车、快速交通、水利、环保、民生等在内的209个项目，拉动GDP年均增长14.2%，五年内实现了经济总量从1.3万亿到3万亿的大跨越。

当前广东处在转型升级的关键时期，面临经济下行的压力，加快重大项目投资和建设仍然是稳增长、调结构、增后劲、惠民生的重要抓手和关键，必须真抓实干、大力推动，形成重大项目持续发展的良好态势。

二、珠三角规划纲要实施以来重大项目建设的总体状况

自2008年12月底国务院批复实施《珠江三角洲地区改革发展规划纲要（2008—2020)》以来，省委省政府以优化发展为目标，以编制规划、制定配套为指引，加快推进珠三角地区重大项目建设，成效显著。

（一）规划纲要实施以来重大项目建设成效突出

至2014年上半年，“四年大发展”84个重大项目共127个子项目中，44个子项目建成投产；“九年大跨越”64个重大项目81个子项目，2013年共完成投资247.05亿元，已有2个项目建成投产①。重大项目建设已成为广东转型升级的主要载体和经济发展的重要引擎。

——经济总量迅速扩大，发展水平明显提升。2013年，珠三角地区GDP达5.31万亿元，占全省79.0%，比规划实施前的2008年增长59.5%；人均GDP达93114元，比2008年增长41.7%；地方公共财政预算收入4666.82亿元，占全省66.0%，比2008年增长107.7%。五年间固定资产投资累计达6.34万亿元，年均增长15.5%，2013年投资对经济增长的贡献率达46.5%，已进入工业化后期发展阶段。

——产业结构不断优化，现代产业体系基本建立。珠三角转型升级步伐加快，呈现出产业高端化、集聚化、低碳化发展态势。2013年，珠三角地区三次产业结构首次实现“三、二、一”排序；服务业增加值占GDP比重达52.7%，现代服务业增加值占服务业比重达61.3%；先进制造业增加值占规模以上工业增加值比重达52.7%。珠江东岸形成现代服务业集聚带和空港海港经济圈；珠江西岸形成先进装备制造业产业带、配套产业集聚区。特别是江门南车修造基地完成投资约11亿元，带动了中车空调、格兰达数控装备等5家轨道交通装备企业落地，形成了广东轨道交通产业基地，到2020年

① 另有1个项目一期建成投产，二期开始建设，“九年大跨越”在建共63个项目80个子项目。

将形成轨道交通产业集群，实现产值超500亿元，呈现出一个重大项目投产带动一地高端产业发展、推动一市崛起的良好效应。

——基础设施更加完善，辐射带动力显著增强。五年内共完成基础设施重大项目14项，总投资1274.2亿元，形成了完善的海陆空现代立体交通网络体系。2013年珠三角轨道交通运营里程达1761公里，比2008年增长2.04倍，武广、厦深、贵广、南广等7条出省铁路相继建成，4小时均可到达泛珠各省；高速公路运营里程达3407公里，形成珠三角“一小时生活圈”；智慧城市建设加快。随着总投资1047亿元的港珠澳大桥、总投资188.5亿元的广州新白云国际机场扩建工程及港口、电力、通信等基础设施项目的建成运营，珠三角与国内外海陆空交通运输将实现无缝对接。

——重大平台建设加快，发展动力明显增强。南沙、前海、横琴、中新知识城、中德工业服务区、东莞松山湖高新区等高标准、高起点的先行先试平台建设加快推进。2013年，南沙新区实现GDP达908亿元，当年签约的61个项目总投资超过5000亿元；深圳前海累计新登记企业超过6400家，其中世界500强企业48家；珠海横琴岛内基础设施基本建成，正加速推进的65个项目总投资超过2500亿元，金融产业服务基地近400家企业入驻。珠三角九市的新区已相继开工建设。重大平台已成为持续拉动地区经济增长的“火车头”。

——生态环境持续改观，人民生活质量显著提高。五年间，节能减排节地成效显著。至2012年“四年大发展”期末，珠三角城镇污水处理率达91.5%，比2008年提高22.3个百分点；城镇垃圾无害化处理率达87%，增加26.2个百分点；重点流域及城市河涌污染整治工程取得阶段性成果；重点行业脱硫脱硝设施建设完成计划，脱硫机组装机容量达3890万千瓦；单位GDP能耗从0.68下降到0.53吨标煤，四项主要污染物排放量均显著下降；完成“三旧”改造面积8.98万亩，节地率达46.32%；单位建设用地第二、三产业增加值提高到5.13亿元/平方公里，比2008年提高了54.5%。

（二）“四年大发展”已建成投产的重大项目效益分析

通过对已建成投产的46个重大项目子项目进行汇总分析，共完成投资约2427.5亿元，其中属于现代产业类的先进制造业、高新技术和战略性新兴产业、现代服务业项目共16个，总投资713.2亿元；基础设施项目12个，总投资1274.2亿元；民生工程项目18个，总投资440.1亿元。从两个维度作分析：

在促进经济发展方面，已投产项目对新增固定资产、GDP、产值、税收、就业等5方面产生了积极效应。

——从新增固定资产看，先进制造业项目拉动作用最大、投入产出最高。已投产项目共新增固定资产1848.1亿元，平均每个项目新增52.8亿元，固定资产形成率为76.1%。分类别来看，先进制造业项目固定资产形成率最高，达85.8%；其次为基础设施项目的79.8%；现代服务业、高新技术和战略性新兴产业分别为75.8%和72.3%；

民生工程类项目最低，仅为55.5%。现代产业类项目整体上投入产出最高，民生工程则拉低了新增固定资产的整体水平。

——从新增GDP看，高新技术和战略性新兴产业拉动作用最大、投入产出最高。已投产项目共计新增GDP为1060.6亿元，平均每个项目新增23.1亿元，随着项目的达标达产，将产生更多GDP。分类别来看，产业类项目对GDP的拉动作用非常突出，其中高新技术和战略性新兴产业新增GDP和总投资的比值达1.39，即每100元投资新增GDP为139元，其投资对GDP的转化效能极高；民生工程类大多项目产生GDP较少，但其中岭南风貌街区、城镇污水处理等项目拉动作用强，提高了整体水平；基础设施类项目中水利工程项目拉低基础设施类项目整体投资转化水平，比值仅为0.15。

——从形成产值或营业收入看，高新技术和战略性新兴产业最高。已投产项目共计形成产值（或营业收入，下同）为1959.1亿元，平均每个项目新增42.6亿元，投入产出率为81%，即每100元投资能够形成产值81元。分类别来看，现代产业类项目投入产出率为199%，其中高新技术和战略性新兴产业高达488%；民生工程类为103%；基础设施类项目开发成本高、投资回收期长，形成产值较低，投入产出率仅为37%。

——从形成税收看，现代产业类项目拉动作用最大。已投产项目共形成税收约62.7亿元，总投资和新增GDP的总体含税率分别为2.6%和5.9%。分类别看，高新技术和战略性新兴产业对GDP、产值的贡献最为突出，因此其对税收的贡献也最高；现代服务业项目居于第二；基础设施类项目处于一般水平；民生工程类项目由于大多属于非盈利性的基本公共服务，因此创造的税收较少。

——从带动就业看，现代产业类项目容纳就业人数最多。已投产项目带动的直接就业人数约为10.7万人，每个项目平均带动2330人就业。以亿元GDP容纳就业数看，先进制造业为330人，现代服务业为143人，基础设施类为115人，高新技术和战略性新兴产业为72人。

在转型升级的功用方面，已投产项目对放大财政资金使用效应、拉动消费、产业结构优化和产业层次提升、节能减排节地等有明显作用。

——从财政资金放大效应看，高新技术和战略性新兴产业项目最为突出。不同项目的财政资金放大效应有所不同，如财政资金投入战略性新兴产业，放大倍数最高可达25倍；产业园区基础设施建设可达15倍；产业类项目通常为5—10倍，而比亚迪锂离子车用动力电池生产和广东金融高新技术服务区项目，放大倍数分别达到了48倍和11倍；交通基础设施类项目多为2—2.5倍。财政资金发挥乘数效应，可吸收数倍的社会资金，再撬动数倍的金融资本，滚动式发展。

——从拉动消费看，生产终端产品的项目及基础设施项目最为突出。从直接、即期拉动作用看，汽车制造、机械电子、LED等提供生产或生活终端产品的产业项目贡献最大；从间接、长期拉动作用看，厦深铁路、城际轨道、公路等一批交通基础设施项目，岭南风貌街区、肇庆宜居生态旅游等文化旅游类项目，可带动道路沿线及周边商贸、房地产的连片开发和旅游，带来“衣食住行游”消费；农村路网体系工程预计可使200万人受益；教育项目可带动就业培训和消费。

——从产业结构优化和产业层次提升看，现代产业类项目作用最为突出。广州南车轨道装备、中山船舶制造基地、一汽大众佛山工厂等装备制造项目，能够显著扩大先进制造业规模，提升其占规模以上工业的比重；广东金融高新技术服务区、广东工业设计城等现代服务业项目，可推动制造业服务化、服务业高端化，大幅提升第三产业比重；广州国际生物岛、东莞散裂中子源等具有科技研发性质的产业项目，有利于提升技术创新水平、填补国内外相关领域空白；职业教育基地建设、工业锅炉污染治理等民生项目，则有利于优化城市功能布局，完善城市与产业的配套。

——从节能减排节地效应看，现代服务业及高新技术和战略性新兴产业最为突出。已投产项目总体上都具有节能减排节地的功用。污水及河涌整治、垃圾处理及脱硝技改等7个项目，大大提升了污水、垃圾无害化处理率，减少废气排放，提高污染治理水平；高新技术和战略性新兴产业项目本身就具有节能减排的技术先进性；多数高新技术和战略性新兴产业、现代服务业项目均能够达到土地集约利用的目的，如广宁竹海大观景区项目，其大部分用地为旱地、山地和竹林。

三、珠三角“九年大跨越”63个重大项目预期功能效益分析

珠三角“九年大跨越”63个重大项目计划总投资约1.59万亿元，截至2014年上半年，已累计完成投资约4804.7亿元，完成投资进度的30.1%。其中，现代产业类共27个，计划总投资3050.71亿元，已完成投资609.09亿元；重大平台类共9个，计划总投资4086.4亿元，已完成投资2495.07亿元；基础设施类共18个，计划总投资8025.17亿元，已完成投资1514.1亿元；民生工程类共9个，计划总投资720.85亿元，已完成投资199.14亿元。

（一）对63个重大项目预期效益匡算的依据

对63个重大项目预期效益匡算主要采用了以下四种方法。①

第一，依据各地上报、经省统计局核校的项目数据。由省发改委将63个项目的相

① 文中重大项目部分效益指标计算方法和匡算依据补充如下：投入产出比＝固定资产投资/项目存续期内各年增加值总和；固定资产形成率＝新增固定资产/项目总投资；投资总体含税率＝税收/项目投资，新增GDP总体含税率＝税收/项目新增GDP；新增就业的匡算，依据国家就业局2013年的经验数据，即亿元国内生产总值第二产业和第三产业容纳的就业人数分别约为1058人和1348人；财政资金放大倍数＝项目总投资/财政投资，若无财政投资则不计算放大效应。

关资料制成表格下发，各地进行填报，最后汇总经省统计局核校。

第二，依据重大项目的立项报告。将省发改委提供的重大项目的立项报告、可行性研究报告作为项目效益评估的重要资料来源，从中筛选出项目相关的信息资料。

第三，依据多年来形成的产业相关带动系数。多年来形成的国际公认的、相对可靠的产业相关带动系数，如汽车产业的相关带动系数为1：6，会展产业为1：9，石化产业为1：50。

第四，依据国际国内权威报告的经验数据。参照世界银行、国家统计局、国务院发展研究中心、中国社科院、国家信息中心等机构的权威经验数据测算。如依据国家就业局的统计数据，2013 年我国每亿元 GDP 第二产业容纳就业约 1058 人，第三产业约 1348 人，据此可根据新增 GDP 推算出就业数。

（二）对 63 个重大项目预期投产的经济社会效益指标分析

据初步匡算，截至 2017 年 63 个重大项目陆续建成投产所带来的经济社会效益为：新增固定资产 12375.4 亿元，GDP 4494.4 亿元，产值 14351.2 亿元，税收 1168.7 亿元，就业 249.8 万人；到 2020 年：新增固定资产 17350.6 亿元，GDP 8616.7 亿元，产值 26275 亿元，税收 1480.2 亿元，就业 336.7 万人。

——新增固定资产分析。预计到 2017 年，63 个重大项目共新增固定资产 12375.4 亿元，平均每个项目新增 196.4 亿元。数额最多的 3 个项目是南沙新区、珠三角快速轨道交通和广州城轨；数额最少的 3 个项目是职业能力评价基地、省水资源管理系统和深圳国家基因库。在四大类项目中，现代产业类项目预计新增固定资产 1267.7 亿元，平均每个项目 47 亿元；重大平台类项目预计新增固定资产 6860.67 亿元，平均每个平台达 762 亿元，显示出重大平台积聚优质产业资源的能力；基础设施类项目预计新增固定资产 4088.9 亿元，平均每个项目 227 亿元；民生工程项目预计新增固定资产 158.1 亿元，平均每个项目 17.6 亿元。依预期固定资产形成率来比较，重大平台类项目最高，现代产业类次之，民生工程类最低。

——新增 GDP 分析。预计到 2017 年，63 个重大项目共新增 GDP 为 4494.4 亿元，平均每个项目新增 71.3 亿元。数额最多的 3 个项目是南沙新区、东莞松山湖高新区和中新知识城，均为重大平台；数额最少的 3 个项目是省水资源管理系统、广州超算中心和职业能力评价基地。在四大类项目中，现代产业类项目预计新增 GDP 1105.4 亿元，平均每个项目 40.9 亿元；重大平台类项目预计新增 GDP 3074.2 亿元，平均每个平台 341.6 亿元；基础设施类项目预计新增 GDP 234.8 亿元，平均每个项目 13 亿元；民生工程类项目预计新增 GDP 79.9 亿元，平均每个项目 8.9 亿元。无论从贡献量还是从投资对 GDP 的转化率来看，重大平台对 GDP 增长的贡献最大，现代产业类项目次之。

——新增产值或营业收入分析。预计到 2017 年，63 个重大项目共新增产值或营业收入 14351.2 亿元，平均每个项目新增 227.8 亿元。数额最多的 3 个项目是南沙新区、东莞松山湖高新区和中海油惠州炼油二期；数额最少的 3 个项目是省水资源管理系统、广州超算中心和职业能力评价基地。在四大类项目中，现代产业类项目预计新增产值 3478. 1 亿元，平均每个项目 128. 8 亿元；重大平台类项目预计新增产值 10117. 1 亿元，平均每个平台 1124 亿元，投入产出率（依产值或营业收入与投资的比值计，下同）为 248%；基础设施类项目预计新增产值 568. 6 亿元，平均每个项目 31. 6 亿元；民生工程类项目预计新增产值 187. 3 亿元，平均每个项目 20. 8 亿。从投入产出率来看，最高的为重大平台，现代产业类项目次之。

——新增税收分析。预计到 2017 年，63 个重大项目共新增税收 1168. 7 亿元，平均每个项目新增 18. 6 亿元。数额最多的 3 个项目是南沙新区、深圳轨道交通和中海油惠州炼油二期；数额最少的 3 个项目是广深港客运专线、省水资源管理系统和广州超算中心。在四大类项目中，现代产业类项目预计实现税收 244. 53 亿元；重大平台类项目预计实现税收 757. 2 亿元；基础设施类项目预计实现税收 164. 81 亿元；民生工程类项目预计实现税收 1 亿元。以投资对税收的贡献率看，排名前 3 位的是交通运输、能源电力和先进制造业，后 3 位的是环境整治、教育和水利项目。这与目前广东的税收情况总体吻合：一方面，与经济发展水平息息相关的传统领域贡献率较高，如交通运输、能源电力等；另一方面，产业结构调整促进了税源优化和税收质量提升，先进制造业、科技类和金融类等产业占税收收入的比例显著提高。

——新增就业分析。预计到 2017 年，63 个重大项目共新增就业 249. 8 万人，平均每个项目新增 4 万人。人数最多的 3 个项目是广州轨道交通、南沙新区和东莞松山湖高新区；人数最少的 3 个项目是职业能力评价基地、省水资源管理系统和深圳国家基因库。在四大类项目中，基础设施、重大平台、现代产业、民生工程类项目预计可容纳就业分别为 144. 81 万人、122. 78 万人、24. 7 万人和 1. 21 万人，亿元新增 GDP 容纳就业人数排序也相同。从具体项目来看，中新知识城、翠亨新区等 6 个重大平台和珠海市通用飞机制造基地、广州民企创新基地、珠三角快速轨道交通等 11 个项目都能容纳万人以上的就业。

（三）63 个重大项目预期投产对转型升级功能的比较分析

根据省委省政府 2020 年实现“两个率先”的目标要求以及重大项目对经济发展支撑作用的匡算，2014—2020 年重大项目投产对财政资金放大、拉动消费需求、产业转型升级、节能减排节地等方面的功用分析研判如下：

——财政资金放大效应分析。2014—2020 年，63 个重大项目中，财政资金放大倍数最高的项目 3—36 倍，有 11 个，其中南海国家旅游产业集聚区、端州龟顶新城、东莞松山湖高新区等项目放大倍数分别达到 36 倍、21 倍和 18. 2 倍；放大倍数在 1—3 倍的有 15 个项目，其中 7 个为基础设施项目，包括珠三角城际快速轨道交通、深中通道、港澳珠大桥等。东莞散裂中子源、省社保一体化信息系统、广州超算中心、省技工教育基地等 20 多个项目为全额财政资金支持。

——拉动消费需求分析。2014—2020 年，消费拉动能力最强的项目主要集中于先进制造业和现代服务业，包括一汽大众佛山二期、中山船舶制造基地、珠海通用飞机制造基地、中山美居创意基地、白云机场扩建等 33 个项目，占项目总数的 40%。消费拉动能力较强的项目则主要集中在对上下游产业有直接带动作用的装备制造、基础设施类项目，包括珠海海洋工程装备制造基地、新财富环保电镀基地、东莞城轨交通、北车珠海基地等 10 多个项目。职业能力开发评价基地、广州超算中心等 6 个项目，对消费有一定的间接带动作用。

——产业转型升级效应分析。2014—2020 年，功用最强的项目集中于现代产业和重大平台类项目，这类项目对产业结构及工业、服务业内部结构的优化作用明显，能够提升产业链配套层次，促进产业高端化，包括珠海通用飞机制造基地、一汽－大众佛山二期、粤海装备技术产业园等先进制造业项目，南海国家旅游产业集聚区等现代服务业项目以及中新知识城等重大平台类项目；高新技术产业项目有利于提升技术创新水平，填补广东甚至国内国际相关领域空白，包括深圳国家基因库、广州超算中心等项目；基础设施和民生工程类项目可为产业转型升级提供必备的要素投入，增强发展后劲，如广佛肇城际轨道交通、白云机场扩建工程、珠江三角洲水资源配置工程、职业教育基地等项目。

——节能减排节地效应分析。2014—2020 年，63 个重大项目中除工业锅炉污染治理、重点行业脱硫脱硝设施建设等 4 个直接的节能减排项目之外，产业类项目里节能减排效应最强的主要集中于现代服务业、高新技术和战略新兴产业，这些项目大多单位产值能耗少、排放低、用地省，如仲恺高新区慧云创意园、广州民企创新基地、北斗卫星导航（中山）基地等；节能减排效应较强的项目有白云机场扩建、港澳珠大桥、大亚湾精细化工园、新财富环保电镀基地等项目。除端州龟顶新城项目（城中村改造）这一直接的节地项目外，节地效应最强的项目主要集中于高新技术和战略性新兴产业，包括深圳国家基因库、广州超算中心等项目；节地效应较强的项目有南海国家旅游集聚区、华南智慧城等现代服务业项目。

（四）63 个重大项目比较分析的结论

为更直观地呈现 63 个重大项目经济发展和转型升级的预期效益，我们以坐标图方式进行归纳分析，以 0—100 分作为 63 个重大项目功用强弱的依据①，横、纵坐标线的分值越高表明功用越强。见下图（图中项目号参见粤府办［2014］21 号文附件 2）。

从上述坐标图归纳分析可得出以下四点结论：

① 由于所有项目对经济发展和转型升级功用的分值均在 20 分以上，为更清晰地表现功用的异同，横、纵坐标均以 20—100 分为度量区间，以 60 分为强弱分界。

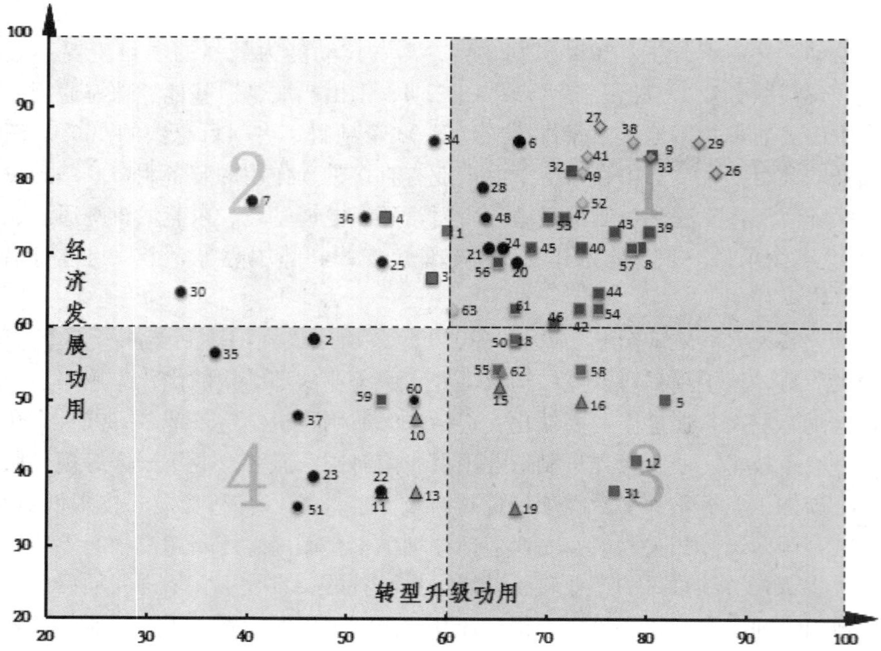

"九年大跨越"63 个重大项目经济发展和转型升级功用坐标

——对经济发展和转型升级支撑作用均强的绝大多数为现代产业和重大平台类项目。双重作用均强的项目共有 32 个，分布于图中第 1 象限，数量超过全部项目的一半，其中双重分值均在 70 分以上的项目有 17 个，全部为现代产业和重大平台类项目。在经济发展的支撑作用方面，这两类项目对新增固定资产、GDP、产值、税收、就业等方面的功用都非常显著：固定资产形成率超过 90% 的项目多在这两类中；从新增 GDP 量上看重大平台由于体量大而遥遥领先，从 GDP 与投资的比率看则是先进制造业、高新技术和战略性新兴产业最为突出；从新增产值看重大平台分值最高，每 100 元投资可新增产值 248 元，高新技术和战略性新兴产业也达到 200 元。在转型升级的功用方面，现代产业类项目对拉动消费、优化产业结构等方面功用最突出。如汽车制造项目能够带动钢铁、机械、电子等上下游 156 个相关产业发展；据统计，汽车工业每增值 1 元可带动汽车保险、汽车保养和维修、汽车租赁等下游产业增值 2. 63 元，并显著拉动相关消费。现代服务业项目含税量约高出其他项目 2/3。重大平台作为综合性项目功用位列其次。未来广东应加大力度引进和发展这两类项目。

——对经济发展支撑作用强、对转型升级功用在其次的主要集中于基础设施类项目。这类项目共 7 个，分布于图中第 2 象限，其中基础设施类项目 5 个。其特点是对经济发展的各项效益都有直接和显著的贡献：从预期新增固定资产看，63 个项目居前 10

位的基础设施类占5位；从投资对税收的预期贡献率看，基础设施类项目中的交通运输和能源电力分别排名前2位；从预期新增GDP容纳就业人数看，基础设施类项目最高，其中交通运输、空港码头两类项目亿元新增GDP就业人数分别为5176人和1455人，远高于其他产业类别。其对转型升级的功用主要体现在拉动消费需求上，对产业结构优化和层次提升、节能减排节的作用在其次。因此，加快基础设施建设对当前稳增长意义重大。

——对转型升级功用强、对经济发展支撑作用在其次的主要集中于现代产业类的高新技术、民生工程类的工业污染治理等项目。这类项目分布于图中第3象限，共11个，其中7个为高新技术和工业污染治理类项目。其共同特点是通过提升产业层次、优化产业结构来促进经济发展，因此对GDP、税收、就业等经济效益的直接拉动作用有限，但对转型升级都有直接和显著的功用。如东莞散裂中子源项目，建成投产后虽不能直接支撑当地经济发展，但能够填补国内空白并抢占国际科技制高点，吸纳众多高端人才集聚当地研发，可拉动相关消费需求。又如工业锅炉污染治理、重点行业脱硫脱硝设施建设等项目，建成后能够改变落后生产方式，促进节能减排新技术推广应用，加速淘汰落后产能，显著改善生态环境，对产业转型升级、增强可持续发展能力具有直接功用。

——对经济发展和转型升级作用均不直接的项目主要集中于民生工程类。这类项目分布于图中第4象限，共11个，主要为教育培训、河涌整治、水利类项目，具有显著的增进民生福祉性质。其共同点是社会效益大于经济效益，能够提高人力资源素质，显著改善人居环境，增强老百姓的幸福感，从长远看能够推动可持续发展。如职业教育基地项目，能够提高就业技能，为经济发展和产业转型升级提供技能型人才，间接拉动消费需求。又如广佛河涌跨界污染整治项目能够倒逼重污染企业加快减排，淘汰污染产能，改善流域生态环境，为经济社会持续健康发展提供保障。再如端州龟顶新城（三旧改造）项目，能够显著节约集约用地，调整优化产业布局和城市功能，推动经济社会生态协调发展。未来广东应加大民生项目在重大项目中的比重，加快改善民生福祉。

四、珠三角重大项目推进中存在的问题及原因分析

（一）个别项目至今仍未开工建设，高端服务业项目占比偏小

一是离2017年实现“九年大跨越”目标任务仅剩3年时间，但至今仍有珠三角空间信息平台及城乡规划决策支撑信息系统、珠江三角洲水资源配置工程、省水资源管理系统建设等3个项目尚未开工。主要原因既有前期分析论证不足、市场前景发生变化导致项目投资难以落实、国家部委久未批复等因素，也有项目牵头单位责任不落实、督促不力的问题。二是工业设计、互联网金融、健康养老、电商服务等高端服务业项目量少乃至空白，影响转型升级的后劲，必须引起高度重视。

（二）部分项目因资金和用地问题进展滞后

80个子项目中有13个子项目因征地拆迁难、资金投入不落实、市政建设不配套等问题进展滞后。在资金投入上，存在投融资方式单一、资金申请和审批环节多以及程序繁琐等问题，导致资金拨付不能及时、足额到位。在土地使用上，存在征地拆迁难度大、问题多的情况，尤其是轨道交通、高速公路、油气管道等涉及大面积、连片土地开发的线状性工程，往往因此而影响进度；有些项目因选址不慎，涉及基本农田保护区和土地规划调整，导致其建设用地无法保障。

（三）项目管理和服务仍缺乏有效的协同性

有些项目建设涉及发改、经信、财政、住建、科技、国土、环保和金融等多个部门，职责交叉，责任边界不清，协调难度大，未能形成推动重大项目建设的合力。部分项目还需要上报国家部委核准，周期长，影响项目进度，如中石油深圳LNG项目尚未获国家核准（国家环保局已批，但海洋局仍未批复），粤西LNG项目直至2014年7月才获得国家能源局批复可开展前期工作。

（四）重大项目立项、建设和后续管理缺乏标准化、系统化的统计评价指标

目前广东对重大项目的统计评价指标体系尚不完善，如重大项目的可行性研究报告普遍缺乏一套标准化的预期投产效益统计指标，导致投入产出效益难以跟踪评估。此外，重大项目的界定和甄别缺乏统一标准，有些项目严格意义上不属于重大项目建设，如“引进3—5所国外知名大学合作举办高等教育机构”，没有计划投资总额、投资和建设进度要求，难以评估效益和量化考核。

（五）重大项目管理与投资管理体制改革不相适应

目前广东除基础设施、重大平台等重大项目需省发改委审批外，其余的项目审批权全部下放到各地市，在简化前置审批的同时后置管理没有跟上，各市重点项目的数据和信息不能及时汇总和全面掌握，导致省主管部门无法掌握全省重点项目的总体情况和具体数据，难以及时有效对项目进行指导协调和解决问题。

五、科学合理推进重大项目建设的对策建议

当前，要适应我国经济新常态，紧紧围绕贯彻落实中央和省关于稳增长、扩投资、调结构、惠民生的工作部署，坚持问题导向，落实工作责任，切实真抓实干，确保未开工项目尽快开工，已开工项目加快进度，已投产项目尽快达产。

（一）要依据重大项目对经济发展和转型升级的支撑作用相应调整推进力度

在时间紧、任务重和资金、用地有限的情况下，必须区别轻重缓急，突出重点，有序推进63个重大项目建设。

——优先推进对经济发展和转型升级作用突出的重大项目。80个重大项目子项目中，应优先推进经济效益好、转型升级作用强的粤海装备技术产业园、珠海海洋工程装备制造基地等现代产业类项目和广州南沙、深圳前海等重大平台的建设。要全面建立和落实“一个项目、一个分管领导、一个责任单位、一个工作班子、一个倒排工期计划”的工作责任机制，将工作计划、工作目标和工作进度表层层分解落实，确保每一个项目有负责、有跟踪、有协调，切实解决实际问题，力争尽快投产。

——大力推进对产业和企业发展拉动力强、带动面广、集聚度高的重大项目。80个子项目中，应大力推进产业链延伸、产业集聚和上下游配套功能强的江门广东轨道交通产业园、中国北车珠海基地、大亚湾精细化工园等现代产业类项目及翠亨新区的建设。要以这些重大项目为龙头，尽早谋划、引进或“嫁接”相配套的上下游产业和企业，防止项目投产后出现“孤岛现象”和“断头现象”，形成“大项目延伸产业链，产业链形成产业群”的发展格局。

——加快推进对当前稳增长、扩内需作用大的重大项目。80个子项目中，加快推进能有效扩大投资和消费需求的港珠澳大桥、珠三角城际快速快速轨道交通、白云机场扩建等交通基础设施项目以及佛山中德现代产业集聚区、世界鞋业总部基地。要围绕应对经济下行压力、稳增长的目标，加快推进这类项目的投资进度，切实落实地方配套资金，做好项目跟进服务，加强项目实施情况的监督检查，确保项目投资及时足额到位、顺利推进。

——重新论证和调整至今尚未开工的重大项目。建议由省发改委牵头会同有关部门对未开工项目逐一重新论证评估，摸清实情，对不属于重大项目界定范畴的、前期调研论证不充分导致投资不落实的项目，作出调整或终止；对工作推诿扯皮、落实不力的要追究其责任。

——增加高端服务业和智能制造项目。着眼于“十三五”实现“两个率先”目标，增强广东发展后劲，在重大项目规划中，应当重点增加工业设计、互联网金融、健康养老、电商服务等高端服务业项目以及智能机器人、智能建筑、3D打印建模、云计算、传感器等涵盖从生产到消费服务的智能产业项目，推动广东转型升级、提质增效。

（二）以财政与金融手段相配合切实解决项目建设的资金问题

以财政与金融手段相配合放大资金投入效应，是广东在重大项目建设中探索出的成功经验。今后在解决重大项目建设资金方面可继续探索完善以下四种方式：

——推广运用PPP（公私合营）融资运营模式。贯彻落实财政部《关于推广运用政府和社会资本合作模式有关问题的通知》，在机场、高速公路、铁路及城际轨道等投资大、周期长的重大基础设施项目建设中，要积极推广运用PPP模式，通过政府与社会资本合作，发挥财政资金的放大撬动作用，调动社会资本参与项目建设运营，实现风险共担、利益共享。

——用好地方债“自借自还”政策。贯彻落实国务院《关于加强地方政府性债务管理的意见》，建立“借用还”相统一的地方政府性债务管理和发债融资机制，根据各级政府资产负债状况，合理确定地方发债的规模和期限，并纳入财政预算管理。

——建立健全引入保险资金机制。总结推广粤东西北振兴发展股权基金的成功模式，形成更多可复制、可推广的经验。建立政府与保险机构、银行合作机制，进一步引入保险资金设立股权投资基金，支持重大项目及重大产业、重大平台、重大民生改善、城市扩容提质项目建设。

——建立政府产业引导基金。鼓励运用“母基金＋子基金”的融资模式，加快设立一体化项目产业发展基金。加快设立募集300亿元的铁路发展基金，鼓励探索设立城市发展基金、产业投资基金、园区建设基金等，并建立畅通的筹资与退出机制。

——依法发挥地方公共融资平台的投融资作用。充分发挥省粤财、省恒健控股公司、南粤交通投资公司等融资平台作用，注重财政资金与担保、再担保、政策性保险等金融手段协调配合，多渠道筹集重大项目建设资金。

（三）解决好重大项目征地拆迁及用地用海指标问题

——积极稳妥做好土地征收、房屋拆迁工作。落实好重大项目征地拆迁地方总包干责任制，制定合理的征收拆迁补偿标准，依法依规开展拆迁工作；建立征地补偿责任追究制度，有效遏制土地征收中的腐败行为。

——着重保障重大项目建设用地用海指标。在年度计划用地安排上，要优先保证省重大项目建设用地；要根据各个项目的建设年限、年度投资计划、项目进度等情况，按时序分期分年度保障项目新增建设用地计划指标。海洋渔业部门要按照省有关政策的要求，开展陆海统筹试点，加强统一规划和管理衔接，科学合理实施围填海造地，做好用海审核和指标安排工作。

——用好用足“三旧”改造政策。按中央要减少珠三角地区的新增建设用地指标的要求，重点加大“三旧”改造力度，着力盘活存量建设用地。

（四）建立完善标准化、系统化的重大项目统计评价指标

为发挥重大项目建成投产、持续发展的良好效益，必须建立一套可统计、可评价、可考核的标准化、系统化统计指标体系。

——建立重大项目分类、进度及效益统计指标。一是建立重大项目的分类标准。严格按照行业类别、统计规范进行填报。二是建立预期投产效益的标准化统计指标，具体包括新增固定资产、GDP、产值、税收、就业等经济社会发展指标以及财政资金放大效应、拉动消费、结构优化、产业提升、节能减排节地等转型升级指标，形成标准化的统一制度并作为一项硬约束，今后各级重大项目立项的可行性报告必须严格按此填报。

——建立投资项目评价制度。对重大项目的建设进度、投资进度、投产后的跟踪状况，定期开展检查评估和效益评价，按照立项时的可行性研究报告中的统计指标进行检

查评价和问责。

（五）进一步加强重大项目管理的协同性

完善和落实重大项目推进工作通报和督查制度、考核和奖励“三项制度”，强化主管部门的主体责任意识，建立由发改、财政、住建、国土、国资、金融、环保等相关部门组成的重大项目管理联席会议制度，明确各自的工作责任，实行主管领导与项目责任挂钩制，层层落实责任，强化服务保障。

突破转型升级“拐点”实现全面优化发展

——广东转型升级拐点研究

改革开放30多年来，广东很好地发挥了试验田与排头兵的作用，在全国率先实现了经济的腾飞，也率先碰到了经济社会转型的深层次问题与结构性矛盾。当前广东正处于爬坡越坎、攻坚克难、克服“中等收入陷阱”的关键阶段，转型升级取得了显著成果，但转型升级的“拐点”尚未到来，转型升级仍是未来3—5年的主攻方向。如何顺利突破转型升级“拐点”，实现从量变到质变、从局部到整体、从战术到战略的转型，成功跳出“中等收入陷阱”，实现经济社会的“凤凰涅槃”，更好地完成“三个定位、两个率先”的历史使命，继续成为带动全国发展的强大引擎，是我们面临的战略任务。

一、当前广东转型升级的基本情况及面临问题

（一）基本情况

改革开放以来，广东省经济持续高速增长。进入新世纪后，珠三角空间狭小、资源相对匮乏的问题凸显，依靠低成本低附加值的制造业已无法承载其发展，产业结构调整与升级成为必然要求，粤东西北地区经济基础薄弱，后发优势不足。面对这些难题，珠三角急需调整产业结构，向外寻求产业发展新空间，而粤东西北地区承接珠三角产业转移意向强烈。近年来，省委省政府出台多项政策措施，从“飞地”政策到“双转移”战略，再到区域协调发展战略，既“腾笼换鸟”又“凤凰涅槃”，广东转型升级经历了三个主要阶段：

第一阶段（2008年以前）：“飞地”政策推动产业转移，企业按市场规律自主转移。2004年，时任省委书记张德江在参加第三届“山洽会”开幕式时，提出产业转移势在必行。2005年，省政府出台《关于广东山区及东西两翼与珠江三角洲联手推进产业转移的意见（试行）》，出台了“工业飞地”政策，提出设立“产业转移园区”等政策措施，要求以市场为导向，推动珠三角产业转移。此阶段以企业自主转移为主，随着“飞地”政策出台，整合全省资源，实现优势互补，政策调整力度加大。

第二阶段（2008—2013年）：“腾笼换鸟”调结构，“双转移”成为全省战略。2008年5月，省委省政府出台了《关于推进产业转移和劳动力转移的决定》及8个配

套文件，把劳动密集型企业向广东的东、西、北部地区转移，同时吸引东、西、北部地区的农村劳动力向珠三角地区及就地向非农产业转移，以进一步转变发展方式，提升产业结构和建立现代产业体系，在珠三角地区实行“腾笼换鸟”。通过“双转移”政策，投入产业转移资金 75 亿元，劳动力转移资金 50 亿元，实现“提升珠三角，带动东西北”的战略。

2010 年，为加大“双转移”工作进度，省政府又出台了《关于进一步推进产业转移工作的若干意见》，按照时任省委书记汪洋对“双转移”工作要“再推一把”的指示精神，坚持市场主导、企业主体，充分发挥政府统筹协调作用的有序引导转移，把双转移作为广东转型再造、再次腾飞的有力抓手，实施市场对接和产业对接，实现珠三角双提升，东西北全面带动的双赢目标。除之前已明确的资金扶持外，省政府再拿出 25 亿元作为产业转移奖励资金；继续落实好《关于抓好产业转移园建设加快产业转移步伐的意见》，采取“扶持共建”和“合作共建”两种模式推动产业转移；转出地再推一把，转入地加强招商，鼓励省有关部门和珠三角地区政府选派干部带项目、带资金、带招商渠道到产业转移园挂职锻炼。

第三阶段（2013 年至今）：振兴东西北，优化珠三角，努力实现“凤凰涅槃”。为推动广东全面协调可持续发展，完成习总书记视察广东时赋予广东“三个定位、两个率先”的重大历史使命，按照省委书记胡春华同志的要求，2013 年省委省政府出台了《中共广东省委广东省人民政府 关于进一步促进粤东西北地区振兴发展的决定》。《决定》对进一步解决粤东西北与珠三角地区发展不平衡问题作出重要部署，强调加快粤东西北地区振兴发展要牢牢把握“三大抓手”：加强交通基础设施建设、加强产业园区建设、做大做强地级市中心城区；坚守维护社会稳定和加强生态保护“两条底线”。同时出台了《促进粤东西北地区产业园区扩能增效工作方案》《推动粤东西北地区地级市中心城区扩容提质工作方案》等配套文件。《决定》提出既要促进粤东西北地区振兴发展，又要加快珠三角地区转型升级优化发展，既“腾笼换鸟”又“凤凰涅槃”，提出了广东经济的“双引擎战略”。

经过全省多年的共同努力，广东省的经济竞争力明显增强，产业结构不断优化，现代服务业、先进制造业和战略性新兴产业迅猛发展，城乡宜居建设取得新进展。目前，珠三角现代产业核心区初步形成，现代服务业增加值占服务业增加值比重、先进制造业增加值占规模以上工业增加值比重分别达 61.3%、52.8%，空气质量平均达标天数比例达到 75.1%。在珠三角，继水泥、造纸、制革、印染等行业的落后产能被淘汰之后，中国（东莞）散裂中子源、中国超算（广州）中心、大亚湾中微子实验室等一批崭新的创新平台正在崛起。目前，珠三角已有 1242 个创新平台和 6000 多家高新技术企业，研发人员超过 50 万，超材料、基因测序及分析等领域跻身世界领先水平。粤东西北地区站上振兴发展新起点，2013 年产业园区新签约项目 394 个，总协议投资额 1716 亿元，地级市中心城区扩容提质、新区规划和撤县设区进展顺利，起步区和重点片区规划建设有序启动。交通基础设施加快发展，全省高速公路到2014年10月已突破6000公里。

（二）面临问题

经济社会转型升级的力度和成效与省委、省政府制定的目标还有一定的距离，产业结构调整仍不到位，珠三角地区战略性新兴产业、先进制造业、现代服务业中的相当一部分处于产业链的低端环节，附加值较低，汽车、石化等重要支柱产业配套不完善、产业链条较短；粤东西北地区工业化和城镇化程度仍然偏低，区域发展不平衡，区域一体化程度有待提升；传统增长模式尚未根本改变，R&D经费支出占GDP比重明显低于发达国家水平，企业自主创新能力不强，依靠科技、人才、品牌等要素增长的创新驱动模式尚未形成；新型工业化、新型城镇化、农业现代化、信息化四化同步仍待加强；区域环境污染治理任务较重，珠三角空气质量达标率仍需提高。总之，广东转型升级的“拐点”尚未到来。

二、广东转型升级“拐点”的五大特征

“拐点”即转型升级实现从量变到质变、从局部到整体、从战术到战略成功的标志。广东目前还没有出现转型升级的“拐点”。多个新兴国家和地区的发展经验表明，当人均收入达到3000—12000美元的中等收入阶段时，如果不能及时解决发展过程中积累的矛盾和经济体制中的潜在问题，将导致经济增长幅度回落或进入长期停滞，陷入“中等收入陷阱”。2013年，广东人均GDP达到58540元，按平均汇率折算为9453美元，达到中上等收入经济体水平，正处于经济社会转型升级爬坡越坎、克服“中等收入陷阱”的关键阶段，经济周期性波动与长期积累的深层次矛盾叠加、结构性矛盾与体制性矛盾叠加、经济下行压力与社会矛盾叠加的挑战依然十分严峻。日本、亚洲四小龙等国家和地区都是经历了多轮转型升级，才逐渐迈入高收入国家和地区行列，并最终成为现代化的发达国家和地区。① 广东这一轮转型升级面临最艰巨的第三阶段，当前仍然需要继续坚持稳中求进、改革创新，推动经济结构优化调整、坚定不移加快转型升级，经过若干年的爬坡越坎、攻坚克难，顺利突破转型升级的“拐点”，实现经济社会从量变到质变的飞跃。根据国际公认标准，届时广东省人均收入将突破12000美元，成功跳出“中等收入陷阱”，从当前的中上等收入地区行列，迈入12000—40000美元的高收入地区行列，成为现代化的发达经济体，真正实现经济社会的“凤凰涅槃”。发展质量和效益得到显著提高，经济社会将在结构优化、形态升级、动力内生、社会包容、生态支撑等方面实现新发展，呈现出以下五大特征：

---

① 源自《广东追赶亚洲“四小龙”跨越“中等收入陷阱”迈入发达地区研究》，研究报告［2012］第5号，广东省政府发展研究中心编。

（一）产业结构优化，现代产业体系基本完善

欧美、日韩等发达国家的产业结构调整经验表明，随着经济发展，产业结构比重均经历了以农业为主，到以制造业为主，再到以服务业为主的发展阶段。以韩国为例，从20世纪60年代到现在的50多年间，韩国产业结构随着经济的高速增长发生了巨大的变化。1960年，韩国农业增加值占GDP比重为38%，2011年仅占2.7%。工业增加值占GDP比重从1960年的18%，增长到1990年的42%。随着产业结构的升级，工业增加值占GDP份额开始下降，2011年为39.2%。服务业增加值占GDP比重不断上升，到2011年为58.1%，在三次产业结构中居于主导地位①。

2013年，广东三次产业比重为4.9∶47.3∶47.8，第三产业比重比上年提高1.3个百分点，首次超过第二产业。这是一个非常重要的标志，说明广东坚持不懈抓转型升级取得了阶段性成果。未来广东三次产业结构将继续优化，第三产业渐居主导地位，占比达到50%以上，在三次产业当中的比重不断提高，第一、第二产业比重逐渐降低。产业发展实现先进制造业与现代服务业双轮驱动，高技术制造业、装备制造业、战略性新兴产业等先进制造业成为第二产业主体，新电子、新医药、新材料、新能源等新兴高端产业持续发展，第二产业的第三产业化程度不断提高；第三产业质量、规模和效益都有显著提高，金融、物流、会展、信息服务、科技服务、文化创意等现代服务业所占比重与发达国家接近，电子商务、信息消费等新业态成为现代产业体系的重要组成部分；劳动密集型产业的生存空间将被逐渐压缩，高附加值产业、资本和技术密集型产业不断壮大，逐步形成产业结构高级、产业发展集聚、产业竞争力高端的现代产业体系。

（二）产业形态升级，产业集聚发展

韩国从20世纪60年代到目前为止，经历了四次产业转型升级，产业扶持和发展重点也经历了从轻工业到重工业，再到知识密集型产业和现在的绿色产业，产业形态不断向高级化发展。20世纪60年代，韩国的经济发展主要依赖出口产业，重点发展胶合板、假发、纺织品等轻工业。进入70年代，受美国等发达国家陷入结构性经济危机的影响，韩国的出口也不断下滑。韩国政府决定将产业结构调整为具有更高附加价值的钢铁、造船、机械等重化工业。进入90年代，韩国企业不断增加研发投资，开展“科技立国”，将产业密集型和资本密集型产业升级为知识密集型产业。基于这个原因，韩国的创意教育和人力资源变得至关重要。近年来，韩国对绿色发展的期待很高，已经开始提高新再生能源的比重，扩大对新再生能源等绿色产业的投资，努力扶持其成为新的发展引擎。

---

① 源自《广东追赶韩国的若干重大问题研究》，研究报告［2011］第3号，广东省政府发展研究中心编。

根据韩国产业发展经验，广东转型升级“拐点”到来时，产业形态也将发生从低级到高级的变化，资本密集型和知识密集型产业所占比重将越来越高。产业实现集聚化发展，相关产业部门围绕产业链、价值链上下游形成合理、有序、有机组合，协作配套不断深化，规模经济效益日益显著。珠三角将聚集大量的资本密集型和知识密集型产业，成为区域乃至全国发展更为强大的引擎。其中，广州、深圳逐步形成以科技研发、金融、服务外包、文化创意、总部经济为主的现代服务产业集群，珠三角东西两岸逐步形成以专业镇为载体、特色鲜明的生产性服务业和先进制造业产业集群，东莞电子信息、佛山家电和建材等区域品牌的国内外影响力将会进一步扩大。区域经济发展协调性逐渐增强，粤东西北地区将以园区经济为载体，形成规模化的产业集群，成为拉动全省经济增长的新发动机。粤东西北生产总值新增长部分的一半以上将来自于园区经济的贡献，人均 GDP 达到或超过全国平均水平。

（三）创新驱动形成，内生动力增强

在产业转型升级的驱动下，韩国也经历了从要素驱动、投资驱动到创新驱动三个阶段的经济增长模式的转换。在 20 世纪 60 年代经济发展的初期阶段，韩国发展外向型经济，依赖的是劳动力等要素的驱动发展；进入 70 年代之后，开始建设重化工业，属于投资驱动型的发展；90 年代末亚洲金融危机之后则进入创新驱动型的发展阶段，推动了韩国核心竞争力和产业结构的稳步提升。经过多年发展，韩国经历了由引进消化吸收到自主创新的过程，形成了较为完备的以企业为主体、产学研结合的技术创新体系，企业已成为技术创新的主体。

美国经历了 18 世纪 60 年代第一次工业革命、19 世纪 70 年代第二次工业革命以及 20 世纪 50 年代至今的第三次工业革命。第三次工业革命以信息和智能技术、叠加制造和纳米科技、新材料、新能源为代表，形成新的内生增长模式和转型动力，崛起了如 IBM、Intel、微软、甲骨文、谷歌、苹果、Facebook、特斯拉等一大批创新型世界巨头企业。国际经验数据表明，一个经济体的 R&D 经费支出占 GDP 比重在 3% 以上，才能主要依靠科技创新驱动经济增长。2012 年，广东 R&D 经费支出占 GDP 比重为 2.17%，珠三角为 2.43%，其中深圳研发投入占比最高，达到 3.77%。2013 年深圳这一指标达到 4%。仅华为一家企业 2013 年研发投入达到 330 亿元，过去 10 年共计投入 1539 亿元。而韩国在 2011 年研发费用占 GDP 的比重已经达到 4.03%，排名世界第二。对标韩国，广东研发投入还有很大提升空间。

从韩国、美国经济增长模式的转换来看，广东越过转型升级“拐点”，意味着传统增长模式发生根本性转变，形成更为高效的内生动力增长模式。过去广东经济的不足主要是靠“铺摊子”，高能耗、高污染、粗放式经营，转型升级则要上新台阶，要精细生产，科技引领、内生增长、低碳发展，并使之成为经济社会发展的主要模式。创新驱动将成为经济发展的主要动力。在创新驱动发展模式下，不仅研发投入实现大幅提高，科

技投入效益也有明显增强，能够用更少的研发资金获得更多的研发成果和科技效益。自主设计研发、品牌营销将取代传统的劳动力成本优势，成为企业的核心竞争力；涌现出一批创新中心、研发与成果转化基地，以华为、腾讯、华大基因、光启为代表的科技创新型龙头企业以及具有国内外影响力的品牌企业、品牌产品和知名企业家将成为拉动广东经济发展的内生动力。

跨过转型升级“拐点”后，拉动经济增长的投资、消费、出口的“三驾马车”协调性也将大幅改善，消费对经济增长的贡献度将更加突出。投资结构更加优化，过去更倚重以政府为投资主体的基础设施类固定资产投资模式，未来以企业为投资主体的生产性和服务性固定资产投资将为经济增长做出更大贡献。

（四）城乡一体，社会包容和谐

欧美、日韩等发达国家都经历了工业化、城镇化、农业现代化和信息化的发展过程。以韩国为例，20 世纪 60 年代的出口导向战略，走工业化发展道路，导致韩国工农、城乡发展严重失调。1970 年代，韩国启动了一场“以工哺农、以工建农”模式的“新村运动”，通过激发农民内在动力、加强农村基础设施建设、促进城乡公共服务一体化、健全农村金融体系、推动农产品规模化现代化生产、大力推进城镇化、转移农村剩余劳动力等一系列措施，实现了整个农村经济社会的变革，大幅改变了农村面貌，缩小了城乡差距，实现了工农协调发展。在信息化领域，韩国已经建成世界上质量最高的信息基础设施，在各领域开展互联网信息社会的变革，国家行政管理和社会经济活动对信息化依赖程度越来越高，成为国际上较为成功的信息化国家。①

广东当前正处于新型工业化、新型城镇化、农业现代化、信息化四化并举的发展阶段。跨越“拐点”后，广东社会形态将呈现新的面貌。城乡二元结构将被打破，形成以工促农、以城带乡、工农互惠、城乡一体的新型工农城乡关系。产业发展与城镇发展实现良性互动，产城融合，过去的土地城镇化真正转变为人的城镇化，异地务工人员能够真正融入城镇保障体系，城乡居民能够共享新型城镇化的丰硕成果。农业生产逐步实现产业化与现代化，虽然在三次产业结构中所占比重有所下降，但生产效率和经济效益实现大幅提高，能够以更少的农业人口满足更高的产出效益需求。信息化将成为提升制造业和服务业效益的重要引擎，在企业、政府、社会中得到更加广泛而深入的应用。在信息化的推动下，优势传统产业得到持续提升，先进制造业和现代服务业实现快速发展。政府的行政管理和社会治理能力得到有效增强，切实履行好经济调节、市场监管、社会管理和公共服务的职能，成为精兵简政、廉洁高效的服务型政府。社会中介和社会组织力量得到长足发展，对社会发展起到更重要的作用。市场在资源配置中逐步发挥决

① 源自《韩国缩小城乡差距的经验与启示》，研究报告［2011］第 4 号，广东省政府发展研究中心编。

定性作用，基本形成与国际接轨的法治化国际化营商环境。

（五）生态支撑能力显著提升，生态文明初步实现

同为亚洲“四小龙”的新加坡和韩国，在实施低碳发展和建设生态文明方面都有自己独到的经验。新加坡是一个经济发达、社会和谐的现代化花园城市，也是一个自然资源严重稀缺的岛国。因此，从政府、企业到市民，都非常重视生态环境和能源节约，建立了城市规划、建设、管理、发展四位一体的低碳生态化发展模式。韩国政府2008年出台了《低碳绿色增长战略》，提出向生态、绿色、环保转型，从污染严重、能耗大的制造经济向绿色低碳的服务经济转变。通过开发水处理、资源回收等核心绿色技术，培育生物资源、绿色汽车、绿色融资等绿色产业，实现绿色增长；开展日常生活的绿色革命，创造绿色就业机会、开展绿色教育，实现了生态文明和可持续发展。

当广东跨越转型升级“拐点”后，也将迎来绿色生产、绿色生活、绿色消费的新时代。经济发展不再以掠夺资源、破坏环境为代价，而是通过节能减排、低碳发展，使生态环境得到整体改善，实现山更绿、水更清、天更蓝，让人民群众能够喝上干净的水，呼吸上清洁的空气，吃上放心的食品，生活品质有明显的改善和提高。大气污染得到有效治理，城市空气质量基本达到优良标准，出现雾霾和酸雨的天数显著降低。江河水质得到明显改善，水污染源实现有效整治，形成有鸟有鱼、有花有草的健康生态水系。建成更多的城市公园、景观林带、绿道网络、阳光海岸和水乡风貌，实现居民出行半径500米范围内有绿色公共空间，让群众拥有更多的青山绿水、公园、绿道可以开展旅游、休闲、度假活动，有更多机会亲近大自然，真正实现资源节约、环境友好、人与自然和谐共处。

三、广东突破“拐点”的着力点和实现途径

（一）加快现代产业体系建设，抢占国内外产业发展制高点

加快产业结构调整，抢占高端产业发展制高点，推动重点产业高端化，大力发展战略性新兴产业，逐步建立起以现代产业和总部经济为核心、以高新技术产业为先导、以强大的先进制造业和现代服务业双轮驱动的现代产业体系。一是坚持先进制造业与现代服务业双轮驱动。继续推动先进制造业、现代服务业双轮驱动，着力打造区域重大产业集聚区，加快打造珠三角空港海港经济圈，形成现代服务业和先进制造业集聚区，布局东西两翼临海临港产业带，推动粤北山区加快融入珠三角产业链的配套体系，加快建立临海产业经济与内陆山区产业经济融合互动的机制，构建具有广东特色、优势突出、保障有力的现代产业体系架构。二是淘汰落后产能，推动产业高端化。从生产制造环节入手，以节能减排为抓手，以技术改造技术创新为手段，以治理高耗能、高污染、淘汰落后产能为突破口，推动产业链向研发、服务、价值链高端发展。发挥“三旧”改造和

“双转移”的政策高地效应，鼓励资源性产品有序转移，腾出空间，优化产业布局结构，再造发展优势。坚持走新型工业化道路，强化自主创新和科技进步的经济推动力，促进产业链条集聚从工艺性向价值性转变，适应国际产业转移和产业分工变化新趋势，促进产业向价值链高端拓展。推动信息化与工业化的融合发展，加大结构调整力度，加强关键技术和先进工艺对传统制造业的高端化改造，以先进制造技术抢占传统优势产业发展的制高点，推动汽车、食品、服装、家具、石化、冶金建材等传统优势产业向高端升级。三是重点培育八大战略性新兴产业。抓住战略性新兴技术和产业大发展的重要机遇，大力推动产业融合发展。在发展战略性新兴产业时，集中资源率先在高端新型电子信息、新能源汽车、半导体照明（LED）产业取得突破，布局发展生物制药、高端装备制造、节能环保、新能源、新材料产业。以产业基地为载体拓展产业链条，加快推进战略性新兴产业核心技术攻关，重点突破相关产业关键共性技术。健全投融资环境，用好相关专项资金，探索建立以社会资本为基础的战略性新兴产业投融资体系，进一步实施创新科研团队和领军人才引进计划，推行技术人才国际化，鼓励企业到国外建立研发机构，组建一批战略性新兴产业联盟合力推动产业发展。

（二）实施“四重一化”带动战略，使其成为推动转型升级的战略抓手

强化重大项目协调推进机制，促进投资有效增长，发挥好投资对经济发展的关键作用。在全面启动“十二五”规划重大项目的基础上，谋划储备一批支撑转型发展、增强发展动力的重大项目。加快重大基础设施项目和重大平台建设投入，为经济发展提供有力支撑。一是加快重大基础设施项目建设。以交通基础设施建设为先导，重点推进公路、铁路、机场、港航、城建、能源、水利、环保等八个方面重大项目建设。吸引具有投资实力的企业特别是民营企业参与基础设施建设，实施重大项目带动，突出抓好贵广、南广、厦深等铁路干线建设以及广州白云机场和深圳宝安机场扩建，新建阳江核电、汕尾海丰“上大压小”等能源项目。二是推进重大发展平台和新城新区建设。加快推进中新知识城、珠海横琴新区、深圳前海深港现代服务业合作区、广州南沙新区、佛山中德服务业合作区、东莞松山湖高新技术开发区等重大平台建设。支持粤东西北地区加强新区基础设施和产业建设，加快建设一批能源、石化、钢铁等重点产业项目和基地，尽快启动新型城镇化发展规划和配套政策，规范发展一批新城新区。三是做好重点技术改造。加快推进技术创新和科技成果产业化，推动先进技术产业化应用，提高装备水平，支持重点企业瞄准世界前沿技术，加快装备升级改造，推动关键领域的技术装备达到国际先进水平，优化产品结构，推进精益制造，改进工艺流程，加强过程控制，提高制造水平。加强公共服务平台建设，整合相关资源，面向重点行业，建设一批产业技术创新和服务平台。四是培育一批重点龙头企业。重点扶持一批各行业的龙头企业成为国内外同行业中的领头羊，支持有条件的企业发展成为具有核心竞争力和国际竞争力的自主创新型、现代化、国际化跨国企业。五是深化信息化和经济社会深度融合。深化信

息技术在工业研发设计、生产制造、营销管理等产品生命周期各环节的应用，推广应用自动化、数字化、网络化、智能化等先进制造系统、智能制造设备及大型成套技术装备，重点行业和骨干企业信息化应用达到国际先进水平。加快社会事业信息化建设步伐，推动“数字城市”建设，推进教育、医疗、社会保障、劳动就业、社区服务等领域信息化建设，提升社会服务能力。构建电子政务畅通大平台，打破部门间信息孤岛，推进信息共享，深化电子政务应用，完善网上办事大厅，提高政务效率。

（三）创新驱动，增强创新型经济内生动力

坚持把自主创新作为推动产业结构调整和转型升级的中心环节，充分发挥政府的引领和促进作用，发挥市场的决定性作用和企业的主体性作用，坚持将结构转型与创新驱动作为广东发展的核心战略，推动经济发展方式战略性转变。一是把转型升级和创新驱动作为发展主战略，激发各类市场主体发展新活力。着力构建现代产业发展新体系，增强创新驱动发展动力，培育开放型经济发展新优势，不断增强可持续发展后劲。以市场为主导培育一大批以华为、腾讯、美的、格力为代表的具有自主创新能力的企业，大力提升广东企业通过自身研发和参与全球研发网络进行产品与工艺创新的能力，不断增强产业核心竞争力。二是加强自主创新平台建设。以全面增强区域竞争力为核心，以区域科技创新服务为重点，以有利于创新、创业发展为主线，重点建设企业孵化平台、研发平台、资源共享平台、科技成果转移平台、国内外交流与合作等平台，积极探索科技创新平台建设模式。三是集聚一批高素质人才和学习型组织。建设若干与产业转型升级紧密对接的国际国内一流大学，完善国际高端人才吸引政策，重点吸引一批代表国内外先进水平的战略科学家、科技领军人才、科技企业家和高科技创业团队服务区域发展。推动与海外高水平教育科研机构、知名企业合作共建研发基地，打造一批“创新型城市”，建设创新型广东。四是完善知识产权保护，增加创新投入。加大知识产权保护和违法处罚力度，要积极调整技术创新方向和高新技术产业发展重点，促进高新技术成果的知识产权化、具有自主知识产权产品的产业化，加快形成一批具有自主知识产权的高新技术企业群体。积极统筹使用可以调配的省级科技财政资金，加大财政对科技创新的投入力度。

（四）积极培育新消费热点，推动传统消费模式升级换代

建立扩大消费的长效机制，解决有效需求不足等问题，加快发展新型商业业态，实施商业模式创新，推动消费结构升级。一是拓宽消费领域，培育新的消费热点。顺应消费结构升级的需要，进一步采取措施，引导企业努力拓展电子信息、通信产品、教育培训、文化娱乐、体育健身、休闲旅游等新兴消费，引导个性化、时尚化、品牌化消费，培育和发展定制类消费。加快发展老年服务、病人看护、家庭医生、家政服务及其他关系到人民群众生活品质的生活性服务业，鼓励居民增加在科技、文化娱乐、信息、旅游等方面的消费。此外，还应特别注重和满足人们的精神消费需求，大力引导和促进旅

游、教育培训、文化创意、出版、影视、网络动漫等精神消费需求的增长和相关产业的发展，提升消费者的生活品质。二是创新商业模式，拓展消费需求。引导企业由产品渐进式创新向商业模式突破性创新转变，鼓励企业立足本土市场优势和规模效应，充分挖掘和分析用户需求，以商业模式创新培育和发展国内市场需求。加快技术研发，促进新的科技手段、创意营销与资本的结合，开发潜在消费需求，创造新的消费需求实现模式，使商业模式创新成为引领市场消费热点形成的重要动力。三是优化消费模式，满足消费体验。丰富信息产品和信息消费内容，鼓励智能终端产品研发，通过创新供给引导消费。拓展新兴服务业态，开展物联网重大应用示范，大力发展电子商务。扩大信用消费，依法加强个人信息保护，规范信息消费市场秩序，提高网络信息安全保障能力，提升消费者购物的便利性，提升消费者的购物体验。

（五）统筹区域协调发展，推动城镇化成为广东经济新增长点

一是推动珠三角优化发展，率先基本实现现代化。以“九年大跨越”为发展契机，对珠三角进行全域规划，以珠三角一体化规划和经济圈建设为抓手，总体考虑功能布局、基础设施建设、产业规划、环境生态保护等方面，更好地推动珠三角全面协调可持续发展。以加快发展高端制造业与现代服务业为动力，强化信息制造业支柱地位，全面推动制造业智能化，加快培育发展信息化新业态，以信息化手段推动政府职能转变，提高珠三角城市群智能化水平，成为世界领先的信息化建设先导区域。促进要素城际间充分、自由流动，加快珠三角一体化进程，推进珠三角民生福利制度的区域一体化和区域环境、交通设施的一体化建设，实现区域同城化。加大生态保护和环境治理，加强珠三角内部高度城市化地区的宜居城乡建设。把珠三角建设成为带动环珠三角和泛珠三角区域发展的龙头。二是推进粤东西北地级市中心城区扩容提质。粤东西北地区要集中精力建设中心城区，加速各类要素的集聚，扩大城镇人口规模，使其成为具有辐射带动作用的区域经济社会发展中心。按照产城人融合发展的要求，加快城市市政基础设施和公共服务设施建设，大力提升中心城区的集聚能力、承载功能和带动作用，通过中心城区的发展带动城市的发展，并逐步扩展到周边县乃至整个区域。强化产业园区对粤东西北地区经济的带动作用，将产业园区作为推动城镇化的主要载体，做好园区功能规划与当地主体功能规划、土地利用规划、城镇建设规划等规划相衔接，促进产业合作园区与当地城镇同步“提质扩容”。三是加快推进粤东西北基础设施建设。加快推进交通设施项目建设，推进“县县通高速”工程，实现粤东西北地区与珠三角地区、周边省份的高速公路对接；加快供水、供电、能源、生活配套、污水处理、垃圾无害化处理等公用设施建设，提高市政配套水平，增强基础设施支撑保障能力。四是完善民生服务功能，缩小地区发展差距。要加大政府对住房保障、教育、医疗等公共服务的投入力度。尤其是加大省级财政对落后地区公共服务的支出比例，减少地区发展差距，体现包容发展，实现机会均等。重点使进城农民工享有与城镇居民同等的社会保障，逐步将异地务工人员及

其随迁家属纳入城镇教育、医疗、文化、社会保障服务体系，建立城乡统一的社会保障制度。

（六）扩大开放，增强开放型经济增长活力

一是深化粤港澳紧密合作，增创参与国际竞争与合作新优势。以港澳为参与国际竞争与合作的重要平台，把港澳作为企业跨国经营的重要融资中心、商贸服务平台和人才基地，加强与港澳专业服务机构在咨询、信息、金融、中介等多领域的合作，充分利用香港资本储备充足、融资成本低、国际网络健全、国际化咨询服务专业等优势，解决企业在跨国经营过程中遇到的问题，降低企业经营成本，提高本土人才国际化程度，提升企业在国际竞争与合作中的能力与影响力。二是加强与东盟各国合作。以“深圳—海防经济贸易合作区”为龙头，在东盟国家逐步建立更多的经贸合作区，引导广东优势企业到东盟进行集群投资，形成产业链条。鼓励到东盟投资的企业积极实施本地化战略，为当地创造更多的就业机会，推动当地经济发展，使东盟各国人民获得更多实惠。三是推进海上丝绸之路建设。在海上丝绸之路国家中选择若干重点国家和地区建设海外经贸办事机构。加强信息沟通和宣传推介。把侨力资源优势转化为人才优势和竞争优势，为推进21世纪海上丝绸之路建设提供有力支撑。发挥行业协会、商会的作用。推进行业协会、商会国际化工程，加强与各国有关机构和跨国企业的联系，深入开展经济、教育、文化等交流与合作。四是培育本土跨国企业，加快实施“走出去”战略。在广东“走出去”实力较强的本土企业中，选择一批规模效益好、竞争力强的大型企业予以重点扶持，赋予重点大型企业更大的投资决策自主权，支持企业做大做强。鼓励中小企业“抱团出海”跨国经营，并对在一定时期内跨国经营能力明显提升，发展潜力大的中小型企业给予重点扶持。广东省“走出去”专项基金要向海上丝绸之路重点合作国家的合作项目倾斜，加快企业的国际化步伐。

（七）深化改革，营造法治化国际化市场化营商环境

营商环境的优劣决定了高端要素资源的流向和集聚。广东与国际化接轨已走在全国前列，今后要更加坚定不移推进市场取向的改革，坚持法治化国际化的发展方向。一是营造与国际对接的法治化国际化市场化营商环境。借鉴香港、新加坡地区营造法治化营商环境的先进经验，围绕营商主体、营商行为、营商秩序等制定地方法规和规章，加强制度性和程序性的法律法规建设。加快社会信用体系建设，整顿和规范市场秩序，建立统一开放、公平竞争的市场体系。加快建立与国际化相适应的管理体制和运行机制，使政府管理方式符合国际惯例，管理效能接近国际先进水平。积极实施《建设法治化国际化营商环境五年行动计划》，建立健全行政裁量权基准制度，规范行政执法，避免执法的随意性，确保市场主体严格依靠规则营商并得到平等保护。把广州南沙、深圳前海、珠海横琴等建设成为国际化营商环境创新示范区。二是厘清政府与市场间的权责界限，营造良好的市场环境。大力推进行政审批制度改革和商事登记制度改革，减少行政

审批事项，为市场主体松绑，优化市场准入强化后续监管，确立与国际接轨的“宽进严管”市场监管服务体系，促进职能部门从“重审批轻监管”向“依法科学管理”转变，推动全能型、管制型、审批型政府向公共服务型政府转变。制订产业发展“负面清单”，把政府管不好、不该管的事项还权给市场和社会，强化市场主体的自律、自治，逐步建立符合社会主义市场经济要求的市场准入和监管体系，为市民创业、市场创新和企业创富营造法治、优质、高效的市场环境，促进地区经济创新和可持续发展。三是加快推进社会组织管理改革，培育、放活社会组织。创新社会管理，自下而上的扩大民主，给老百姓更多发展机会。分阶段稳步推进户籍制度改革，优化积分制入户指标设计，加快推进外来人口融入城镇。逐步形成可在全省范围内转移的养老、医疗和失业等社会保障体系，确保劳动者在市场引导下合理有序流动。加快推进城乡医保一体化进程，不断扩大商业保险参与医疗保障体系建设，在全国率先树立广东特色的全民医保新模式。四是改革基本公共服务的提供方式。引入竞争机制，扩大购买服务，实现提供主体与提供方式多元化。加强公共服务和产品的供给，逐步实现基本公共服务由户籍人口向常住人口全覆盖。

（八）坚守生态文明与社会稳定两条底线，实现绿色发展、和谐发展

一是大力发展低碳经济。以建设资源节约型和环境友好型现代产业体系为目标，大力发展清洁生产、循环经济，努力减少能源消耗和污染物排放，促使经济增长、产业发展由主要依靠资源投入向主要依靠提高资源利用效率转变。二是加快推进低碳城市建设，加强城市生态环境保护。合理安排居住、产业、公共服务等功能布局，构筑紧凑型的城市空间结构，以低碳交通、低碳能源、低碳建筑和低碳生活为导向建设低碳城市，加快新能源推广应用，提高风能和太阳能等在一次能源消费中的比重。加强对重点饮用水源地、水系、湿地、基本农田等生态敏感区、自然保护区和风景名胜区的保护，划定生态控制线，强化城市增长边界控制，实现对区域绿地的长久性保护。三是以生态文明为指导，建设绿色宜居城镇。按照资源节约和环境友好的要求，依托城镇资源和环境承载力，集聚产业和人口，加大污染防控力度，通过节能减排保护和改善生态环境。按照城市标准，对垃圾污染、噪音污水等进行达标处理和控制，增加绿地面积，突出城市生态建设，推动城市与自然，人与城市环境的和谐相处，建设生态城市，保障城镇化的质量、效益和福利，实现城镇化的可持续推进。四是构建开放有序的社会结构，维持社会稳定，实现和谐发展。将符合市场经济和公民社会要求的公共财政落到实处，切实消除教育与医疗健康的不平等，逐步减缓或阻断贫困的代际转移，并加大社会的流动性。解决资源和机会配置的不平等，着力提高城乡居民，特别是低收入者的收入，持续地扩大中等收入的群体，推进“橄榄型”分配结构逐步形成，拓宽社会流动和上升渠道，形成适合市民社会的开放有序的社会结构。促进适度的民主发展，充分发掘现有制度的潜力，有序扩大公民参与，化解社会矛盾，保持动态的可持续稳定，实现社会和谐。

以体制机制改革为动力
创新驱动实现跨越式发展

——广东广新信息产业股份有限公司创新发展的做法与经验

广东广新信息产业股份有限公司（以下简称“广新信息”）是广新集团旗下的控股公司，所处行业为战略性新兴产业的高端信息技术服务，是一家致力于在物联网应用领域，特别是食品安全方面不断进行研发与创新应用的高新技术企业，拥有以防伪溯源及大数据应用为核心的产品体系，成为食品安全溯源、技术应用及产业推广的引领者。2014 年，公司紧紧抓住广东省国企体制机制改革提供的契机，深耕防伪溯源领域的核心技术研发与应用推广，业务取得快速发展。国有资产保值增值率 110%，连续四年实现营业收入、归属母公司净利润以及国有资产保值增值率的增长。公司被国家工信部选定为全国 23 家“互联网与工业融合创新试点企业”之一。

广新信息的快速发展得益于三个方面的创新：一是创新互联网技术，打造核心主业，为公司跨越式发展奠定良好基础；二是创新商业模式，推进公司核心技术应用，从行业和地域两个维度形成聚合效应；三是创新国企体制机制改革，加快股份制改造和资本运营，为公司主业的高速成长创造新的动力与空间。具体如下：

一、创新互联网技术，打造核心主业，为公司跨越式发展奠定良好基础

随着国内食品安全问题的日益突出，捍卫“舌尖上的安全”成为全社会的共同愿望。在创新互联网技术的研发与推广应用，实现党的十八届三中全会提出的“建立食品原产地可追溯制度和质量标识制度，保障食品药品安全”的大背景下，广新信息将“建立以防伪溯源及大数据应用为核心的产品体系，成为食品安全技术应用及产业推广的引领者，做令人尊敬与信任的高新技术企业”作为企业的定位，并通过以下实践打造公司的核心主业：

一是聚焦食品安全应用领域，自主研发建立以防伪溯源为核心的跨平台产品体系。

公司立足食品领域防伪溯源系统的自主研发工作，目前已经拥有 39 项技术专利与软件著作权，2014 年底又新增受理专利及软件著作权 37 项。技术应用从茶叶、瓶装水、酒品、冻肉、特色农产品等食品行业快速延伸至保健品、厨余回收、装备制造等十

几个行业以及政府机构的工商营业执照管理应用。

2014 年年初，公司防伪溯源产品经过科技部门相关专家的评审，被认定是目前国内跨平台应用广、成功案例多、适用性强的产品，已经达到国内领先水平。7 月，广新信息与拥有世界一流货币防伪技术的瑞士 SICPA 公司签订合作协议，公司第四代防伪溯源产品将集成 SICPA 相关技术，预期在食品安全防伪认证与集成应用方面将达到国际领先水平。同时在海珠区政府支持下，合作双方将在广州琶洲电商产业园共同建设研发中心或合资公司，拓展国内外中高端产品的防伪溯源市场。

二是以防伪溯源技术为基础，创新互联网技术，打造多元化电子商务应用新业态。

公司以防伪溯源技术为基础，创新互联网技术，共开发出大型 B2B、B2C、B2B2C 等电子商务平台、O2O 模式全流程可追溯物联网服务平台、新一代国际商贸供应链集成服务平台、跨境电子商务平台、移动客户终端 APP 应用平台等多元化电商平台达 40 多个，注册用户数量超过 30 多万，企业交易量超过 517 亿人民币，年流量超 4000 万人次。开发出的大宗商品交易平台与交易指数平台已经在行业内形成一定影响力，如南方最大的茶叶电子交易平台——广东国际茶叶交易平台、海南农垦集团中国橡胶电子交易平台、江西井冈山国家经济技术开发区的辣椒电子交易平台等。

上述产品通过物联网技术、电商服务平台与智能手机 APP 端结合，在传统商业应用领域构建出一个大社交与营销同步推送的体系，在实现“口碑分享、线上推广”“线下体验、线上交易”的同时，也形成了生产厂家、经销商、消费者与安全监管部门信息闭环验证、数据共享、业务协同与营销推送相互结合的开放式新业态。而大宗商品交易平台与交易指数平台的应用，则成为特定行业确定发展的风向标，也对推动当地经济发展起到了基础性的作用。

二、创新商业模式，推进公司核心技术应用，从行业和地域两个维度形成聚合效应

公司核心技术从行业和地域两个维度延伸，将防伪溯源系统、物联网示范基地、产品检测中心、直销采购中心、企业移动商城五大核心要素集成一体，从食品行业快速复制到保健品、厨余回收、装备制造等十几个行业。产品应用从省内扩展至江西、海南、香港特别行政区等全国多个地区以及澳大利亚等海外地区，在广州、潮州、澳大利亚珀斯分别建立了一个防伪溯源实验基地、一个示范基地和一个追溯中心，复制到江西吉安的特色农副产品物联网示范基地也开始破土动工。同时，公司在 2014 年下半年建立并运行“聚臻品荟”平台，将广新信息积累三年的防伪溯源基地、线下门店、客户资源、技术平台、运营团队等独有资源与优势整合起来，打造一个从源头到终端可追溯、兼具 APP 微商城同步支持的食品 O2O 平台。由于公司拥有近 700 家地处珠三角和长三角的线下连锁门店的网络渠道，解决电商“最后一公里配送”的问题，从而打通行业上下

游的供应链，形成平台垂直拓展的新模式。采取行业应用、地域应用与基地复制等平面发展结合平台垂直拓展的方式，在实现公司业务新突破的同时，还为公司在不同行业、不同地区塑造了“粤新溯源”“ITS”“臻玖点”“聚臻品荟”等8个国内外知名品牌。

三、创新国企体制机制改革，加快股份制改造和资本运营，为公司主业的高速成长创造新的动力与空间

2014年，在省国资委和广新集团的大力支持下，广新信息创新体制，锐意改革，2月初启动公司股份制改造，4月完成管理层及核心骨干人员增资扩股，7月成立股份公司，12月30日获得批准在全国股转系统（简称“新三板”）挂牌，成为省国资委启动50家体制机制改革创新试点工作后第一家新三板挂牌的上市公司：

一是通过国企体制机制改革和股份制改造，激发公司核心骨干的创业激情与干事热情。

股份制改造后，公司的经营管理骨干持股20%，经营者与所有者的利益高度一致，激发了经营骨干的创业激情，调动了广新信息经营管理团队的积极性、主动性和创造性，促进业务跨越式发展。同时，国企控股加上体制机制创新实践还使公司吸引了一批拥有战略管理、资本运营、投融资及财务管理背景的高级人才；聚集一批海外学成归来的拥有物联网、现代信息服务、电子商务等行业的专业技术的人才。目前，公司中层以上管理岗位拥有研究生学历或获得高级职称的人员占到70%。技术研发与项目管理岗位工程师等中级职称以及获得各类专业认证资格的人员占到80%以上。人才结构的优化为广新信息持续提升核心竞争力注入新鲜血液。

二是作为体制机制改革和股份制试点探索，推动公司按照现代企业制度的要求完善公司法人治理结构。

信息公司严格按照公司法的要求，通过股东大会成立了股份公司第一届董事会和监事会。在董事会人选方面，聘请曾经担任超声电子、珠江钢琴、广州酒家、星湖科技等上市公司独董的两名专业人士担任公司外部董事，由全体员工推举一名职工董事。在三会和公司章程框架内，国有大股东只通过董事会参与公司重大决策，不参与经营，经营班子在公司章程和股东会授权范围内充分行使经营自主权；董事会选聘总经理和高管团队，并考核经营团队；实行董事会领导下的总经理负责制，总经理组建经营团队；国有大股东严格按照章程，派出监事机构负责人，监督董事会和经营团队重大决策和日常经营活动，确保合法、合规。另外，按照证监会及上市公司的要求，广新信息经股东会批准，制订了一整套股份公司章程及内部经营管理、控制制度。同时严格按照全国股转公司及证监会信息披露制度及规范进行信息披露和发布。公司法人治理结构的规范提升了投资者对公司治理能力的信心，提升了公司的市值管理水平和资本运营能力，为公司下一阶段发展创造更大的空间。

三是进一步完善选人用人机制，突出业绩导向的绩效激励与薪酬管理。

随着体制机制试点工作的开展，广新信息也逐步建立起市场化的选人用人机制，通过市场化公开选聘、内部竞岗、外派培养等方式，拓宽人才成长渠道。2014 年以来，公司通过各种方式选聘提拔外派合资公司高管、员工董事、公司监事、公司总监及经营管理人才，取得良好的效果。同时，鼓励员工在职培训学习也成为公司培养人才的另一个重要途径。

在建设人才队伍的同时，抓住体制机制改革契机，制定以绩效为导向的考核激励机制。公司根据下达的年度经营管理 KPI 指标，分层级对经营班子、中层板块负责人和基层员工进行绩效考核，并根据上年度绩效考核的结果和下年度承担任务的情况来确定各层级的岗位薪酬以及业绩奖励标准。绩效考核的结果还将影响员工的任用与晋升。人才梯队的建立与全员绩效考核机制的建立，激发了团队创业干事的活力，加快了新市场新业务的拓展步伐，提升了项目管理水平。

从“五华”现象看深圳的转型升级与创新发展

“五华”是深圳华为、华大基因、华强集团、华侨城、华南城五家以“华”字打头的企业的合称，它们都是深圳经济发展的标杆企业，在国内外具有较强竞争力和影响力。作为各自行业的领跑者，“五华”成为深圳经济转型升级的重要抓手，也是深圳实现创新发展的重要支柱。

一、“五华”是深圳转型升级与创新发展的名片

（一）“五华”拉动深圳产业转型升级

“五华”作为深圳市的龙头企业，为深圳市高新技术产业、战略性新兴产业的产值增长做出了巨大贡献，促进了深圳整体经济结构的优化，成为拉动产业转型升级的重要引擎和支柱。华为注重技术研发投入，近 10 年来累计研发投入超过 1900 亿元。2014 年研发投入占全年营收比例高达 14.2%，接近全球前十名，与大众、三星、英特尔等行业巨头比肩。深圳市 2014 年全社会研发投入达 643 亿元，仅华为一家公司的研发投入达到 409 亿元，占整个深圳市的 63.6%，为深圳转型升级立下汗马功劳。华大基因注重提高科研实力，2014 年其基因测序产出能力占全球 50% 以上。华强集团、华侨城、华南城分别在电子信息、文化旅游、综合商贸物流等领域的转型升级中发挥示范引领作用，不仅有力地推动深圳本地转型升级和产业提质发展，还通过跨区域战略布局，实现了对国内其他地区经济的辐射拉动。

（二）“五华”在深圳实现创新领跑

“五华”之所以能够屹立于行业之首，最重要的是坚持不断创新，以创新引领企业持续发展壮大。华为、华大基因、华强集团注重企业技术创新，华为经过多年发展，已从跟随模仿式创新向源头创新、引领式创新迈进，从“跟跑者”向“并行者”“领跑者”转变，成为我国内地唯一的“全球百强创新机构”。华大基因自 1999 年以来发表论文 1007 篇，SCI 收录 950 余篇，名列《2013 年亚太地区自然出版指数》中国科研机构第 5 名。华强集团从电子信息到文化产业，注重创意设计、科研开发、内容创作，已经熟练掌握了相关产业领域的关键技术，形成创、研、产、销产业链条，在国际市场上建立起强势的中国文化科技品牌。华侨城、华南城属于商业模式创新，华侨城以文化旅

游为核心，互动发展关联产业的成片开发模式已经从深圳推向全国十多个城市，截至2013年底累计接待游客2.5亿人次，成为中国旅游业第一品牌。华南城大型综合商贸物流中心的领航者，现已将整合专业市场、推动商贸物流转型升级、优化城市空间结构、提升现代服务业竞争力的成功商业模式从深圳复制到国内7个大中型城市，为当地贡献巨大税收，提升周边的投资环境，增加数万人以上的创业机会，解决几十万人的就业。

二、“五华”现象对广东转型升级与创新发展的启示

在深圳，类似于“五华”的企业还有很多，腾讯、中兴等一大批国际知名企业都为深圳转型升级和创新发展起到了至关重要的作用。这些企业的成长与深圳的发展相辅相成，他们之所以能够做大做强，成为标杆企业，一方面是由于自身的努力，抓住了行业发展的趋势和方向，另一方面也离不开深圳为他们提供了适宜创新成长的环境。深圳市从改革开放之初的一个渔港起步，成长为全省乃至全国的创新驱动发展排头兵，有许多经验值得其他地市学习和借鉴。

（一）坚持市场化导向，让优秀企业在公平竞争中脱颖而出

“五华”从中小企业发展壮大成为行业领军企业，不是靠政府扶持和倾斜性政策，而是经历了充分的市场磨练才脱颖而出，才具备了强大的生命力。华为、华大基因都是民营背景，即使是华侨城、华强这样的国企，创立之初也没有什么特殊资源。华侨城起步于一片滩涂，华强是一片工业厂房，华南城的发源地在深圳关外的边远地带。它们的成功是市场公平竞争的结果、企业奋斗的结果，也是深圳多年坚持市场化导向发展经济的结果。只有正确处理好政府与市场的关系，充分发挥市场对技术研发方向、路线选择和各类资源要素配置的导向作用，让企业真正成为技术创新决策、研发投入、科研组织和成果转化的主体。政府应进一步简政放权，给企业松绑，把政府管不好、不该管的事项还权给市场，用政府权力的“减法”，换取市场活力的“乘法”。尽快建立统一透明、有序规范的法治化国际化营商环境，让更多的优秀企业在法治、优质、高效的市场环境下，通过公平竞争脱颖而出，为广东转型升级和创新发展起到更大的推动作用。

（二）重视发挥龙头企业对转型升级的引领和支撑作用

改革开放以来，深圳坚持遵循市场经济和产业发展规律，从引进“三来一补”加工制造业，到发展以电子信息产业为龙头的高新技术产业，再到打造高新技术产业、金融业、物流产业和文化产业四大支柱，推动深圳产业发展和转型升级始终领先全国。可以说，深圳30多年的持续快速发展就是产业不断转型升级的过程。“五华”紧跟深圳市产业发展步伐，主动参与转型升级，在现代服务业、战略性新兴产业等领域达到国内领先、国际竞争力强的较高水平，实现企业与城市发展共同提升的过程和目标。龙头企

业是一个地区产业发展的支柱和标杆，对转型升级起着重要的引领和支撑作用。各地应大力支持当地龙头企业加快产业转型升级步伐，充分发挥自身优势，加强资源整合，集聚创新要素，围绕主业积极向产业链上下游拓展，力争在品牌建设、创意设计、技术创新、物流配送、营销网络等环节不断取得新突破，打造高附加值的产业链。通过产业纽带、分工协作和技术扩散等，辐射带动中小企业企业共同发展，实现集群产业整体转型升级。

（三）以企业为创新主体，激发民间创新创业活力

区别于北京、江苏、西安等省市以政府主导的创新，深圳90%的创新都来自于企业。近年来，以“五华”为代表的一批具有国际竞争力的创新型企业迅速崛起，柴火创客空间、3W创新咖啡屋、牛津创新谷等草根创新孵化器也如雨后春笋般大量涌现，营造了大众创业、万众创新的生动局面。国际级创新企业与小微、草根创新企业之间构建了相互作用的、独特的创新生态体系，形成了深圳浓厚的市场创新和科技创新氛围。在以企业为主的创新环境下，深圳市政府与市场保持步调一致、协同发展，充当“催化剂”和“加油站”，因势利导，甚至很多布局和思维都超前市场，比如机器人产业、“互联网+”等新兴产业刚刚有了发展的苗头，深圳市政府就出台了相关的扶持政策。目前全省很多地市都面临转型升级、创新发展，在这种进程中，政府更应该明确自身定位，在打造创新发展机制、环境和氛围上下功夫，坚持正确的产业导向、实行扶持创新发展的优惠政策、拓展企业创新发展的空间，激发民间创新思维和创新活力，努力营造鼓励创新、宽容失败的氛围，让所有想创业、能创业的人获得机会，让各类市场的创造潜能得到充分释放，让创新成为社会的价值导向和时代气息。

（四）充分利用国内外优秀资源要素，为企业发展提供不竭动力

“五华”的成长，离不开开放的学习态度，在发展过程中充分学习港澳、发达国家的优秀经验和各类资源，为我所用，保持自身竞争力处于行业领先水平。华大基因最初只是国际人类基因组计划的参与者，但短短几年就成长为基因科技行业领导者；华侨城从建城之初就引进新加坡规划理念，确立文化立业的思路；华强在转型中涉足文化科技产业，以迪斯尼为借鉴发挥自己的科技优势。广东的市场程度较高，对外开放力度大，经过多年的积累，已经拥有了较为丰富的资源要素。尽管如此，也不能闭门造车，应当以更为开阔的胸怀，虚心学习国内外其他国家和地区的成功经验，广泛借鉴其他国家的优秀成果，更大程度、更大范围扩大合作开放的内涵和形式。在学习借鉴过程中注重消化吸收和提高自主创新能力，才能在未来的竞争中赢得主动，获得源源不断的发展动力。

松山湖提前布局创新驱动发展 加快推动东莞产业转型升级

松山湖高新技术产业开发区成立以来，东莞市委市政府顶住早期的发展压力，紧紧围绕“科学发展示范区、产业升级引领区”的发展定位，按照“高起点规划建设、高门槛择商选资、高水平自主创新”的“三高”发展模式，坚持科技创新不变色、高标准择商选资不动摇、严把引进项目标准。经过十余年的发展，松山湖升级为国家级高新区，获得“跨国公司最佳投资的开发区”等称号，先后被认定为国家科技服务体系建设试点园区、国家级版权示范园、国家高新技术创业服务中心、国家水处理技术国际创新园等，产业发展逐渐实现由“中国制造”向“中国智造”转型。松山湖高新区已成为东莞创新驱动发展的集聚区、产业转型升级的引领区。

一、松山湖创新驱动发展布局初见成效

自2001年开发建设以来，松山湖按照建设“科学发展示范区、转型升级引领区”的发展目标，快速推进各项事业。目前，园区拥有700多家科技企业，其中国家高新技术企业84家。2014年R&D（规上工业企业研发经费）投入28.48亿元。专利申请总量为2930件，专利授权总量为1572件。累计引进16个广东省创新科研团队、14名国家“千人计划”入选者、4个市科研创新团队、22名东莞市创新创业领军人才、博士或副高职称以上人才近1500名。拥有松湖华科孵化园、东莞留学人员创业园、东莞市中科云智信息技术有限公司3家国家级孵化器，3家国家级科技企业孵化器培育单位（原省级孵化器），2家市级孵化器；累计孵化面积共70多万平方米。拥有2个国家级国际科技合作基地，2个国家级技术转移示范8个省级国际科技合作基地。经过十余年积累，松山湖高新区招商引资、招才引智成效显著，产业聚集水平、自主创新能力不断提高，已成为东莞转型升级、高水平崛起的强大引擎。

二、松山湖创新发展的主要做法

（一）重视政府引导，实施一批创新型科技政策

东莞不断完善松山湖科技政策环境，优化政策体系，出台了《东莞市人民政府关于把松山湖高新区建设成为国家创新型科技园区的若干意见》和《东莞松山湖高新区

关于争创国家创新型科技园区的实施意见》。针对优质中小微企业出台《扬帆启航计划》等科技政策，助推成长中各阶段企业发展和壮大；针对园区创新创业创富项目，出台引才育才《梧桐计划》等人才政策，加大园区企业吸引和培养人才的力度；针对企业融资，出台“1+3”的金融业发展政策体系，设立5000万元风险补偿资金池，激励企业股改上市和开展“新三板”，支持和鼓励金融机构对企业的融资服务，引导创业投资来聚集各类基金支持科技企业发展；针对新兴产业，制定出台了机器人、手游、光电、节能环保等产业扶持政策。

（二）提升载体功能，打造创新创业服务平台

一是高标准建设台湾高科技园、中以国际科技合作产业园、大学创新城和国际机器人产业基地。台湾高科技园启动“莞榕计划”引进台湾优质生物技术企业，打造粤台经贸、科技、金融深化合作样板。中以国际科技合作产业园以水处理节能环保产业为切入点，引进中以联合知识创新中心和以色列国家税务集团等24个项目，被科技部认定为“国家水处理技术国际创新园”。大学创新城集聚国内知名高校优势科系和重点项目创新资源，引进华南协同创新研究院、北京大学东莞光电研究院等5个新型研究院。国际机器人产业基地引进一批掌握机器人核心技术的高层次人才，集聚50多家智能制造企业，筹划建设广东省智能机器人创新研究院。二是推动建设科技企业孵化器。结合大学创新城、台港高科技园、中以产业园等平台的建设，引导民间资本进入孵化器产业领域，引进孵化器专业运营管理团队，精心培育高水平、高层次、高素质创业团队和具有核心竞争力的高成长性企业，强化公共科技创新平台的企业孵化功能。目前，已建立留学人员创业园、博士创业园等孵化器，中小科技企业创业园、创新科技园等加速器，孵化器载体面积65.7万平方米，在孵企业超过400多家。

（三）统筹两个市场，集聚国际国内创新资源

近年来，松山湖抓住港澳台及国际科技资源正在加速重组和流动的机遇，积极开展全方位、多层次、高水平的莞港澳台及国际科技合作。一是基于平台的交流合作。松山湖以台湾高科技园为平台采取“共同规划、共同开发、共同经营、共同管理、共同受益”的开发模式，引进台湾交通大学医疗电子领域国际顶尖团队，集聚两岸高端产业，引进联胜科技、合泰半导体等优质合作项目。以中以国际科技合作产业园为平台，积极开展与以色列在水处理环保产业、新能源、生物医药、电动汽车、高端生产制造等领域的合作与交流。二是开展项目合作。进驻松山湖企业集聚国际创新资源，与国内外企业、高校等密切合作。广东东邦科技有限公司与英国剑桥大学开展的产学研合作项目，将填补国际柔性显示技术空白。广东生益科技股份有限公司与新日铁住金化学株式会社合作，分别在松山湖高新区和香港成立软性覆铜板材料（下称“FPC用材料”）销售合资公司，抢占中国FPC用材料市场。东莞尚睿电子商务有限公司与全球电商巨头亚马

逊合作，在华南地区推广亚马逊的云平台服务，从单纯的外贸交易向外贸电子商务服务转变。

（四）营造创新环境，激发企业主体创新活力

一是推行电子商务企业集群注册。首创电商企业集群注册，采取“一址多照”的模式，实现全程电子化办理营业执照，这一经验由中央新闻频道播报，向全国推介东莞经验。二是推进商事登记制度改革。制定《松山湖高新区关于规范企业入园审批工作的实施意见》，该实施意见按照“商事主体资格与经营资格相分离”的基本原则，取消项目入园工商注册登记前置审批制度，实行空间载体审批分级管理制度，使松山湖发展成为企业登记注册便利、市场监管有序的先行区。三是推进项目投资建设审批体制改革。松山湖积极推进投资建设直接落地改革，通过“并联办理、信息共享、限时办结”，最大限度压减了项目落地、建设和验收时间，社会投资项目从立项到落地从改革前的18个月压减至7个月，降低了企业不可控的隐性成本。

（五）立足开放融合，引进培育海内外高端人才

松山湖针对高校科研院所不多、科研基础条件薄弱、创新型人才匮乏的实际情况，大力吸引国内外创新团队和人才。一是推进“大孵化器”合作计划。与华中科技大学、省物联网中心等创业孵化器、加速器合作，建立留创园分园、博创园分园。二是积极引进国际创新团队。以创建国家人才管理改革试验区为目标，积极引进海内外高层次人才及团队。广东东阳光药业有限公司引进的海外药物研发团队连续四年获得省引进创新科研团队认定。东莞深圳清华大学研究院创新中心引进的西班牙“单晶蓝宝石纤维及其增强复合材料创新团队”技术有望为航空航天、兵器装备、核工业、先进制造业等领域中的“卡脖子技术”带来重大突破。三在境外设立引资引智平台。与清华大学深圳研究院的欧洲中心和北美创新创业中心合作建设松山湖海外人才工作站，加快建立以硅谷和伦敦为中心的海外人才引进网络。

三、几点建议

当前东莞正处于转型升级的爬坡越坎阶段，创新应是新常态下加快转型升级、推动经济行稳致远的根本动力。应积极贯彻落实全省科技创新大会精神，以松山湖为创新载体，加强各方创新合作、探索创新资源共享，集聚创新人才等，加快推动产业转型升级。

（一）以松山湖为载体，进一步推进以科技创新为核心的全面创新

一是提升科技创新能力，以机器人产业为重要抓手加快工业转型升级。东莞是世界制造之都，产业转型升级的重中之重应是以科技创新驱动的工业转型升级。根据广东工业转型升级攻坚战三年行动计划，信息化改造和“机器换人”是重点攻坚的内容。松

山湖已完成国际机器人产业基地的初步建设，下一步应在此基础上，以机器人产业为抓手，依托香港科技大学的李泽湘教授带领他的工业机器人研发团队，攻克机器人运动控制核心技术，并逐渐积聚一批机器人核心零部件企业、机器人系统集成商以及智能装备企业，形成机器人产业链，成为推动东莞工业转型升级的重要力量。二是着力推动生产组织方式、商业模式等各类创新。围绕科技创新推动生产组织方创新式、商业模式创新、产品创新、品牌创新等，通过生产组织方式创新推动应用新技术革命成果，适应市场多元化需求，既优化大规模、集中式生产组织流程，又发展小型化、个性化生产；通过商业模式创新拓宽社会资本投入渠道，开拓技术转移转化新路径。

（二）充分利用广东自贸区“溢出效应”，借力借势共享发展机遇

松山湖高新区地理位置优越，处于广东自贸区南沙新区片区和深圳前海蛇口片区之间。自贸区具有独特的政策优势和资源优势，是广东产业转型升级、增创开放型经济新优势的重要平台，松山湖应充分利用地理优势，加强与自贸区对接，探索多领域合作。建立与广东自贸区招商合作机制。充分利用自贸区平台，完善招商合作体系，积极承接自贸区的产业溢出，与园区企业建立联盟合作伙伴关系，探索与自贸区企业在营运模式创新基础上的新型合作模式。建立与广东自贸区金融合作机制。充分利用深圳前海金融服务业发展优势，搭建政、企、金合作平台，为园区企业拓宽投融资渠道，为园区跨境电子商务企业建立与跨境结算银行的合作平台。同时，促进园区金融服务外包业实现跨越式发展。建立与广东自贸区现代服务业合作机制。充分利用自贸区现代服务业发展优势，建立自贸区现代服务企业与园区企业的市场服务对接平台，大力推进现代服务业的合作交流与发展。建立与广东自贸区人才对接机制。充分利用自贸区平台，吸引自贸区溢出人才落户松山湖、生态园创新创业。探索推广广东自贸区先行先试政策。自贸区将试行“一照三号”登记制度等一系列先行先试政策，支持根据园区实际情况，探索在园区推广自贸区先行先试政策的可行性。

（三）探索创新资源共享机制，加强与省内园区间合作发展

资源共享、合作发展是一个普遍的趋势。广东省内园区（开发区）比较多，创新创业资源也比较多，各有各的优势，也各有各的劣势。但实际上各园区（开发区）之间的合作甚少。建议考虑通过科技厅、商务厅的高层协调，鼓励在园区间建立促进技术创新的联盟组织和产业合作组织，建立起跨区域、跨园区的组织协调和创新资源共享机制，整合利用各园区内的各种公共技术服务平台，连接和共享各园区技术服务基础设施、联通各园区的信息网络、建立起跨园区的科技中介服务体系等，使不同园区的企业能够便利地获得整个园区体系内各类公共资源和公共服务，实现合作多赢。

（四）强化激励机制，始终注重集聚创新人才

创新驱动实质上是人才驱动。东莞要实施创新驱动，要加快形成一支规模宏大、富

有创新精神、契合东莞产业发展需要的创新型人才队伍，重点在用好、吸引、培养人才上下功夫。一是要招商引资、招人聚才并举，择天下英才而用之。产业转型升级的推进意味着人才层次和结构将发生变化，松山湖应立足产业需要，及时调整人才政策，广泛吸引各类创新人才，重点在具有发展前景的医药、半导体、云计算、物联网、装备制造等领域，引进更多高层次创新科研团队和创新创业领军人才。二是要用好科学家、科技人员、企业家。科学家、科技人员是科技创新的主体，企业是创新发展的载体，应积极落实省关于科技成果转移转化收入分配等改革事项，激发他们的创新热情，加快推动以科技创新为核心的全面创新。

第三篇
金融改革创新

JINRONG GAIGE
CHUANGXIN

新常态下加快广东金融改革创新研究报告

金融是现代经济的核心，在世界经济格局处于深刻调整、我国经济进入“三期叠加”阶段的大背景下，广东经济在全国较早进入新常态，金融发展也相应进入了改革创新与风险凸显交织的新常态。准确把握新常态下广东金融改革发展的新特征、新问题，采取及时有效的应对策略，加快广东金融改革创新，对于广东主动适应和引领新常态，加快建设金融强省，促进金融有效支持实体经济发展，实现经济中高速增长、产业中高端发展具有重要战略意义和现实作用。

一、新常态下广东金融发展的新特征新问题

广东作为全国的经济大省、金融大省，经济总量和金融总资产均居全国首位，建设经济强省和金融强省的任务艰巨。在国际国内发展环境进入新常态、发生新变化的情况下，广东金融发展也呈现出以下新特征、新问题：

（一）经济增速放缓与金融保持高增长并存

从2012年起，广东经济增速进入个位数增长，从“十一五”年均增长12.4%回落至“十二五”前四年年均增长9.1%。与此同时，金融仍保持了两位数增长，“十二五”前四年，全省金融业增加值和金融总资产年均增速分别为17.3%和14.2%；2014年全省金融总资产达19.6万亿元，金融业增加值4725亿元，同比分别增长15.3%和12.5%。2015年上半年，广东GDP同比增长7.7%；金融业增加值同比增长23%，相当于GDP增幅的3倍，占GDP比重达到8.39%，均创历史新高。

（二）金融资本流动全球化与资本市场波动大并存

经济全球化和区域经济一体化发展，带来了世界各国和地区金融资本与政策间的相互影响和渗透，资本在全球范围内流动，金融风险也在各国之间传导。2015年6月，希腊退欧公投引发债务危机外溢、欧元汇率大幅下跌，全球股指期货跳水，原油价受美元走强的打压而重挫；今年以来我国股市暴涨暴跌，尤其是6月下旬以来的连续暴跌，不仅对国内经济与金融稳定产生了巨大冲击，也造成香港乃至亚太股市大幅下挫，甚至影响了全球股市。

（三）金融资产总量大与中小企业融资难融资贵并存

2014年广东金融总资产占全国的1/9，居全国首位；全社会融资规模1.32万亿元，金融机构各项贷款余额达8.8万亿元，流动性较为充裕。但中小微企业融资难融资贵问题仍较突出，据统计，全省57.6%的企业向各类融资机构融资不成功，中小微企业新增贷款1800亿元，仅占新增贷款总额的15%，中小微企业上市门槛高，直接融资渠道狭窄。2014年全省商业银行贷款年化加权平均利率为7.48%，同比提高0.39%，对小微企业贷款在基准利率上普遍上浮20%—30%；民间融资成本普遍在20%以上，而同期广东工业中小企业平均毛利润率仅为5%左右，难以覆盖融资成本。

（四）金融创新和新业态迅猛发展与金融风险隐患加大并存

互联网、大数据时代催生了方兴未艾的互联网金融，移动支付、P2P、股权众筹、网络融资平台、互联网银行等新业态以及金融创新衍生产品迅猛发展，以其交易便捷、成本低廉和体验直接对传统金融带来巨大冲击，逐渐占据金融发展制高点，引领未来金融发展潮流。广东前海微众银行、广东农商行金融租赁、自贸区跨境电商试点、P2P网贷平台等互联网金融新业态发展态势良好，拓宽了企业直接融资的渠道。但同时影子银行、P2P平台、伞形信托、理财产品等互联网金融创新业务监管缺失，大量银行资金通过这些途径流入股市，股市杠杆风险加剧，带来极大负面影响。截至2014年，广东P2P平台超过350家，贷款余额超过250亿元，其中问题平台61家，占全国问题平台的22.3%，居全国首位，提现困难、恶意诈骗、跑路等情况屡屡发生，给企业和投资者带来极大的损害。

（五）建设金融强省任务艰巨与地方金融监管体制不适应并存

广东省作为金融大省，金融在支持稳增长、调结构、促改革、惠民生，服务实体经济，保持经济大省地位中发挥了重要作用。在新常态下，广东按照建设金融强省的目标，要大力发展国际金融、产业金融、科技金融、农村金融、民生金融，建设深圳、广州两大区域金融中心，任务繁重而艰巨，对地方政府金融监管和服务的要求越来越高。但广东地方金融监管体制无论是机构设置还是管理手段都已不适应，地方金融监管职能薄弱，机构设置不足，监管手段单一，“小马拉大车”。地方金融监管体制不能满足广东经济发展对金融支撑的要求，已成为广东加快建设金融强省一大短板。

二、广东金融支持实体经济发展成效显著

“十二五”以来，省委省政府把建设金融强省摆在更重要位置上，大力推进广东金融创新和改革发展，极大地增强金融对实体经济发展的支撑和服务作用，在经济下行压力下，金融仍然保持了快速发展的势头，为广东发挥稳增长、调结构两大支撑作用作出了重要贡献。

（一）金融业综合实力显著提升

至2015年6月底，全省金融总资产、增加值以及占GDP比重均创历史最高水平。一是银行业实现持续稳健发展。2015年上半年，广东金融机构本外币存款余额16万亿元，同比增长13.3%；贷款余额9.1万亿元，增长11.6%，其中支持生产的短期贷款增长22.1%。小额贷款公司486家，比上年增加36家；民营银行、村镇银行、融资担保机构稳健发展。二是多层次资本市场加快发展。全省上市公司达420家，居全国第一，新三板挂牌企业292家，比上年底增加102家。资本市场直接融资1115亿元；各类创投和私募股权基金规模超过1万亿元；发行公司债、中小企业私募债、资产证券化产品融资400多亿元，规模全国第一。三是保险业创新发展。2014年以来，保险资金创新服务粤东西北地区及城镇化建设，投入资金超过600亿元；“政银保”贷款成本低于民间融资30%以上，惠及中小微企业4400家次；今年上半年实现保费1120.79亿元，增长19.57%，全国第一，为经济社会发展承担各类风险保障106万亿元。

（二）金融要素市场建设取得新成效

一是初步建立起全省统一的综合性产权交易平台。省产权集团率先走出政府公共资源市场化配置改革的新路子，行业话语权与业态引领作用显著提升，2014年产权交易140.3万宗，居全国第一，交易额3148亿元，居全国第二，产权交易平均增值率达17.4%，高于同行13%的平均水平，对GDP增长的贡献达1400亿元。二是场外交易市场（OTC）发展迅速。全省形成省产权、广州、深圳、珠海四大股权交易中心，2015年上半年，OTC挂牌企业数8108家，比上年增加472家，居全国首位；新三板挂牌企业254家，居全国第二位。三是形成了国内一流的金融资产交易平台。广东金融资产交易中心成立一年半来，创出五大类共十种金融新产品，累计实现交易量3707亿元，实现营业收入2882.87万元，跻身全国同行业机构第二位。

（三）金融组织体系建设不断完善

广东已形成以地方金融控股集团为主体，银行、证券、保险、基金等机构为支撑，类金融和民间金融为辅助的地方金融体系。一是地方金融控股集团各具特色。越秀集团已基本形成集银行、证券、保险、租赁、基金、融资担保、小额贷款等为一体的国际化金融控股集团，目前资产总额超过3700亿元；粤财控股已形成以信托、资产、担保、基金和实业为主体的地方金融控股集团公司，管理资产规模超过2800亿元；恒健控股已形成以产业基金、资产管理、资本运作、策略投资、投行服务为支撑的省属国有资本运作平台，资产规模达2600亿元；粤科金融已形成以创业、风险投资为主体，科技小贷、融资担保、融资租赁、资产评估、产业基金、科技金融产业园为支撑的“2+6”业务体系。二是各类地方金融机构稳健发展。总部在粤的招商集团、平安集团、广州农商行、广发证券、国信证券等一批金融龙头企业资产规模、综合实力和竞争力显著提升；民营银行、村镇银行及小贷、租赁、融资担保、拍卖、典当等类金融机构蓬勃发展。三是金融重大平台建设取得重大突破。深圳前海、珠海横琴、广州南沙及佛山金融高新区等国家和省级金融聚集区建设成效显著，至2015年5月底，三大国家级新区已分别集聚金融、类金融企业17122家、170家和958家，佛山金融高新区已进驻金融企业逾200家，为广东金融创新发展提供了重要支撑。四是民间金融不断发展。广州率先打造出全国首条集借贷、财富管理、支付结算、价格发布于一体的民间金融街，引领我国民间金融行业发展潮流；设立了全国首家小额再贷款公司，打造了广州市首个互联网金融产业基地，建立了民间金融“广东价格指数”和行业新标准。目前入驻金融机构152家，为15000多家中小微企业和个人提供1400多亿元的融资服务，缴纳税收逾6亿元。佛山、东莞相继建立了民间金融街。

（四）缩小区域金融发展差异取得新成效

广东积极促进珠三角地区金融资源向粤东西北地区流动。一是发展普惠金融。2015年广东在粤东西北地区启动了农村普惠金融试点，金融资源投入农村明显增加，农村征信体系构建卓有成效，为推广农村金融服务建立了良好基础。目前，全省20个试点县已建成使用县级综合征信中心17个；创建信用村1963个，认定信用户近30万户；建成服务站2980个、助农取款点4523个、安装取款设备6046台。二是引入保险资金支持粤东西北地区振兴发展。2013年以来，财政金融手段相配合，设立了规模150亿元的广东省高速公路基础设施债权投资计划，可直接撬动逾350亿元的贷款，支持粤东西北重大交通基础设施建设；设立了规模121亿元的粤东西北振兴发展股权基金，可撬动逾1200亿元的金融资本和社会资金投入，放大效应超过30倍。三是成功创出政府与社会资本合作（PPP）“广东模式”。2014年，汕头市与中信集团合作签署500亿元的PPP合作协议，撬动数千亿元社会资本参与，高起点打造一流基础设施和高端化中信滨海新城。目前，全省已有16个PPP项目纳入国家发改委PPP项目库。

（五）金融科技产业融合发展进一步深化

一是“三融合”服务体系不断优化。惠州高新区在园内设立广发银行科技支行，累计向区内优质科技型企业提供贷款超过2亿元。中山高新区引进文化产业基金、健康产业股权基金、股权投资基金和基金管理公司，到位资金38.4亿元。广州高新区融资担保机构累计为100多家区内企业提供贷款担保。二是“三融合”服务能力不断提升。创新开展供应链融资、行业平台担保、知识产权质押等信贷支持方式，广州、深圳、佛山区域性股权交易中心为企业股权和知识产权质押融资、上市辅导等提供支持。珠海高新区中小企业“成长之翼”融资平台吸引21家债权融资平台机构加入，累计为38家企业放款2.99亿元。“科技东莞”工程统筹安排了首期5000万元种子基金、2亿元信贷风险补偿资金池。三是“三融合”服务环境不断优化。珠海打造高新区科技金融广场，结合"珠海市投融资增信平台"网络虚拟载体和集市大厅，累计撮合项目融资247家次，实现总融资额17亿元。

（六）金融开放合作取得新成效

一是跨境人民币试点不断扩大。2014年，全省跨境人民币结算规模预计超过6万亿元，占全国总量近三成，前海跨境人民币贷款接近600亿元，前海和横琴获批在香港发行人民币债券累计达45亿元。二是粤港澳金融合作深入推进。广东自由贸易试验区已正式挂牌运作，成为广东金融对外开放新引擎。2014年香港银行机构在广东设立营业机构166家；越秀集团在全国首开国企收购外资银行先河，取得香港创兴银行75%控股权；粤港证券、保险、期货、基金等机构互设24家经营机构。三是积极搭建产融开放合作对接平台。"十二五"前四年，成功举办4期中国（广州）国际金融交易·博览会，累计签约项目逾300个，成交额逾18000亿。2014年广东举办了"海上丝绸之路的金融合作"主题论坛活动，谋划设立广东海上丝绸之路基金。

（七）金融政策环境不断完善

"十二五"以来，广东相继出台27项地方金融政策法规支持实体经济发展。一是加快金融强省建设。出台了《建设珠江三角洲金融改革创新试验区总体方案》《关于深化金融改革完善金融市场体系的意见》等政策文件，加快建设与广东经济大省地位相适应的金融强省。二是大力发展资本市场。出台了《大力发展广东资本市场的实施意见》《发展利用期货市场推动广东实体经济持续健康发展的意见》等政策文件，推动企业利用资本市场从间接融资转向直接融资。三是大力推进保险业发展。出台了《保险业发展的若干意见》《大力推进广东省保险业改革发展的意见》等政策文件，推动更多保险资金参与广东经济建设。四是有效缓解中小微企业融资贵难。出台了《科技金融支持中小微企业发展专项行动计划》《支持中小微企业融资的若干意见》《创新完善中小微企业投融资机制的若干意见》等政策文件，促进中小微企业加快发展。五是大力发展普惠金融。出台了《深化农村金融改革建设普惠金融体系的意见》及《试点方案》，促进欠发达地区振兴发展。

三、新常态下广东加快金融改革创新的对策建议

"十三五"时期，是广东实现"两个率先"的"收官"时期，国内外发展环境复杂性和不确定性加大，广东宏观经济运行稳中向好的基础还不够牢固，实体经济发展面临许多新情况、新困难，对金融改革创新提出了新的更高的要求。广东必须把建设金融强省作为经济工作的重中之重，制定实施更加有力有效的金融改革创新举措，增强金融服务实体经济的能力和支撑作用，确保全省经济社会平稳健康发展。

（一）适应新常态强化和完善广东地方金融监管体制

高度重视"三期叠加"时期广东金融风险隐患显性化的现实，要从顶层设计上改

革和强化广东地方金融监管体制。一是理顺金融监管体制，明确监管职责。建议借鉴北京、上海、天津等地地方金融监管体系的经验，强化广东省金融办职能，负责监管中央驻粤金融监管部门法定监管范围之外的广东金融组织、交易场所、金融服务活动和金融新业态，规范和引导民间借贷活动。同时充实监管力量，加强对全省地方金融的监管和风险处置。二是完善地方金融风险防范化解机制。建立广东地方信贷风险补偿基金和风险处置基金，运用市场化运作模式，处置地方突发金融事件和风险救助。完善与中央驻粤监管机构的风险处置协调机制，建立与中央驻粤金融监管部门的定期联席会议制度，加强沟通，做好对可能引发区域性金融风险的重点领域的监测和风险预警。三是探索建立金融综合监管体制。适应新一轮金融混业、资本项下开放和离在岸市场互渗的趋势，探索具有广东特色的金融综合监管模式，借助广东三大自贸片区运作平台，推动国家金融"一行三会"驻粤机构在深圳前海、珠海横琴和广州南沙自贸园区设立监管派驻机构，建立综合监管平台。

（二）以"一带一路"和自贸区建设为契机提高金融开放水平

一是加强金融对外合作助力"一带一路"建设。以建设"一带一路"为契机，加强政银企合作，引导金融机构主动对接广东"一带一路"优先推进项目，支持广东海上丝绸之路大通道、粤新欧陆上丝绸之路大通道建设。借鉴福建经验，建议由广东省政府牵头，探索与国家开发银行、中国进出口银行等政策性金融机构合作设立"广东海上丝绸之路基金"，以股权投资方式优先支持广东企业赴海上丝绸之路沿岸国家进行境外项目投资和海洋经济合作，为广东企业和资本"走出去"提供金融服务。二是加快自贸区金融改革创新步伐。建议省金融办会同"一行三会"驻粤机构建立广东自贸区金融改革创新联席会议制度，研究制定自贸区金融框架和创新性制度安排实施方案；积极争取对广东开展离岸金融和跨境人民币业务亟需的自由贸易账户、分账核算体系、合格境内个人投资者和人民币金融产品跨境交易等政策的落地实施。努力争取国家支持广东设立深交所人民币国际板，恢复设立广州期货交易所，探索设立小额贷款资产证券化等金融产品交易平台。鼓励粤港澳金融机构建立跨境金融服务平台，完善共同营销和跨境联动服务机制，探索国际银团贷款、跨境同业拆借、跨境贷款业务转让等新型业务开发。促进粤港澳金融资源自由流动，允许港澳投资者投资广东的能源、金融资产、股权、产权等交易平台内挂牌交易的人民币金融产品，推动广东要素市场国际化进程。

（三）多策并举提高金融服务实体经济能力

贯彻中央和省加大金融支持实体经济力度的政策举措，发挥金融在稳增长、调结构、促转型、惠民生中的重要支撑作用。一是继续完善金融、科技、产业"三融合"机制。促进广佛莞深三融合产业园集聚发展，在有条件的粤东西北地级市开展"三融合"试点。发挥金融对财政资金的杠杆放大作用，以财政设立"母基金"＋社会资本

“子基金”撬动更多信贷资金，加大对“三融合”相关产业、高科技企业和产业协同创新的投入力度，推动科技金融产业深度融合发展。完善融资风险分担机制，积极探索建立完善覆盖全省的省市政企共同出资的政策性融资担保体系，建立重点产业和科技型企业信贷风险补偿金或风险资金池，在全省国家级高新区设立中小科技企业担保公司。二是强化省属金融控股集团服务实体经济的功能。推动恒健控股做大做强国资运营平台，粤财控股做优重大产业项目融资平台，粤科金融做全科技金融创新创业服务产业链，打造差异化、全方位服务广东创新经济的金融体系。发起设立各种产业引导基金、股权投资基金、企业债等，缓解省重点项目建设资金需求。三是有效缓解中小微企业融资贵融资难问题。加快发展省内民间金融街，完善街区相关配套设施和服务功能，推动小额贷款、融资担保、典当等民间金融机构集聚发展。支持广州民间金融街打造升级版，建设互联网金融产业基地，打造民间金融“广州价格”指数，创建全国民间金融产业知名品牌示范区。发展特色化、多样化的民间金融街，使其真正成为民间资本与中小微企业无缝对接的新平台。加快开展小额贷款保证保险试点工作，促进融资担保、小额贷款等行业健康规范发展。四是围绕农村土地改革创新农村金融。大力推动广东地方金融机构开展农村集体土地抵押贷款业务，在明确土地权属的基础上开展土地承包经营权和宅基地使用权抵押贷款试点；鼓励非银行金融机构开展农村金融产品创新，探索开展土地流转信托、担保等产品创新；鼓励和支持省属金融机构开展土地受益基金、土地流转保险、土地证券化等产品创新，促进“三农”发展。

（四）加快金融新业态与传统金融业态融合发展

高度重视互联网金融对传统金融业转型升级的提升作用，加快发展金融新业态。一是以“互联网+”改造提升传统金融。促进金融机构的业务和服务体系实现信息化全覆盖，利用互联网和大数据，形成便捷、低成本、体验度高的直销银行模式；加快银行、券商、基金、保险等金融机构线上销售金融产品；开展互联网大数据征信试点工作，加快实现金融信用信息共享。二是发展金融创客助推“大众创业、万众创新”。创新发展天使基金、PE\VC、并购重组基金等投融资模式，推动科技金融服务与创业创新相融合，大力发展创新工场、创业空间等新型孵化器和平台，形成“互联网+金融科技”的创客新模式。在广州、深圳、佛山等条件较好的地市开展互联网股权众筹试点，鼓励券商、区域性股权交易中心在风险可控的前提下，设立为各类创业创新项目、个人、企业提供综合金融和孵化加速服务的股权众筹平台。三是促进互联网金融产品创新。推动互联网信用基础设施和配套服务体系建设，建设互联网金融中心；规范发展移动支付、P2P网贷平台、众筹平台等互联网金融业务，加快接入央行征信系统，确保网贷信用数据真实可靠、可查可得，有效惩治违法违规企业。

（五）加快形成各具特色、错位发展的区域金融格局

一是全面推进珠三角金融改革创新试验区建设。加快广州、深圳区域金融中心建

设，提高两市的辐射带动能力。初步实现珠三角金融基础设施、金融服务、金融资源配置与信息共享一体化，佛山、中山、珠海、东莞要因地制宜，形成各具特色的发展格局。二是推动粤港澳金融深层次合作。全面落实《粤港合作框架协议》和《粤澳合作框架协议》，在CEPA框架下不断推进金融合作先行先试。探索建立跨境人民币投融资风险管理中心，加强跨境人民币资金流动规模和动向监测，防范人民币资金异常跨境流动带来的冲击和风险。深入开展金融机构、业务和人才合作，创新开展金融市场合作，继续推动广东金融机构和企业赴港上市，推动广东符合条件的企业在港发行人民币债券。三是促进粤东西北地区普惠金融发展。引导珠三角地区金融资源辐射带动粤东西北地区，鼓励珠三角地区金融机构向粤东西北地区延伸金融服务网络、拓展金融业务，强化粤东西北地区对珠三角的金融承接功能。稳步推进粤东西北地区农村普惠金融试点，力争3—5年在全省农村地区全面开展普惠金融村村通，打通社会信用体系建设和基础金融服务的“最后一公里”，推进城乡基础金融服务的均等化。

（六）以完善多层次资本市场扩大直接融资

一是加快国企混合制改革，推动整体上市。优化国有资本布局结构，通过深化国企混合制改革，采用完善法人治理结构、引入战略投资者、资产注入、并购重组等方式，推动省属国企下属企业加快上市，创造条件实现集团整体上市，提高国有资本证券化率。二是鼓励创新型企业挂牌新三板。采取有效扶持政策及配套措施，支持和推动更多的创新型、科技型企业上新三板挂牌；支持挂牌企业申请高新技术企业、高新技术产业基金。建立新三板上市企业后备梯队，“跟踪一批、孵化一批、上市一批”，对广东企业进行分层次培育。三是加快建立广东OTC市场对接新三板的批量转板机制。加快建立“单独受理、优先审核、提前沟通、集中挂牌”的新三板批量转板机制，探索设立由地方OTC市场、券商和新三板共同参与的转板孵化平台，简化转板流程，加快广东OTC市场挂牌企业转板速度。四是加快建立全省统一的综合性产权交易平台。按照“省市共建”的发展思路，全面推进广东产权交易平台的资源整合，充分发挥省产权交易集团的“网顶”作用，通过参股或控股方式与各市合作，建立全省统一的综合性要素和产权交易市场。支持省股权托管中心建立全省统一的非上市公司股权登记托管平台，将原先分散在省、市登记的非上市公司纳入到省级托管平台下。

（七）防范和化解新常态下金融风险隐患

高度重视经济放缓、产能过剩、房市股市泡沫可能引发的风险，守住确保不发生区域性、系统性金融风险的底线。一是加强防范化解互联网金融风险。贯彻落实中央《关于促进互联网金融健康发展的指导意见》的精神，加快研究制定广东《关于促进互联网金融健康发展的实施意见》，加强对互联网金融的全方位监管。建立P2P、第三方支付和众筹平台的风险预警、信息披露和全程实时监控制度，建立第三方资金托管制度，加强投资风险教育；发挥互联网金融行业自律作用，建立行业备案、自律监管机制，探索制定互联网金融自律公约。各级金融监管部门必须严守法律红线和风险底线，严厉查处互联网金融平台的非法集资、非法发债行为，促进互联网金融健康发展。二是防范和化解联保贷款风险。要规范发展融资再担保机构，构筑贷款安全保障网；完善企业逃废债管控机制，加强对涉险企业的土地、房产、股权等权属的登记、变更、转让、过户、抵押等的监测，防止企业通过资产转移逃废债务；及时拆解有风险的担保圈，对主要担保企业进行风险隔离；加快搭建企业信用信息共享平台，有效防范企业信用风险。

新常态下广东金融改革发展的新特征与新问题

在国际金融危机引发世界经济大调整、我国经济进入“三期叠加”阶段的大背景下，广东在全国较早进入经济新常态，广东金融作为现代经济的核心，也呈现出新常态的新特征、新问题。正确认识和适应广东金融新常态，有利于找准广东推进金融改革创新、加快金融强省建设的突破口。

一、新常态带来广东金融发展的新趋向新特点

（一）金融资产总量增速有所放缓，但仍保持两位数增长

新常态下，广东经济从高速增长转入中高速增长，全省 GDP 年均增速从“十一五”期间的 12.4% 下降到“十二五”前四年的 9.1%。与经济增速相适应，全省金融业增加值和金融资产总量也由高速增长转向中高速增长。“十一五”期间，广东金融业增加值和金融资产总量年均分别增长 22.6% 和 17.4%；“十二五”时期头四年，广东金融业增加值和金融资产总量年均增速分别为 17.3% 和 14.2%，其中，2014 年全省金融业总资产 19.6 万亿元，同比增长 15.3%，实现金融业增加值 4725 亿元，同比增长 12.5%，均居全国首位；在经济增速放缓下仍保持了两位数的增长，发挥了对实体经济的支撑作用。

（二）金融脱媒趋势加快，融资结构持续优化

新常态下，随着利率市场化改革的加快推进和融资渠道的不断丰富，广东企业融资由间接融资为主向间接融资与直接融资协调发展转变。一是银行信贷增长较快，支持生产的短期贷款增幅大。2015 年一季度全省各项贷款余额 8.8 万亿元，同比增长 10.9%，其中短期贷款增长 22.1%，非银行金融机构贷款增长 20%，贷款流向生产经营的资金增多。二是实体经济通过多层次资本市场融资占比提高。随着我国资本市场中小板、创业板和新三板成功推出，银行间债券市场快速发展，广东企业直接融资规模持续上升。截至 2014 年底，全省上市公司达 396 家，居全国第一，新三板挂牌企业 133 家。全省企业通过证券市场直接融资 1115 亿元，通过银行间市场发行各类债券 1400 多亿元，同比大幅增长近 100%；发行公司债、中小企业私募债、资产证券化产品融资 400 多亿元，规模全国第一；在广东区域股权交易市场挂牌企业超 7000 家，各类创投和私募股权基

金规模超过 1 万亿元。

（三）金融合作向深层次发展，开放力度不断加大

一是人民币国际化再上新台阶。2014 年全省跨境人民币结算规模预计超过 6 万亿元，占全国总量近三成；前海跨境人民币贷款接近 600 亿元。二是粤港澳金融合作深入推进。2014 年，香港银行机构在广东设立营业机构 166 家，越秀集团收购香港创兴银行 75% 股份；广东证券期货基金经营机构在香港设立 19 家机构；广东有港资背景的保险机构经营主体 5 家。粤港澳服务贸易自由化金融业负面清单正加快制订。三是自贸区成为广东金融对外开放新引擎。2015 年 4 月 21 日，广东自由贸易试验区正式挂牌运作，广东正围绕建设我国金融业对外开放试验示范窗口的目标，切实用好自贸试验区先行先试政策，进一步推进跨境人民币业务创新、外汇管理改革、金融要素交易市场建设、粤港澳金融合作、金融改革创新机制建设等工作。四是海上丝绸之路建设将深化广东跨境金融合作。2014 年，广东成功举办第三届中国（广州）国际金融交易博览会、“海上丝绸之路的金融合作”主题论坛活动，谋划设立广东海上丝绸之路基金，并将不断通过海上丝绸之路建设深化与东盟、非洲及欧美发达国家的金融合作，增强对广东企业和资本“走出去”的金融支持力度。

（四）金融新业态不断涌现，创新驱动成为金融发展主动力

一是互联网金融等新业态迅速崛起。截至 2014 年，广东 P2P 网贷平台超过 350 家，约占全国的 1/4，网贷累计成交量预计突破 830 亿元、贷款余额超过 250 亿元，规模居全国首位；股权众筹、网络融资平台、新型网络金融机构等新业态发展迅速。二是新型金融和准金融机构加快涌现。2014 年，前海微众银行，广州农商行金融租赁公司，广晟、粤海集团、省交通集团财务公司等新型金融、准金融机构相继获批设立，融资租赁、商业保理、消费金融、航运保险等新型业态加快发展，形成多元化金融服务层次和完整的金融生态圈。三是金融、科技、产业融合创新成为新趋势。从 2011 年开始，广东率先在全省 9 个国家级高新区和广州、东莞、揭阳和佛山南海等开展“三融合”工作试点，积极探索科技金融综合性服务中心、科技支行、科技保险、科技小贷、科技担保资金池、科技金融基金等新模式，有力推动科技创新和产业升级。

二、新常态下金融发展出现新情况新问题

（一）流动性比较充裕与中小微企业融资难、融资贵并存

据省金融办数据显示，2014 年广东实现社会融资规模达 1.32 万亿元，约占全国 1/12；各项贷款余额为 8.8 万亿元，通过资本市场直接融资 1115 亿元，均创近年新高，但中小微企业融资难融资贵问题仍较为突出。2014 年全省小微企业贷款增加 1800 亿元，占企业贷款增量比重 45%；全省商业银行贷款年化加权平均利率为 7.48%，同比提高

0.39%，对小微企业贷款在基准利率上普遍上浮20%—30%；民间融资“广州价格”小贷一年期利率在17%以上；到区域股权交易市场挂牌的综合成本也在12%以上。而同期广东工业中小企业平均毛利润率仅为5%左右，难以覆盖融资成本。

（二）金融总量大与金融服务实体经济手段较弱并存

一是全省金融发展不平衡。珠三角各市金融总量和增加值占全省90%以上，粤东西北12市金融业增加值占比不到10%，资本市场不发达，直接融资比例低，金融对经济提速的牵引支撑作用没有充分展现。二是缺乏大而强的地方金融大龙头企业。目前从省里的粤财、粤科金融到地方的广州金控、珠海金控、佛山金控等，规模、主营收入和利润均还不大，缺少金融牌照，距离真正的金融航母还有相当的差距，业务拓展和创新能力仍不强。三是直接融资规模与全省金融产业发展水平不匹配。虽然2014年广东非金融企业直接债务融资实现了近200%的高速增长，但融资量仍比江苏少1000亿元，占社会融资规模比重也比江苏低8.7个百分点。全省上市企业近一半集中在深圳，其他地市的上市军团亟待扩容提质，即便是省会城市广州，经济证券化程度（上市公司总市值占GDP比重）仅为36%，低于全国平均水平。

（三）经济下行压力加大与金融风险隐患较多并存

2014年以来，在我国经济下行压力持续加大的情况下，省内局部地区和个别行业的金融风险苗头显现，全省不良贷款率一度超过1.3%，比年初上升0.23个百分点，钢贸、煤炭、P2P网贷等领域在个别地区和行业出现了一些风险事件。加之前期积累的各种周期性、行业性风险隐患，房地产市场风险、企业经营风险、银行业务转型创新风险等，对广东稳增长带来一定影响。

（四）互联网金融的迅速发展与对传统金融业的挑战并存

互联网金融以开放、包容和高效、低成本优势迅猛发展，给传统金融机构带来了严峻的冲击与挑战：一是弱化了银行的中介作用。互联网金融通过互联网技术手段，使资金供需双方直接交易，冲击了金融机构资金融通过程的主导地位和金融中介作用，传统金融机构面临转型升级的业务危机。二是直接冲击银行业活期存款业务。目前，不少互联网平台上已具备网银所具备的转账、还款、缴费等基础功能，拥有较高的收益率，并运用互联网长尾效应，吸收大量社会和个人的闲散资金，直接影响银行存款业务和居民存款需求。三是比传统金融业更重视服务和体验。互联网金融提高了客户体验，让居民消费和投融资变得快捷高效低成本，具有比传统银行业更独特的竞争力。这些挑战要求传统金融业必须加快与互联网融合，推出更加优质的新型业务，通过不断改革创新谋求新发展。

新常态下建设金融强省亟需强化和完善广东地方金融监管体制

金融是现代经济的核心，广东省是金融大省，金融业在广东稳增长、调结构、促改革中发挥了重要作用。广东一直重视金融业发展，2004 年就设立了广东省金融办，在建设金融强省、支持金融服务实体经济、防范和处置地方金融风险、推动金融业加速发展等方面发挥了重要作用。随着互联网时代到来，特别是我国经济进入“三期叠加”的新常态，广东金融改革发展面临新的挑战，但广东当前地方金融监管体制与建设金融强省和防范化解金融风险的客观需求不相适应，监管手段不足，存在“小马拉大车”状况。广东应主动适应经济金融新变化，加快完善和强化广东地方金融监管体制机制，为推动广东金融业改革发展扫除制度性障碍。

一、当前广东地方金融监管体制已不适应全省金融改革发展新形势

金融监管体制是维护金融安全稳定、实现金融服务实体经济、促进经济社会健康发展带有全局性的顶层设计，对广东建设金融强省具有举足轻重的作用。但当前广东地方金融监管体制与新常态下金融改革发展要求不相匹配。存在三个“不相适应”。

（一）广东地方金融监管体制与建设金融强省要求不相适应

“十二五”以来，广东金融业改革创新和发展取得了显著成就，金融大省的地位和优势进一步巩固。截至 2014 年底，全省金融业总资产达 19.6 万亿元，同比增长 15.3%，占全国 1/9，金融对经济增长的贡献率超过 8%；实现金融业增加值 4724.5 亿元，同比增长 12.5%，占 GDP 比重大幅提高到 6.97%，居全国首位。至 2015 年 1—4 月，全省金融业增加值同比增速高达 21.8%，为同期 GDP 增速的 3 倍多，占 GDP 比重进一步提高到 8.6%，创历史新高。2014 年全年实现社会融资规模 1.32 万亿元，约占全国 1/12，居全国首位。广东 3 大股权交易中心共有挂牌企业 8108 家，拥有国内上市公司 406 家，居全国首位。2014 年广东保费收入达 2341.6 亿元，居全国首位。广东金融业为广东经济社会的稳健发展和保持经济大省地位作出了重要贡献。随着金融资产规模和金融机构数量的日益增长，对地方政府金融监管和服务的要求越来越高，但广东地方金融监管体制无论是机构设置还是管理手段都已不适应。一方面建设金融强省打造“五大金融”的目标任务繁重，省金融办金融管理职能单一，机构设置不足；另一方面广东金融资产规模庞大，监管力量薄弱，手段单一，不能满足广东金融快速发展的要

求，成为广东加快建设金融强省的最大短板。

（二）广东地方金融监管体制与新常态下防范化解金融新风险的要求不相适应

自 1997 年亚洲金融危机以来，广东长期是全国系统性、区域性风险的高发区，1998 年为应对严重的支付危机，广东出台了一揽子解决方案应对危机，虽然及时化解了风险，但一些深层次的遗留问题并没有彻底根除。随着我国经济进入高速增长转向中高速增长的“新常态”，金融业新情况、新问题不断出现。经济增速放缓，产能过剩，房地产和股票市场波动，特别是金融监管不到位等引发的钢贸等行业联保贷款风险、影子银行刚性兑付风险、地方债务期限错配风险和 P2P 网贷平台恶意诈骗风险等不断出现。据最近审计结果显示，按全口径债务规模计算，截至 2013 年 6 月，广东地方债务余额达 10165.37 亿元，债务规模居全国第二；2014 年进入偿债高峰期，2015 年到期需偿还债务占比 16.77%；P2P 网贷平台广东也是问题高发区，截至 2014 年，全省问题平台达到 61 家，占全国问题平台比率达 22.3%，居全国首位，加强地方金融监管、及时有效防范化解地方金融风险已是广东当务之急。但广东金融工作管理部门没有与之相适应的监管职能和手段。一方面中央驻粤“一行三局”在全省各地银行、证券、保险等的金融监管机构未能全覆盖，证监局只设立到省级，银监局设到地级市，保监局只设到部分地市，只有人民银行的分支延伸到区县，大量的基层金融活动监管存在空白；另一方面地方政府承担着防范属地金融风险责任，又缺乏金融监管机构职责和力量，地方金融风险防控面临很大压力，一旦出现区域性金融风险，地方政府往往成为第一问责对象。

（三）广东地方金融监管体制与沿海发达省份相比不相适应

目前全国各地都将强化地方金融监管顶层设计、完善体制机制作为新一轮全面深化金融改革的重要抓手，通过加快体制机制创新释放政策红利，推动地方金融加速发展。北京市于 2009 年在全国率先将金融办升级为金融工作局，列入市政府直属机构，不断扩充人员编制，目前行政编制达到 72 人。上海市金融办于 2009 年 8 月实施机构改革，成立金融工委并对金融国资进行监督管理，其人员编制已增加到 100 多人。天津市于 2014 年启动新一轮机构改革，将金融办更名为金融工作局，列为市政府直属机构，增加编制，同时将区域性股权交易市场、商业保理公司和地方资产管理公司等金融服务的机构监管权划归金融工作局，加强了统一归口管理。山东省于 2013 年专门出台文件启动地方金融监管体制改革，扩充省金融办职能，人员编制增加到 65 人；同时要求县级以上政府设立金融工作办公室，加挂“地方金融监管局”牌子。广州市在 2015 年实施的“大部制”改革中，将金融办升级为金融局，强化金融监管职能。与先进省市地方金融监管部门扮演越来越重要的角色相比，广东在地方金融监管体制改革方面已经滞后，省级金融监管的职能欠缺、权限有限、力量薄弱，难以发挥应有的重要作用。

二、强化和完善广东地方金融监管体制已是适应新常态的当务之急

当前经济下行的压力仍在继续，稳增长成为广东经济工作的重中之重。而稳增长必须首先稳金融，通过推进地方金融监管体制改革，强化和完善地方金融监管体制机制，促进广东金融业稳健快速壮大，增强金融服务实体经济的能力和支撑作用，确保全省经济运行保持在合理区间，金融强省建设顺利推进。为此，建议对广东地方金融监管体制作如下改革完善。

（一）从顶层设计上改革和强化广东地方金融监管体制

借鉴北京、上海、天津等地经验，对广东地方金融监管体制机制彻底改革创新。

一是理顺金融监管体制。在广东省金融办的基础上设立广东省金融厅，列为省政府组成部门，增设副厅级的地方金融监管局，同时建立地方金融监管派驻制，广东省地方金融监管局在21个地级以上市设立派驻机构；健全全省市、县（区）金融工作部门，统一承担地方金融监管工作和金融产业发展指导。

二是明确金融监管职责。广东省金融办负责监管中央驻粤金融监管部门法定监管范围之外的广东金融组织、交易场所、金融服务活动和金融新业态，规范和引导民间借贷活动。强化市、县（区）政府的金融监管职能和风险处置责任。

三是完善地方金融风险防范化解机制。建立地方信贷风险补偿基金和风险处置基金，运用市场化运作模式，处置地方突发金融事件和风险救助。完善与中央驻粤监管机构的风险处置协调机制，建立与中央驻粤金融监管部门的定期联席会议制度，加强沟通，做好对可能引发区域性金融风险的重点领域的监测和风险预警。

四是强化金融监管能力建设。目前全国多省份都在充实地方金融监管力量，弥补金融短板。面对新常态下金融风险多发的局面，广东应建立地方金融监管执法机构，充实金融监管队伍，加强监管能力建设和培训，采取措施吸纳更多的金融专业人员从事各级金融监管工作，构建以金融相关专业人员为主体的地方金融监管队伍。

（二）调整和完善广东地方金融监管体制

不动体制，完善机制。由于地方金融监管体制改革涉及面广、政策性强、影响深远，且中央对地方金融监管的体制机制尚未作出统一部署，同时考虑到本届政府行政编制只减不增的原则，可对广东地方金融监管体制改革进行分步推进，从强化地方金融监管体制机制目标出发，将广东省金融办更名为广东省金融厅，同时加挂广东省地方金融监管局牌子，重新界定监管职能，充实监管力量，加强对全省地方金融的监管和风险处置，加快发展金融产业和新业态，助推金融强省目标任务实现。

广州民间金融街打造升级版
助推大众创业万众创新

广州民间金融街作为广东省、广州市金融改革创新的重点项目，自2012年6月挂牌以来，经过3年的建设与发展，率先在全国打造出首条集资金借贷、财富管理、支付结算、信息发布于一体的民间金融街，集聚发展小额贷款、融资担保、典当等民间金融机构及配套服务机构，拓展面向中小微企业特别是科技创新型企业全方位、多样化金融服务，形成了民间资本与中小微企业无缝对接的新平台，有效缓解了中小微企业融资难、融资贵问题。随着民间金融街建设的进一步推进和国内其他省市民间金融街群起发展的紧逼态势，其创新发展面临着不少问题和困难，打造广州民间金融街升级版，保持在广东乃至全国民间金融创新发展的领先地位，突破民间金融街在体制、政策等方面的限制，需要国家、省、市予以大力的政策支持。

一、先行先试创新模式，引领民间金融行业发展

广州民间金融街不负省市领导重托与厚望，在地方金融改革领域继承广东作为改革开放前沿阵地的探索精神，大胆先行先试，创新发展模式，经过3年多时间的努力，初步建成了一个极具地方特色的民间金融产业园区，走出了一条民间金融产业创新发展之路，引领着我国民间金融行业发展潮流。

（一）设立全国首家小额再贷款公司

民间金融街在第三期建设中成立了全国第一家小额再贷款公司——广州立根小额再贷款有限公司，由广州金控发起，以混合所有制形式吸收社会资本参股，注册资本10亿元，被称为“小贷央行”，向广州市小贷公司发放再贷款，同时经营小贷公司同业拆借、资产转让、票据贴现等业务，开拓了小贷公司融资的新渠道营。至今，立根再贷款公司已与全市34家小贷公司开展业务，累计提供124笔共32亿元融资贷款服务，立根公司自身也实现了净利润超亿元，上缴税费总额5000多万元的良好社会经济效益。

（二）打造广州市首个互联网金融产业基地

一是引入15家企业入驻基地。其中互联网金融企业7家（包括广州市内首家互联网特色小贷公司——唯品会小贷），互联网金融科研机构3家，电商O2O体验店1家，电商创业基地1家、社区银行2家、金融商务主题餐厅1家。二是组建科研机构。金融

街分别与中央财经大学、江西财经大学联合成立了互联网金融实验室、互联网金融税务研究室、互联网金融法治研究中心三大科研机构，整合国内高端智力资源，致力于开展民间金融组织、产品、服务创新及标准化研究；并适时组织专业人员培训、举办金融论坛与沙龙，编辑出版民间金融研究期刊。目前三个研究机构共有固定研究专家35人，其中正副教授11人、博士硕士24人。三是完善配套制度。金融街制定了《关于促进广州民间金融街互联网金融创新发展的若干意见》，支持基地企业使用“金融信息服务”字样，协助企业办理各项证照，培育孵化新生企业。四是建设研发孵化中心。目前正在建设的互联网金融孵化中心，兼具基地展示、企业孵化、研发创新三大功能，目标是打造立足广州、辐射珠三角、影响全国的现代化互联网金融孵化中心和全国互联网金融研发中心，形成互联网金融利率指数发布、互联网金融科研成果发布、互联网金融人才培训三位一体的平台体系。

（三）积极探索建立民间金融行业新标准

目前，广州民间金融街正筹划牵头发起设立全国民间金融合作联盟，联合全国各地民间金融街，建立民间金融行业自律组织及公约，推进民间金融服务业的体系化、标准化进程；积极申报筹建全国民间金融知名品牌示范区，探索民间金融管理和服务的行业规范及相关标准，并在全国进行复制和推广，实现区域间民间金融业的共同发展、协调发展，有效化解中小微企业融资难融资贵问题，为我国实现大众创业万众创新注入源源不断的新血液与动力。

二、苦练内功夯实基础，民间金融街再创佳绩

经过3年多时间的建设和发展，民间金融街在营商环境、产业升级、平台建设、风险管理等方面取得了较好的成效，成为广东金融改革发展创新的一大亮点，突破了中小微企业融资瓶颈，为大众创业万众创新提供有力的支撑。

（一）优化软硬营商环境，培植持续发展竞争能力

在硬件方面，民间金融街的建设摒弃大拆大建的传统思维模式，实施主题注入，突出文化、商贸、旅游资源整合，以新业态发展带动营商环境持续改善。对街区富有岭南特色的历史建筑、空置物业等5万平方米的外立面进行综合整饰、活化利用，涉及楼宇50多栋，增设了极具民间金融特色的民俗雕像和浮雕，疏导街内公交站，整治专业市场，增设近200个专用停车位，大大提升了街内整体营商环境。这种因地制宜、修旧如旧的改造模式，既保留了岭南建筑骑楼的传统风貌，又降低了改造成本，创造出较好的综合社会经济效益。在软件方面，则大力加强法治环境建设，践行“政府引导——市场主导——政府服务”的理念，先后出台了《关于促进广州民间金融街发展的实施意见》《关于促进广州民间金融街互联网金融创新发展的若干意见》《广州民间金融街小

额贷款公司监督管理办法》等政策规范文件，着力为入驻企业的健康持续发展打造一流的法治化营商环境。

（二）致力建设区域金融中心，实现产业转型升级

以民间金融为主题，通过环境综合整饰、腾龙换鸟，将长堤大马路打造成为国内首条民间金融街；以创新建设互联网金融基地为抓手，通过更新改造、利用功能转换、业务升级、环境改造等方式，将果菜西社区打造为互联网金融社区，重塑“广州外滩”的辉煌，打造现代金融产业与历史文化、传统风貌共存的产业新区。目前，入驻民间金融街的机构152家，注册资本达150多亿元，引入各类高级专业人才1000余人，新增就业岗位5000多个；街内各类机构为全市15000余家中小微企业和个人提供1400多亿元的融资服务，缴纳税收6亿多元，有效的带动了各类实体产业的发展，助推着大众创业万众创新。

（三）搭建企业服务平台，提升企业品牌价值

成立广州民间金融街管理委员会，负责规划建设、管理服务、产业招商等工作；成立广州民间金融街管理公司，负责园区资产运营和物业管理等工作；设立广州民间金融街综合服务中心，面向社会大众、园区企业等提供借贷咨询、股权交易，以及法律、会计等“一站式”专业配套服务；设立广州民间金融研究院、互联网金融实验室、互联网金融法治研究中心、互联网金融税务研究室、广州民间金融商会民间金融资产交易中心等一系列机构，为金融街园区自身及广大企业发展提供智力支撑、行业自律，资产交易等增值服务。

（四）加强诚信体系建设，探索建立风险管理防范机制

在创建之初，民间金融街就将健全风险防控体系、培训风控人才、推进诚信体系建设作为防范区域金融风险的重要抓手。一是创新开发小额贷款公司业务管理系统，借助信息化监管手段，实时掌握小额贷款公司每一笔业务的开展情况；二是创新开发小额贷款公司业务管理系统、风险监测系统，促进小额贷款业务操作的标准化、流程化，帮助小额贷款公司提高贷款效率和质量，降低信贷违约风险；三是依托广州民间金融研究院、广州民间金融商会等行业协会，中央财经大学、暨南大学、广州财经大学等10多所高等院校，开展面向民间金融街内所有企业的风险管理和业务操作培训。举办金融主题沙龙茶话会，聘请行业内专家、学者开放讨论研究民间金融风险防范问题；四是成立民间金融街征信有限公司，开展信用数据平台建设工作，目前已采集14余万条企业和个人的民间借贷信息，并同步录入工商、质检、食品药品监督、卫生、法院、公安和地税等区属各部门的信用信息，初步建成区域性的信用数据库。

三、三大抓手打造升级版，急需政府政策鼎力支持

广州民间金融街建设伊始，就肩负着为广大中小微企业解决融资难融资贵问题和为

民间金融改革创新探路的双重使命。为更好地完成上述使命，适应新常态下民间金融改革创新以及互联网金融迅猛发展的新形势，抢占发展制高点，保持领先地位和竞争优势，广州民间金融街确定了扩容提质、创新升级的目标方向，即以建设互联网金融产业基地，打造民间金融“广州价格”指数，创建全国民间金融产业知名品牌示范区“三大抓手”，打造广州民间金融街升级版，引领民间金融服务业发展改革大潮，争当民间金融改革创新排头兵。为支持民间金融街实现上述目标，特提出以下政策建议：

（一）支持民间金融街建设省级、国家级民间金融创新试验区

建议从省的层面支持广州民间金融街在珠江三角洲金融改革创新综合试验区的平台下，建设省级民间金融创新试验区，赋予民间金融街在民间金融领域改革创新的先行先试政策；待条件成熟后，由省金融办或省发改委牵头向国家申请支持民间金融街建设国家级民间金融创新试验区，争取更多民间金融创新发展的先行先试优惠政策。

（二）支持民间金融街作为接续广东自贸区（南沙片区）制度与政策创新效应的载体

广东自贸区南沙金融“15 条”的出台，有助于加快推进广州建设金融中心城市步伐，并重点发展科技金融、航运金融等特色金融，而越秀区作为传统金融业、民间金融业的集聚区，探讨将民间金融街作为接续广东自贸区制度与政策创新效应的载体，对推动两区联动发展，发挥比较优势，辐射带动广州金融产业链做大做强意义重大。为此建议省市协调支持民间金融街作为南沙自贸区制度与政策创新的承载地，享受自贸区各优惠政策，支持民间金融街做大做强民间金融各项业务，更好地服务中小微企业和个人的创业创新，带动实体产业发展。

（三）支持小贷公司拓宽经营区域，鼓励多元化业务创新

建议省市协调，通过优化金融街内小额贷款公司业务范围，创新小贷公司的经营区域、融资渠道、资金用途，增强其内生发展动力。一是拓宽多层经营区域。借鉴相关省市如四川放宽小额贷款公司业务范围的经验做为法，放宽金融街内优质小额贷款公司的区域经营限制，允许资本雄厚、运作规范、诚信守法、成效显著、确有业务发展需要的小额贷款公司，在全省范围内开展业务。二是多元业务创新。为进一步拓宽小额贷款公司融资渠道，充分发挥要素资源配置功能，建议省金融办研究考虑放宽民间金融街内优质小额贷款公司的业务种类限制，支持鼓励小额贷款公司开展资产证券化、发展私募债，开展小额贷款同业拆借、短期融资凭证和收益权凭证的资产证券化创新业务。

（四）对民间金融街打造升级版予以一定的资金支持

打造广州民间金融街升级版，加快民间金融创新步伐，是广东深化金融改革创新建设金融强省的重要内容，民间金融街下一步将全面打造互联网金融产业基地、民间融资网络借贷平台、金融文化平台、民间金融产业投资基金、民间金融创业孵化平台等各类

创新平台项目，建设资金缺口较大。为此建议省政府对广州民间金融街建设各类创新平台予以一定的资金支持，可考虑从省金融业发展专项基金中每年给予一定的资金支持，支持的方式可参考借鉴振兴粤东西北股权基金的做法，以股权投资的形式或明股实债形式进行，有偿使用、循环滚动发展。

新常态下广东省产权集团改革创新实现五大新突破

2014年以来，广东省产权交易集团主动适应广东经济新常态，认真落实时任广东省省长在集团调研时提出的“构建广东要素和商品市场‘网顶’，充分发挥平台优化资源配置、推动产业转型升级、打造要素交易价格指数、构建阳光交易通道四大作用”和时任广东省常务副省长徐少华提出的“进一步整合全省各类交易场所资源，努力构建公开公平公正阳光的省级产权交易平台”的指示要求，全面深化产权市场改革，引领新业态，创新运作模式，在广东公共资源市场化配置改革中继续发挥排头兵作用，行业话语权与业态引领作用显著提升。目前集团下辖13家子公司，形成了国有产权、金融资产、股权托管、药品交易等较为完整的产业链，具备产权交易、全省涉诉资产交易、央企资产交易、省级股权托管、全省唯一金融国资交易和药品交易等6项资质，承担国家和省级多项产权交易平台建设试点工作。2014年，集团经营业绩实现五个历史性大跨越：交易宗数实现百万宗大跨越，达140.3万宗，居全国第一；交易量实现三千亿元大跨越，达3148亿元，同比增长8.14倍，居全国第二；营业收入实现亿元大跨越，达1.3亿元，同比增长1.76倍；净利润实现两千万元大跨越，达2051万元，同比增长6.91倍；分红实现从零到两千万元大跨越，南方产权成立八年来实现首次分红2000万元。产权交易平均增值率达17.4%，高于同行13%的平均水平；带动税收收入约155亿元，70%落地广东；对GDP增长的贡献达1400亿元。

一、改革创新中实现五大新突破

在“三期叠加”、经济增速放缓的形势下，集团坚持以改革促发展，以创新增动力，主动适应新常态，以五大新突破成功推动集团转型升级。

（一）创新体制机制实现新突破，集团竞争力创造力影响力显著提升

2014年集团着力抓商业模式创新和国企改革创新。一是创新开展运营模式试点。创新融资产品，有效推进全省产融结合试点；积极推进国家级水权交易平台建设试点，在东江流域开展上下游水权交易；积极推进广东排污权有偿使用和交易试点，成功完成4000多万元排污权交易；成为第二批国家专利运营试点企业。二是市场化选聘经理班子。按照省深化国企改革方案部署，集团率先在省属国企推行市场化选聘经营班子改革，并以董事会为主考核经营班子，实现经营人才选聘与市场接轨。目前，集团经营班

子已走马上任。各子平台公司经营班子市场化选聘亦正有序进行，金融资产交易中心在新经营班子带领下，2014 年在全国首推“保信易”，完成交易量 2006 亿元，远超原定 200 亿经营目标 9 倍，位居全国第二。三是推进体制机制改革创新企业试点。集团下属南方产权、金融资产交易中心、药品交易中心入选广东省国资委 50 家省属试点企业，引入战略投资者、实施员工持股和国企发展基金入股。目前，这 3 家试点企业均已通过广东省国资委“开展体制机制创新试点工作方案”专业指导组论证。四是推进集团考核分配激励机制综合改革。建立与市场机制相适应的薪酬分配、考核激励与约束机制，实行薪酬差异化管理、建立虚拟股权激励机制、提高收入分配自主权、实施增量奖励制度，构建起一条有利于优秀人才脱颖而出的“快车道”。

（二）助推国企混合制改革实现新突破，有效服务国有实体经济

积极配合全省国企混合制改革构建起产权交易综合平台。一是以产权交易实现国资保值增值。2014 年，完成混合制改革项目挂牌 234 宗，挂牌金额 2404 亿元，成交 770 亿元，实现国资增值 25 亿元；以国有资本 220 亿元，撬动社会资本近 800 亿元。南方产权 2014 年产权交易实现国资增值近 6 亿元，为交易成本的 97 倍，用不到 1‰的交易成本最大限度实现国有资产保值增值。2015 年仅一单“广东粤科软件公司股权转让”就实现国资增值 6.5 亿元，增值率高达 3.61 倍，创股权转让项目历史新高。二是推动国有资本更多投向重要行业。利用产权转让、资产处置、增资扩股等方式，推动国有资本更多投向基础性、公共性、平台性、资源性、引领性等重要行业和关键领域。三是发挥国有资本杠杆作用引入战略性资源。充分发挥股权托管中心“企业成长助推器、中小企业孵化摇篮、国企投资银行”三大职能，构建国企投行、混改基金、商事登记和权益登记基础板块，通过境内外融资、股权合作等方式，引进有实力的战略合作者和优秀金融团队，优化股权结构，推进核心资产上市。四是创新融资产品服务国有实体经济。集团积极探索“投贷保三结合、投贷信三联动、债信担三运用”，2014 年为各类企业尤其是国有企业融资 1100 多亿元，有效促进了产融结合。

（三）运用“互联网 +”实现新突破，产权市场交易效率效益大幅提升

集团以互联网思维拓展视野，以互联网、大数据技术提升传统产权交易模式，实现从“用”到“创”的转变。一是全面采用网络竞价充分发动市场、发现价格。集团加快建设网上匿名竞价，南方产权实现国资交易规范运作与增值双赢，2014 年业务量增长逾 60%，为省属企业融资 104 亿元。第三方药品电子交易平台截至 2015 年 6 月基本药品竞价交易报价企业 1119 家，报价产品 4692 个，涉及 1.3 万种药品品规，成交总金额 598 亿元，平均降价率近 10%。环境权益交易所第三批集中交易即将通过电子匿名竞价展开。二是要素价格指数初见雏形。集团充分利用网络竞价和电子交易系统，整合大数据资源，构建云服务模式，已初步形成源自广东、影响全国的医药交易价格指数；同时积极探索在珠宝玉石等相关优势品种中形成价格指数。三是积极开发在线融资。集

团以药品交易在线融资为突破口，与平安银行进行多轮商谈并已初步形成在线融资方案进入开发设计阶段。

（四）建设多层次资本市场实现新突破，成功对接新三板

股权交易中心采取“省市共建、券商主导、市场化运作”模式，致力于打造省级股权、债权及知识产权综合融资平台，以OTC市场成功对接新三板。一是创设“注册”及“挂牌”分层业务板块，实现不同中小企业资本市场的对接服务。二是聚集银行、证券、基金、投资公司、中介机构等各类会员单位220户，投资者4万户，为中小微企业实现资本市场对接聚集金融资源。三是主动对接省金融办、中小企业局、深交所、上市公司协会等机构，为近2000家企业提供百场的培训活动。四是主动与深交所、证券公司、PE机构等构建大网络体系，定期为企业提供项目路演，已举办各类路演近50场。目前，广东股权交易中心已注册挂牌企业1170家，实现企业直接融资74.74亿元，其中2家企业申报IPO，12家企业成功转入新三板，探索出以中小企业金融服务为核心的金融科技产业融合创新发展路径。

（五）药品集中交易模式实现新突破，达到政府、企业和社会三方共赢

广东药品集中交易模式的交易范围正在逐步覆盖药品、医用耗材、医疗设备和中药饮片等全品规全品种，降药价保药质，大幅节约了财政采购资金，维护了市场充分竞争。一是为财政大幅节约药品采购资金。2014年完成10轮的基本药物竞价交易工作，累计节约采购资金逾21亿元；2015年一季度已节约采购资金23.55亿元，全年可节省100亿元，有效减轻了政府与社会负担。二是构建起药品生产企业、经营企业和医疗机构良性互动“生态链”。新模式着力打造适应市场需求与公益性要求的药品交易诚信体系，由医疗机构填报每一品规计划采购量，按全省或按医疗机构自主联合体进行汇总，实行网上竞价。生产企业竞标前可知药品准确需求量，获得交易资格后也能得知本次所有市场份额，促进了合理组织生产经营。

二、引领新常态，再创新业绩

主动适应和引领新常态是未来我国广东经济发展的大逻辑，省产权集团作为具有“轻”资产、产业边界融合、小企业大市场等特点的资本市场新业态企业，将紧紧围绕建设全省统一的综合性要素交易市场的目标，以全面深化国企混合制改革为契机，坚持先行先试，主动作为，以“互联网+”改造提升要素市场创新力和创造力，加快建设一批全国一流的要素交易平台，发挥要素行业新业态排头兵作用。

（一）建设一个全省统一的综合性要素交易市场

目前，北京产权交易所、天津产权交易中心、上海联合产权交易所均形成了京津沪地区唯一统一的产权交易平台，在全国产权交易市场中占据主导地位。而广东因行政区

划等非市场因素尚未形成全省统一的产权交易平台，全省产权交易市场仍处于各自为政状态，导致交易标准和收费不统一。目前，省产权集团发力建设一个全省统一的综合性要素交易市场，初步与广州市、珠海市达成共识，省市共建全省统一的产权交易市场；与深圳产权交易平台进行股份制合作，通过以市场化方式整合各类交易资源，通过发挥产权市场有效配置社会资源功能，促进广东稳增长、调结构、惠民生，巩固第一经济大省地位。

（二）推进两项重点改革增活力

集团注册资本金少，自有资金非常匮乏，极大制约了集团做强做大现有平台和拓展新平台。为此，集团着力以改革创新多策并举解决发展资金短缺问题。一是深入推进集团内三户试点企业的体制机制创新。抓住广东设立 15 亿元广东国企重组发展基金，将对 50 家试点企业每家增资入股不低于 10% 的有利时机，深入推进南方产权、金融中心、药品交易中心 3 家省试点企业体制机制创新，积极探索股权融资新路子。二是推进符合条件的子公司进行混合制改革。充分发挥国有资本杠杆作用，通过境内外融资、股权合作等方式，引进有实力的战略投资者，优化股权结构，推进若干平台上市。

（三）做强做优做大三层次平台

在 2—3 年内，集团将形成 18 个子平台，纵向做深增值服务，进一步推进业务板块优化发展。一是把产权、药品、金融、股权和珠宝玉石五大优势平台发展成为全国最大交易平台。加快南方产权内部机构改革，业务板块更加专业化、细分化，探索培育完善国有产权业务服务模式；继续推进非基药、医药耗材、中药饮片、医疗器械上线，加快药品交易中心市场化运作进程；快速拓展金融资产交易中心资本市场业务，创新投行与融资服务；加快股权交易中心基金设立步伐，创新优质项目担保，增强优质项目的信用等级；以钻石、珠宝玉石、金属新材料等为核心，加快构建大宗商品交易板块。二是把排污权、水权、节能量、碳交易和新材料等五大新兴板块发展成为华南地区最大交易平台。加快构建大生态环境交易板块，全力申报国家级排污权交易试点。三是把知识产权、林权等业务提升至全省领先地位。知识产权交易坚持市场化、国际化运作，探索信息、评估、培训、融资等专项外包服务。

（四）以“互联网 +”实现四大对接

省产权集团正在积极践行国家“互联网 +”行动计划，加快产权市场向互联网化转型升级。一是通过平台电子商务化实现数据和价格对接。各电子商务平台均实行网络匿名竞价全覆盖，提升市场发动、价格发现功能。通过大数据的收集和整合，重点完善药品交易价格指数，继续完善珠宝玉石等相关优势品种价格指数，积极推动国有产权、金融资产、排污权、混合所有制等价格指数形成，以最终形成源自广东、引领全国、影响世界的广东要素与商品交易价格指数。二是通过互联网金融实现互联网和资本对接。

依托大数据信用，发展“特色电商+金融”互联网金融业态，构建“供应链金融+互联网金融”在线融资新模式；增加理财功能和资产证券化功能，打造集支付、融资、理财于一身的综合性金融服务平台；加快物联网、第三方支付研究运用。三是通过产融结合实现产业和资本对接。把握混合所有制改革机遇，重点发挥托管中心、广金中心、股交中心三大资本与金融板块的融资优势、协同效应和链条效应，构建包含私募股权投资、风险投资在内的各类资本市场化进入和退出通道，增强国有经济活力、控制力和影响力。四是通过权益资产化证券化实现权益和资本对接。构建服务于权益资产化证券化的类金融服务体系，打造领先行业的权益金融平台。做大做强，深化粤港澳金融合作，加大跨境人民币资产交易；探索发展排污权交易金融衍生品，深入探索节能量交易，加快设立碳基金，打造广东省绿色低碳金融平台和金融服务体系；探索农村集体产权、林权、水权等权益的可增值性和流转机制，打造行业领先的权益金融平台。

三、支持和促进省产权集团继续做大做强

目前，省产权集团发展态势良好，正在朝着时任广东省省长朱小丹提出的“构建广东要素和商品市场‘网顶’”和时任广东省常务副省长徐少华提出的“充分发挥产权交易集团平台作用，实现信息公开化、评估规范化、交易平台化”目标前进。但是集团发展也面临一些自身力所不能解决的问题和困难，影响可持续发展。为此，建议省政府及相关部门予以高度关注和支持：

（一）支持省产权集团建立全省统一的综合性要素和产权交易市场

目前广东产权交易市场尚未实现产权交易信息发布、操作规则、交易凭证、收费标准、统计口径“五统一”，而省产权集团现已率先在全省闯出政府公共资源市场化配置改革新路子，由“狭义产权交易”到“全口径产权交易”，再到“与产权有关的要素和商品交易”，取得显著经济社会效益，行业话语权与业态引领作用显著提升。建议省政府大力支持省产权集团按照“省市共建”的发展思路，全面启动广东产权交易平台的资源整合，充分发挥其市场化产权交易中心“网顶”作用，通过参股或控股方式与各市合作，以产权集团为主建立全省统一的综合性要素和产权交易市场。对新批准设立的此类交易机构，由省产权集团代表省方参与合作建设并纳入产权集团平台体系管理。

（二）支持省药品交易中心实现可持续发展

建设省第三方药品电子交易平台是广东医药集中采购制度改革的重要举措和重要的民生工程，在不收取企业和医疗机构任何费用的情况下，省药品交易中心利用产权集团等股东单位资源，在较短时间内投入数千万元实现了第三方药品交易平台的上线运行，在实现“惠民、利企、保廉”三大目标的同时，共节约各级药品采购资金56.4亿元。接下来，2015年7月非医保药品上线交易后，广东药品项目将全部实现在线交易，医

用耗材项目预计在下半年也将进场交易，但医疗设备、中药饮片项目由于涉及多部门，上线交易工作仍需多方协调。为体现平台的公益性，省药品交易平台上线一年多以来始终坚持不收费政策，产权集团给予全力支持，维持了正常运转，较好地履行了社会责任。由于没有正常稳定的收入来源，平台后续发展压力较大，为此，建议省政府给予支持：一是对平台一次性建设投资费用给予专项补贴。二是对平台日常运营维护费用采用政府购买服务的方式拨付年度专项经费。三是支持省药品交易中心设立会员交易保证金制度。确保交易行为规范有序。

（三）多策并举支持解决集团新建扩建子平台资金缺口

2015—2016 年，集团将新建和扩建子平台至 18 个，以更好履行省委省政府赋予的“优化资源配置、产业转型升级、价格指数形成和防腐倡廉”等四方面职能，并在全国同行中发挥引领作用，保持竞争优势。但目前各子平台注册资本缺口共计 3. 15 亿元，除了集团自身改革发展解决外，建议省政府予以支持：一是在 2015—2017 年内，允许集团国有资产收益扣除上缴社保基金后，用于转增集团子平台注册资本金。二是支持产权交易集团设立要素交易平台发展基金。为有效撬动资金杠杆，充分发挥产权集团高效优化配置要素资源“网顶”作用，建议由产权集团发起设立广东省要素交易市场发展基金，省财政安排 6 亿—8 亿元作为引导资金，撬动 30 亿—40 亿元甚至更多社会资本，建设全省要素交易市场，引导社会各类基金投向，吸引民营投资主体以出资入股、收购股权、认购可转债、融资租赁等多种形式完善区域要素市场。

（四）支持广东股权托管中心集中登记托管非上市公司股权

国有参股、控股非上市股份公司集中登记托管，是加强非上市股份公司国有股权监管和托管，防止国有资产流失的有效途径。目前，湖北、江苏已建立全省统一的股权托管平台，分支机构遍布全省各市，托管企业覆盖全省。而广东股权托管尚未统一，不利于 OTC 市场乃至转接新三板功能的充分发挥。为此建议省政府借鉴湖北、江苏经验，由省发改委、财政厅、工商局、金融办、国资委等部门联合行文，支持省股权托管中心建立全省统一的非上市公司股权登记托管平台，将原先分散在省、市登记的非上市公司纳入到省级托管平台下。这既有利于构筑广东多层次资本市场，又有利于防止国有资产流失，实现产权交易创新。

以创新引领行业发展
打造全国一流的金融资产交易平台

广东金融资产交易中心（以下简称广金中心）作为广东省产权交易集团子公司，是全国唯一的离岸金融资产交易先行先试平台，也是广东唯一经财政部备案的金融企业国有资产交易平台。该中心自2013年底成立以来，不断创新探索，至今已创新出5大类共10种金融新产品，携手CCTV打造《发明梦工场》开辟了金融支持实体产业发展新渠道，发展各类会员近10000家，与100多家银行、非银行金融机构展开合作，累计交易量达2630亿元，迅速跻身于全国同行业第二位，成为新常态下广东推进金融改革创新的一支重要生力军。2015年6月，在国家工信部联合中国中小企业协会、人民日报社人民网举办的“2015年全国中小企业服务体系创新典型案例”征集活动中，广金中心的创新产品“担保资产增信交易”脱颖而出，以绝对优势荣获第一名；并获邀赴京参加国家发改委、工信部、人民银行、银监会、证监会等五部委指导的第三届中小企业投融资交易会。

一、以市场化为导向，全力推进改革创新

（一）不断创新和丰富产品及业务类型，打造立体化金融资产交易平台

一是首家创新推出产品“保信易”，打通与各金融机构合作渠道。“保信易”即担保资产增信交易，广金中心通过自主研发推出“保信易”业务，与近百家银行总行或分行及部分非银行金融机构展开合作，成效显著。仅2014年第四季度，就创造营业收入913.42万元，占该季度中心总营业收入的31.68%。二是积极推出类资产证券化产品，打下良好市场基础。目前，广金中心已推出投资收益权、票据收益权、信托收益权、应收账款收益权、小贷收益权等类资产证券化类产品，未来还将陆续推出融资租赁收益权、信用证收益权等新产品。这些产品均由转让方通过广金中心发布拟转让收益权的信息和转让条件，由受让方自行决策认购收益权、支付对价等。2014年，中心共开展投资收益权业务1期、小贷资产收益权3期，获得市场广泛认同。三是积极开展跨境人民币和互联网金融业务，培育新的增长点。2014年，广金中心已对跨境人民币资产交易境内资产和境外资金进行了初步摸排，目前已形成《广金中心跨境人民币资产交易方案》并筛选出具有代表性的项目报呈。广金中心已通过前期免费、用户体验、精准投放等积极开展互联网金融业务，打造集第三方支付、融资、理财于一体的综合性金融服务平台，形成以“大数据信用”为核心，“供应链金融+互联网金融”为特色的在

线融资新模式，推进企业发展再上新台阶。

（二）携手 CCTV 联合打造《发明梦工场》，搭建风险资本与科技创新的对接平台

2014《发明梦工场》创新了金融资产交易模式，将传统交易搬上荧幕，现场邀请专家嘉宾参与竞价过程，解析项目科学原理，分析项目投资潜力。该节目在全国范围内筛选了 48 个优秀发明项目，均是通过国家知识产权局专利资格审查的发明专利，内容涉及新型材料、工程机械、清洁能源等十多个领域和类别，由广金中心组织推荐近 50 家全国知名投资机构参与，当场甄选有投资潜力的发明项目，现场竞价达成交易。目前，已直接促成意向投资总额 3.15 亿元，未成交项目也将在广金中心挂牌一年，等待交易机会，有效推动知识产权产业化。

（三）建立独具特色的会员管理机制，积极调动各类社会资源

一是分类拓展会员资源，加强会员资质管理。广金中心对会员设置贡献交易量指标，做好分类规划，建立会员评级及奖惩机制，通过多种方式招募各类会员单位近 10000 家，其中甲类经纪会员 7 家，会员包括金融机构、非金融机构类中介机构、非金融机构类一般企业及其他组织、自然人等多种类型。二是规范管理与考核，充分激发会员动力。广金中心先后制定《会员管理办法》《会员管理内部操作流程指引》《甲类会员考核管理规定补充规定》《甲类会员考核管理细则》等管理基础类文件，强化风险防控，规范会员行为，按照动态管理原则，实行考核监督和竞争淘汰机制，最大限度激活会员潜能，维护广金中心信誉和利益。三是加强管理培训，提升会员交易水平。广金中心积极做好会员数据电子化工作，将各类会员数据建档，不断加强与会员的互动，定期组织会员学习和培训，加深会员对产品及业务的认识和了解，提升其交易水平。

（四）确立市场化选人用人导向，全面提升队伍活力

一是对经营班子实行场化选聘、契约化管理。2014 年，广东省国资委将广金中心确定为全省 50 户体制机制创新试点企业之一。广金中心改变传统的经营班子委派制，开始以市场化形式选聘高级管理人员，目前，广金中心经营管理团队的 3 名高管全部以市场化方式选聘，通过劳动合同和聘用合同确定劳动关系、明确职业身份及聘用期限。二是构建绩效导向的薪酬体系，健全激励约束机制。广金中心制定了《高级管理人员经营考核办法》，以市场标准为基础，为市场化选聘人员配套市场化薪酬分配方式，采取与责任、风险及价值创造挂钩的分配方式，加大对经营管理者的激励力度，初步构建了具有一定竞争力的市场化薪酬体系。三是多渠道引进专业人才，打造开拓型员工队伍。2014 年，广金中心通过多种渠道共引进人才 4 批 23 人，目前公司总监及以下员工中，硕士研究生以上学历的 17 人，占 51.52%，形成了专业化、年轻化、富有活力和开拓精神的员工队伍。

二、打造成为国内一流的金融资产交易平台

（一）交易量跻身全国同行业机构第二位

广金中心成立一年多，不断创新符合市场化需求的金融产品，优势凸显，交易规模不断增长。2014 年，广金中心交易量 1704.77 亿元，占产权交易集团总交易量的 54.15%，实现营业收入 2882.87 万元，缴纳税收 163.75 万元，跻身全国 20 余家同行业机构第二位。至 2015 年 5 月，广金中心累计交易量已达 2630 亿元。

（二）在全国同行业确立引领地位

广金中心自主创新产品“保信易”获得积极市场反响，受到业界追捧。2014 年 11 月，广东银行同业公会组织数十家金融机构召开专门会议，宣介推广“保信易”产品；《发明梦工场》栏目成功塑造了企业品牌，向全国响亮发出“广东金融”“广东国资”的声音，进一步提升了广金中心在全省、全国的影响力，确定了广金中心在行业中引领地位。

（三）成为全国“大众创业，万众创新”的有力推动者

《发明梦工场》作为国内首个鼓励国人以自己的发明创造创业的电视节目，借助广金中心与 CCTV 的平台影响力，宣传“发明改变命运，智慧创造财富”理念，鼓励全民以智慧立业，帮助全国范围内的创新项目与风险资本对接，为“大众创业、万众创新”提供了全方位、专业的金融交易服务平台，开辟了金融对接实体经济的新渠道。

三、几点建议

广金中心虽然在创新发展方面取得了一定成效，但也存在一些突出困难和不足，如体制机制改革创新有待进一步深化，企业信息化建设步伐滞后，产品及业务开发力度有待进一步加大。鉴于此，特提出以下几点建议：

（一）支持广金中心积极引入国内外战略投资者

目前，国内做得较好的金融资产交易平台均有丰富金融资源的股东背景。建议省国资委支持广金中心引入广东国资改革发展基金作为战略投资者，同时通过增资扩股、股权置换、可转债、产权转让、兼并重组、交叉持股等多种途径积极引进、嫁接国内外金融资源实力强的公司作为战略合作伙伴，建立与全国一流的金融资产交易平台相匹配的股权结构，提升公司市场影响力和竞争力。

（二）支持和鼓励广金中心加快金融产品和业务创新

一是支持中心跨境人民币资产交易试点工作。当前，广金中心正积极推进第一个跨境人民币资产交易项目（广东省机场集团基础设施扩建项目），申报成立信贷资产境外

交易等各类创新业务的试点平台，建议省金融办和人民银行广州分行在权限内给予政策支持，加快审批进度。二是支持广金中心通过《发明梦工场》节目助推广东产业发展。建议省国资委帮助征集省属企业发明专利以及具备投资能力和意向的国企和民营企业，嵌入广金中心《发明梦工场》节目，支持广东知识产权产业化发展。

广东应重视防范化解 P2P 网络信贷风险

2007 年以来，随着互联网技术的快速发展，以及国内银行信贷收紧、贷款难度增加，我国民间借贷日趋活跃，P2P（个人对个人的网络借贷）模式因其快捷便利、门槛低等特点，受到众多中小微企业主和中小投资者的欢迎，国内 P2P 平台成井喷式增长。截至 2014 年底，全国 P2P 平台运营数量已达 1575 家，全年累计成交量高达 2528 亿元。P2P 网贷平台对助推互联网金融与传统金融融合以及民营企业发展发挥了积极作用，是对我国现行金融体系的有益补充。但近年来，P2P 平台倒闭、法人跑路、提现困难等事件频发，给如火如荼的 P2P 网络信贷行业敲响了警钟，也给金融监管带来严峻挑战。广东 P2P 网贷行业发展迅速，在平台数量、成交规模、运营模式创新方面都处于全国领先地位，对此必须高度重视，及时加强监管，有效防范和化解 P2P 信贷风险。

一、P2P 网络信贷发展迅猛

P2P 是一种基于互联网的个人对个人民间借贷方式，不以传统金融机构为媒介，通过 P2P 信贷公司搭建网络平台，借款人和出借人在平台进行注册，需借钱者发布信息（简称发标），有闲钱者参与竞标，一旦双方在额度、期限和利率方面达成一致，即可达成交易。其间，P2P 信贷公司负责对借款人资信状况进行考察，并收取账户管理费和服务费等。

（一）P2P 网络借贷具有四大特点

一是依托互联网在线进行；二是借贷利率较高，大体在年率 20%—30% 之间，与小贷公司相当；三是 P2P 信贷公司只起中介作用，借贷双方自主选择；四是贷款客户主要是小微企业、店主、城镇低收入居民和农民工创业者等，出借人单笔投资金额小，风险分散。

（二）我国 P2P 网络信贷行业发展迅猛

自 2007 年引入中国以来，P2P 网贷平台经历了探索、扩张、调整等不同阶段。截至 2014 年底，国内 P2P 平台运营数量已达 1575 家，P2P 网贷参与人数日均 7.65 万人，全年网贷行业成交量以月均 10.99% 的速度增加，全年累计成交量高达 2528 亿元，是 2013 年的 2.39 倍。近三年成交额和上线平台数增长均超过 50 倍。P2P 网贷平台分布于全国 26 个省、市，主要集中在广东、浙江、山东、北京、上海、江苏等地区。

（三）广东 P2P 行业发展领跑全国

截至 2014 年底，全省 P2P 网贷平台达 360 家，占全国 P2P 网贷平台总数的 22.9%。其中，深圳平台数占比超过 80%；仅 2014 年前三个季度，全省 P2P 网贷行业成交量高达 524.57 亿元，占全国 34.31%，位居全国第一。代表性平台有红岭创投、盛融在线、合拍在线和 PPmoey 等。

二、P2P 网络信贷风险凸显

P2P 网络信贷作为一种金融新融资方式，在迅速发展的过程中，由于监管跟不上等原因，问题和风险开始集中显现，既给自身发展带来不良影响，也给投资者、借贷者带来较大风险。

（一）P2P 缺乏有效监管，行业发展竞争无序

一是 P2P 监管长期缺位。自 2007 年以来，国内 P2P 网贷平台一直处于监管缺位状态，直到 2014 年 3 月中国银监会才被国务院确定为 P2P 监管主体，只规定了关于 P2P 平台监管的四条红线，至今未出台监管细则，对于 P2P 的准入、市场运营、信息披露等方面的立法也尚属空白。二是问题平台迭出。据网贷之家统计，国内 P2P 网贷平台在缺监管、低门槛的情况下，截至 2014 年，全国网贷运营平台共计 1575 家，问题平台达 275 家，占比高达 17.46%，意味着平均每 6 家 P2P 平台就有 1 家出现问题，问题突出反映在提现困难、恶意诈骗、跑路等方面，主要集中于广东、浙江、山东、上海、北京等东部沿海地区，其中广东问题平台为 61 家，占全部问题平台的 22.3%，居全国首位。三是易引发系统性金融风险。P2P 网络借贷业务尤其是线上和线下模式的混合使得借贷过程不仅仅局限于平台本身，银行、保险、担保和小贷都或多或少参与其中，特别是 P2P 平台资金由第三方支付公司托管，资金被挪用银行无法有效甄别，存在监管“盲区”。问题平台一旦出现支付风险，可能传染传统金融机构，放大乃至产生系统性金融风险。

（二）信用体系不健全，骗贷和盲目投资现象严重

一是征信数据缺失成为平台发展的重大障碍。目前人民银行企业和个人征信系统不对 P2P 平台开放，各 P2P 平台既希望享有其他平台的征信信息，又怕泄露自己手中的客户信息，极大限制了平台之间征信信息的互联互通，既影响贷款效率，也影响贷款质量。二是骗贷现象时有发生。当前，有部分借款者为通过 P2P 平台的信用审核系统审核，通过伪造或借用他人证件在平台注册，或一人多贷，注册多账号来骗取贷款。也有一些人通过反复借款、还款提高在该平台的信用等级。这些借款者一旦通过多个平台套取现金，最后逃之夭夭，就可能引起整个网络借贷市场的瘫痪，并形成连锁反应。三是贷款者盲目跟风行为严重。鉴于虚假的认证信息和复杂不确定的网络环境，大量贷款者

很难掌握借款者信用状况，往往跟随大多数贷款者盲目进行投标。一旦出现坏账，就会使大量贷款者遭受损失。如 2015 年 1 月北京 P2P 网贷平台里外贷发生资金危机，成为该年首例倒闭的 P2P 公司，2014 年深圳“红岭创投”产生 1 亿元坏账，都给大量贷款者带来严重损失，其中大部分都是盲目跟风投资所致。

（三）内控不完善，技术风险居高不下

一是缺乏系统、科学的内部控制机制。国内大部分 P2P 借贷平台尚未建立起风险的量化指标体系和风险动态评估系统，一旦借款人在借款期间发生信用危机，平台无法及时知晓，对可能发生的恶意欺诈行为更是无能为力。二是互联网安全隐患频现。P2P 网络融资平台是以互联网为运营依托的，目前很多 P2P 网贷平台因为没有足够的技术安全投入，平台技术水平较低，极易遭受不法分子和黑客攻击，对数据恶意篡改或删除，给投资人和网络平台带来巨大的资金损失，最终导致平台倒闭。

三、加强广东 P2P 网贷平台风险防控的若干建议

在当前经济下行压力大、中小企业融资难突出的情况下，P2P 网贷平台的健康发展值得高度关注。广东应汲取前些年担保行业由于缺乏及时监管，高风险在 2011 年爆发遭到银行“封杀”的经验教训，高度重视解决 P2P 行业存在的问题及风险，及时加强监管，认真防范。

（一）加大监管力度，促进 P2P 行业规范化发展

一是尽快出台相关文件。在国家 P2P 监管细则尚未出台之前，广东应尽快制定出台《关于规范发展 P2P 网络信贷的指导意见》，对平台定位、准入门槛、高管资质、资金托管、市场运营、信息批露、行业自律、退出机制等，以及 P2P 网贷合同订立、履行、终止、债务追偿、行政裁决、司法介入等方面均作出明确规定，引导 P2P 行业规范发展，消除监管“空白”，切实保护投资人和借款人的权益。二是构建 P2P 网贷评价体系。省金融办应协同人民银行及银监会驻粤机构，尽快研究制定符合广东省情的具有公信力的风险评价体系，通过对 P2P 网贷平台进行动态、综合评级，区别优劣，分类监管，为广大投资者提供有益指导，并促使广大 P2P 平台不断加强自律建设。三是加大对违规平台的处罚力度。必须及时查处和严厉打击从事非法集资、洗钱犯罪和非法从事其他金融活动等行为的 P2P 网贷平台，给予关闭、限期整改、停业整顿、罚款等处罚，有效约束其违法违规行为，规范和净化市场秩序。四是加强行业自律。充分发挥广东省互联网协会作用，建立起行业备案、自律监管机制，推动制定和完善 P2P 行业自律公约，使 P2P 网贷平台自律、互律与他律并行。

（二）完善征信体系建设，优化 P2P 行业发展环境

一是争取金融行业个人征信系统尽快对 P2P 网贷平台开放。积极推进中国人民银

行省分行加强对广东 P2P 网络信贷的统计监测，创造条件将金融机构、电商和 P2P 网贷平台等各类信用数据录入该行企业和个人征信系统，争取该系统尽快向 P2P 网络信贷平台提供开放式查询，有效解决 P2P 网贷行业信息不对称的问题。二是推动 P2P 网络信贷平台之间建立“云征信”信息查询系统。与传统征信模式中会员需将各自数据纳入中央数据库，通过中央数据库提供查询不同，P2P“云征信”采用分布式，无需中央数据库，各平台自行管理自有数据，系统仅负责通讯、对接，不存储任何数据，查询方与被查询方直接发生交易，按效果付费，充分解决数据提供方意愿问题，消除不同体量平台的不公平性，充分体现数据价值，减轻系统安全风险。

（三）强化内控管理，提升 P2P 网贷平台技术安全

一是强化第三方托管，提升资金安全度和透明度。推动实现 P2P 平台账户和用户账户的分离，保障交易双方的资金和平台的资金不交叉，通过银行或由中国人民银行颁发资质的第三方支付公司进行资金托管，并加强银行对第三方支付业务模式、技术标准的风险控制的监管，有效杜绝 P2P 平台出现挪用客户交易资金或携款潜逃的恶性事件。二是推动平台建立风险量化指标体系和风险动态评估系统。加强对借款人的事前信用审核、事中风险控制、事后风险赔偿，及时掌握其借款期间信用状况，避免发生恶性骗贷事件。三是支持 P2P 网贷平台联合第三方软件服务商构筑技术安全屏障。鼓励专业性强的第三方软件服务商向 P2P 平台提供标准化、安全化、成熟化的软件服务、IT 服务，并长期为平台提供技术咨询，弥补 P2P 平台在自身技术能力上的缺陷。

广东药品集中交易新模式之新特点新问题新对策

作为广东一项重要民生工程，广东药品集中交易新模式运行近两年来，以降药价保药质为宗旨，构建起药品生产企业、经营企业和医疗机构良性互动的“生态链”。截至2015年8月4日，该平台已经开展18轮基药竞价和6轮非基药竞价，竞价与议价总成交金额727.81亿元，平均降价率为8.63%，节约采购资金共68.73亿元。其中，基药18轮竞价成交总金额371.04亿元；非基药医保6轮竞价成交总金额325.16亿元；包括低价药与非医保药品在内的议价品种总成交金额约32亿元。但广东药品集中交易新模式作为公益性平台，受制于平台建设运营维护等经营成本与日俱增，而经营收益基本为零的窘境，发展压力较大，药品集中交易新模式面临考验，应引起广东相关部门高度重视。

一、药品集中交易新模式之新特点

（一）药品板块交易品种全部上线，医药集中采购改革推进工作进入新阶段

2015年7月22日，广东非医保目录品种在广东省药品交易中心顺利挂牌上线交易，至此，广东省第三方药品电子交易平台实现基本药物、医保目录药品、新版低价药、非医保药品等药品全目录品种在线交易，标志着广东医药集中采购制度改革工作进入了新的阶段。目前，省药品交易中心正全力推进医用耗材、医疗设备、中药饮片等项目上线交易工作，力争在2015年底实现以上项目全部进场交易。

（二）创新商业模式，提升核心竞争力

广东药品集中交易新模式既可为交易各方提供“在线交易、在线竞价、在线结算、在线融资、在线监管”五个在线服务，亦可提供权威医药数据信息咨询服务、资本运营服务、并购贷款服务等衍生服务，市场影响力不断提升。省药品交易中心坚持“政府主导、市场运作”原则，在建设公益性、民生性药品交易公共服务平台的基础上，将积极通过市场化方式运作，拓展平台增值服务项目，增强平台自身造血功能，进一步提升平台核心竞争力。但新商业模式的缔造与完善需要一个渐进过程，期间将面临诸多考验。

（三）落实体制机制改革创新试点，企业发展活力控制力影响力不断增强

2014 年，广东省药品交易中心入选省国资委体制机制改革创新试点企业和省属企业科技创新项目第一梯队，该中心着重从两方面推进体制机制改革创新试点。一是完善法人治理结构，实现科学有效管理。进一步明晰公司股东会、董事会、监事会以及公司经营层之间的权责边界，形成权责清晰、运转协调、制衡有效的公司治理。二是创新人事管理、分配制度、体制改革。推行职业经理人制度、实行增量奖励制度、建立虚拟股权激励机制等；推进设立混合所有制二级子公司、推进企业成为科技创新的主体、建立新型平台运营模式等。

二、药品集中交易新模式之新问题新对策

广东药品集中交易新模式存在影响交易平台可持续发展的突出难题：一是在线结算推进遇瓶颈。虽然目前已绑定 70% 会员，且其中有一半会员参与在线结算，但省内大型医疗机构如省人民医院、南方医院、省中医院、省妇幼保健医院、中山大学附属系列医院、广州医科大学附属系列医院、深圳市中医院、广州市人民医院等，尚未进行账户绑定与线上结算，直接导致参与在线结算规模小，在线结算仅占交易总规模的 10% 左右，即使成功交易也存在大型医院结算慢、药品配送企业回款难问题。二是扶持政策落实不到位。为体现平台的公益性，省政府要求省药品交易中心在成立初期暂不向在线交易的各单位收取任何交易费用，但同时也明确提出平台上线运行一段时间（一年内）并验收通过后再研究出台配套政策，但平台已运行近两年，具体政策出台尚无时间表。三是运营资金紧缺。作为一个公益性民生工程，新模式秉承公益性原则，坚持非营利性，除股东资本金和政府扶持资金外无其他营业收入，但平台的建设、运营、维护等各方面资金投入大，收益无法覆盖成本，自身又无法纾困，导致广东省药品交易中心发展压力大，正常运营难以为继，不能更好地履行社会责任。为此，特提出以下建议：

（一）完善医药集中采购公共服务平台，构建药品、医疗器械综合交易市场

目前，药品板块所有品种已实现上线交易，医用耗材与中药饮片项目上线交易工作已进入交易办法制订阶段，预计 2015 年底可实现进场交易。但医疗设备项目上线交易涉及多部门，2015 年底实现进场交易难度较大，建议加强协调力度，按照循序渐进原则推进医疗设备上线交易工作，构建涵盖药品、中药饮片、医用耗材、医疗设备的综合性公共服务平台。

（二）支持加快推进药品电子商务全流程交易服务平台建设

通过药品电子商务全流程交易服务平台，可及时了解医院使用需求，获取医药生产企业生产、库存、供货状态。建议省政府支持广东省药品交易中心全面搭建面向医药企业、医疗机构、金融机构的平台信息接口系统，使医院、药品交易平台、医药生产企业

成为一条药品信息数据链；持续开发现有系统，在保障系统数据安全与隐私基础上，构建以平台为主导，企业和医院为延伸的药品信息生态圈，不断扩大信息接口服务，逐步成为辐射华南地区、影响全国的药品交易平台，成为第三方电子商务平台标杆模式。

（三）支持广东省药品交易中心实现可持续发展

自广东第三方药品电子交易平台上线以来，药品交易通过在线竞价由市场公开公平竞争形成最低价，去年至今共节约采购资金 68.73 亿元。目前，药品交易中心正积极推进医用耗材、医疗设备和中药饮片全部上线交易，这将进一步增进民生福祉。鉴于省药品交易中心的公益性，建议省政府对其后续发展给予支持：一是对平台一次性建设投资费用给予专项补贴。二是对平台日常运营维护费用采用政府购买服务的方式拨付年度专项经费。三是支持省药品交易中心设立会员履约保证金制度，确保交易行为规范有序。四是协调推进医保资金通过平台预付到医疗机构，加快交易价款进场结算。

主动适应股票发行注册制改革
抢占利用资本市场先机

十八届三中全会通过的《中共中央关于全面深化改革若干重大问题的决定》明确提出：健全多层次资本市场体系，推进股票发行注册制改革。2014 年 11 月 19 日召开的国务院常务会议要求抓紧制定出台股票发行注册制改革方案，推进该项改革是 2015 年资本市场改革的头等大事，也是证监会的核心工作。股票发行注册制是国际惯例，符合提高市场公平效率的大方向，能更好地发挥市场在资源配置中的决定性作用。实施注册制改革有助于推动股权融资崛起，提高直接融资比例和证券化率，优化社会融资结构，提高代表创新和经济转型方向的上市公司比重，改善上市公司结构，激发全民创新创业活力，实现转型升级和创新发展，让市场选择中国经济的未来，奠定中国经济和股市长期繁荣之基。广东各级政府有关部门及广大企业应主动适应股票发行注册制改革，熟悉掌握注册制改革的主要内容、程序、管理要求等，扎实做好实各项基础准备工作，以抢占利用资本市场扩大股权融资的先机，分享注册制改革的巨大红利，在新常态下实现产业转型升级和创新发展，对全国稳增长、促转型发挥好支撑和引领作用。

一、股票发行注册制改革的主要内容

我国新股发行制度先后经历“审批制”，“核准制”中的通道制和保荐制，现正向“注册制”的方向迈进，其演进是朝着强调信息公开、放松行政管制、增强市场化因素的方向进行。

股票发行注册制改革总体目标是，建立市场主导、责任到位、披露为本、预期明确、监管有力的股票发行上市制度。注册制改革将在审核、定价和监管上有新的改变和突破。

（一）审核改革：证监会进行形式审核、交易所进行实质审核

实施注册制以后，未来 A 股公司上市仍然要通过审核，将由证监会进行形式——注册审核，主要审查证券发行申请人申报文件的完备性、有效性以及合规性。实质审核将从证监会下放到交易所，由交易所则设定企业上市标准，进行企业上市审核。近期沪深交易所均大规模招聘专业人员充实其发审力量，乃为后续的审核工作做准备。

（二）定价改革：股票发行价格由市场竞争确定

注册制改革后，虽然审核机构仍将对高价、高市盈率发行做某种程度上的限制，但

我国的证券定价方式将更加市场化。证券发行申请人依法将与证券发行有关的一切信息和资料公开，制成法律文件，送交主管机构审查，并且要对所提供的信息的真实性、完整性和可靠性承担法律责任，主管机构只负责审查发行申请人提供的信息和资料是否履行了信息披露义务。发行人营业性质，发行人财力、素质及发展前景，发行数量与价格等实质条件均不作为发行审核要件，这些都交由投资者判断和选择，股票发行数量与价格由市场各方博弈、竞争确定，正真发挥市场引导资金流向、优化配置资源的决定性作用。

（三）监管改革：由强化事前监管转向加强事中和事后监管

在注册制下，监管层的监管重点将从IPO移到二级市场。监管层不再为信息披露义务人背书，不对上市公司价值进行实质判断，仅确保信息披露的齐备性、一致性和可理解性，放松公司上市的事前监管，落实上市中介机构的保荐或鉴证职责，承担对发行人信息披露的把关责任，对于信息披露的造假行为，则加强事中和事后监管，严厉打击违规者和证券犯罪。

二、股票发行注册制改革意义深远

（一）有助于提高市场公平效率

证券发行效率高低是市场内公司上市的主要动力，而我国的发行效率相较美国和香港还有提升的空间，虽然名义上现在我国的发行审核周期是6个月，但因为节奏控制等原因，发行周期不可控。未来我国注册制一方面可以设置差异化的上市条件，给予中小企业上市的机会，满足不同层次企业的融资需求和不同风险偏好投资者的投资需求。另一方面，在市场提高信息披露能力的基础上，由实质审核转变为形式审核，缩短审批周期，提高发行效率。

（二）有助于提高证券化率

注册制改革是推动证券市场金融自由化的重要一步，有助于提高我国证券化率水平，是让市场在资源配置中起决定性作用的重要体现。国际经验表明，实施股票发行注册制国家高于非注册制国家证券化率。2013年我国的证券化率为35.52%，而同期美国为132.88%，差距巨大，我国的证券市场有广阔的提升空间。注册制改革带来的是更低的企业上市门槛和企业上市成本以及更高的资本市场效率，这将有利于提高企业直接融资规模，优化社会融资结构，缓解我国一直以来面临的以银行贷款为主的间接融资规模占比过高的融资结构失衡难题。随着我国证券业的发展及国际金融自由化进程的加快，证券业自由化已经成为金融业今后发展的一个趋势。实行股票发行注册制，将进一步降低政府对市场的影响，提高我国证券化率，使之趋于发达国家水平，从而优化金融市场结构。

（三）有助于推动市场主体趋于成熟理性

在注册制改革下，投资股票将是一项风险较高的活动，为了降低风险，增强盈利能力，投资者必须不断提高自身的业务能力与水平，更加需要了解掌握宏观政策、行业发展、上市公司经营等变化情况，提高对股票投资价值的评价与判断，以做出更理性、准确的决择；同时由于发行人及其相关机构对上市公司公布材料的真实性承担相应的法律责任，这也迫使股票发行人和中介机构严格遵循谨慎与诚信的原则，从而促进整个证券市场不断走向成熟与规范。

（四）有助于降低上市门槛推动股权融资，激发创新促进转型

当前，以银行间接融资为主中国金融结构严重滞后于经济结构转型升级。目前美国直接融资占比平均为89.93%，香港直接融资规模占比平均为81.51%；而我国直接融资占比近年来平均仅为14.93%，远低于成熟金融市场水平，这意味着我国直接融资占比有着很大的上升空间。核准制度下，由于上市标准严格，造成一些中小型企业、新兴产业、高科技产业的公司为了解决融资问题只能到美国、香港等地上市，还有一部分中小企业甚至因为无法融资导致经营困难或者向地下金融市场借贷。在注册制背景下，任何企业只要符合相关要求条件，都可以通过资本市场发行股票，从而增加了创新型企业在资本市场融资的可能性，这将畅通VC、PE的退出通道，使得创新型企业在创业初始阶段获得资金的难度降低，激发创新创业活力，有利于培育和发展战略性新兴产业，促进经济转型。

（五）注册制奠定长期股市繁荣之基

在审批制和核准制下A股严苛的上市制度，我国一大批新兴产业龙头优质企业如百度、阿里、腾讯等“离家出走”到海外上市选择海外上市，使得A股并不能成为充分反映中国经济近年来发展的“晴雨表”，特别是互联网企业的快速成长。实施注册制，一方面增加股票数量，使市场竞争更加充分，股价估值趋于合理，另一方面将改变上市公司结构，使得更多代表创新和经济转型方向的上市公司占比提升，实现让市场选择中国经济的未来，并为我国股市长期繁荣奠定坚实基础。

三、几点建议

股票发行注册制改革是我国资本市场的一场深刻变革，其影响重大而深远。随着注册制改革的推进及其不断完善，证券市场将在合理引导资金流向、优化资金配置中起决定性作用。符合市场需求、管理规范、诚实守信、开拓创新的企业，将获得投资者的青睐，通过资本市场直接融资得到源源不断的资金支持而发展壮大。为积极适应股票发行注册制改革，推动广东企业抢抓利用资本市场先机，扩大直接融资，通过资本市场集聚资源要素，推动技术、管理和商业模式等创新，实现转型发展、做大做强，特提出以下

建议。

（一）积极做好注册制改革工作

省、市、县（区）政府及有关部门要高度重视和积极适应股票发行注册制改革，抢抓利用资本市场先机，促进广东企业上市直接融资，推动加快发展、转型发展，要把此作为经济发展新常态下广东经济工作的重点，摆上重要议事日程，强化工作体系，制定工作目标，明确职责分工，落实工作责任，加强协调配合，形成推进合力。

（二）加强政策宣传和业务培训

推进股票发行注册制改革是中央的既定方针，为帮助广东广大企业熟悉掌握注册制改革的主要内容、程序、管理要求等，扎实做好实各项基础准备工作，应加强注册制改革的政策宣传和业务培训，组织专题报告会和培训班，邀请国家证监会、沪深交易所、证券公司的权威专家进行政策解读、释疑，传授专业业务知识，提高广东政府有关部门工作人员，特别是上市后备企业高级管理人员的政策理论水平和企业上市工作实务操作水平。

（三）进一步完善企业上市的中介服务

推动广东上市扩大利用资本市场直接融资，分享注册制改革的巨大红利，实现在新常态下实现产业转型升级和创新发展，既要广大上市后备企业增强上市意识和时代紧迫感，创新发展，诚信规范经营，扎实练好内功，也离不开证券公司、会计师、律师、评估师、评级咨询等各类高层次中介服务机构的配合支持，为此，必须进一步完善企业上市的中介服务体系，加快引进境内外一流的证券中介服务机构到广东落户发展，为其创造良好的政策和人文生态环境，鼓励其与广东上市公司与上市后备企业建立长期的战略伙伴合作关系，依托其一流的中介服务，推动广东企业上市发展，提高和塑造广东上市公司在资本市场上的良好形象。

（四）优化融资服务支持

要积极培育上市后备企业梯队，帮助上市后备企业，特别是创新型中小企业运用融资增信、融资租赁、股权和债券融资等多种手段筹集发展资金，降低财务成本；充分发挥风险投资、创业投资、众筹、产业基金和财政性资金的杠杆作用，更好地筹集社会资本；积极发展地方资本和股权转让服务平台，完善融资中介服务体系，为上市后备企业提供更好的融资服务。

（五）强化上市公司监管

在股票发行注册制下，市场机制将在资本市场发挥决定性作用，直接融资资源永远都是短缺的，竞争也将十分激烈。一个企业能否在竞争激烈的市场上成功发行股票，筹集到发展资本，根本的要素是其产业方向、创新能力、盈利水平、诚信度。为此，各级地方政府及有关部门，特别是证监局、金融办、工商局等要大力加强对域内上市企业的业务监管，完善其法人治理结构，提高其规范管理、守法诚信经营水平，塑造广东上市企业良好的市场形象，赢得投资者的信赖和支持，确保广东在利用资本市场持续的竞争优势，获得实现经济持续增长和转型升级资金保障。

加快推进广东省 OTC 市场与新三板对接的几点建议

加快发展多层次资本市场，促进企业直接融资，是新常态下稳增长、调结构、惠民生的有效途径。2013 年实施资本市场扩容方案之后，新三板成为继上海、深圳之外的第三家全国性证券交易市场。新三板具有门槛低、成本小、交易制度灵活等优点，是中小企业实现直接融资的重要渠道。为充分利用新三板扩容带来的政策红利，全国各省市相继出台政策鼓励企业赴新三板上市，抓紧推动区域性资本市场与全国市场的对接，完善多层次资本市场。截至 2015 年 6 月 1 日，广东省新三板挂牌企业 251 家，居全国第三位，正在探索地方 OTC 市场对接新三板机制；山东省已探索构建了地方 OTC 市场与新三板对接的批量转板机制，为省内中小企业赴新三板上市开辟了绿色通道。广东省应借鉴山东的做法加快建立起地方 OTC 市场与新三板对接机制，在发展多层次资本市场方面继续走在全国前列。

一、山东省推进地方 OTC 市场与新三板对接的主要做法

山东省经济总量居全国第三，但金融业增加值仅占 GDP 的 4%，直接融资发展滞后，中小企业融资难、融资贵问题突出。郭树清省长到任以来，山东省大力发展多层次资本市场，加快建设地方 OTC 市场，并与新三板对接，大大促进了中小企业直接融资，有效支持了实体经济发展。其主要做法：

（一）建立省政府与新三板对接的工作机制

山东省 2013 年出台了加快金融改革的政策文件，把股权交易市场作为发展多层次资本市场的重要组成部分，推进地方 OTC 市场与新三板合作，满足中小企业投融资需求。2014 年 1 月，山东省率先同新三板签署战略合作备忘录，此后相继召开了两次落实战略合作备忘录专题座谈会，建立了良好的对接沟通工作机制，双方在挂牌企业资源培育、挂牌公司风险防范和处置、信息交流互换及推动股权交易中心规范发展等方面加强合作，充分发挥新三板的功能，切实促进全省创新型、创业型、成长型中小企业融资发展，助推全省经济结构调整优化。

（二）搭建地方 OTC 与新三板的绿色转板通道

按照战略合作备忘录的要求，山东省加快地方 OTC 市场的改革步伐，将齐鲁股权

交易中心打造为山东省内最大的地方 OTC 市场，率先探索将挂牌企业转板新三板。截至 2015 年 6 月 1 日，已经形成“单独受理、优先审核、提前沟通、集中挂牌”的批量对接机制，并先后举办了两批新三板挂牌仪式，有 17 家在齐鲁股权交易中心挂牌的企业相继转板新三板，涉及石化、新材料、小贷、机械等领域，首开区域性资本市场与全国市场挂牌企业批量转移的先河，创造了先由区域性资本市场进行培育、规范，待条件成熟时与高一层资本市场对接转板的中小企业融资模式。

（三）为地方 OTC 市场和新三板的联通提供持续服务

齐鲁股权交易中心致力于搭建中小企业赴新三板上市的桥梁，开展了企业融资全生命周期的持续服务。一是加强新三板业务培训辅导。多次组织新三板培训辅导会，为省内中小企业培训指导新三板功能定位与制度特点、挂牌企业改制、培育及挂牌应注意的事项，调动中小企业赴新三板上市的积极性。二是设立与新三板对接的培育孵化板。对于暂时达不到新三板挂牌标准的公司，在培育孵化板中重点培育、孵化；待条件成熟后，按批次向新三板推荐，实行批量转移；对于不再符合新三板挂牌条件的“退板”公司，由培育孵化板承接，进行二次培育和孵化。截至 2015 年 6 月 1 日，该中心已有 12 家托管挂牌企业启动上市程序，9 家企业进入培育孵化期，30 家企业受到长期跟踪培育。三是建立专业培育团队。组建了由券商、会计师、律师等组成的挂牌企业上市培育咨询委员会，对优势企业进行分组跟踪指导，促进企业规范运作和加快上“板”。四是实施转板后服务。齐鲁股权交易中心首批 8 家企业集中挂牌新三板之后，对这批已转板的企业继续提供其他金融服务，形成了持续服务的模式。山东迪浩耐磨管道股份有限公司首批转板新三板 1 个月后，又成功在齐鲁股权交易中心发行 1000 万元私募债，实现了三板四板同时融资。

二、对广东省探索建立地方 OTC 市场与新三板对接机制的几点建议

广东省地方 OTC 市场发展迅速，现已有广州、深圳前海、佛山广东金融高新区三大区域性股权交易中心。从上市条件看，广东省地方 OTC 市场挂牌要求并不低，在财务指标要求上甚至要高于新三板，建立地方 OTC 市场与新三板的对接机制具有较好的基础条件。从发展现状看，广东省在新三板挂牌企业 251 家，居全国前列，省内企业对赴新三板上市融资具有较强的意愿。我们建议：广东加快建设多层次资本市场，有效解决中小企业融资难融资贵问题，应加快建立广东省地方 OTC 市场与新三板的对接机制。

（一）要加大对广东省新三板转板企业的政策支持

一是落实战略合作备忘录，省有关部门应组织召开专题工作会，加快推动广东省三大区域性股权交易中心与新三板的对接，并鼓励各市与新三板签署战略合作备忘录。二是设立省资本市场发展引导基金，建议由省财政出资设立母基金，吸收社会资金入股并

按照市场化运作，重点用于推动广东省地方 OTC 市场挂牌企业的股份制改制，支持广东省地方 OTC 市场建设和新三板后备资源培育，加快全省多层次资本市场发展。三是探索通过优先推荐新三板挂牌企业享受国家及地方财政贴息、贷款和科技扶持资金，支持挂牌企业申请高新技术企业、高新技术产业基金，加强金融服务，积极采取各项配套措施等多种方式支持企业赴新三板上市。

（二）强化广东省地方 OTC 市场的孵化培育功能

广东省广州、深圳前海和佛山金融高新区三大股权交易中心应发挥自身在市场融资、交易和规范的信息披露等方面的职能，促进挂牌公司熟悉资本市场规则，完善公司治理结构，提升企业转板上市能力和竞争力。一是加强对新三板的业务知识培训和宣传。通过经常性开展业务培训、长期跟踪服务等方式，使地方 OTC 市场挂牌公司熟悉新三板上市条件、审批要点、信息批露要求和交易规则等，调动公司赴新三板上市的积极性。二是建立新三板上市企业后备梯队。按照“跟踪一批、孵化一批、上市一批”的原则，对广东省地方 OTC 市场内挂牌的公司进行分层次培育，筛选主业突出、管理水平高、产品竞争力强、发展潜力大的公司，纳入后备资源库，分层次、有重点、按梯队进行培育，对“退板”企业进行二次培育和孵化，加强后备资源动态管理。三是加强交流合作。加强广东省地方 OTC 市场与新三板两个市场在人员、技术、信息、管理、制度等层面的交流合作，使广东省地方 OTC 市场挂牌公司更早适应新三板的要求。

（三）搭建广东省地方 OTC 市场与新三板的转板通道

一是建立批量对接机制。借鉴山东经验，与新三板合作建立“单独受理、优先审核、提前沟通、集中挂牌”的批量对接机制，加快广东省地方 OTC 市场内挂牌企业转板新三板的速度，简化转板流程。二是探索设立新三板区域中心。支持珠海横琴设立新三板区域中心，优先审核广东省中小企业赴新三板的上市申请，打造新三板上市“广东板块”。三是积极探索新三板上市注册制试点。吸引券商和新三板参股广东省地方 OTC 市场，争取国家批准探索设立注册制试点板块，在广东省地方 OTC 市场设立一个由地方 OTC 市场、券商和新三板共同参与的孵化平台，选取地方 OTC 市场内挂牌的优质企业进行孵化，满足新三板上市条件后直接转板。

粤科金融集团锐意改革创新
走出广东特色科技金融发展新路

广东粤科金融集团有限公司是全国首家省级国有科技金融集团，是广东省政府授权经营的唯一一家风险投资省属国企。2012 年新领导班子到任以来，集团全面实施“科技金融产业融合发展”战略，按照陈云贤副省长提出的“巩固、提升、发展”的要求，主动适应新常态，坚持推进市场化、专业化改革和商业模式创新，构建“2 +6”科技金融业务体系，支持自主创新和中小企业发展，发挥出“促进科技与金融结合的主渠道、主平台和主力军”作用，走出了一条广东特色科技金融发展的新路子，集团业绩进入爆发式增长阶段。目前，集团并表企业 31 家，总资产由 2011 年底的 28 亿元增至 2015 年上半年的 131 亿元，增长 4.7 倍；净资产由 21 亿元增至 72 亿元，增长 3.5 倍；总收入由 2011 年的 5.0 亿元增至 2014 年的 12.08 亿元，年均增长 35%；利润总额由 2011 年的 2.43 亿元增长至 2014 年的 2.78 亿元，年均增长 5%；投资科技创新型中小企业 200 多家，投资效益累计超过 16 亿元，初步构建起覆盖科技型中小微企业不同发展阶段的科技金融服务体系和平台，为广东国有企业改革发展和打造科技金融产业融合发展的骨干企业探索出新路，提供了有益的经验与示范。

一、领导班子锐意改革创新，激发企业发展的创新活力

粤科金融集团前身为 2000 年省政府全资成立的广东省粤科风险投资集团有限公司。注册资本 8 亿元，履行以风险投资扶持科技中小企业创新发展的政策性职责，十多年来维持着常规性发展，也推动了一批科技企业上市融资。2011 年，为更好发挥集团推动科技服务经济发展的职能，省政府授权省科技厅对集团履行出资人责任。2013 年 6 月，为建设广东科技和金融强省的目标要求，省政府批准粤科集团更名为“广东省粤科金融集团有限公司”。2012 年徐永胜董事长调任以来，新一届集团领导班子继往开来，开启了集团市场化、专业化发展的新征程，推动集团快速实现向科技金融全链条全过程服务整体转型，核心产业呈现出迅猛发展的良好态势。

（一）确立新的发展战略目标，突显科技金融“三主”作用

新班子调整后，按照省委省政府提出的“做大做强省粤科金融集团，充分发挥粤科金融集团作为促进科技和金融结合的主渠道、主平台和主力军作用，提升科技金融业务核心竞争力和影响力”的指示精神，将之确定为粤科金融集团新的发展战略定位，

大力推行管理体制机制改革，引进世界知名咨询机构安永公司负责集团顶层设计，进一步确立了新的战略定位，着力从风险投资转向科技金融发展。2014 年，粤科金融集团按照陈云贤副省长的要求，全面实施“巩固提升发展”战略，以解决科技型中小微企业融资难、服务广东创新驱动战略为出发点，以引导社会资本、推动科技创新、助推企业升级、促进产业转型、激活体制机制、创造财富神话为使命，努力在服务全省科技中小企业和自主创新方面建立起全链条、全过程的科技金融服务体系，充分发挥集团促进科技金融结合主渠道、主平台和主力军“三主”作用，不断提升科技金融业务核心竞争力和影响力，力争到2015 年，总资产超过200 亿元；到2017 年打造出资产规模千亿元的科技金融集团，成为支撑广东科技强省和金融强省建设的市场化专业化科技金融集团。

（二）机制创新兼容并蓄，实现市场化改革新突破

近 3 年来，粤科金融集团坚持抓班子、强中层、带队伍，探索体制机制创新，完善公司治理结构，优化管控方式，拓宽人才选拔渠道，不断实现市场化改革新突破。一是实施项目跟投制度。粤科金融集团在健全董事会架构、完善法人治理结构、强化集体决策机制的基础上，按照创业投资行业的市场化做法及国际惯例，实施了“投资项目跟投制度”。规定经集团董事会讨论批准的项目，董事会成员凡是投了赞成票的，必须强制性“跟投”，连同投票成员、项目组成员，均按投资总额的一定比例个人出资跟投；其中项目人员和集团董事会投资决策委员会成员实行强制性跟投，其他在职员工选择性跟投。这一决策改变了过去负盈不负亏的局面，强化了项目投资责任，激励约束了投资行为，也实现了风险共担，收益共享。二是实施全方位绩效考核制度。粤科金融集团引入正略均策公司设计全员绩效考核制度，改变了过去上对下的考核办法，在业绩考核的基础上增加了360 度评议的程序，将绩效分为 S、A、B、C 四个等级，按照务实精简、易于操作的原则，突出对包括班子成员在内的全员进行“道德品质、能力素养、态度表现、业绩效能、廉洁公正”五个方面的评价，按公开投票折算成分数，对年度考核等级为S 级的员工现场加工资一级，对年度考核等级为C 级的降一级。人力资源部将考核结果归档，考优者纳入公司人才储备库，作为集团公司确定重点培养员工的重要依据。由此，改变了“干好干坏都一样”的陋习，充分调动起员工创业干事的积极性和创造性，形成了像外企和民企那样拼命的干事风格，业务拓展和业绩持续提升。三是全面实施市场化公开招聘制度。为营造公开透明高效的良好用工环境，粤科金融集团坚持“逢进必考”原则，专门设立招聘委员会，负责集团公司招聘工作的组织领导，所有中层以上重要职务进人须经集团党委会审批决定。集团坚持高标准选人，招聘录用的管理人员原则上要求毕业于国内“211”工程高校，或具备境外知名院校本科以上学历。目前，粤科金融集团及下属二级企业现有员工 202 人，其中具有金融、经济管理类硕士以上学历的占比 1/3，具有国内外知名金融机构从业经历人员 58 人，四大会计师事务所工作经历人员 11 人。员工素质大大提高。

二、形成“2 +6”科技金融业务体系，织就全能式服务网络

粤科金融集团坚持科技是第一生产力、金融是第一推动力的思维，树立起创新驱动发展理念和机制，大胆探索科技金融商业模式创新实践，以市场需求为导向不断延伸供应链、服务链，在继续拓展创业投资、风险投资两大主营业务的基础上，积极发展科技小额贷款、科技融资担保、科技融资租赁、科技资产评估、科技产业基金、科技金融产业园区等六大新业务，形成了“2 +6”科技金融业务体系；并顺应互联网时代大潮，发展股权众筹、P2P 网贷平台等互联网金融新业态，初步构建起全能式的科技金融服务网络。

（一）突出两大主营业务，做强做大创业投资、风险投资

目前，粤科金融集团控股了 2 家省级风险投资公司，成立了 4 家专业风险投资管理公司，组建了 2 家专门支持高校自主创新的创业投资公司和 3 家区域性风险投资公司，创投产业链不断延伸，既有全省第一支天使基金和大学生创业基金，又有中后端的产业投资基金和并购基金，已经形成了贯穿项目前中后期、覆盖科技金融全产业链的多层次风险投资格局。2014 年粤科金融集团成功发行“14 粤科债”，募集资金 10 亿元，壮大了创业风险投资资金的实力。至 2015 年上半年，粤科金融集团已成功推动 13 家企业在国内外资本市场上市，11 家投资企业挂牌新三板；管理及参股的创业风险投资基金 27 家，总规模达到 204 亿元。通过组建、发起设立和管理各类基金，争取国家财政资金、省、市三级联动，使政策性资金的杠杆作用放大 5—10 倍，迅速扩大了粤科金融集团的可控资本规模，做大做强了创业风险投资业务。

（二）拓展六大业务领域，构建全方位科技金融服务平台

粤科金融集团充分发挥省级政策性科技金融的优势，不断完善科技金融服务链，积极开拓科技金融新业务，截至 2014 年底，科技金融新业务资产占集团总资产 21%，营业收入占 6%，利润占 23%，实现“投、融、担、贷、筹”的有效驱动和资源共享。一是积极争取省有关部门的大力支持，相继组建了全国第一家注册资本突破了亿元限制的、规模为 10 亿元的可跨区经营的粤科小贷公司，规模为 2. 3 亿元的粤科融资担保公司，规模为 1 亿美元的粤科融资租赁公司，有效支持科技中小企业发展。二是粤科金融集团积极配合国家知识产权局、广州市人民政府、省产权交易集团进行知识产权评估业务并共同发起设立了广州知识产权交易中心。三是粤科金融集团与中国银河证券联合发起设立了总规模 50 亿元的银河粤科（广东）产业投资基金，成为广东省首支与央企合作设立的大型产业基金；并与国家环保部下属的中国环境出版公司合作设立了中环粤科环保产业基金，引导促进高科技产业和企业发展。四是粤科金融集团落实珠三角金融改革创新区规划，专门成立了粤科产业园公司，以“五资融合”科技金融产业示范园区

建设为抓手，以科技金融产业服务为载体，创新科技园区产业发展模式，打造科技金融创新孵化器，形成了以科技金融产业园建设与服务为一体的综合性产业园区发展平台。目前首期投资3亿元的韶关紧固件产业园及广州海珠区粤科创业空间等一批示范园区已陆续启动，进展良好。

（三）探索"互联网+"模式，发展科技金融服务新业态

集团积极践行国家"互联网+"行动计划，率先探索"互联网+科技金融"新模式。一是发起设立了股权众筹公司。2015年粤科金融集团牵头与中科招商共同成立了粤科众筹股权交易公司，成为全国最大的众筹机构、创投领域网上众筹融资和众筹交易平台。众筹公司利用粤科金融与中科招商两大科技、金融企业的风投资源、投管团队和风控团队，为优秀创业者提供战略伙伴和创业指导及快速融资、众筹项目，为创业项目提供一系列专业化配套服务，扶持具备爆发潜力的创业团队和创新型企业。二是参与设立P2P网贷平台。粤科金融集团联合同心基金共同发起设立了注册资金2亿元的深圳市同心科创金融服务公司（P2P），致力于为中小企业提供便捷的融资新渠道，并为个人提供创新型投资理财服务，通过安全稳定的互联网平台实现跨区域资源配置的匹配与撮合。这两大新业态发展空间巨大，已实现当年设立、当年盈利的良好开局。

三、致力打造千亿元"科技金控"，力争实现集团整体上市

"十三五"期间，是广东实现"两个率先"的关键时期。粤科金融集团将紧紧围绕省委省政府建设科技强省和金融强省的重大战略部署，实施创新驱动发展战略，巩固"2+6"发展基础，提升科技金融服务格局，努力壮大资产规模，探索拓展新业态，实现集团化、专业化、股份化和规范化发展。2017年，注册资本突破100亿元、管理资产规模超1000亿元，打造成为治理结构优化、产业布局合理、管理模式科学、企业文化先进、核心竞争力突出的大型科技金融集团，到2020年，力争实现集团整体上市。

（一）优化业务架构，实现创新发展

为适应和引领科技金融发展新常态，集团将不断优化"2+6"业务架构，形成新的"3+X"业务主板，将创业投资、风险投资、科技产业基金整合为股权投资板块，将科技小额贷款、科技融资担保、科技融资租赁、知识产权交易整合为科技金融服务平台板块，将科技金融产业园优化为孵化器运营平台板块，以"互联网+"提升三大业务板块。一是做强做大股权投资管理规模。"十三五"粤科金融集团将发起设立广东省重大科技专项创新基金、广东省重大科技成果产业化基金、广东省科技成果转化基金和广东省环保产业基金，完成"广东省粤科创新创业投资母基金"的增资工作，引导金融机构参与子基金的设立，力争带动500—700亿元的社会资金，专投各类产业基金，继续争取设立广东省海上丝绸之路建设引导基金，力争2017年底实现基金管理规模再

翻番，总规模突破1000亿元。二是做精做优科技金融服务平台和全产业链。继续优化小贷公司布局，实现网络化经营；继续创造条件争取国家支持设立以粤科金融为主发起人、以民营资本为主的首家广东省科技创业银行。把粤科众筹股权交易公司打造成全国最大的众筹机构，成为股权投资的“升级版”。针对科技中小企业缺抵押物、融资难的难题，一方面积极探索推动设立知识产权银行，发挥科技型中小企业知识产权等无形资产可质押优势；另一方面积极争取组建粤科资产管理公司并设立“广东粤科质押股权收购基金”，专门收购银行质押出现的不良资产，可撬动数十倍资金，缓解科技型中小企业贷款难贵问题。三是发展壮大新型孵化器运营平台。加快建设与海珠区政府合作的3万平米面积的X3SPACE青年创业创客空间，新型孵化器实现全天候提供服务，与各地级市合作设立区域孵化器，利用三旧改造面积设立一批创新创业新型孵化器；通过新型孵化器运营，将全省所有的高新区、开发区联结一体，并形成新模式。探索设立虚拟孵化器易孵网络信息公司，力争年底上线运营，“十三五”起将提供创业辅导、工商登记、融资、法律、税务等服务。加快与广晟合作设立“投资+”反向孵化器，专门服务于创新创业投资机构，优化融资环境。

（二）提升科技金融服务新格局，实现集团整体上市

粤科金融集团将不断完善提升“3+X”科技金融服务体系，不断创新科技金融业务模式，争取在再贷款、再担保、兼并收购、设立人民币走出去基金、在香港发行人民币债券、以及农村金融与科技金融的有机结合等方面取得成效。以此为基础，积极推进集团与二级公司的“资产证券化”步伐，通过控项目、控上市公司，规范进行股份制改造，整合注入优质资产等，推进集团整体上市。未来集团将借鉴省属企业国资改革的成功经验，通过并购方式整合、嫁接境内外金融牌照和金融工具，促进科技金融产业的深度融合，构建与广东产业规模相匹配的科技金融上市公司平台，力争到2020年把粤科金融集团打造成为国内一流的科技金融控股集团。

四、进一步支持粤科金融集团做大做强的几点建议

粤科金融集团在推动广东科技金融融合发展中探索出具有广东特色的发展之路，取得了显著的成效，发展前景广阔。但要打造千亿元的“金控”企业，实现集团整体上市的宏远目标，也面临一些自身力所不能解决的突出问题和困难，需要得到各方面的大力支持。为此，建议省政府及相关部门给予高度重视和支持：

（一）支持粤科金融集团增注注册资本金壮大规模

经过十几年的高速发展，粤科金融集团不断壮大，资产总额和管理资金规模双双突破百亿，已经成为全省最大的科技金融集团。但由于集团资本金较少，资金的放大倍数已达极限，未来发展面临瓶颈。为更好发挥粤科金融集团推动广东科技金融发展的主渠

道、主平台和主力军作用，建议省政府支持：一是将集团代表省政府行使出资人责任的资金转注为集团资本金。主要有：集团受托管理的省创业投资引导基金 8.5 亿元，其中广东中科白云创投基金公司出资 5 亿元、广东红土创投公司出资 3 亿元、广东粤财节能环保创业投资基金公司出资 5000 万元；集团受托管理的银河粤科（广东）产业投资基金 5 亿元，均转增集团注册资本金。二是将科技系统的经营性资产划拨给集团。主要有：粤科软件公司通过计算中心上交省财政的 4.5 亿元，作为省财政支持设立粤科创新创业投资母基金，追拨给集团。同时，将省财政出资的、由广东生产力促进中心代管的广东软件园划拨给粤科金融集团，拓宽集团投资发展空间。

（二）支持集团设立资产管理公司及银行质押股权收购基金

科技型中小企业普遍缺乏抵押物，最具价值的资产知识产权和股权，由于价值难以评估、可变现能力差等，难以被商业银行接受于贷款抵押，使得科技型中小企业比一般中小企业更难获得贷款。为解决上述难题，粤科金融集团正积极争取批准设立资产管理公司，同时探索设立银行质押股权收购基金，用于收购无法偿还到期贷款的中小企业银行质押股权，既防止银行增加呆坏帐，又可鼓励银行对科技中小企业质押贷款。首期资金规模 10 亿元，建议省财政资金出资 5 亿元通过粤科金融集团注入，其余 5 亿元由粤科金融出资及向社会募集。这既能发挥政府政策性资金的引导、示范和杠杆作用，又能发挥专业投资机构的专业化管理运作能力，确保基金取得良好收益。

（三）支持集团发起设立广东科技创业银行

科技型中小企业具有创新活动的不确定性及高风险、高成长性的特点，传统商业银行难以向其提供融资服务。近几年，各商业银行虽然加大了对科技型中小企业的信贷支持力度，但整体上仍难以突破传统商业银行经营方式和风险偏好的局限。而随着国家和省大力扶持大众创业、万众创新，设立专业化的科技银行已势在必行，广东设立科技创业银行正逢其时。近几年，粤科金融集团已经深入开展了设行前期准备工作，下属粤科小贷公司已获得再贷款资格，在肇庆、珠海、中山、江门、云浮市高新区设立了 5 家子公司，布局范围不断扩大，已经具备广东科技创业银行的雏形。为此，建议省政府向国家争取支持以省粤科金融集团作为主发起人，充分利用其创投背景，吸引社会资本参与设立广东科技创业银行。

（四）支持集团加快资产证券化步伐，构建上市公司资本运作平台

粤科金融集团成立 15 年来坚决贯彻省委省政府的要求，较好实现了国有资产保值增值，特别是近两年国资保值增值率分别达到 111%、175%。为加快集团整体上市进程，建议省政府批准粤科金融集团作为省属国企全面深化改革的试点，支持其引入战略投资者，进行混合所有制改革，剥离和处置不良资产，通过并购方式打造全牌照金融控股集团，最终实现集团整体上市，为推动广东国企资本证券化进程提供经验和示范。

粤东西北振兴发展股权基金运作实现四大创新

为贯彻落实《关于进一步促进粤东西北振兴发展决定》中提出设立振兴发展股权基金的部署，2014 年 2 月广东省政府正式启动设立“广东（人保）粤东西北振兴发展股权基金”工作，时任广东省常务副省长徐少华亲自抓，多次主持召开协调会，加强与中保集团协调沟通；省发改委、财厅与省粤财控股公司密切配合，共同推进，8 月 1 日股权基金正式落地运作，目前进展良好。

设立振兴发展基金是广东贯彻落实党的十八届三中全会精神，创新城市建设投融资体制，加强与国家级金融机构的战略合作，探索建立财政手段与金融手段相结合的投入体制的具体举措，是推动广东投融资体制改革、促进粤东西北地区振兴发展的实践创新。振兴基金以股权形式滚动投资粤东西北地区，放大倍数 2.33，在把政府与市场信用结合好的基础上可放大到 2700 亿元左右，有利于进一步改革财政资金的使用方式，对于推进广东财政经营性资金实施股权投资管理改革，向全省区域复制推广起到了重要的示范与创新作用。

一、振兴发展股权基金施行基本情况良好

（一）科学设计基金管理运作模式

粤东西北振兴发展股权基金为有限合伙制基金，首期规模为 121 亿元，由广东省财政（通过粤财控股）出资 40 亿元及基金管理人中银粤财跟投 1 亿元、中国人保出资 60 亿元、省建行出资 20 亿元构成。主要投资于省政府批准规划的粤东西北 12 市及肇庆市共 13 个地级市新区起步区及中心城区扩容提质中的一级土地开发及基础设施项目建设，采用直接投资地级市项目公司股权，或通过地级市设立子基金间接投资项目公司股权两种形式。这 121 亿元股权基金对 13 个地级市平均分配，通过市场化手段控股地级市项目公司股权，基金与各地级市按 51∶49 的出资比例出资组建项目公司；基金以现金形式对每个地级市项目公司投资 9.3 亿元，各地级市则以土地作价入股，每个地级市项目公司可筹集资本金 18.2 亿元；按资本金与银行贷款 1∶2 的比例匡算，每个地级市理论上可筹集约 55 亿元发展基金，用于土地及基础设施项目的开发，并以开发好土地转让收益支付银行贷款利息，基金投资收益及偿还本金。

（二）基金首批项目投资投放到位

一是成立了基金投资决策委员会，审议通过了肇庆、云浮、湛江、梅州、河源、汕尾市的投资项目，首期总投资规模55.8亿元，每市投资规模9.3亿元，已落实土地注资金额28.56亿元，第一批投资款项于8月7日正式投放到位。二是严格遵照时任广东省常务副省长“统一标准，成熟一个，推进一个，力争在年底前全部资金落实到位”的指示精神，完成了肇庆、云浮、河源、湛江、梅州、汕尾、清远、韶关、茂名等9市的现场尽职调查工作，13个市的工作对接。三是推动基金杠杆效应的发挥，拓展地市债权融资空间。组织召开了“金融机构支持粤东西北振兴发展股权基金项目对接会议”，先后与多家银行、保险机构等完成正式对接，设计出包括银行贷款、债券融资、资产证券化等各种金融项目在内的债权融资方案，利用粤财控股及中银粤财的专业与渠道优势，积极支持各市搭建与各类金融机构的合作桥梁。

（三）加强基金日常管理，建设基于互联网的基金管理平台

为提升基金的后续管理效率，中银粤财正在研发基金投后管理的信息化平台系统，年底正式上线运行。通过搭建基金互联网管理平台，一方面有效提升基金管理水平与效益，另一方面为省政府后续设立的铁路发展股权基金、战略性新兴产业股权基金等其它股权基金的管理运作提供模板型的专业、高效信息平台支持。

二、振兴发展股权基金的运作实现了四大创新

粤东西北振兴发展股权基金是全国第一个由省级平台与金融央企合作设立的支持落后地区加快发展的股权基金，央地合作，财金携手，政府引导，市场化运作的基金管理模式，是广东推进投融资体制改革、创新城市建设投融资机制的重要探索和创新。

（一）创新财政投融资体制

粤东西北振兴发展股权基金由省财政注资省属企业——粤财控股，再由粤财作为出资代表人发起设立基金，并以股权形式投资粤东西北地区扩容提质等项目，既有效支持了落后地区发展，又增加了省属企业资本金，形成财政资金“一资两用”的股权投资新模式，实现了财政资金从有偿到无偿、一次变多次使用的“乘数效应”新转变，提高了财政资金的使用效率，一是由原来的财政补助贴息转变为股权投资，探索出经营性财政资金股权投资管理改革新路子。二是从一次性投入转变为循环使用，通过阶段性持股、适时退出获得合理回报并再次投入的滚动支持方式，最大程度发挥了财政资金可持续的支撑作用。三是从无偿拨付转变为有偿使用。通过明股实债、固定回报的交易结构设计，约束和激励地方政府有人负责、选好项目，管好运营、防范风险。四是发挥财政资金的增信和杠杆作用。把高等级的省级政府信用与粤东西北地区的市场信用相结合，不仅部分解决了经济欠发达地区融资难问题，而且相对降低了融资成本。振兴基金的运

作模式，可发挥财政性资金的引导和杠杆作用，撬动更多的社会资金投资支持粤东西北发展。根据初步测算，省财政投入40亿元的财政资金，通过基金和地市项目的杠杆放大，滚动发展，两期可撬动约1500亿元资金，真正实现财政资金“四两拨千斤”的作用。

（二）创新粤东西北各市新区融资平台建设机制

中银粤财基金公司对振兴基金的管理严格坚持“政府引导，市场化运作”原则，创新性地为粤东西北地区新区融资平台注入新的活力。一是把开放性金融、结构化金融和互联网金融结合一体，把产业与金融、区域发展与金融、金融内部资源整合起来，扩大了各市建设的融资渠道。二是通过专业的投后管理参与并改进被投资公司治理水平，提升各市融资平台公司投资效率和经营绩效。三是借助粤财融资平台，以省级信用带动地方信用，以股权基金撬动市场资金，引入民间机构，从而提高了融资平台经济效益及各地城市规划、建设、开发的效率和质量。四是通过振兴基金与各市新区融资平台的合作，地市平台公司掌握了股债结合融资的操作方式，梳理规范了新区投融资过程的交易结构，拓展了产城结合、产融结合的思路和视野，搭建了与金融机构的合作桥梁，为新区培养了专业投融资人才队伍，提升了新区工作人员的专业水平。

（三）创新基金运营管理模式

中银粤财基金公司在风险控制及运营管理方面采取了诸多创新措施，从基金组建、投资落地、环境管理、投后管理四个维度，构建系统全面循环补充机制，可组合系列基金设立，可复制、可推广。一是通过顶层的分级安排和地市的项目投资风险控制，形成了对优先级投资人的四层资产及兑付保障（项目公司资产、回购主体回购承诺、省政府40亿元出资、粤财控股自有资金）；二是实行“封闭运作、穿透管理”，提升项目公司治理水平，确保资金专款专用，在项目层面有效控制投资风险；三是构建良好投资环境，基金在各地市的投资客观上各地市还得起，主观上违约意愿低；四是打造标准化的互联网投后管理平台，通过对投资落地及投后管理的工作价值链进行解构，形成具体的模式、标准、模板及工具。利用自主研发的互联网平台实现线上管理与线下结合，创新性地管理基金的日常运营。通过项目管理、知识管理、客户关系管理、风险管理等IT系统，实现标准化、系统化、模块化、信息化的管理，这将为广东省政府后续设立的其他股权基金的建立和规范管理提供知识及管理经验双重支持。

（四）创新广东利用保险资金推进新型城镇化的投入机制

创新引入保险资金支持粤东西北发展，是贯彻落实广东省政府与中国保监会、中保集团全面战略合作协议的具体举措。广东在引入150亿元保险资金成立债权投资计划投入交通基础建设的基础上，又以股权投资方式引入60亿元人保资金设立振兴发展股权基金，通过将保险资金与省财政资金、银行资金分层设计安排，创新性地实现了对保险资金的增信保障，通过固定收益模式，创新了广东新型城镇化建设中扩大利用保险资金的投入机制与方式，使各地市新区基础设施建设摆脱了传统的银行单一融资渠道，有效拓宽了新型城镇化建设的融资渠道。

三、振兴基金落地运作中的主要问题与建议

目前，振兴基金在投资落地过程中存在四方面问题：一是部分地市对股权融资认识不到位，工作进度滞后，汕头、阳江、潮州、揭阳4市还未开展现场尽职调查，影响基金投资落地进度。二是出资人的资金尚未到位。目前仅省财政厅先行划拨了10亿首批资金到粤财控股，其他30亿及中国人保和省建行的资金尚未到位。三是基金项目后续贷款抵押物不足。地级市为获得基金注入，已将等额土地资金抵押给基金，但办理项目后续融资贷款的抵押物不足，13个地级市新区建设土地指标不足，最少的只有9000多亩，最多的有4万亩，给项目获批银行贷款带来困难。四是税费负担重，融资成本高。各地市以土地资产注入基金的资本金，需要通过公开挂牌出让方式将土地资产注入融资主体和回购主体，初步估算需交纳教育金、农田水利金、土地开发金等各类规费，总额占土地出让总成交价的12%，即每注入10亿元土地资产共需一次缴纳各种规费1.2亿元，导致各地市承接基金投资10亿元资金，扣除规费后，实际得到的融资为8.8亿元，每年支付需7500万元利息，实际融资成本达8.52%。

为解决上述问题和困难，特提出以下对策建议：

（一）抓紧催促振兴基金资本金落实到位

为确保省政府在年底前完成121亿元基金投资到位的目标要求，建议省政府敦促和协调省财政厅、中国人保及建行广东分行将尚缺专项投资款及时拨付到位，中银粤财应加强与各出资方沟通，推动各方步调一致，及时划款，使振兴基金首期121亿元资金尽快足额落实到位。

（二）狠抓项目落地工作

中银粤财应全力组织力量加快开展揭阳、潮州、汕尾、阳江4个地市的现场尽职调查工作，要将各项工作安排细化制定为“任务状”、路线图、时间表，责任到人，争取在10月底前完成全部尽职调查。同时，加强与各市地政府及相关部门的沟通，督促并帮助各市加快完成土地资产注入工作，在年底前完成全部13个地市的投资放款目标任务。

（三）切实解决基金投资项目后续融资资金

针对基金投资项目后续融资贷款抵押物不足等问题，建议由中银粤财牵头，会同省市有关部门研究建立基金抵押土地置换机制，即当项目公司土地开发较为成熟并取得较大幅度升值后，通过土地置换等方式及时释放出项目公司土地资产的增值资产，有效解

决抵押物不足问题。同时，积极探索通过把 13 个地市捆绑一起发行市政债券，由省再担保公司为其贷款增信、PPP 公私合营等方式解决后续融资贷款抵押问题。

（四）协调解决好地市新区开发的土地指标问题

针对部分市提出新区土地指标不足问题，建议有关地市尽快按省发改委提出的由各市先行摸清本市闲置土地指标的情况，在先用好用足现有闲置指标的前提下，向发改委提出新增新区建设用地指标申报意见，并由省发改委汇总后，协调省国土厅根据广东实际拿出统筹调剂解决方案后，报省政府批准执行。

（五）切实减轻落后地市税费负担

为更好地体现振兴基金对粤东西北各市振兴发展的支持作用，加快推动基金投资项目落地，建议由省财政厅牵头，会同有关部门尽快研究出台专项支持政策，对基金落地过程中涉及合作主体注入资产的土地，公开招拍挂需缴交的规费中属省级提取部分，实行先缴后退，全部返还给各地市，为振兴基金及时足额投资落地创造条件。

第四篇 服务消费升级

FUWU XIAOFEI
SHENGJI

新常态下打造广东多点支撑消费增长新格局研究

我国经济已进入速度变化、结构优化、动力转化的新常态，消费成为拉动经济增长的重要引擎，也是未来发展的巨大潜力所在。党中央审时度势，在经济进入新常态的九大趋势判断中提出："必须采取正确的消费政策，释放消费潜力，使消费继续在推动经济发展中发挥基础作用"。广东作为全国消费大省，最终消费占全国的1/10强，对全国扩大消费影响举足轻重，必须主动认识、适应和引领消费新常态，将扩大最终消费作为未来发展的重要着力点，加快打造多点支撑的消费增长新格局，促进经济运行良性循环，保持经济社会全面协调可持续发展，增进民生福祉，为实现"三个定位、两个率先"提供基础性支撑。

一、广东进入以消费为主推动经济发展的新阶段

经过37年的改革开放，广东社会总需求结构不断优化升级，形成了消费、投资、出口拉动经济增长的新格局，消费成为经济增长的主动力。

（一）从经济发展阶段看，正处于向中等发达国家消费水平迈进的阶段

按照美国著名经济学家罗斯托《经济成长的阶段》的划分，一国一地经济从传统走向发达要经历六个成长阶段，即传统社会阶段、准备起飞阶段、起飞阶段、走向成熟阶段、大众消费阶段和超越大众消费阶段。目前世界上大多数中等发达国家和地区均处于第六阶段即超越大众消费阶段，美国、欧盟、日本、香港等发达经济体最终消费率均在75%以上，俄罗斯、印度等"金砖"国家最终消费率也超过了70%。广东珠三角地区已进入工业化后期发展阶段，2014年人均GDP超过1.6万美元，步入中等发达国家和地区消费水平；但全省人均GDP刚超过1万美元，仍处于大众消费阶段，最终消费率仅为51.8%，与中等发达国家和地区仍有较大差距。若要全面达到中等发达国家消费水平，必须努力提高最终消费率，加快形成以消费驱动经济增长的新格局。

（二）从发展动力看，消费已成为经济增长最持久最稳定的内生动力

改革开放以来，广东经济的持续高速增长在很大程度上靠投资拉动。2008年国际金融危机以来，刺激政策和大规模投入导致资源过度消耗和产能过剩等问题，投资对经济增长的边际效益递减，外需疲弱也导致净出口对经济增长的拉动作用为负，扩大内需

使消费需求对经济增长的拉动作用不断增强，2009—2012 年消费对经济增长的平均贡献率达到 55.4%，有效熨平了经济增长的波动，增强了经济增长的内生性。"十三五"期间，广东投资高速增长已不可持续，净出口的拉动作用有限，消费需求在经济发展中扮演着越来越重要的角色，广东经济要保持中高速增长，必须进一步发挥最终消费对经济增长的拉动作用。

（三）从消费趋向看，消费新模式新业态加快成为新的经济增长点

新常态下，传统消费模式和业态正逐渐弱化，尽管消费规模仍保持平稳增长，但对经济带动的作用有限，而新兴消费模式和业态方兴未艾，正迅猛发展并成为替代传统消费的主导力量。广东正从模仿型、排浪式消费向个性化、多样化消费转变，从线下消费向线上与线下互动消费转变，从生存型、基本型消费向发展型、享受型消费转变，呈现出消费结构不断升级、消费热点不断涌现的新趋势新特点。广东消费正在加快经历新旧方式的接续和转换，必须加快培育壮大消费新模式新业态，使之成为消费的"新引擎"。

（四）从扩大消费作用看，促进消费能够实现稳增长与惠民生共赢

经济发展规律表明，在生产到消费这一周期中，只有产品实现了最终消费，才能进入新的生产周期，因此最终消费对经济实现良性循环更为关键。目前，由于外需疲弱、内需消费不足，加剧了部分产业和行业的产能过剩，导致相当部分企业产能利用率不足七成，利润下降、亏损增加，影响了经济的稳健发展，也影响了就业和居民收入，最终影响居民消费需求。因此，不断提高居民收入和消费水平，不断推动消费结构升级，不断满足人民群众日益增长的物质文化需求和发展型、享受型消费需求，对稳增长、调结构、惠民生作用和意义重大。

二、广东扩大消费促进发展的成效显著

广东作为全国最早进入经济新常态的人口大省、消费大省，省委省政府努力建立促进消费增长的长效机制，注重完善以优化消费环境为主的消费政策体系，通过实施新型城镇化战略扩大消费规模，加快收入分配改革提升消费能力，改善消费环境提升消费意愿，扩大市场准入增强供给能力，取得了显著的成效。

（一）消费对经济发展的作用及贡献不断扩大

广东已形成以消费为主拉动经济增长的新格局。一是保持了全国第一消费大省的地位。广东连续 32 年社会消费品零售总额居全国首位。2015 年上半年，广东实现社会消费品零售总额 1.49 万亿元，占全国 10.5%；最终消费支出约占全国总量的 11%，继续保持全国消费规模领先。二是最终消费对 GDP 增长的贡献率不断上升。2009—2014 年，广东最终消费对 GDP 增长的贡献率平均保持在 50% 以上，高于投资和出口贡献率。2014 年，消费支出对经济增长的贡献率为 50.4%，拉动 GDP 增长 3.9 个百分点。

（二）消费结构加快优化升级

广东消费需求总体上由生存型向服务型、发展型、享受型迈进。一是居民消费支出结构不断升级。2014 年全省居民人均可支配收入 25685 元，比上年增长 9.7%；人均消费 19206 元，增长 10.2%。随着居民收入水平的增长，广东城乡居民恩格尔系数分别下降为 36.7% 和 49%，用于住房、文化娱乐、体育、家居等发展型、享受型消费支出大幅提升。2015 年上半年，广东商品房销售面积和销售额分别增长 28.5% 和 40.3%，体育、娱乐用品类零售额增长 71.6%，电影票房收入增长 62.5%，通讯器材类、家用电器和音像器材类零售额分别增长 27.1 和 11.8%。二是城乡消费结构升级。新型城镇化进程加快带动了农村市场消费，农村消费品市场零售额增幅快于城镇，2015 年上半年同比增长 9.9%。农村居民消费由生活必需品为主向工业消费品为主转变，城镇居民消费由工业消费品为主向服务消费为主转变。三是区域消费结构升级。粤东西北 12 市振兴发展加快，与珠三角消费差距缩小。2015 年上半年，珠三角 9 市社会消费品零售总额增长 9.5%，粤东西北 12 市增长 10.6%，增速快于珠三角。

（三）“互联网 +”快速催生消费新模式新业态

“传统消费 + 互联网”推动新兴消费迅猛发展，引领消费爆发式增长。一是成为全国电商消费大省。2014 年，广东电商交易额达 2.6 万亿元，占全国 1/5 以上。跨境电商发展迅猛，交易量占全国总量近七成，跨境快递业务量占全国总量的 46%。农村电商平台向镇村延伸，目前全省已建成农村快递服务网点 2200 多个，覆盖 70% 以上的乡镇。二是成为全国网购消费大省。“双 11”交易额连续居全国首位。2015 年上半年，全省网上商品零售额 364.11 亿元，大幅增长 52%，拉动消费增长 1.1 个百分点，带动快递业务量增长 50.8%，占全国近 1/4。三是成为全国信息消费大省。2014 年，全省信息消费规模达 8600 亿元，增长 22%；移动互联网发展迅猛，全省 4G 用户覆盖率达 20%，移动互联网接入流量同比增长 87.9%；微信活跃用户逾 5 亿人，拉动消费作用十分明显。四是消费新模式不断涌现。“互联网 +”带来消费模式颠覆性变革，基于云计算、O2O 的个性化、便利化、品质化消费推动消费结构加快升级。佛山维尚家居 2014 年销售总额年复合增长率达 60% 以上；腾讯、唯品会、美的等“互联网 + 消费”企业催生出更多的个性化、定制化生产服务消费新模式。

（四）消费新热点发展势头强劲

一是服务消费发展迅猛。教育培训、家政服务、健康养生等服务消费新热点方兴未艾。2015 年上半年，消费性服务业中，居民服务、修理和其他服务业实现利润增长 41.9%；互联网和相关服务利润增长 24.6%，邮政业利润增长 32.6%。二是旅游和高铁经济成为消费新亮点。高铁成为旅游出行消费的首选。2015 年上半年，广东高铁完成客运量 5621 万人，同比增长 52%，旅客周转量 157.36 亿人/公里，增长 59.1%，高铁客运量占铁路客运量比重达 43.3%；带动了休闲度假、大众旅游快速发展。三是绿色健康消费正成为主流。新能源汽车、变频空调、节能电视、绿色冰箱销量逐年增加，空气净化器、净水器等健康类家电市场占有率明显提高，中医药文化养生、保健康复、温泉水疗、药膳养生等消费市场不断拓展。

（五）消费环境不断改善

一是消费政策体系持续完善近年来，广东相继出台了鼓励住房、旅游文化、绿色消费、家政养老、健康服务等领域消费的政策文件，营造了更有利于消费增长的制度环境，释放了消费潜力。二是消费基础设施日趋健全。2014 年年底，全省 1 万多座铁塔、2.2 万个基站、8880 多杆程公里杆路等设施实现共建共享，免费 Wi－Fi 遍布全省大中城市。全省公共文化设施建设总体水平位居全国前列，基本实现省、市、县、镇、村五级公共文化设施全覆盖。三是消费市场信用体系逐步完善。广东食品药品安全监管逐步加强，婴幼儿配方乳粉电子追溯体系和粮食、信用油、酒类等消费品安全追溯体系基本建成。广东消费网及时报道打击假冒伪劣、食品药品安全、产品质量监督等相关信息，保障了消费安全。

三、影响消费的主要问题及原因

目前，广东作为消费大省和消费前沿，消费的潜力还没有得到充分挖掘，加快培育新消费增长点、进一步释放消费潜力、加快消费结构转型升级，在供给与需求、政策与环境、体制机制等方面还存在不少的制约因素，必须引起高度重视。

（一）城乡区域间消费发展不平衡依然突出

粤东西北同珠三角城乡居民在收入水平、社会保障等方面有较大差距，导致消费能力和预期差距明显。2014 年全省城镇居民人均消费支出为 2.36 万元，农村人均消费支出为 1 万元，城乡消费差距比达 2.36∶1。2015 年上半年，全省城镇消费品市场零售额占全省总量的 87.7%，乡村零售额仅占 12.3%；珠三角 9 市零售额占全省 71.7%，粤东西北仅占 28.3%，欠发达地区和农村扩大消费的难度较大。

（二）传统消费需求结构不合理与新兴消费力量不够强大问题并存

传统消费市场弱化，对经济增长的拉动作用减弱，新兴消费规模尚未成为主体，难以支撑消费增长。一是传统消费结构不合理影响消费。传统消费主体以机构及团体消费为主，个人消费占比小，中央和省改革“三公”消费后，2013 年以来政府会议、公务接待等活动大幅减少，高档商品、高档酒店、高端餐饮消费持续低迷，而个人消费受经济环境和收入影响未有起色，这种结构的不合理使传统的社会商品零售总额增幅放缓，2013 年、2014 年增幅分别为 12.2%、11.9%，2015 年上半年增长 9.8%，均低于全国同期平均水平。二是消费热点发展尚未形成大规模。2015 年上半年，网购商品总额仅占社会消费品零售总额的2.4%，互联网及相关服务营业收入占零售总额1.8%，新能源汽车、健康养生、家政服务等消费仍处于发展初期，对消费的支撑有限。

（三）消费供给与市场需求不相适应

一是传统消费领域供给过剩，高品质、个性化、多样化的消费品供给不足。近年来广东部分传统生产行业产能过剩导致消费品市场供给过剩。省内传统制造企业普遍存在产品结构雷同、技术含量和质量档次不高、缺乏品牌信誉等问题，难以适应消费者对商品高品质、个性化、多样化的消费需求，导致大中百货商店消费品库存积压、销售不畅。二是消费流出境外现象突出。由于消费品生产与销售不相适应，加之存在价格虚高、品质低劣、服务不周等问题，导致商品消费向境外和国外转移。据不完全统计，目前广东居民境外旅游购物支出人均5千元以上，国内游人均消费仅1710元。

（四）消费政策配套不完善

各地出台促进消费的政策众多，但往往缺乏配套政策或实施细则，导致好的政策落地难、见效微。一是住房、汽车政策调整不配套。据测算，2012年广州出台汽车限购政策后，仅当年第三季度汽车市场销量至少减少15.8万辆，消费下降近三成。国家“330”房地产新政出台后，广东一些住房销售大市对限贷、限购等政策未作相应的配套调整，影响商品房销售。二是消费安全政策有待加强。据调查统计，近年来广东居民对消费安全的不满意度均处于四成以上的较高水平，在加强消费品质量安全监督、推进企业落实主体责任、营造良好消费环境方面，消费安全政策有待进一步加强。三是消费统计不完善。消费统计未能适应消费新趋势，统计信息和数据不够全面，不能准确地反映出新兴消费的发展规模与态势。

四、打造广东多点支撑消费增长新格局的对策建议

在“三期叠加”时期，经济稳增长、调结构、惠民生需要扩大内需，使消费发挥更大的拉动作用。因此，“十三五”时期广东必须大力实施创新驱动和消费驱动“双驱动”发展战略，加快打造多点支撑消费增长的新格局，保持经济中高速增长、产业中高端发展，为实现“两个率先”提供基础性支撑。

（一）促进传统消费转型，推动消费结构优化升级

推动传统餐饮、出行、旅游文化、生活服务等大众消费市场优化升级。一是提供更丰富多元的消费供给。要适应消费需求的个性化、多样化及对好品质、好服务的消费诉求，注重从供给侧提高商品质量，以消费需求为导向，以实施“互联网+”行动计划为推手，促进产销联动，生产更多适销对路的消费品，打造“珠江水、广东粮、粤家电、岭南衣”的广货“升级版”，满足全社会广大群众的消费需求。二是促进传统消费市场集约化发展。要改变小批零、小餐饮、小旅店、小菜市等传统消费市场小散乱、层

次低、环境服务差的现状，引导其向集市化、规模化、规范化发展；促进批发零售、维修维护、餐饮食品等传统消费市场集约化发展，规划建设若干与社区配套、适应旅游消费的街市和交易场所，提升消费附加值。三是以O2O消费推动传统消费优化升级。顺应线下消费方式空间有限、电子商务和移动消费爆发式增长的新趋势，鼓励和支持全省零售百货、餐饮酒店、观光旅游、院线娱乐等消费市场拓展网上营销，培育发展线上线下互动的O2O消费市场。

（二）培养壮大新消费群体，形成稳固的消费主体

针对新型城镇化、老龄化等发展趋势，拓展相应消费领域。一是培育新生代消费群体。充分认识大学生、外来务工人员等新生代消费群体消费的巨大潜力，加快户籍制度和社保制度改革，为年轻人自由就业、创业和消费营造宽松的氛围；有序推进农业转移人口市民化，加快基本公共服务均等化，实现“同城同待遇”，培育成长为新消费群体。二是培育壮大中产消费群体。顺应社会结构由哑铃型向橄榄型转变的趋势，加快收入分配制度改革，探索个人所得税从个人计税转向家庭计税的税种改革，多渠道增加居民财产性收入，并进一步壮大中产阶级消费群体。建立工薪阶层工资增长与经济发展相协调的长效机制，完善常态化的公务员晋升和工资调整机制，更多惠及基层公务员群体，提升工薪阶层整体消费水平。三是扩大“银发”消费群体。针对广东提前进入老龄化社会的现状，要进一步完善老年人社会保障和基本公共服务，发展与之相适应的消费市场，鼓励社会资本发展托老所、社区养老院等社会化老年服务模式，完善居家养老、集中养老等体系；借鉴美国、新加坡、德国、日本等国家养老经验，设立养老基金运营平台，发展老年公寓、老年社区，注意开发与养老相配套的房地产、医疗健康、康复养生、家政服务等项目，打造养老消费产业链。

（三）培育消费新热点，发展消费产业链和消费集聚区

着力推动服务型消费、健康消费、绿色消费等新型消费提速发展，努力将珠三角和粤东西北区域中心城市打造成新型消费产业链和成熟的消费集聚区。一是发展服务型消费。重点发展教育培训产业，实施“互联网+教育培训”行动计划，大力发展在线教育和培训，鼓励广东大型教育、培训机构与互联网企业整合教育优质资源，培育互联网开放式教育新模式，降低教育消费成本。重点发展家政服务产业，加快制定出台鼓励家政服务业发展的政策举措，完善钟点工、保姆、看护等家政服务职业培训，推行“校企合作”“订单培训”培养家政服务人才；建立完善省、市、区（县）家政服务指导中心，规范市场准入和标准，促进家政服务专业化、市场化、规范化发展。二是推动大健康消费。贯彻落实《广东省促进健康服务业发展行动计划（2015—2020）》，针对体检、医疗、康复、保健养生等大健康产业消费需求巨大的现状，大力发展健康消费服务业态。探索多途径社会办医，有效推动医师多点执业，加快培育高端医疗技术和专业化护理服务产业链；大力发展中医养生保健康复服务；促进医疗服务、中医药保健与旅游文

化、养生康复等健康相关产业融合发展；推广多样化健康保险服务，释放大健康消费潜力。三是促进旅游投资和消费。贯彻落实国务院《关于进一步促进旅游投资和消费的若干意见》，积极引导旅游投资投向旅游主题小镇和特色旅游城镇建设、乡村旅游产品开发、休闲度假产品建设、大型旅游装备制造业、文化旅游产品、医疗健康旅游和养生养老旅游产品、旅游商品和旅游户外休闲用品、旅游房车自驾车营地建设、在线旅游产品开发和智慧旅游产品建设及研学旅游基地、科普旅游基地、旅游教育基地建设等十大领域，充分挖掘广东旅游投资和消费增长潜力，培育旅游消费新热点。要以广东历史文化、饮食文化、海洋文化等文化特色增强旅游消费的吸引力，推动传统观光旅游转型升级，加快发展产业旅游、休闲度假游、自驾游、游艇会等高端旅游消费业态。推广岭南新天地、长隆海洋王国等新兴旅游项目的开发建设经验，打造旅游"景点线"与电影电视、动漫、创意产品相融合的旅游文化产业链。四是发展高铁经济消费。加速推进全省高铁建设进度，尽快实现省内市市通高铁和城轨，形成省际、城际便捷消费圈。充分挖掘京广、贵广、南广、厦深等优质旅游消费型高铁经济潜力，通过与旅游观光、休闲度假相融合，扩大来粤客运量和旅客周转量，扩大高铁消费能力。五是推动绿色消费。继续落实对新能源汽车、环保家电、节能家居消费的扶持政策，完善扩大消费的配套设施建设，推动绿色产品生产、销售和循环使用。在公共机构和全社会开展绿色节能减排行动，推行绿色低碳的生产生活和消费方式。

（四）大力发展互联网消费新业态，适应消费新需求

以实施"中国制造2025"和"互联网+"行动计划为契机，持续推动互联网与传统消费业态融合，加速传统消费互联网化。一是推动电子商务高层次发展。支持O2O、B2B2C和C2M等电子商务新模式新业态，进一步打通线上线下消费流通环节。支持广东有实力的电商企业建设电商大数据应用平台。加快广州、深圳、东莞、揭阳、汕头等国家电子商务示范城市建设，培育一批产业特色突出、产业链带动作用显著的电子商务示范园区及龙头企业，推动数字证书、电子签名、电子发票和电子印章等的应用，形成电商消费示范效应。推进现代物流服务高端化，鼓励发展整合运输、协同配送供应链，完善电子商务城市物流配送体系建设。二是大力发展移动互联网和信息消费。加快全省Wi－Fi热点覆盖，率先把各区域中心城市建成无线城市。大力推广使用智能终端，落实4G"提速降费"和推广应用，推动全省城镇生活的互联网化、智能化，提升信息消费体验、降低成本。依托华为、中兴等信息化龙头企业完善移动消费软硬件平台，鼓励各类互联网企业在O2O模式、社交平台的消费集成等方面进行商业模式创新，打造若干条移动消费产业链。三是培育和拓展农村电商消费。鼓励和支持县、镇发展农村农产品电商平台和物流配送网络，引导国内知名电商企业把交易平台和供应链延伸至广东镇村，推动农民"上网""触电"。加强农村道路、信息化网络基础设施建设，引导社会资本、流通企业和邮政系统发展农村现代物流。

（五）扩大“一带一路”和自贸区“机会消费”，将境外消费转化为境内消费

充分利用广东参与“一带一路”建设和自贸区落地运行的机遇与地缘优势，扩大内需消费。一是拓展“一带一路”沿线国家和地区消费。加快广东海陆空通道及“粤新欧”“粤满俄”等国际物流大通道建设，开通更多的国际铁路班次货运专线及航线，将“广货”优势消费品和旅游资源推广输送到沿线各国和地区，同时吸引沿线国家和地区居民到广东旅游和消费。二是以政策和税收优势发展自贸区消费。充分利用广东南沙、前海、横琴三大自贸片区享有的优惠政策以及降低进口关税政策，大力发展区内消费。用好消费品免税政策，建设“免税岛”“免税店”等消费形态，在海关特殊监管区设立保税商品展示交易平台，完善汽车平行进口政策和服务配套政策，扩大高端消费品进口，将更多的消费留在省内。三是扩大跨境电商消费。以“互联网+外贸”实现优进优出，做大跨境电商规模。扩大广东跨境电商试点范围，优化通关流程，对跨境电商出口商品简化归类，实施经营主体和商品备案管理，落实跨境电商零售出口货物退免税政策，对进出口商品采取集中申报、查验、放行和24小时收单等便利措施；开展跨境电子支付和外汇支付试点，促进不同层次的国际消费品进入广东。

（六）营造良好的消费环境，为扩大消费提供保障

紧紧围绕扩大6大消费领域及发展健康产业、养老产业等战略，制定相应的配套政策和实施细则，以政策促消费。一是出台合理的促进消费政策。要针对新常态下广东消费市场的特点及时调整和配套消费政策，稳住基本消费，促进新兴消费。贯彻落实好国家“330”房地产新政，及时调整限购限贷政策；加快制定出台公车改革相关配套政策，打破人为的区域性限牌限行政策，促进珠三角、粤东、粤西、粤北形成各具特色的区域消费圈。加快收入分配制度改革，进一步加大民生支出，提高社会保险覆盖率，完善社保的转存接续，增加教育、医疗、公租房等资源供给，推动基本公共服务均等化，提升城乡居民消费预期。二是提供便捷的公共产品消费服务。改革创新投融资体制，强化财政与金融手段相配合、与社会资本相融合，充分利用各类创投、产业和股权基金培育、发展消费新业态，鼓励发展消费众筹新模式，创造良好的“众创消费”环境。落实国家和省关于大力发展消费金融的政策举措，支持银行业机构、互联网企业等设立消费金融公司，向消费者提供无抵押、无担保小额消费信贷，进一步推动信用消费发展。完善消费市场结算体系，推广手机银行、网上银行、微信、支付宝等多种移动消费支付方式，创造便捷的消费体验。三是营造安全可靠的消费环境。加强互联网消费市场统计监管，建议省政府针对电子商务、移动消费等设立消费新业态监测平台，与统计部门、电信运营商、移动交易平台等合作，共享交易数据，形成消费统计监测全覆盖。加强消费信用体系建设，开展消费品质量安全常态化建设，加强消费市场监管，严厉打击各种假冒伪劣商品、“黑心”食品药品、旅游“宰客”等不法行为，完善消费安全追溯机制，畅通消费维权渠道，保障消费者权益。

广东加快发展现代高端服务业研究报告

2008年爆发的金融危机使世界经济遭受重创。为摆脱危机的不利影响，以美国为代表的发达国家推出一系列产业振兴计划，全球产业发展模式发生巨大变革，加快现代服务业与先进制造业融合发展，成为世界各国产业结构优化升级以及选择新的发展路径的战略重点。经过30多年的快速发展，2014年，广东的人均GDP超过10000美元，进入工业化中期向中后期过渡阶段。从国际发展经验看，这一阶段的产业结构、消费结构都会加快转型升级，原本依靠成本比较优势形成产业结构偏重的现状迫切需要改变，生产性服务业需求大增；而居民消费结构也正从一般性的物质需求向“文、康、乐、寿”等高端服务需求升级。现代服务业进入快速发展阶段，在GDP中的比重也快速提升。但由于香港一直扮演着为广东尤其是珠三角地区提供现代服务的主要角色，广东现代服务业发展相对滞后，2014年服务业增加值占GDP比重为48%左右，远低于国际上处在工业化中后期阶段国家（地区）的水平（一般60%以上）。因此，必须抓住机遇，推动服务业发展实现质的飞跃，为经济增长注入新的活力和动力。同时，广东正处于全面深化改革、加快转变经济发展方式的攻坚时期，改革和发展的任务尤为艰巨，顺应产业发展规律，加快发展高技术含量、高附加值的现代高端服务业，对于提升全省现代服务业的整体质量和水平，调整优化经济结构和加快转变经济发展方式，保持总体经济稳定增长和提升竞争力，都具有十分重要的意义。

一、现代高端服务业的内涵和外延

（一）定义

1. 国际

“现代高端服务业”是具有典型中国特色的词汇，国际上并没有对其进行系统的阐释，但欧美发达国家一直高度重视现代服务业的发展，早在20世纪70年代，欧美主要发达国家均已实现以服务业为主导的经济形态①，近年来，围绕现代服务产业及新兴业态，欧美发达国家制定实施一系列国家战略和发展政策，不断加大投资力度，切实推动现代服务业成为国家或区域的支柱产业。由一些国家的政府和国际组织提出的与现代高端服务业最为接近的概念是知识密集型服务业。美国商务部认为，知识密集型服务业指

① 指服务经济产值在GDP中的相对比重超过60%的一种经济状态。

显著依赖专门领域的知识，向社会和用户提供以知识为基础的中间产品或服务的公司和组织①。OECD② 指出，知识密集型服务业是技术及人力资本投入密度较高、附加值大的服务行业，包括 IT 服务、软件服务、工程服务、数据库、管理咨询、R&D 服务、广告、工业设计、医疗保健、广播影视和文化等。

2. 国内

现代高端服务业在国内也是一个新概念，对其内涵和外延的界定尚不明确。2012 年国家科技部发布的《现代服务业科技发展“十二五”专项规划》（国科发计〔2012〕70 号）对现代服务业做出定义：“现代服务业是以现代科学技术特别是信息网络技术为主要支撑，建立在新的商业模式、服务方式和管理方法基础上的服务产业。”有学者认为高端服务业是现代服务业中具有较强外溢效应，能够有效带动服务业和制造业升级，提高整体经济竞争力的服务行业的集合体。深圳市政府在 2007 年颁布的《关于加快我市高端服务业发展的若干意见》中提出，高端服务业是现代服务业的核心，具有高科技含量、高人力资本投入、高附加值、高产业带动力、高开放度、低资源消耗、低环境污染等特征。山东省发改委在 2014 年的《促进广东高端服务业发展研究报告》中指出，高端服务业是在工业化比较发达阶段产生的，主要依托信息技术和现代管理理念发展起来的，以提高技术性、知识性和公共性服务为主的，处于服务业高端部分的服务业。它瞄准的是高端市场，提供的是高端服务，依托的是高端人才。

3. 省府研究中心课题组

研究借鉴国内外相关理论，结合广东现代高端服务业发展现状，在近期实地调研基础上，经过认真分析讨论，对现代高端服务业做出如下定义：现代高端服务业指在工业化中后期阶段产生的，主要依托信息技术和现代管理理念发展起来的，处于价值链高端，具有较强的外溢效应，能够有效带动服务业和制造业转型升级，提升整体经济竞争力的现代服务业。

（二）特征

1. 知识、技术密集程度高

现代高端服务业对技术、管理、流程优化等战略性核心要素投入的需求巨大。从事现代高端服务业的企业自身就是知识和技术的主要来源，企业发展所需最主要的投入要素是高新技术和高素质的人力资本，所提供的服务产品具有高科技含量和高附加值。

2. 产业发展潜力、空间巨大

现代高端服务业对物质形态投入品的需求越来越小，受国内市场规模限制小，开放度高，资源消耗低，环境污染低，先进制造业发展和居民消费升级需求巨大，因而发展

---

① 资料来源：《知识密集型服务业概念内涵与外延的中国视角研究》。

② OECD：Organization for Economic Co-operation and Development，国际经合组织。

潜力和空间十分巨大。

3. 不断催生新业态、新商业模式

现代高端服务业是一个动态的概念，其形成和发展是市场经济中商务模式创新和企业经营管理能级提升的结果。随着信息技术的广泛运用，传统服务业的运营模式得以改变，形成新的市场形态和经营业态，资源的不断整合和产业的更加专业化分工，催生出大量的新产品、新商业模式和新产业。

4. 具有强大的带动作用

现代高端服务业处于产业价值链的高端，具有较高的影响力系数①，对相关产业具有较强的融合性和带动性，能刺激经济增长，促进结构升级，加快技术创新和体制机制创新，深化经济运行，增强发展软实力。

（三）构成

在充分参考借鉴国内外对“知识密集型服务业”“现代服务业”和“高端服务业”分类和范围界定的基础上（详见附表），结合省统计局现行的现代服务业年报分类②，根据课题组对现代高端服务业的理解，将如下八大产业归类为现代高端服务业：（1）金融业，包括银行、证券、信托、保险、基金、租赁等；（2）信息服务业，包括移动互联网、网络信息、电子政务、电子商务、物联网、在线数据与交易处理、软件开发、信息系统集成、数据挖掘、手机媒体、云计算等工业化中后期大规模发展起来的新兴服务业；（3）科技服务，包括研发设计、知识产权服务、检验检测服务、科技成果转化、科技咨询服务、科技服务外包等；（4）现代物流，包括水运、航空、仓储、邮政、批零等；（5）现代旅游，包括高星级酒店、大型旅游景区、综合性旅游休闲设施、专业性旅游服务商、邮轮游艇、养生保健服务、大型旅游门户网站和旅游资讯集成商、旅游会展等；（6）商务服务业，包括会计、审计、评估、法律服务、研发咨询等；（7）服务贸易，包括软件开发、信息管理、数据处理、财会核算、技术研发等国际业务；（8）文化创意产业，包括动漫影视、现代传媒、创意设计、会议展览、教育培训等。

二、广东现代高端服务业发展现状及存在的问题

（一）发展现状

广东服务业规模优势突出，现代服务业发展迅速，现代高端服务业部分领域发展全

① 影响力系数指国民经济某一个产品部门增加一个单位最终产品时，对国民经济各部门所产生的生产需求的波及程度，是衡量一个产业带动力的主要指标。1998—2007 年，美国影响力系数增长最快的行业是信息服务业，这反映出信息服务业对美国经济的重要影响力。

② 目前，省统计局仍以原《国民经济行业分类》（GB/T4）54—2002 为分类标准，对全省现代服务业进行核算分类，分类包括现代物流、金融业等 10 个类别。

国领先，在制度建设、平台打造、业态发展、企业与品牌培育等方面取得了较好成绩（见表1、2、3）。

表1 2013年广东与主要省市服务业总体情况比较

指标 \ 省市	广　东	江　苏	山　东	浙　江	北　京	上　海
增加值（亿元）	29689	26596	22519	17337	14986	13445
增速（%）	9.9	9.8	9.2	8.7	7.6	8.8
占比（%）	47.8	45	41.2	45.2	76.9	62.2
广东部分规模以上服务业单位数居全国第二，营业利润、户均营业规模分居全国第二、第三。						

数据来源：各省市2013年统计公报。

表2 近年来广东现代服务业总体发展情况（2011—2013年）

年份 \ 指标	全省增加值（亿元）	增长速度（%）	占第三产业比重（%）	占GDP比重（%）
2011	13767.74	8.5	57.13	25.87
2012	15119.51	9.5	57.01	26.49
2013	17173.26	11.1	57.84	27.63

数据来源：广东省统计局提供。

表3 2012年广东与主要省市现代服务业主体行业基本情况比较

类别 \ 指标 \ 省份	广　东		江　苏		浙　江		山　东		北　京		上　海	
	增加值（亿元）	占GDP比（%）	增加值（亿元）	占GDP比（%）	增加值（亿元）	占GDP比（%）	增加值（亿元）	占GDP比（%）	增加值（亿元）	占GDP比（%）	增加值（亿元）	占GDP比（%）
信息传输、计算机服务和软件业	1618.09	2.84	1103.84	2.04	918.63	2.65	556.13	1.11	1621.8	9.07	918.83	4.55
金融业	3236.48	5.67	3136.51	5.80	2762.24	7.97	1936.11	3.87	2536.9	14.19	2450.36	12.14
房地产	3578.62	6.27	2992.82	5.54	1927.93	5.56	1984.49	3.97	1244.2	6.96	1147.04	5.68
租赁和商贸服务业	2132.42	3.74	1415.19	2.62	657.61	1.90	661.91	1.32	1340.6	7.50	—	—

续上表

类别＼指标＼省份	广东		江苏		浙江		山东		北京		上海	
	增加值（亿元）	占GDP比（%）	增加值（亿元）	占GDP比（%）	增加值（亿元）	占GDP比（%）	增加值（亿元）	占GDP比（%）	增加值（亿元）	占GDP比（%）	增加值（亿元）	占GDP比（%）
科学研究、技术服务	—	—	612.53	1.13	345.16	1.00	367.83	0.74	1268.4	7.09	—	—
教育	1382.55	2.42	1420.47	2.63	877.64	2.53	1076.10	2.15	681.8	3.81	—	—
卫生	831.68	1.46	731.58	1.35	589.94	1.70	778.15	1.56	363.6	2.03	—	—
文化、体育和娱乐业	329.95	0.58	302.49	0.56	254.15	0.73	165.58	0.33	402.6	2.25	—	—

注：1. 数据来自各省市2013年统计年鉴及广东省统计局提供材料；
　　2. 房地产项未扣除居民自有住房虚拟服务。

1. 出台了一批政策文件

广东近年来持续优化产业发展环境，初步构建起服务业尤其是现代服务业政策支撑体系。一是注重规划引领，《广东省“十二五”规划纲要》《珠江三角洲地区改革发展规划纲要（2008—2020年）》《珠江三角洲产业布局一体化规划（2009—2020年）》《广东省服务业发展“十二五”规划》等均提出优先发展现代服务业的战略导向，明确了金融、文化创意等重点发展领域；二是出台综合政策，实施《关于加快发展广东服务业的实施意见》《关于进一步促进服务业投资发展若干意见》等，构筑服务业整体支撑；三是细化专项指导，如《关于促进科技服务业发展的若干意见》《关于发展家庭服务业的实施意见》以及省发改委《关于加快广东现代服务业集聚区建设的工作意见》、省文化厅《关于加快珠江三角洲地区文化创意产业发展的指导意见》、省知识产权局《关于促进广东知识产权服务业发展若干意见》和省经信委关于生产服务业、电子商务、会展业的“十二五”规划等，推动了现代服务业重点领域的快速发展。

2. 打造了一批发展平台

广东历来重视服务业发展平台的布局建设，打造形成了多层次、多业态领域的特色产业平台。一是开发广州南沙、深圳前海、珠海横琴三大国家级功能区，以及中新（广州）知识城等，为广东扩大服务业对外开放、创新发展现代高端服务业提供了综合性、全方位的高端载体依托；二是建设各类服务产业集聚区，初步形成广州、深圳两个区域金融中心，白云空港、宝安空港、广州港、深圳港等枢纽型现代物流园区，以及广东（顺德）工业设计城、深圳设计之都文化创意产业园等一批专业化服务产业基地，其中深圳港2014年前三季度集装箱吞吐量1727.55万标准箱，居全球第三，广东（顺德）工业设计城年研发创新产品近5500件，直接拉动工业产值约400亿元，为构筑以珠三角为中心、粤东西北为辅助的现代服务产业集群提供了坚实支撑；三是发展优质高效的创业创新服务平台，建成中国文化产业投资基金、中国移动互联应用产业联盟等大型创业创新公共服务平台，大力培育五行、创新谷等提供创业辅导、交流培训、筹资融资、产学研合作等孵化器功能的专业公司，其中创新谷建成全国首个融合技术、产业、资金于一体的移动互联网国际化、专业化孵化器，累计培训创业人员2万人次、投资孵化项目20多个；四是打造高端宣传推介平台，培育出中国（广州）进出口商品交易会、中国（深圳）国际高新技术成果交易会、中国（珠海）国际航空航天博览会、中国（深圳）国际文化产业博览交易会等具有国际影响力的商务会展品牌，其中广州2013年会展总面积达53.22万平方米，位列国内三大会展中心城市，为加快提升广东服务产业的国际竞争力提供了强劲推力。

3. 培育了一批新星企业

广东通过建设服务产业良好营商环境，培育出一批市场竞争力强、成长潜力大的现代高端服务业新星企业。其中，深圳华侨城创新打造“华侨城智慧旅游系统”，构建集合游戏、社交及电子商务功能的“中国智慧旅游在线”综合服务平台，目前拥有100余项自主知识产权，年产值近10亿元，获评“亚洲智慧旅游企业示范单位”和全球旅游景区集团四强；广州动景公司研发的UC手机浏览器全球下载量突破15亿人次，月使用量（PV）超100亿，拥有逾4亿用户，是全球使用量最大的第三方浏览器；唯品会是美国纽交所上市企业，率先在国内开创名品特卖电商模式，拥有会员6600多万、合作品牌11000多个、独家合作品牌1400多个，目前约占国内移动端电商总业务量1/3比例，2013年实现净营收106亿元，获评2012年度最佳电子商务企业、2014年度《财富》中国500强。

4. 形成了一批新兴业态

广东注重促进服务产业创新发展，推动服务产业结构不断优化，涌现出一批具有坚实市场基础的优势服务业态与有巨大市场潜力的新兴服务业态。目前，广东已经精心布局形成以现代物流、电子商务、文化创意、科技服务、商务会展等为主体的优势现代高端服务领域，2013年全省电子商务交易额突破2万亿元，居全国首位，其中仅广州便拥有电子商务服务企业1800多家、电子交易额超过100亿企业10家，有太平洋电脑、易网通、环球市场、唯品会、欢聚时代等具有较强国际竞争力的海外上市企业。同时，供应链、冷链物流、健康服务、移动视频、互联网金融、检验检测等新兴业态、新商业模式正加快发展，形成了优视、洛可可、久邦数码、中经汇通、梦芭莎等全国领先的新业态企业。此外还有紧跟市场需求出现的私人投资顾问、独立评估、信用调查等新型专业高端服务。

5. 涌现了一批本土品牌

经过数年发展积累，广东服务产业已经成功孕育出一批在国内具有较高知名度和美誉度的本土品牌。其中较有代表性的如：国内首家动漫上市企业奥飞动漫的原创动画电影品牌“喜羊羊与灰太狼”是目前国内知名度最高、品牌价值最大的动漫卡通品牌之一；深圳华强的“方特”主题公园、“熊出没”等拳头品牌，产品成功打入伊朗、乌克兰、南非等国际市场，使中国成为继美国、法国之后的第三个大型文化主题公园出口国，成为广东文化新兴业态中的亮丽品牌；林安物流作为“中国物流最具影响力品牌”，拥有集物流信息交易、招投标中心、结算中心、第三方物流总部等为一体的“中国最佳物流园区”林安物流园以及运用“车讯通”等特色软件面向全国12万司机会员、5万多家企业开展综合物流信息服务的林安物流网，打造了物流业具有权威性的“广州（林安）公路物流价格指数”。

（二）发展特色

1. 依托强大的制造业基础

广东的现代服务业在与先进制造业融合互动中不断发展，庞大的制造业规模和腹地为现代高端服务业的发展提供强大动力和广阔空间，现代高端服务业则通过发挥其强力的外溢性和渗透性，推动制造业调整结构优化升级，制造业服务化趋势日益明显。传统制造业产品功能和附加值通过高端服务业要素的融合大幅提升，高端服务业依托庞大的制造业良好基础，在生产与服务的良性互动中不断催生新商业模式和营利模式，在满足制造业需求的同时获得显著成长。

2. 依托全国领先的信息化水平

对现代信息技术的深度依赖与深入运用是现代高端服务业的特质之一，而广东作为全国重要的信息产业基地和信息化先导区，具备相对领先的信息化基础设施和信息化技术，其中电子信息制造业总产值占全国1/4以上，连续23年居全国首位，互联网普及率及无线宽带网络覆盖率达66%，居全国前列，信息消费规模达6400亿元，占全国1/4以上，尤其是近年来云计算、物联网、移动互联网等信息技术应用广泛，为广东现代高端服务业各业态领域提供高效的信息整合与资源共享支持，促进现代物流、科技服务、文化创意等先进经济形态快速发展，进而拉动整个现代高端服务产业体系不断成熟完善。

3. 充分发挥市场机制作用

广东的市场化程度较高，服务业主要领域的市场化特征也十分显著。近年来广东从行政审批制度改革、金融支持服务业发展、专业服务人才培育、服务业对外交流合作以及知识产权保护等领域全面推进改革创新，为优化服务业市场环境、激发服务业企业竞争活力，提供了宽松的政策环境和良好的管理服务。广东民间资本投向现代高端服务业的规模不断扩大，民营现代高端服务企业在多个领域具备较强竞争力，中小微高端服务企业也十分活跃。

4. 充分发挥开放先行区优势

优越的对外开放环境是广东推动经济发展产业升级的有利基础，更是广东加快发展现代高端服务业的突出优势。粤港澳台四地合作不断深化，有效带动着广东在金融、现代物流、信息服务及商务服务等领域的发展升级；泛珠三角区域合作的稳步发展，极大延伸了广东在内陆的发展腹地；与欧美等海外国家和地区的开放交流，借助中国—东盟自由贸易区、21 世纪海上丝绸之路等跨国合作平台，持续推动着广东与这些区域之间在资源与市场方面的交流互补。广东利用改革开放先行区的优势，为现代高端服务业发展做出先行探索，营造了较高开放度的发展环境。

（三）主要存在问题

1. 政策支持力度有待进一步增强

相对于江苏、浙江、上海等国内现代服务业发达省市而言，广东在服务产业工作统筹、财税支持、资金引导、人才引进、土地供给等方面的政策支持存在一定差距。如上海、江苏都专门出台了对现代服务业发展的扶持性政策文件，浙江设有省服务业发展工作领导小组及部分市、区服务业发展局，2014 年共安排信息、科技等八大类服务业重大项目 310 个，计划总投资 3689.4 亿元，统筹效果、扶持力度都领先于广东。受制于“重工抑商”的惯性思维影响，广东既有的扶持政策也难以完全落地，突出体现在服务业税费负担较重，22.3% 的宏观税负高于全国 2 个百分点，用电高于工业收费标准，尚未实现“同网同价”，用地需求也难以有效满足。此外，现有统计指标体系对“文化创意产业”“信息服务业”“总部经济”等新产业概念，缺乏统计界定及系统监测，制约了对相关产业的分析评估与科学规划。

2. 产业发展环境有待进一步优化

广东的现代高端服务业市场仍然有待规范完善，政府的市场监管行为需要加快向公共服务提供者的实质性转变，文化、物流、信息等现代高端服务业不少行业存在多头管理问题，政府部门间政策和管理不衔接、不配套，企业多头申报、多头检查，运营效率受到一定制约；通关、商检等方面限制较多，便利性有待增强；行业协会等社会组织的服务、带动作用也亟待加强；法律法规、诚信体系建设也有待进一步完善。产业自身的市场化运营水平也有进一步提升的空间，线上线下资源的有效整合仍有欠缺。现代服务业发展区域差异较大，主要集中于广州、深圳和东莞等珠三角城市，粤东西北服务业发展严重滞后，现代高端服务业的产业发展基础十分薄弱。

3. 产业结构的高端化以及核心竞争力有待进一步确立

广东的服务业具有规模优势，但在高端业态领域的核心竞争力尚未有效确立，产业链深化与拓展不够，如极具代表性的金融业与信息传输、计算机服务和软件业等高端服务产业的增加值在 2013 年的占比分别为 6.14%、2.84%，明显低于北京（分别为 14.47%、8.97%）、上海（分别为 13.07%、4.80%）、江苏（分别为 6.44%、

2.27%)、浙江(分别为7.89%、5.16%)等省市，在国际业务竞争方面也弱于邻近的香港地区。在各服务行业中具有国际影响力的龙头企业的培育和优势品牌的塑造以及对总部经济的打造与集聚等方面，与京沪等地都有较大差距。

表4　2014年中国500强企业总部在主要省市分布情况

类别＼省市	广东	北京	上海	江苏	浙江	香港
企业总部数(个)	47	97	41	16	29	83
其中排名前50企业总部数(个)	6	25	9	1	0	4
其中世界500强企业总部数(个)	6	48	8	1	2	4

注：据财富中文网相关数据整理，排名企业包括除台湾省以外在境内外上市的所有中国公司。

4. 领军人才和创新团队有待进一步凝聚

高端人才是实现服务业由低端转向高端、由劳动密集转向知识密集的关键因素，但广东的人才基础较为薄弱，目前全省专业技术人才总量455万人、高层次人才26.5万人，2013年以来，全省技能人才求人倍率一直处于1.4以上高位，不足以支撑现代高端服务业对人才特别是高端人才的需求。在专业服务人才的教育培养上还存在体制创新发展不足、职业培训链条不完整、人才交流市场不发达等问题，导致服务业高端人才供给不足。广东引进和留住高端服务业领军人才和创新团队的优惠政策也不突出，存在着体制机制不顺、资金支持力度不够、子女教育等配套保障不足等问题。近年来随着上海、江苏等省市对高端服务业人才实施强有力的税收减免等优惠政策，进一步削弱了广东对国内外人才的吸引力。

5. 重大载体和公共服务平台建设有待进一步提升

现有的各类产业园、创新平台、交易市场等高端服务业发展载体和平台建设，存在着资源集聚效应不强、配套保障措施不足、辐射带动作用不够等问题，公共技术、交易、行政、物流等服务平台建设不完善，资源共享机制欠缺，服务能力不足。另一方面存在重复建设、资源浪费现象，这些都制约着新业态孵化和企业的高端化发展。

6. 金融支持体系有待进一步完善

中小企业的融资困难在现代高端服务业领域较为突出。相当部分服务企业如从事创意、商务服务等领域，天然属于中小型企业，尤其是初创企业往往存在有形资产少、发展风险不确定等情况，难以有效获取金融机构及社会资金支持。政府对企业扶持政策大多以资产、人数为评估标准，这些企业也被排除在外。针对现代高端服务业的金融产品创新少，对相关业态的整体支持力度不足。

三、明确广东现代高端服务业发展的方向选择

（一）发展路径

以党的十八大和十八届三中全会精神为指导，围绕加快转型升级，率先全面建成小康社会和基本实现现代化的总目标，坚持“创新驱动、重点突破、国际视野、市场主导”的方针，充分依托强大的制造业基础，结合产业转型和消费升级的需求，发挥改革开放先行区优势，突出核心城市的引领带动作用，加强对新兴业态的扶持引导，着力优化体制和政策环境，推进平台载体建设，增强企业自主创新能力，创新发展模式，着力打造现代高端服务业集聚区和增长极，促进现代高端服务业和先进制造业有机融合、互动发展，满足民生发展需求，把广东建设成为面向世界、服务全国、具有引领力、集聚力、示范力的现代高端服务业高地。

（二）发展方向

——根据广东产业转型升级的迫切需要，围绕产业链条延伸，选择有助于传统制造业升级和先进制造业发展的现代高端服务业态。

——根据广东新型城镇化发展需要，围绕“智慧城市、宜居城乡”建设，选择有助于优质生活圈打造的民生导向型现代高端服务业态。

——根据广东打造带动中国发展更强引擎的需要，围绕珠三角粤港澳台和国际合作示范区建设，选择有助于继续承担全国改革试验田历史使命的现代高端服务业态。

（三）发展重点

根据前述三个选择方向，结合国家部署、广东省情及国内外现代高端服务业发展新趋势，建议近期优先发展以下八大重点现代高端服务产业。

1. 金融业

把握国家批准广东建设自贸区重大机遇，在广州南沙、深圳前海、珠海横琴等地探索外资股权投资企业开展资本金结汇、投资、基金管理、融资租赁公司兼营商业保理、人民币跨境结算等金融创新模式。支持粤港澳金融机构合作开展综合金融服务，支持符合条件的企业在深港两地创业板市场跨境上市，争取在深交所推出港股交易型开放式指数基金。支持地方商业银行发展风险投资、金融创新和资产证券化、收购与兼并、财务顾问、资产管理等投行业务，逐步转变为现代全能型银行集团。大力发展科技金融和产权交易所，积极争取国家支持在广州设立期货交易所。支持总部金融机构做优做强，推动建立一批全国领先的省内证券期货经营机构。支持地方法人金融机构参与国际金融市场竞争与合作。支持国家金融管理部门和国内外金融机构在广东建设信息化平台、信息服务中心和数据备份中心，打造辐射全国的金融信息服务基地。

2. 信息服务

突出发展移动互联网、移动电子商务、在线数据与交易处理、软件开发、信息系统

集成、手机媒体、物联网、云计算、大数据等重点领域。支持广州、深圳、珠海、中山等地创建“中国软件名城”。发展壮大国家火炬计划软件产业基地、国家数字家庭应用示范产业基地、国家集成电路设计产业化基地等国家级产业基地，吸引更多高端项目落户广东。集中建设高性能计算中心、大型数据中心等信息服务产业发展平台。着力打造云计算、物联网等新业态示范工程。重点发展具有核心技术和较强创新能力的知名龙头企业和国际知名的信息服务品牌。以企业、高校、科研院所为主体，建立现代信息服务产业联盟，促进产业间渗透融合和市场供需双方的沟通衔接。

3. 科技服务

着力发展研发设计服务、知识产权服务、检验检测服务、科技成果转化、科技咨询服务、科技服务外包等重点领域。在重点领域掌握一批具有自主知识产权的关键技术和标准。建设完善科技服务产业体系，提升国家级科技服务示范机构和创新驿站的核心服务能力。围绕科技服务产业基地搭建科技、金融、产业融合创新发展示范区，推进广州、深圳、佛山、东莞等地国家级科技金融结合试点，加强科技金融风险评估和防范。培育发展一批科技服务骨干机构、新型科研机构和科技中介服务机构。

4. 现代物流

按照建设海上丝绸之路等重大战略规划的要求，加快推进重点物流区域和联通国际国内的物流网络建设，提升商贸物流、制造业物流和国际物流的服务能力。推进白云空港、宝安空港等枢纽空港物流园区建设，提升广州、深圳、珠海、汕头、湛江等沿海主要港口的物流集疏功能，构建海、陆、空出省物流大通道。集中建设一批行业物流中心和专业物流基地，重点推动现代物流技术创新，加强信息技术在物流领域的应用。加快建设南方现代物流公共信息平台，推广实施物流标准化服务示范工程。鼓励发展以规模仓储和自动化管理为主的第三方、第四方物流储存配送平台。培育一批主业突出、竞争力强的现代物流龙头企业，推动企业开展以托盘标准化为突破口的物流标准化建设。

5. 现代旅游

推动岭南文化旅游、滨海旅游、温泉旅游、森林江河湖泊生态旅游、红色旅游等旅游产品多元化发展，加快培育邮轮游艇和低空飞行等高端休闲旅游、养生医疗和养老旅游、文化创意旅游、工业旅游、商贸会展旅游、农业旅游等旅游新业态，推动各地特色旅游集聚区发展壮大。擦亮广东“美食天堂”品牌。鼓励以华侨城集团、岭南集团等为代表的旅游企业发展成为以旅游为核心业务兼及会展、物流、金融、电子商务等其他现代高端服务业务的龙头旅游企业。

6. 商务服务

重点发展企业管理、法律服务、会计审计、经济鉴证、市场营销、专业会展、广告服务、中介服务等商务服务业。着力提升商务服务国际化和专业化水平，集中培育本土大型专业服务企业和品牌服务机构。依托广州、深圳等中心城市建设一批大型商务型现代高端服务业集聚区。大力培育一批企业主导、市场化运作的专业展会。吸引有国际影响力的高端会议落户广东。加强粤港澳商务服务业合作，完善相关配套服务，推动商务服务产品创新。

7. 服务贸易

积极发展软件开发、软件测试、系统租赁、系统托管等信息技术外包，扶持发展工业设计、研发服务、知识产权服务等知识流程外包，大力发展金融软件外包、金融产品研发外包、金融数据处理与灾备外包、银行卡业务外包、财务核算外包等金融后台服务贸易，积极开拓互联网、物联网、大数据、云计算、超级计算机等新兴技术领域服务外包。深入实施粤港澳服务贸易自由化政策，推动服务贸易区域协调发展、服务贸易市场布局多元化发展。

8. 文化创意

大力发展工业设计、软件设计、建筑设计、服装设计、工艺美术、动漫网游、数字设计、数字音乐、数字出版、广播电影电视及音像制作、平面媒体、广告与咨询策划、文艺创作与表演等产业。弘扬广府文化、潮汕文化和客家文化，促进文化创意与制造、科技、金融、贸易、旅游等相关产业融合发展。提升广东（顺德）工业设计城、广东动漫城等国家级文化创意示范园区的辐射带动作用，扩大中国（深圳）国际文化产业博览交易会、中国（东莞）国际影视动漫版权保护和贸易博览会等文化创意平台的影响力，支持腾讯、奥飞、长隆、励丰等优势明显、特色突出的民营领军企业和本土品牌做优做强，推动广东特色文化创意产品和新兴服务业态走向世界。

四、加快广东现代高端服务业发展的意见建议

（一）探索建立现代高端服务业发展领导机构

建立健全与高端服务业发展新形势新要求相适应的推进机制及工作机制。加强对高端服务业发展的组织协调，借鉴浙江等省统分结合的服务业工作机制经验，设立省加快发展现代高端服务业工作领导小组及下属办公室，建立完善跨部门联席会议等协调机制，加快制订出台省推进现代高端服务业发展的扶持政策，统筹推进全省现代高端服务业的顶层设计、规划引导等工作，集中力量破解现代高端服务业发展过程中的重点难点问题。

（二）突出现代高端服务业战略规划的引领作用

1. 抓紧制定现代高端服务业发展战略和专项规划

立足全省产业转型升级的战略需要，结合宏观产业发展规划，明确现代高端服务业的发展目标、重点领域、产业布局及考评等保障体系，建立省市县三级联动的服务业重大项目计划体系，实施目标任务分解到各级政府、各相关部门。

2. 注重区域、产业间战略规划的衔接协调

加强与国外、港澳台地区服务产业的分工定位、协调互补，推动现代高端服务业与先进制造业、信息产业深度融合，鼓励工业企业分离发展服务业，引导各现代高端服务业态科学布局，实现省内各区域错位竞争、集聚发展。

3. 建立完善与国家统计口径相对接的现代高端服务业统计指标体系

从统计工作规律出发，明确相关业态领域的边界定位，加快建立健全能够全面反映广东现代高端服务业发展水平的统计制度，加强对各业态规模、增速、结构等的连续性跟踪监测，促进统计数据交流与共享。

（三）加大财税金融与用地用电等政策支持力度

1. 加大财政资金扶持引导

在整合服务业、文化产业、战略性新兴产业等相关专项资金的基础上，研究设立扶持现代高端服务业专项产业基金，合理设定分类扶持标准，提高对重点业态领域、重大发展项目、集聚区建设的资助额度。

2. 制定支持地方和企业发展现代高端服务业的税收扶持政策

借鉴江苏、浙江经验，研究、落实服务业营业税差额征税政策，切实减轻企业税负。对重点发展产业企业给地方财力贡献的税收新增部分划定基数，以政府奖励形式反哺企业，支持其加快壮大发展。充分调动各地发展现代高端服务业的积极性，对地方发展现代高端服务业各重点产业对省税收贡献新增部分划定基数，由省财政以奖励形式予以返还。

3. 建立多层次投融资支撑体系

加大广州南沙、深圳前海、珠海横琴三大平台金融开放创新和广州金融创新服务区等试验探索，鼓励银行等金融机构创新开发符合现代高端服务业发展需要的金融产品，推进知识产权、股权、特许经营权等抵（质）押贷款业务，引导广佛莞民间金融街与现代高端服务业集聚区对接，鼓励民营银行、股权投资基金、财务公司、担保机构等新型金融机构与P2P等市场平台创新支持中小微服务企业，支持优质现代高端服务业企业适时通过“新三板”、创业板等上市融资。

4. 进一步加强用地保障

修订完善符合现代高端服务业发展需求的投资强度和用地标准，逐步增加现代高端服务业的建设用地比重，对重点项目用地优先保障。鼓励各级政府将实施城镇规划和旧城改造中收购储备的存量土地，优先用于发展现代高端服务产业；鼓励用地单位在不改变用地主体、不重新开发建设等前提下，充分利用工业厂房、仓储用房等存量房产和土地资源兴办现代高端服务业企业，其土地用途可暂不变更。

5. 对被认定为高端服务业的企业实行用电与一般工业同价政策

由各地自行安排，制定服务业用电、水、气与一般工业同价政策的时间表，尽快实

现全省覆盖。

（四）推动现代高端服务业集聚化发展

1. 推进省级现代服务业集聚区加快质量提升

进一步明确各集聚区的发展重点，大力引进行业龙头企业、打造完整产业链。创新运行管理模式，强化基础设施、公共服务等配套保障，切实增强集聚区的资源集聚力和产业辐射力，打造若干在全国有重大影响和核心竞争力的省级现代服务集聚区先进典范。

2. 把珠三角打造为具有较强国际竞争力的世界现代高端服务业基地

以广州南沙、深圳前海、珠海横琴三大国家级功能区和中新（广州）知识城为引领，深化广州、深圳国家服务业综合改革试点，联手港澳新（加坡）打造世界级高端服务创新中心，支持两地争取国家资源，大力引进有影响力的国家级或国际组织和机构。引导现代高端服务业向珠三角中心城市集聚，推进金融服务、交易平台等大项目落地，大力引进国内外知名企业总部、区域总部或研发设计中心、采购中心、营销中心和结算中心入驻。

3. 推动建设区域性现代高端服务业产业集群

发挥珠三角现有产业基础优势，盘活粤东西北特色地域资源，有序推进现代物流园、软件与服务外包基地、文化创意产业园、科技孵化基地等集聚区建设，实施现代高端服务业强区（县）培育工作，布局打造一批特色鲜明、功能完善、结构合理的现代高端服务业产业群，加快培育形成若干国内乃至国际知名的现代高端服务业示范区、示范行业。

（五）提升重大公共服务平台支撑功能

1. 整合提升各类综合服务平台

探索整合现代高端服务业各相关综合服务平台，加强部门合作、资源共享，优化提升信息咨询、研发设计、产品认证、产权保护、创业融资、人才集聚、交流合作和项目申报等专业化服务。

2. 推动大型会展平台发展升级

从技术支持、行政服务等全面着手，重点提升广交会、文博会、高交会、动漫节、旅游文化节等会展品牌的国际影响力，依托地方特色产业集群做大做强电子、珠宝、家具等一批区域专业会展，推动各层次商务会展平台发挥整体辐射作用。

3. 加强创业孵化基地和公共创新服务平台建设

完善融资、技术、设计、营销、咨询、管理、培训等服务支撑，鼓励以连锁运营等模式推广优质基地与平台发展经验，发挥技术、管理等要素资源的外溢效应。

4. 推进高端服务业标准化

突出抓好八大重点产业特别是新兴业态服务标准的制（修）订、实施和推广工作，推进一批国家级、省级现代高端服务标准化示范项目，打造一批标准化示范单位。

（六）完善现代高端服务人才保障体系

1. 创新现代高端服务人才利用模式

推广广东（顺德）工业设计园、深圳洛可可公司柔性引进和利用国际一流人才的方式，充分运用互联网等新技术突破地域障碍、降低整合成本，推广以平台运营、项目合作、任务承揽等灵活形式整合利用国内外人才资源。

2. 面向全球延揽现代高端服务业优秀人才

创造人才引进便利渠道，扶持一批辐射全国、具有国际竞争力的人力资源服务机构，重点引进高端服务创新团队、创业型领军人才、高技能高层次人才和急需实用人才；采取税收优惠政策鼓励企业引进高层次服务人才，加大对总部企业核心高管等领军人才的激励力度，实施个税（可以政府奖励方式代替免征个税地方所得部分）、子女教育、住房等优惠政策，全面构筑引进和留住高端人才的优越环境。

3. 加强服务人才市场化培训与专业化管理

强化市场化人才培养机制，推动实施企业与高校、职业教育基地等联合培养人才，推动高校和科研机构建设高层次服务人才培养基地，定期选派优秀人才赴境外深造；创新各类专业服务人才资格认定与评价机制，明确一批行业龙头企业可自行评定人才专业技术职称、相关管理部门承认资格，探索与港澳地区及国外开展各类专业人员资格互认工作。

（七）更加重视对新兴业态的培育和扶持

1. 加强对新兴业态的规划引导

评估选择发展潜力大、产业基础实、价值定位高的新兴服务业态，制定出台专项产业规划与引导扶持政策，加强市场准入、资金用地、人才培育等方面支持，推动新兴业态成长为新的产业制高点、经济增长点。

2. 打造和延伸新兴业态产业链

鼓励企业运用现代科技信息技术，加大研发投入，在前沿技术和高端产品领域谋求突破，培育一批国内同行业领先的技术领先、业态创新、品牌创新企业，打造引领产业高端发展的创新型领军企业，形成一批具有较大国际国内影响力的广东服务高端品牌。引导新兴业态中小微服务企业走“专、尖、特、新”道路，密切与业内大型企业集团分工合作，形成上下游良性互动的完整产业价值链。

（八）鼓励大型现代高端服务企业国际化发展

1. 加快现代高端服务业对外开放和国际化进程

充分借鉴上海自贸区经验，抓住广东获批建设自贸区的机遇，推广广东在全国率先实施港澳医疗机构在广东执业试点工作经验，加快推动电信、金融、保险、教育、文化及专业服务等原外资准入限制较严格领域扩大开放，拓展高端服务业利用外资途径。扩大八大重点行业服务贸易出口，大力提升服务外包产业层次。积极承接发达国家和地区高附加值服务产业转移。

2. 鼓励外向型现代高端服务企业集团跨国发展

支持本土企业与国外和港澳台企业深入合作，跨境实施资源整合和资产重组，在境外设立或并购研发机构、合作开展创新研发活动，组织构建跨境服务产业网络体系，提高现代高端服务业在全球价值链上的利益分配地位。

（九）营造法治高效的政务服务环境

增强政府服务意识，协调经贸、工商、海关等相关部门简化企业办事程序、提高服务效率、建立一站式服务窗口，推动实施服务业项目落地、对外交流合作等审批便利化。建立重大项目跟踪机制，保障项目建设及时推进。加强相关业态领域的知识产权登记管理与评估工作，加快征信体系、技术标准以及行业信息与评级体系建设，构建信息资源开放共享平台。支持现代高端服务各业态领域建立完善行业协会等自治组织，发挥其在服务业企业与政府及金融等机构对接中的桥梁作用，加强行业规范、标准建设、维权等工作。

附表

国内外对现代高端服务业的基本分类

表 1　OECD 关于服务业知识密集度的分类与高端服务业的基本范围

项 目	分　类	包括的细分行业
高端服务业的基本范围	知识密集型高技术服务业	通信与邮政、计算机及相关活动、研究与开发
	知识密集型市场服务业	水运业、航空运输、房地产、机器设备租赁、其他商务活动
	知识密集型金融服务业	金融中介（除保险与退休基金）、保险与退休基金、辅助性活动的金融中介
其 他	知识密集型社会服务业	教育、医疗与社会保障、娱乐文化与体育
	非知识密集型服务业	销售、汽车维修、批发与零售、餐饮住宿、路上运输（除管道运输外）、支持和辅助性运输、旅行社、公共财政与国防、社会福利、污水与垃圾处理、卫生和相关活动

资料来源：《中国高端服务业发展研究》。

表2　发达国家重点扶持发展的服务业类型

国　家	重点扶持发展的服务业类型
美　国	高端信息服务业、金融业、研发服务业、商务服务
日　本	卫生保健、健康服务、幼儿成长支持、商业服务、运销服务、智慧旅游、远程教育、远程医疗、网上银行、网络社区、电子政务、电子商务、数字媒体娱乐
德　国	ICT 相关服务、物联网、云计算、3D 技术、电动汽车信息通信技术、利用技术和创新服务要素的混合服务业
英　国	创意服务业、高科技服务业、环保服务业
澳大利亚	旅游业、知识密集型服务业
丹　麦	设计和创意服务业
瑞　典	设计和创意服务业、ICT 应用、电子政务
荷　兰	创意服务业
芬　兰	B2B 服务业、知识密集型服务业、公共部门服务业
挪　威	设计服务业、旅游业

资料来源：Trends and issues in the evolving service innovation policy，2008，Dr. Jarikuusisto，Frontiers in Service Conference. USA.

表3　国家关于现代服务业的基本分类

分　类	细分行业
信息产业	物联网、智能网、电子商务、电子政务、数字音乐、手机媒体、动漫游戏
现代物流业	供应链管理技术服务、质量安全控制技术服务、物流信息系统等技术研发和应用、物流设施设备标准化改造、海港空港、物流公共信息平台建设等
金融服务业	信用担保服务、农村金融服务、债券发行、交易服务、农业保险、责任保险、信用保险、金融产品研发应用、无形资产贷款质押、信用卡及网络服务、人民币跨境结算、金融监管技术开发应用、金融信息系统、创业投资
科技服务业	工业设计等专业科技服务、在线数据与交易处理、移动互联网、IT 设施管理和数据中心服务、软件开发、信息系统集成、数据挖掘、手机媒体、网络出版、云计算、信息技术外包、技术孵化等
商务服务业	租赁、咨询、检验检测、产权交易平台、广告、会展等

续上表

分　类	细分行业
商贸服务业	农资连锁经营、农村生活用品连锁经营、农产品拍卖服务、商贸企业统一配送和分销网络建设等
旅游业	旅游产品开发和营销、旅游资源综合开发服务、旅游信息服务等
教育、文化、卫生、体育服务业	文化创意设计服务、移动多媒体和数字电视等服务技术及应用、电子纸等新载体的技术开发和应用、网络视听技术服务和开发、医疗信息服务、远程医疗、体育信息咨询服务、托养服务等
其他服务业	物业服务、家政服务、养老服务、开发区和集聚区公共服务平台建设与服务等

资料来源：《产业结构调整指导目录（2011 年）》。

表 4　江苏省重点发展现代服务业产业

分　类	细分行业
重点服务业产业	金融业、物流业、科技服务业、软件和信息服务业、服务外包业、商务服务业、文化创意产业、商贸流通业、旅游业、家庭服务业
现代服务业新兴产业	电子商务、云计算服务、物联网服务、数字文化、工业设计、环境服务

资料来源：《关于进一步加快发展现代服务业的若干意见》（苏发〔2011〕18 号）。

表 5　山东省发改委对高端服务业的分类、范围界定及重点发展行业

分　类	细分行业
农业中的高端服务业	研发、流通、订单信息等
工业中的高端服务业	总部、产品设计、信息和物流管理等
商业中的高端服务业	总部、信息和物流管理等
金融业	全部为高端服务业
其他服务业中的高端服务业	教育、文化、展会等
未来重点发展行业	金融服务业、现代物流业、信息服务业、商务服务业、文化（创意）产业

资料来源：山东省发改委《促进广东高端服务业发展研究报告》（2014 年 5 月 29 日）。

表6 深圳市对高端服务业的分类及范围界定

分 类	细分行业
创新金融	融资融券、资产证券化、风险创业投资、离岸金融、外币商业票据、保险产品服务创新等
现代物流	物流供应链管理，第三方、第四方物流，物流公共信息平台，水运业，航空运输等
专门专业	法律服务、会计、咨询、知识产权、公共关系、经纪与人才猎头、产权交易等
网络信息	互联网、软件与系统集成、信息技术、数字与网络增值、电信与广电运营、电子商务、远程教育、远程医疗等
服务外包	信息技术外包、知识处理外包、包括供应链管理、财务管理、后勤管理、人力资源管理、数据处理及分析、客户服务等业务流程外包等
创意设计	工业设计、动漫游戏研发设计、软件设计、建筑与规划设计、新闻出版创意、广播电影电视及音像制作、广告与咨询策划、文艺创作与表演等
品牌会展	电子、通信设备、珠宝、家具、服装等专业会展品牌
高端旅游	旅游门户网站、旅游资讯集成商、大型旅游景区、高星级度假酒店、高端综合旅游休闲设施、国际性旅游活动等

资料来源：《关于加快我市高端服务业发展的若干意见》（深府〔2007〕1号）。

表7 广东省对现代服务业的分类及范围界定

分 类	细分行业
现代物流业	包括水运、航空、仓储、邮政、批发零售业等
信息传输、计算机服务和软件业	信息传输、计算机服务和软件业，包括固定电信服务、移动电信服务、互联网信息服务、广播电视传播服务、计算机系统服务
金融业	银行业、保险业、证券业、信托业、风险投资业
房地产业	房地产的投资与开发、物业管理和房地产的经纪服务
租赁和商务服务业	法律业、会计业、公证业、职业介绍业、咨询业、广告业、设计业、会展业、市场管理服务业、租赁业

续上表

分　类	细分行业
科学研究、技术服务	自然科学和社会科学研究、技术监督、技术交流与推广
教　育	高等教育、职业教育和各类专业技能培训
卫　生	医疗卫生服务
文化、体育和娱乐业	影视业、出版业、广播业、音像业、演出业、图书馆业、博物馆业和体育业
其他现代服务业	限额以上连锁住宿餐饮业、公共设施管理业、社会保障业、社会福利业、城市公共交通业等

资料来源：根据省统计局《关于建立现代服务业增加值核算制度的通知》（粤统字〔2008〕38号）及“现代服务业年报分类”整理。

发达国家和地区发展现代高端服务业的经验启示

在知识经济背景下，全球产业结构呈现出向“服务型经济”① 的重大转变，服务业尤其是现代服务业的主导地位日益凸显。具有高知识属性、高附加值等显著特征的现代高端服务业，如近年来快速发展的信息服务、研发设计及专业和商务服务等，更是产业转型升级的重要突破方向。发达国家和地区在这些业态领域积累了丰富的发展经验、保持着领先的发展水平，为广东在经济新常态下，加快发展现代高端服务业、推动产业结构转型升级，提供了有益的经验借鉴。

一、发达国家和地区现代高端服务业的发展现状

美国、英国、日本等发达国家和地区尚无“现代高端服务业”的概念，但经过数十年发展升级，作为这些国家和地区产业绝对主导的服务业，越来越多地体现出现代化、高端化属性，尤其是信息服务、科技服务、金融保险等新兴服务业态发展迅速，已成为当前经济增长的主要动力。以美国为例，其主要现代高端服务业态的比重在 20 多年来不断攀升，其中专业和商务服务增加值占 GDP 比从 1991 年的 8.7% 上升到 2011 年的 12.6%、增幅高达 38%，2010 年，各现代高端服务业态总增加值占 GDP 的 40% 以上，就业人数约占服务业从业人数的 70%、总就业人数的 60% 以上。

表 1　主要发达国家和地区服务业增加值占 GDP 比重

单位:%

国家/地区 \ 年份	1995	2009	2011
美　国	72	78	78.8
德　国	67	73	—
英　国	67	73	—

① 目前，全球服务业增加值占国内生产总值比重达到 60% 以上，主要发达国家达到 70% 以上，中低收入国家也达到 43% 的平均水平；在服务业吸收劳动力就业方面，发达国家服务业就业比重普遍达到 70% 左右，少数发达国家达 80% 以上。

续上表

国家/地区＼年份	1995	2009	2011
法　国	72	79	79.4
日　本	—	—	72.7
中国香港	—	88.4	91.5

数据来源：据世界银行、OECD 等网站数据整理。

表 2　近年来美国主要现代高端服务业态增加值占 GDP 比重

单位:%

行业＼年份	1990	2000	2010
信息服务	4.1	4.2	4.6
金融保险	18.1	20.1	21.1
专业和商务服务	8.9	11.2	12.1
教育医疗	6.5	6.8	8.7
文化娱乐	3.4	3.8	3.6
总　计	41.0	46.1	50.1

数据来源：美国经济分析局①。

近年来，发达国家和地区的现代高端服务业态呈现以下显著趋势性特征：

第一，与传统工业尤其是制造业加速融合。现代高端服务业具有较高的产业融合性，尤其是具有生产性服务属性的业态领域，其本身即是制造业服务环节外置化的产物，通过与制造业的互动发展，带动着传统工业乃至整个经济结构向高级化转型。

第二，向区位优势显著的中心城市加速集聚。因基础设施、信息资讯等资源条件以及规模经济效应等因素，现代高端服务业多集中于国际或区域性中心城市。如作为国际金融中心的纽约，其金融服务业占 GDP 比重由 1990 年的 26% 上升到目前的 40% 左右，衍生金融工具成交量、外汇交易量、外国债券发行量分别占全球的 14%、16% 和 34%②。

---

① 转引自宋炳林《境外现代服务业发展的经验及对宁波的启示》，宁波大学学报（人文科学版），2013 年第 3 期。

② 转引自张蕊《美国服务业发展经验及对我国的启示》，对外经贸，2012 年第 1 期。

（3）新兴现代高端服务业态加速崛起。知识经济和信息技术向服务业全面渗透，推动服务业向信息化、网络化、智能化、个性化、集群化方向加快发展，催生出如第四方物流、远程医疗、网上银行、智慧旅游等经济新增长点。

（4）部分服务业态向新兴经济体加速转移。当前全球跨国直接投资正转向以服务业外包为主体的服务贸易，形成国际产业转移新的热潮。2011 年全球服务外包市场规模达 8200 多亿美元，其中信息技术外包占 78.5%、业务流程和知识流程外包占 21.5%，在岸服务外包占 87.5%、离岸服务外包占 12.5%①。据美国国际数据公司、麦肯锡公司等机构预测，未来几年全球服务外包市场将保持约 18% 年增长率，到 2020 年将超过 150 万亿美元规模。

二、发达国家和地区发展现代高端服务业的主要经验

（一）突出产业融合，推动与先进制造业协同发展

发达国家和地区积极推动产业融合互动，实施现代高端服务业和先进制造业“双轮驱动”，重点发展现代高端生产性服务业等高融合性产业。发达国家和地区充分利用先进制造业的规模化和专业化优势，集中剥离原先依附于生产制造过程的服务环节，促进现代高端服务业态加速向现代制造业生产前期的研发、设计，中期的管理、融资和后期的物流、销售等全过程渗透，在推进先进制造业提升现代化、专业化生产水平的同时，也为现代物流、研发设计等现代高端生产性服务业态发展壮大提供了广阔空间。如日本 2006 年颁布“新经济成长战略”，提出服务业与制造业“双引擎”推动经济可持续发展，成功通过发展通信产业带动信息服务业，继而带动相关信息设备制造业的发展。美国的生产性服务业是目前的支柱产业，早在 2005 年美国交通和仓储、信息服务等生产性服务业总量接近 6 万亿美元，占服务业总量的 70% 以上、GDP 的 48%，其中相当部分可归入现代高端服务业态。

（二）立足资源禀赋，走各具特色的集聚化发展道路

发达国家和地区注重发挥产业集聚的规模效应，有效结合区位特点、产业基础、制度体系等资源条件，形成各具特色的集聚化发展模式。以大都市为例，具有典型意义的，一类是以纽约、香港等为代表的替代式发展模式，现代高端服务业态在集中发展过程中，逐步取代传统制造业成为经济主导。纽约历史上以轻工业为主，以信息、金融、专业技术为基础的现代高端服务业态在二战后迅速崛起，逐步取代制造业而成为纽约经济的主要支撑；香港由于自身资源相对缺乏，在转移附加值较低的制造业后，主要发展金融、现代物流、服务贸易等高端产业。另一类是东京、新加坡等为代表的共生式发展

① 转引自郑伟雄《2012 年全球服务外包发展报告》，第五届全球外包大会，2012 年 7 月。

模式，现代高端服务业态以工业化成果为基础，围绕传统工业转型升级需求布局发展各类业态集群。东京是日本最大工业城市，为实现精益生产、推动制造升级，集中发展了大批高附加价值、与制造业紧密结合的生产性服务业；新加坡20世纪80年代确立制造业和服务业并重、优先发展服务业的发展战略，在推动制造业快速发展的同时，形成了具有国际优势的金融、现代物流等服务业态。

（三）坚守市场规律，以开放视野实施跨国产业转移

发达国家和地区十分重视市场机制的基础作用，政府基本不直接干预现代高端服务市场发展，而是鼓励发挥行业协会等自律性机制对市场主体与市场活动的规范作用。如美国的各类服务行业协会不仅深入参与政府的产业发展战略，而且在发布行业信息、举办交流活动、培训业务人员、协调社会关系、规范市场竞争秩序、指导行业发展等各个方面发挥着主体作用。香港充分发挥1000多个行业协会等市场机构的监管作用，督促服务企业自律，在对金融自由化的监管上，由香港金融管理局（HKMA）、证券及期货事务监察委员会（SFC）等四个独立于政府的监管机构，负责调节银行、证券等金融行业。新加坡始终支持新加坡制造商总会①等市场机构全面参与所有产业改革设计，以确保政府政策的针对性，组建了由金融管理局主导、新加坡国立大学危机管理学院等科研机构共同参与的“新加坡训练与研究中心旗舰生态系统”，承担提供最前沿金融理论、进行重大金融创新等战略任务。发达国家和地区市场机制高度发达的另一突出体现，是大型商业组织在价格、供求和竞争等规律作用下，对全球范围内现代高端服务目标市场的有效识别与生产活动的有序转移，从而实现服务资源在各个国家和地区之间的优化配置。如前所述，欧美等发达国家的知名跨国公司近年来积极实施产业转移战略，如信息产业领域的IBM将研发设计、技术服务等重要机构与商业活动推广到全球100多个国家和地区，管理咨询领域的埃森哲（Accenture）在全球52个国家和地区设有110多家咨询服务、交付中心等分支机构，通过将部分服务产业成规模地转向印度、中国等发展中国家，突破了人才移民、资源采购等传统资源利用形式的局限，高效利用产业承接地的专业化、规模化服务人才以及广阔消费市场等优质资源，极大拓展了本土核心产业的外围支撑。

（四）政府适度作为，借政策与服务优化产业发展环境

发达国家和地区发展现代高端服务业态的政策力度并不一致，但在重点产业引导、基本公共服务等政策保障方面存在相当程度的共通性。在产业定位方面，通过行业立法、产业规划等直接或间接措施，重点发展知识密集型、科技智能型等服务业态，如日

---

① 新加坡制造商总会是行业性组织，该会积极参与政府产业政策，近年来，顺应21世纪服务业与制造业融合趋势，将会员扩展到设计、物流等生产性服务业。

本1995年出台《科学技术基本法》，提出“科学技术创造立国”的发展战略，重资扶持信息服务等重点产业，2012年又推出《日本再生战略》，鼓励发展智能社区、大数据市场等；德国2011年颁布《信息与通信技术战略：2015数字化德国》，重点促进物联网、网络服务、云计算、3D技术等开发和应用。在财税金融支持方面，实施税收优惠、贷款优惠、财政补贴与担保、设立产业与信用基金等，如法国2008年颁布《研发开发经费税收抵免制度》，规定有效研发支出在1亿欧元以内的，可在应纳税款中抵免30%，剩余超过部分抵免5%。在平台搭建方面，重点加强共性技术、信息咨询等公共服务平台，如美国以各大联邦试验室为载体，普遍开展政府与民间组织合作研究，将政府主导或拥有的技术成果向社会与市场转移，还围绕科技创新、信息服务等发展需求，构建了国家技术服务中心等大型公共服务平台和一批由政府部门、社会技术服务机构等共同组成的多元化、开放型技术服务平台。在人才培育方面，着重优化人才教育培训、促进人才流动等，如日本出台“240万科技人才开发综合推进计划”“21世纪卓越研究基地计划”等，着力培养信息技术、环境开发等创新型和应用型高端服务人才；德国在加强职业教育的同时大幅放宽人才移民政策，21世纪初开始实施的“绿卡工程”，将允许多达2万名非欧盟国家的外国专业人员入德工作。在工作机制方面，除一般性管理机构外，个别国家特别针对重点领域设置专门协调监管机构，如美国设立国际开发署等机构，并由商务等部门官员和行业协会专家组成协调机构，专司推进优势服务业态对外开放；日本围绕IT战略，设立以内阁总理大臣为议长的“IT战略会议”及“IT战略本部”等协调机制与机构。

三、对广东加快发展现代高端服务业的若干启示

广东应充分借鉴发达国家和地区发展现代高端服务业的经验，在近年来现代服务业迅速发展的基础上，立足资源禀赋，加强产业导向与政府调控，将现代高端服务业打造为经济新常态下推动经济持续快速增长的强劲引擎。

（一）注重产业互动，推动现代高端服务业与制造业融合发展

现代高端服务业与先进制造业的融合互动、对信息科技的深度吸收，是发达国家和地区实现持续发展的重要经验。广东作为拥有深厚工业底蕴的制造业大省，应大力促进现代高端服务业和先进制造业融合发展，围绕现有制造业布局，着力发展现代物流、科技服务、研发设计及金融服务等生产性服务业，在利用制造业基础优势实现现代高端生产性服务业大发展的同时，充分释放现代高端服务业的强辐射效应，全面推进传统制造业转型升级。广东还应充分利用相对领先的信息化基础优势，深化信息科技向服务业融合渗透，推进服务业资源集聚模式创新，推动服务业的信息化、集成化、标准化，加快推动各类服务产业向现代化、高端化发展升级。

（二）注重集聚效应，合理布局现代高端服务业集聚区

发达国家和地区的服务产业主要集中于中心城市与核心区域，广东过去发展现代服务业走的也是集聚式道路，未来应进一步发挥集聚效应，打造具有国际竞争优势的现代高端服务业集聚区。积极引导现代高端服务资源向珠三角地区集聚，依托现有重点服务业集聚区与示范基地，重点培育现代物流园区、总部基地、科技创业园、创意产业园、服务外包基地等，建成富有广东特色的空间集中、产业集聚、资源集合、功能集成的现代高端服务业产业集群。着重发挥珠三角中心城市的产业基础等综合优势，做大做强总部经济、服务贸易、金融服务、科技服务、信息服务、文化创意等主导产业，完善交通集散、信息网络、文化医疗等综合配套，将广州、深圳打造为国际服务产业中心城市。在粤东西北地区根据各地特色优势打造特色高端服务业集聚区。研究认定现代高端服务业示范企业，引导形成以龙头企业为核心、中小企业协同发展的现代高端服务业企业集群，树立现代高端服务业重点领域、重点区域的知名品牌。

（三）注重区位优势，积极拓展内外现代高端服务市场

区位优势是纽约、香港等城市崛起的重要基础，广东也要抓住临近港澳、处于沿海开放前沿的条件，充分用好中国（广东）自贸区的平台，把握国际服务产业转移新趋势，大力推动现代高端服务对外开放。深化对欧美发达国家和地区的开放交流，积极承接发达国家和地区转移出来的系统开发、技术服务等现代高端服务业态。充分利用国家建设“21 世纪海上丝绸之路”“中国—东盟自由贸易区”等战略契机，加快信息服务、文化创意等优势现代高端服务产业“走出去”步伐。面向泛珠三角地区整合人才、开拓市场，扩大现代高端服务业外围支撑与发展腹地。在落实 CEPA 及相关协议①上先行先试，全面深化粤港澳在现代高端服务业各领域的合作，加快建设广州、深圳两个国家级服务外包基地，带动珠三角地区发展成为国际服务贸易中心。

（四）注重政策引导，优化现代高端服务业营商环境

发达国家和地区实施的一系列政策措施对推动现代高端服务业态的快速发展作用显著，在机制保障、产业规划、平台建设和财税支持等方面举措都值得广东深入研究借鉴。广东应加快探索建立发展现代高端服务业的协调与监管机制，加快出台现代高端服务业专项规划，分类支持金融服务、信息服务、研发设计等生产性服务业以及服务贸易

---

① CEPA（Closer Economic Partnership Arrangement）包括《内地与香港关于建立更紧密经贸关系的安排》《内地与澳门关于建立更紧密经贸关系的安排》。中央批准广东在对香港服务业开放的教育、医疗、旅游、商业服务等 13 个领域先行先试，并具体批复了 25 项政策措施。截至 2011 年底，广东已确立广州、深圳、珠海、佛山、东莞、惠州等 6 个 CEPA 先行先试的试点城市。

等重点发展领域。研究设立专项引导资金，实施政府采购、技术转让、研发经费等方式支持现代高端服务业态发展。整合提升现有各类信息资源共享平台，加强仿真环境、软件测试等专业服务平台建设。构建良好的社会和法治环境，重点完善知识产权保护法规制度体系，鼓励行业协会等社会组织加强行业自律与技术交流，加大服务业人力资源开发投入和高端服务人才引进力度。充分发挥市场机制自律功能，大幅提升行业协会在现代高端服务业中的地位和作用，增强行业协会和各类专业化社会组织的监管能力，协助规范与促进市场主体自我管理、自我发展。

以移动互联网构建广东移动消费新业态

我国“互联网+”行动计划的提出，是基于对新常态下互联网与传统产业跨界融合、与生活深度融入的深刻判断所作出的重要战略部署，是对互联网大趋势的精准把握。近年来，移动互联网几乎改变了人们固有的生活方式。据统计，目前我国移动智能终端用户规模达10.6亿，3G/4G网络用户数达6.44亿户，智能终端应用软件超过100万款，智能手机的白热化竞争、信息网购的火爆、微信红包的风靡等已成为移动互联网时代的印记。移动互联网创造了巨大的消费空间，正在颠覆传统消费方式，并不断催生消费新业态。广东是互联网大省，也是消费大省和消费前沿，应高度重视移动消费，努力将其打造成为新常态下消费增长新格局的重要组成部分。

一、移动互联网催生移动消费新业态

手机等智能终端的迅速普及，真正拉开了移动互联网时代。网络的“提速降费”、应用软件的开发及移动端各种消费模式的出现，使移动消费这个全新的生态系统渐渐变得丰满。

（一）从平台看，基于智能终端的移动互联网已相当成熟

第一，智能终端普及率非常高。当前中国的智能手机市场炙手可热，各路资本趋之若鹜，反映了市场对移动消费发展前景的一致预期。2014年我国手机产量达16.3亿部，其中广东9.2亿部，占全国56.4%；在全球智能手机出货量十强中，我国占6席，其中4席在广东。平板电脑、智能手表都呈现爆发式增长，智能终端成为名副其实的热点领域。第二，网络接入体验日趋完善。作为智慧城市建设的重要内容，无线热点得以迅速、大面积覆盖；4G用户仅2014年即新增9728.4万，目前总数已达到1.78亿户，预计近几年将呈现指数式增长。第三，应用软件已覆盖生活的方方面面。智能终端及网络的普及打开了应用软件的巨大市场，由于使用方便快捷、可实现随时随地在线，移动应用市场成为企业争抢的重要端口。除传统电子商务企业将战略重心从电脑端向移动端转移之外，衍生出大量的生活类O2O、手机游戏、移动支付等应用，创造出巨大的消费空间。

（二）从模式看，移动消费服务新模式新业态层出不穷

——移动电子商务。移动互联网时代，淘宝、京东、唯品会等电子商务巨头都将移动端的布局视为其业务增长的重要战略支点，移动用户的增长和移动支付的成熟，使电

子商务企业在移动端的消费市场发展势如破竹。如淘宝 2014 年“双十一”活动期间，通过移动端的交易占总交易额达 42.6%；京东移动端订单量已占其总量的 36%，唯品会更是达到了 72%。

——O2O 生活类即时消费。移动消费即时和随性的特性，更适合 O2O 这种线上预订或支付、线下消费的模式。据统计，O2O 市场移动端占比达 68.8%，已取代电脑端成为 O2O 消费的最大入口。O2O 消费最常见的形态就是满足各种生活需求的团购，它已从年轻人的专利和潮流演变成为一种生活方式，据统计 2014 年中国团购参团人数达 11.9 亿人次，增长 97.2%。餐饮、娱乐、出行等消费业态 O2O 异常火热，2014 年中国餐饮行业 O2O 市场规模达 943.7 亿元，增长 51.5%；在 296.4 亿元、增长 36.2% 的全国电影总票房收入中，O2O 订单占比达 20%；移动端酒店、门票和旅行消费也已成为生活消费的新常态。

——接通各类生活需求的移动平台。部分移动平台利用自身支付、社交优势，为日常消费和生活提供便利。如作为强大的第三方支付平台，支付宝钱包除提供转账、当面付等资金往来业务外，还集成了缴纳水电煤气等费用的服务，并针对广东推出了羊城通充值的特色服务。拥有逾 5 亿活跃用户的微信，在广州、深圳、佛山、上海、武汉等地推出了医院挂号服务。

——体验式营销的流量转化。越来越多的企业尝试在移动端建立服务窗口或公众号，既可营销品牌，也能够将部分访问流量转化为真实交易。如南方航空于 2013 年初建立了微信公众平台，在国内首创推出移动值机服务，现已实现微信购票、会员服务等多种强大功能，其微信平台用户达到 170 多万，成为传统企业转型移动消费的经典案例。佛山“互联网 + 家具”企业维尚家具 2014 年初迅速在微信、手机百度、京东、天猫等移动端建立了移动互联网营销渠道，现移动端流量已超过电脑端，其中微信粉丝从 2 万激增至超过 300 万，并保持每月 50 万以上净增长，其微信公众号估值已超过招商银行和星巴克中国，在企业微信财富榜中位列榜首。

——移动娱乐消费。除集成各种商品消费需求之外，智能终端也发展出游戏、视频、音乐等大量的娱乐消费。据统计，我国手机游戏用户规模已经达到 4.6 亿，2014 年市场规模 180 亿元，增长 93%；在苹果手机应用商店中，手机游戏应用数据占比达 30%。手机游戏通过付费下载、包月收费、道具收费等多种模式产生消费。随着知识产权保护的逐步完善及作品质量的提升，视频、音乐等娱乐消费也有望在移动端大放异彩。

（三）从竞争看，投融资和并购风生水起充满机遇

移动互联网的高速发展带动的移动消费前景，引发各路资本跑步入场。一是风险资本高歌猛进。据统计，2014 年移动互联网领域 VC/PE 融资案例 308 起，融资规模达 22.7 亿美元，增长 220%。新的商业模式得到青睐，如移动生活消费服务软件快的打

车，2013—2014年先后完成三轮共1.5亿美元融资，成为近两年移动互联网行业VC/PE连续融资案例中交易规模最大的企业。2014年中国移动互联网领域共有4家企业上市，融资规模达5.66亿美元，增长298%，VC/PE退出平均账面回报达到9倍。二是巨头并购此起彼伏。移动消费成为当前最热门的并购领域。2014年移动互联网行业并购案例48起，交易规模达17亿美元。阿里巴巴先后收购了UC、友盟、高德地图等移动端应用，并入股新浪微博、战略投资美团网，构建了从移动互联网入口，到移动数据分析，到O2O、移动电商平台，再到支付平台的移动消费闭环。腾讯通过入股大众点评网深耕“吃喝玩乐”消费，战略投资了嘀嘀打车、京东，并将其接入微信支付平台，完成了一站式移动消费服务的布局。

（四）从潜力看，移动消费成为消费新常态的重要支点

移动互联网将绝大部分日常消费需求集成于智能终端，形成便利的移动消费生态系统。在消费结构升级方面：移动消费趋势倒逼传统消费平民化、透明化，带动了高端消费转型升级，挤出消费泡沫。据统计，2014年中国高端餐饮营业额下降6%，人均消费额下降20%，平均毛利率下降8%，而大众餐饮营业额、人均消费额、平均毛利率分别增长12%、15.2%和0.3%，从餐饮O2O的爆发式增长来看，在很大程度上是参与了这种变化的。在促进产业融合发展方面：移动互联网的便利及低成本，将促使“互联网+医疗”“互联网+教育”等更多移动互联网消费模式的发展，在创造无限消费空间的同时，借助云计算、大数据等技术的普及应用，刺激消费形态从需求侧向供给侧传导，并向第一、第二产业渗透，促进服务型制造业和生产性服务业融合，从而达到以消费结构促进投资结构改善、重塑产业链条的作用。在大众参与消费供给方面：移动互联网时代，人人都可以是消费资源的供给者。如注重隐私社交的微信“朋友圈”的火爆，产生了一个全新的名词“微商”，据估算“微商”已拉动952亿元信息消费，带动社会就业超过1000万人。

二、对广东发展移动消费的几点建议

广东是电子商务和信息消费大省，也是“互联网+”基因发达的消费前沿，面对迅猛发展的移动消费，必须主动作为，将率先发展的互联网优势转化为巨大的移动消费优势。

（一）加大移动消费支撑能力建设

突出抓两大重点：一是进一步加快信息基础设施建设力度。加快全省无线局域网热点覆盖，率先把各区域中心城市建成无线城市；大力推广智能移动终端的使用，落实4G“提速降费”和推广应用，推动全省城镇生活的互联网化、智能化，提升信息消费体验、降低成本。同时，引导云操作系统、云终端等技术应用于移动互联网，建设大数

据管理和服务平台。二是积极探索移动消费示范城市建设。以广东广州、深圳、东莞等国家电子商务示范城市以及珠海、惠州等国家信息消费试点城市为基础，加快出台相关财政、税收、金融、电商配套支持政策，大力发展移动电子商务，探索各类移动消费形态，形成可复制可推广的经验。

（二）以创新供给侧完善移动消费产业链

应从平台和资本两个方面完善产业链。一是以创新模式完善消费供给。移动消费新业态的形成，是创新驱动水到渠成的结果，要充分发挥企业自主创新主体的作用。依托华为、中兴等信息化龙头企业推动技术创新，完善移动消费软硬件平台；鼓励腾讯、唯品会等互联网企业在O2O模式、社交平台的消费集成等方面进行商业模式创新，打造若干条多层次移动消费产业链。二是探索灵活多样、开放包容的投融资体制。进一步深化投融资体制改革，强化财政与金融手段相配合，与社会资本相融合，更多利用社会资本尤其是创投资本来发现、培育消费新业态，鼓励和发展消费众筹等大众投资新模式，通过资本集聚资源和人才，形成“众创消费”的氛围。

（三）促进传统消费产业转型升级

一是引导传统消费企业发展移动消费。顺应传统消费市场增速放缓、电子商务和移动消费爆发式增长的新趋势，引导广东传统餐饮娱乐和旅游文化等消费型企业开发移动消费市场；推进传统广企广货网上行，探索移动互联网销售渠道，促进消费结构升级。二是推动消费品制造转型升级。将广东制造业优势与移动消费结合起来，引导广东纺织服装、食品饮料、家具家电等传统优势消费品制造业发展移动电子商务，同时建立移动平台营销渠道，借助移动消费风向标，提升其对市场变化的响应能力，畅通消费渠道。

（四）营造安全可靠的移动消费环境

针对移动消费的特性，研究制定相关政策措施。一是完善移动消费市场监测监管。建议广东商务、工商等消费监管部门探索成立专门的移动消费监测平台，与统计部门、电信运营商、移动交易平台等合作，共享移动消费及其细分市场交易数据，形成移动消费监测全覆盖；在微信、微博等移动社交平台上建立公众账号，畅通维权渠道，保障消费者权益。二是探索移动消费信用体系建设。在出台相关消费政策时，将移动消费纳入主体内容；完善信用广东网，探索建立移动消费信用数据库及查询端口；对移动消费企业虚假宣传、交易欺诈、出售“三无”产品等行为，研究制定相关惩戒办法，提高违法成本、降低维权成本。

大力发展智慧医疗
推动医疗消费转型升级

——支付宝启动“未来医院计划”的几点启示

2014年5月28日，支付宝正式推出“未来医院计划”，标志着阿里巴巴正式进军医疗医药行业。“未来医院计划”将通过互联网和数据的产品与技术，对医疗机构开放账户体系、移动平台、支付及金融解决方案、云计算能力、大数据平台等能力，帮助医院在移动互联网时代变得更加高效。5月30日，广州市妇女儿童医疗中心已与支付宝合作，试水全国首家移动智能医院。我们认为，这种新型的医疗服务方式一旦形成，将对传统的看病就医、健康管理乃至生活方式产生颠覆性变革，在医疗行业形成新的消费热点，有力推动广东医疗消费实现转型升级。

一、支付宝“未来医院”的宏伟蓝图

“未来医院计划”由支付宝主导，借助支付宝钱包，以医疗服务移动客户端为载体，对传统的医院就医流程甚至整个医疗保健进行信息化改造，打通线上线下形成O2O闭环。目前，支付宝钱包已经拥有1亿多移动互联网用户，为其切入医疗医药行业提供了有力支撑。通过制定数据标准，搭建一个统一的医疗医药服务平台，提供统一的接口，利用其最基础的支付能力、账户体系能力、数据能力、云计算能力为医院和患者提供智慧医疗服务。

支付宝的“未来医院计划”将分三个阶段完成。第一阶段计划用1—2年的时间，利用支付宝钱包平台和用户群优势，帮助医院建立移动医疗服务体系，解决就医排队叫号和缴费支付问题。用户登录支付宝钱包的医疗服务软件后，可以在手机上完成挂号、支付等多种功能。传统就诊流程下，患者需要在诊室外听候医生叫号或大屏幕显示序号就诊，而通过支付宝，患者可在手机端进行叫号查询，并根据实时叫号情况安排前往诊室，减少等待时间。医生开单后，缴费通知信息直接推送到用户支付宝钱包，点击确认、支付，就完成了缴费环节。当患者的检验报告或诊断报告结果出来后，系统会根据医院的归档推送通知，患者直接在手机端就能查看报告。初步比较两种就诊模式，使用支付宝就诊患者只需看医生、取药，其余环节全部可通过手机移动网络实现，彻底解决医院看病“三长一短”的短板，为群众减少了70%以上的无谓等待时间。

传统就诊流程：预约挂号→现场排队挂号（预约现场取号）→现场排队候诊→现场问诊→现场排队缴费→检验检查→客服中心取报告→返诊→排队药品缴费→取药→离院

支付宝就诊流程：线上挂号、候诊→线下问诊→线上缴费→线下检验检查→线上取报告→线下诊断→线上药品缴费→线下取药治疗→线上医患互动

第二阶段，支付宝将用3—5年时间激活医疗服务全生态。通过移动互联网或其他虚拟的方式，打通电子处方、药物就近配送、医保实时报销、保险实时申请理赔等其他环节，患者在完成整个就诊流程后，可以通过支付宝钱包服务窗对医院和医生进行评价。在药物配送的环节，支付宝未来计划和8万家连锁药房打通，由药房提供配送。同时，与医院合作开发健康管理的项目，主要是提供慢性病等的疾病管理和医疗咨询服务。

第三阶段，计划用5—10年的时间，覆盖从治疗到预防整个过程。基于大数据健康管理平台，为每个用户建立个人健康档案，通过后台提供健康管理服务。通过大数据分析，为政府部门提供医疗健康预警、为医疗资源部署提供参考依据。

二、“未来医院”带来看病就医及生活方式的颠覆性变革

（一）优化传统就诊流程，缓解“看病难”问题

目前，支付宝已经和北上广深10家以上的三甲医院达成了合作意向，与30多家社区医院达成合作，在智慧医疗社区建设方面进行探索。广州妇女儿童医疗中心已经与支付宝合作，启动全国首个“移动智能就诊”平台，实现在线挂号、在线缴费、智能消息提醒、检验报告查阅、就医反馈等功能。广州市医保用户使用支付宝钱包，可实现医保和自费部分的自动扣费。在繁忙时段，按传统就医流程，在该医院就医需要三四个小时。如今，用支付宝钱包完成挂号、付款、查询检验及诊断报告结果，一般只要一个多小时就能基本完成，就医时间比以前节省了2/3以上。移动智能就诊平台的切入，为患者提供了一条就诊新途径，开创了新的医疗消费模式，可以大幅优化就诊流程，缩短就医时间，有效解决医院人流量大、长时间排队、流程繁琐、“黄牛”炒号等固疾，在一定程度上缓解“看病难”问题。

（二）节省医疗费用，医疗消费实现转型升级

当前广东医疗消费需求仍然停留在治疗疾病的层面，人们往往生病了才去医院求医问药，将钱都花在了问诊、检查检验、手术、用药等治疗环节上面，“看病贵”难题一直难以解决。未来智慧医疗技术将引导医院从以治疗疾病为主导向以维护和促进健康为

主导转变，通过大数据系统分析，对人们健康状况进行跟踪管理，“上医治未病”，在未病之前采取应对措施而不是病后用药，不仅给群众带来更多的健康利益，也将节省更多的医疗费用，在一定程度上缓解“看病贵”难题。健康保健、养老、心理调节等将成为新的医疗消费热点，“治未病”、健康管理、保健服务等预防性消费需求将大幅提高。这将催生更多的新兴医疗消费市场，有效提高广东医疗消费层次，促进传统医疗消费实现转型升级。

（三）完善互联网售药模式，破除“以药养医”弊端

在传统就医流程中，消费者更倾向于看病后直接在医院药房拿药，据统计，医院药房售药约占药品销售市场的80%，零售药店仅占20%。在国外，互联网售药已成为大势所趋，美国网上药店的销售规模已经占到整体销售规模的30%左右，日本为17%，而欧洲则是23%。目前，阿里巴巴集团投资的中信21世纪公司，已经拿到了国内第一块第三方网上药品销售资格证的试点牌照，还掌握着中国仅有的药品电子监管码体系，积累了国内药品最全的数据库。将来消费者可直接把电子处方发送给网上药房，执业药师负责处方的审核及监督调配，指导合理用药；配制的药品通过线下物流及时配送到消费者手上，消费者现场验货、付款；用药过程中可以随时向在线执业药剂师咨询和反馈用药情况。阿里巴巴集团目前已启动“药品安全计划”，通过手机淘宝或支付宝钱包扫描任何一盒药品包装上的条形码及药品监管码，就能获得该药品的真伪提示、用法、禁忌、生产批次及流通过程等关键信息。这种新型的互联网售药模式一旦形成并推广，不仅为医药电商带来创新发展的良好机遇，促进公开透明、公平竞争的药品销售机制的建立，也将改变消费者长期依赖医院购药的传统模式，破除目前医院“垄断”处方药和“以药养医”的弊端，缓解“看病贵”难题。

（四）改变边远地区医疗服务落后现状，大幅降低当地群众看病的时间和空间成本

由于广东区域发展不平衡，一些偏远的农村地区医疗基础设施还不完善。但这些地区越来越多人都拥有智能手机。以“未来医院计划”为代表的智慧医疗远程技术可以将这些智能设备与实体医院医疗服务平台进行无缝对接，为没有医院、诊所和健康服务中心等基础设施的边远地区民众提供远程医疗服务和自助医疗功能，使他们足不出户即可享受医疗专家的高水平医疗服务，大幅降低看病的时间和空间成本，有效缩小城区间、城乡间的医疗资源差距。

（五）推动区域内医疗信息共享，实现医疗便捷化、便宜化

目前各类医院和社区诊所、卫生院信息化水平参差不齐，但各个医疗机构的信息化建设没有统一的标准，导致电子病历、电子处方这种便捷的数字化诊疗记录方式仅限于院内，医疗机构之间仍然没有实现信息共享。重复病史问诊、重复检查，造成医疗资源

和网络资源、设备资源的重复建设和浪费。"未来医院计划"将建设统一开放的公共运营平台，对各类数据和设备接口、系统语言进行改造，以电子病历和电子处方系统为基础，整合成个人电子健康档案，然后进行联网，再拓展到单个医院之外的社区、城市乃至全省、全国更大范围内，实现充分的医疗信息共享。这将有效提高医疗卫生资源利用率，减少社会医疗财政支出和个人医疗支出，真正实现医疗便捷化、便宜化。

三、几点启示建议

（一）借公立医院改革契机，大力推进智慧医疗建设

公立医院改革是世界性难题，也是广东深化医疗卫生体制改革的重点，改革的具体路径和模式仍在探索当中。智慧医疗是未来医疗卫生领域智能化、信息化的发展方向，可以作为公立医院改革的手段和突破口，通过大力推进智慧医疗建设，改变传统就诊流程、医患交流模式、药品销售模式、健康管理模式等医药行业生存模式，缓解医疗资源区域配置不均衡、以药养医、看病难、看病贵、医患矛盾等一系列医疗卫生行业存在的弊端，实现医药行业整体消费的转型升级，进而推动公立医院乃至医疗卫生系统的体制机制改革，提高人民群众福祉。

（二）积极培育医疗行业新兴消费热点，推动医疗消费转型升级

广东是全国重要的消费高地，具备扩大内需、提高最终消费的巨大潜力，既要巩固传统消费市场，更要注重消费的转型升级。随着老龄化社会的来临，人们对健康管理越来越重视，从关注疾病的治疗慢慢前移到疾病本身的预防和保健，医疗卫生行业将面临广阔的消费市场。随着科技和信息化水平的不断提高，智慧医疗也将走进千家万户，改变人们传统的就医取药消费模式。有关政府部门应当顺应智慧医疗发展趋势，积极引导和培育医疗行业新型消费模式和新兴消费热点，满足群众在养老休闲、健康管理等新兴领域日益增加的消费需求，推动整个医疗行业的消费模式转型升级。

（三）加强药品电商平台的监管力度，引导其规范有序发展

近年来我国的医药电商发展迅速，2013 年医药电商销售总额超过 40 亿元，相对医药零售市场2558 亿元的规模来说，药品网上零售占比不足 0.5%，但这一发展趋势十分明确，发展空间十分广阔。医药健康商品是比较特殊的商品，安全是用户考虑的第一要素，需要建立一套更为严格的商家和药品监管体系以及药品安全反馈及投诉处理机制，才能确保用户真正实现在电商平台"放心买药，买放心药"。相关部门应当对药品电商平台的准入门槛、医保报销和第三方配送等政策进行进一步研究和细化，加大监管力度，引导这一新兴业态规范有序发展。

（四）打破现有障碍，鼓励社会资本参与智慧医疗建设

支付宝进军医疗医药行业，凭借的是自身强大的支付能力、账户体系能力、数据能

力、云计算能力，它的优势在于制定数据标准，提供统一的信息平台，但对于改变医院团队的操作习惯、打通各家 IT 系统服务商当前封闭的系统语言，到社保、商业保险的政策和运作规则，都并非支付宝公司一家能够主导，在必要时需要政府及相关部门对参与各方进行沟通与协调，真正将这一造福百姓的好事落到实处。智慧医疗属于新兴产业，市场前景广阔，未来必将吸引更多的社会资本、互联网企业参与其中。相关部门可以从资本层面着手，对有意进入智慧医疗领域的社会资本进行扶持和鼓励，引导其与有条件的医疗机构进行合作，共同进行智慧医疗试点，推动医疗行业在更大范围内实现体制机制突破和创新，帮助医疗行业开启一个全新的智慧时代。

（五）基于大数据开展全民健康管理，推进电子病历及诊疗结果互认共享

在未来的医疗卫生领域，基于大数据为群众提供个性化的诊疗方案和基于健康预测的实时健康管理，将成为公共卫生事业发展的新趋势。省里相关部门应充分重视该领域的信息化建设，整合全民人口信息、电子健康档案和电子病历等数据库资源，为全民健康管理提供全面、完整、有效的数据信息。逐步实现公共卫生、计划生育、医疗服务、医疗保障、药品管理、综合管理等信息资源互联互通，推进跨区域、跨医疗机构的电子病历基本内容、诊疗结果等数据互认共享，构建统一的医疗卫生信息化体系。

第五篇
大众创业

DAZONG
CHUANGYE

新常态下广东促进大众创业对策研究

当前，新一轮世界科技革命和产业变革浪潮汹涌，信息、能源、材料等众多领域技术不断取得突破，不断催生新的制造模式和商业模式，为大众创业创新带来了重大机遇。我国经济发展新常态同期到来，经济发展进入增速换挡、结构优化、动力转换的新阶段，中高速增长周期的持续必将引致经济增长方式和就业环境发生深刻变化。顺应国际国内形势变化，迅速兴起大众创业创新热潮，是打造经济增长新引擎，为经济发展增添持久活力的必然选择。经济发展走在全国前列的广东，新常态到来的特征更加鲜明，适应新常态、引领新常态的要求也更为迫切，必须充分利用民营经济活跃、市场化程度较高和产业基础厚实的良好条件，找准短板，选准目标，精准发力，采取更加积极、创新的政策措施，进一步激发民间投资活力和大众创业热情，为全省经济社会发展转型升级和提质增效提供不竭的内生动力。

一、新常态下促进大众创业的必要性

创业是创业者对自己拥有资源或通过努力能够拥有的资源进行优化整合，从而创造出更大经济价值或社会价值的过程。鼓励和吸引更多人通过投身创业实现精神追求和人生价值，既能使各种资源的利用效率大大提高，更能为新常态下实现经济稳步增长和社会不断繁荣提供强大的动力源泉。

（一）是主动适应和引领新常态，深化创新驱动发展的必然要求

要加快适应和引领新常态，必须通过鼓励创业者应用新技术、开发新产品、创造新需求，培育新市场、打造新业态，加快建立以市场需求为导向的创业生态，帮助创业者制造出满足个性化、多样化消费需求的高质量产品，充分激发和释放新的消费潜力。必须通过引导社会资本投向新技术、新产品、新业态和新商业模式，不断创造新的投资空间。必须通过大众创业与创新的结合，在互联网、智能制造等新兴产业及传统产业与新兴产业跨界融合的领域培育出大量的初创企业，催生出新的产业形态，培育新的经济增长点，并通过一部分创业企业的脱颖而出，成长为支撑新兴产业发展的科技“小巨人”，引领广东产业结构迈向“中高端”，为广东经济保持“中高速”发展注入源源不断的新动力。

（二）是倒逼体制机制改革，加快形成现代市场经济体系的重要抓手

大众创业离不开良性制度环境的支撑和保障，大众创业的现实需求是推动体制机制

变革与完善的强大驱力。新常态下顺应大众创业的现实需求，同步推进经济社会制度建设，坚决破除管理与服务体制机制障碍，特别是对政府经济监管体制进行相应的变革，是鼓励大众创业、营造理想创业环境的题中之义。促进大众创业的切实行动势必为宽领域、深层次的制度建设与变革创造积极的发展契机，这种制度建设与变革贯穿于推动大众创业工作的全过程，并伴随大众创业热潮的高涨而不断深化，最终将推进政府管理与服务体制机制持续完善，加快推动现代市场经济体系的形成。

（三）是借力产业发展基础，实现与产业升级良性互动的现实需要

广东雄厚的产业基础与市场环境为大众创业提供了有效的附着点与坚实支撑。强大的制造业规模为大众创业提供了广阔的生产腹地①，而领先全国的信息化基础则能极大地提升创业者进行资源集聚、整合与辐射的效能，便于形成以对制造业的渗透融合为特色、以互联网创新为引领的创业新潮流。广东开放包容的市场氛围、较为活跃的民营经济、相对宽松的管理服务以及居民日益成熟的消费理念等，也是有效促进大众创业所不可或缺的沃土。大众创业的活跃兴盛，是强化广东产业发展基础，助推产业转型升级，激活民众消费欲望的强大动力。在经济发展环境“硬约束”进一步加强，经济下行压力继续加大的新常态下，广东亟需依托产业和环境优势，充分发挥大众创业在推进传统产业升级、衍生新兴产业中的重要作用，实现创业创新与产业升级的良性互动。

（四）是保障民生发展，推动社会进步和维护社会稳定的关键举措

社会的深度转型，是新常态的一大特征，期间收入分配制度、社会基本保障、城乡二元经济结构等社会问题将进一步凸显。大众创业是富民之本发展之源，也是解决上述问题的关键抓手。推动大众创业，有利于促进社会纵向流动，加快破除社会底层群众和年轻人发展的“玻璃天花板”体制性障碍，促进社会资源和社会财富的自由分配，让每个有创业愿望的人都拥有自主创业的空间，让全体人民群众特别是年轻人和贫困家庭子女有更多的上升通道。创业是更为积极的就业途径，是更高质量的就业形式，通过促进大众创业能有效带动社会充分就业，也是实现社会财富不断积累与合理再分配的现实过程。因此，新常态下必须更加注重以推动大众创业为重要战略抓手，大力激发社会活力，持续改善民生，促进社会公平正义与和谐稳定。

二、广东推动大众创业的基本情况

改革开放三十多年，广东的创业环境得到极大改善，各类创业孵化载体建设不断加快，市场体制逐步健全，创业投融资体系日益完善，带动全省创业创新活动活跃，规模

---

① 据调研了解，广东生产制造的产品是国内多个省份电商的主要供货源，其中在全国首屈一指的电商村浙江省义乌市青岩刘村的70%以上货源来自广东。

加速扩大，创业效率显著提升。

（一）创业扶持政策措施逐步健全

广东深入贯彻中央和国家全面深化改革、鼓励创新创业相关战略部署，结合经济社会发展的阶段性特征，不断完善大众创业扶持政策体系。近年来先后出台《关于鼓励创业带动就业工作的意见》等宏观导向政策，不断强化资金、项目、基地及服务等全方位、多领域的政策扶持力度；制定实施《广东省创业带动就业孵化基地建设工作指导意见》《广东省促进创业投资发展暂行规定》和《关于实施广东省大学生创业引领计划（2014—2017 年）的通知》等专项政策文件，重点支持创业孵化基地建设、创业投融资支撑和大学生等重点群体创业。2015 年初，在全国率先出台的《关于进一步促进创业带动就业的意见》，提出了设立省级创业引导基金，在 2015—2018 年安排 25 亿元省财政资金统筹支持创业补贴项目支出，落实精简审批事项等措施降低创业门槛，加快创业孵化基地和公共创业服务平台的建设，将优秀创业项目资助范围扩大至新兴产业领域，大幅提升小额担保贷款额度等强有力的政策措施，开启了全省促进大众创业的新篇章。

（二）大众创业发展势头良好

得益于政策刺激、发展基础和青年一代创业意识的日益觉醒，广东大众创业呈现出健康快速的成长态势，突出体现在企业快速增长、就业带动明显以及创业氛围浓厚等方面。近年来新登记市场主体数量的迅速攀升是大众创业良好势头的最好佐证，以 2015 年上半年为例，全省新登记市场主体 67.73 万户，其中私营企业 27.87 万户、外商投资企业 4065 户，同比分别增长 8.89%、26.91%和 12.41%；截至 2015 年 6 月底，全省各类市场主体达 721.94 万户，比 2014 年底的 673.77 万户增长 7.15%。新增市场主体迅速接力助推广东经济发展，凭借对新经济阶段特殊性的良好适应力，部分高新技术和新兴业态创业企业成长为支撑广东产业转型升级的骨干企业，大批民营小微企业和个体工商户遍及二、三产业各个领域、成为经济发展的基础动力和根本活力。创业带动就业的经济社会效应日益凸显，据不完全统计，仅省小企业创业基地实现直接就业就达 49.27 万人、通过毕业企业带动就业 23.37 万人，各级创业带动就业孵化基地①累计实现带动就业 34.97 万人。“广东·中国创新创业大赛”等各类创业活动十分活跃，以数万名创客的创造活动为基础的创客文化向国内外辐射释放，树立并传递广东大众创业的品牌形象，催生适应新时期大众创业特征的新型创业模式，进而激发全省城乡居民的创业热情。

---

① 现有创业孵化载体主要有：科技系统指导下的科技企业孵化器、经信系统指导下的小企业创业基地、人社系统指导下的创业带动就业孵化基地和教育系统指导下的各高校大学生创业园、实训基地等，各类孵化载体定位有所侧重，但也存在一定重叠。

（三）创业孵化载体建设大幅提升

近年来各类创业孵化载体的规模和数量均迅速增长，充分发挥出创业资源集聚和辐射引领带动等重要功能，成为落实促进大众创业战略部署的核心依托。载体建设水平日益提升，建设模式多元化、功能定位层次化和配套衔接精细化，省市共建、政企合作、民营主导等多种模式并进，逐步形成针对不同企业和创业群体，各有侧重、优势互补的各类型、各层次创业园区、孵化基地和孵化器的创业孵化载体系统①。至 2014 年底重点支持高新技术企业孵化的科技企业孵化器达到 233 个，总孵化面积超 1300 万平方米，在孵企业近 2 万家；主要孵化民营小微企业的省级小企业创业基地共有 102 个，至 2013 年底累计投资 1518 亿元，建筑面积 3235 万平方米，入驻企业 12443 家，服务机构 1877 家；以带动就业为立足点的各级创业带动就业孵化基地共 430 个（含国家级 2 个、省级 19 个），累计入驻企业 4. 35 万家；各类高校普遍建立了大学生创业园、实训基地等，针对在校或毕业不久的大学生群体进行创业训练和指导扶持，成效显著。以创客空间、创客社区和创客工厂等为代表的新型创业孵化组织飞速成长，成为调动市场资源，填补传统孵化载体在个性化、特色化等方面短板的有效尝试。

（四）创业服务支撑体系不断完善

围绕大众创业的现实、多样需求，各地积极优化政府服务、动员社会力量、整合市场资源，加快完善相关政务服务、创业孵化网络、公共技术支持以及专业中介服务等服务支撑体系。政府公益性创业服务得到较大提升，依托公共就业人才服务体系设立一站式创业服务窗口开展的政策咨询、开业指导、融资补贴等政务服务不断改进，“珠三角自主创业项目推介会”2012—2014 年累计推出近千个自主创业项目和国际品牌特许加盟项目。专业服务平台与机构的建设进展迅速，一批集合检验检测、中试孵化和信息分析等功能的公共技术服务平台以及提供研发代理、技术转移等服务的公共资源交易平台逐步建成并投入服务。一大批遍布法律、知产、会计、咨询等专业服务领域的成熟机构，成为推动大众创业的有力支撑。新型创业服务机构与模式不断涌现，如创新谷公司已建成全国首个融合技术、产业、资金的国际化、专业化移动互联网孵化器，为创业者提供创业辅导、筹资融资、产学研合作等个性化服务。社会力量对创业服务的参与不断深入，目前全省正以广东省科技企业孵化器协会、省中小企业服务中心等为龙头，努力集聚全省 139 家中小企业综合服务机构以及各地各类行业协会等资源，逐步形成创业孵化理论研究与业务交流合作的社会平台。

（五）创业教育辅导广泛展开

深入推进创业教育、广泛开展创业培训与辅导，逐步构建广覆盖、多层次的创业教

① 因部分创业孵化平台载体同时接受不同部门指导扶持，各部门的统计数据可能存在重复交叉。

育辅导体系。突出将大学生群体作为主要的创业实践者以及未来的创业生力军，多措并举深化创新创业教育，推进创业教育典型示范工程，2014 年启动“大学生创新创业教育示范学校”的创建工作已评出首批 10 家示范学校；推动高校革新创业教育模式，包括设立创业管理学院、吸纳社会精英担任创业导师、完善创业教育专业和课程设置等。以深圳职业技术学院、潮汕职业技术学院为代表的职业院校，结合地方产业特色开展创业教育探索创新步伐更大，学生创业率远高于全省和国家平均水平。支持高校利用创业基地和项目加强创业实践教育，近三年来累计资助各级大学生创新创业训练计划项目 8000 多项、惠及 10 万多名在校大学生。创业培训与辅导体系的覆盖面广、资源组成多元，各相关部门提供 SYB 系统培训①、阶段性技能提升训练，各系统组建的创业导师志愿团队开展创业辅导，各类创业孵化基地、孵化器配套提供针对性培训与贴身指导，部分专业孵化企业提供更为系统专业乃至个性定制式的培训服务，力求满足各层次创业者的多样化需求。

（六）各地推动创业实践探索成效显著

全省各地紧密结合当地资源禀赋、产业基础等，积极深化创业型城市（县、区）创建工作，积累了各具特色的措施与经验。其中，珠三角地区中心城市凭借经济社会发展先行优势，担当起全省促进大众创业的引领者角色，粤东西北地区部分城市则充分发掘区域特色资源与特色优势产业，走出富有特色的大众创业之路。广州是全省唯一国家级创业型城市，以培育科技企业孵化器为抓手促进创新创业，2011 年起每年投入 5000 万元孵化器发展专项资金，至 2014 年底建成科技企业孵化器 85 家（含国家级 16 家、省级 8 家），孵化面积达 500 万平方米，在孵企业 5344 家，提供就业岗位 5.6 万个，毕业企业中有 9 家成功上市。深圳作为全国首个创建国家创新型城市试点，在创客文化和创客空间发展方面领先全国，2015 年初明确提出打造国际创客中心，大力推广“国际创客周”、中国创客大赛、创客盛宴“制汇节（Maker Faire）”等活动，成功培育柴火空间等一批全国标杆性创客空间，带动了全省创客文化的兴起。揭阳致力于建设 21 世纪海上新丝绸之路电商港，借助创建国家电子商务示范城市、国家工业电子商务创新示范城市积累的基础优势，通过大力扶持电子商务促进大众创业，以全国知名的军埔电商村为引领，成立揭阳市电商培训大联盟，累计培训国内外各层次电商人才超 3.5 万人

① SYB 全称“START YOUR BUSINESS”，意为“创办你的企业”，由联合国国际劳工组织针对培养微小型企业经营者而开发的培训项目。2003 年经国家原劳动和社会保障部引入后，逐步在全国推广，取得了良好效果。

次，2014 年新增“淘宝村[1]” 8 个、“淘宝镇” 1 个，至 2014 年底，共有各类电商企业 9720 家、网店数万家。

三、当前大众创业的主要制约因素和存在问题

多年来，伴随着市场经济的飞速发展，广东推动大众创业取得了较好成绩，也积累了丰富的实践经验，但制约大众创业的相关问题依然突出。特别是随着经济新常态阶段的到来，国际创新资源重组、产业布局重整和商业模式重构的趋势更加明显，创业对创新的推动作用也更加突出。与此同时，伴随多样化消费需求出现的形态更高级、分工更精细、要求更严格的创业特点也开始凸显。根据有关统计资料，近两年我国各地成功的主体主要是大企业高管、科技人员，留学归国人员、大学毕业生（共约占 70%），因此，针对不同创业群体搭建创业服务链的要求更加迫切，广东一些与推动大众创业新目标、新要求不相适应的障碍亟待突破。

（一）扶持创业的体制机制有待创新突破

从组织领导来看，长期以来形成的多部门单项推动创业的格局尚未打破，相关资源较为分散，尚未形成推动合力。从具体政策来看，部分扶持大众创业的政策停留在贯彻中央文件精神的指导性、原则性鼓励政策层面，操作性强的实施细则和制度规范仍有欠缺，一些政策在实际操作层面上遇到障碍。如 2014 年 3 月，广东全面实施商事注册制度改革，全省均可享受“1 元开公司”的便利，但对注册地址的限制却一直没有取消，导致部分新型孵化器至今无法解决入驻孵化团队注册问题；由于财政资金申请门槛高，银行抵押、担保条件苛刻，中小微企业融资难问题仍然存在；相关部门对自主创业者提供的数千元创业补贴，由于其申请程序和所需提供的材料较为繁复，对于创业者的吸引力和激励作用仅仅是聊胜于无；国家有明确政策减免的一些税收优惠，在基层执行难；扶持政策的创新力度不足，不能满足新型业态和新商业模式企业的成长需求；广东亟需在行政审批制度、投融资退出机制、科技成果转化、知识产权保护等方面的政策措施做出较大突破。

（二）基础设施和公共服务体系建设有待加强

促进大众创业，满足创客需求的跨境光缆等通信网络建设、网络宽带提速、免费 Wi－Fi 全覆盖、开放式科研服务中心等创业服务基础设施建设滞后于北京、上海、江苏等发达省市。创业公共服务平台服务意识不强、服务水平不高、服务方式单一等问题

---

① 淘宝村是指活跃网店数量达到当地家庭户数 10% 以上、电子商务年交易额达到 1000 万元以上的村庄，淘宝镇是指拥有三个及以上淘宝村的乡镇街道。至 2014 年，经阿里巴巴认证的淘宝村共有 211 个、淘宝镇 19 个。

仍然存在。系统完善、功能齐全的的共性技术和资源共享服务平台缺乏，难以满足创业者在研究开发、技术转移、成果应用等创业各环节的资源和信息需求。部分创业服务中心仍停留在处理日常保洁、保安及政务代理等事务层面，未能建立起与创业载体发展相适应的创业辅导体系和辅导团队。基地营运机构与企业的互动不足，未能准确把握创业企业，特别是初创小微企业的需求和运营情况，未能提供包括创业培训、技术支持、行业信息等在内的更加具体、针对性更强、覆盖范围更广的服务和指导。

（三）创业载体的培育发展有待加强

与北京、上海、江苏、浙江等省市相比，广东创业载体建设存在起步晚、数量少、服务支撑体系不完善、区域分布不均衡等问题。创业孵化模式创新不足，多数孵化器服务模式单一，孵化融资服务缺乏多样性，尚未形成有组织的金融服务链条。新兴业态活跃程度相对较低，电商创业、概念创业、团队创业、兼职创业等新型创业方式仍有较大的发展空间。创业载体主要分布在广州、深圳、东莞、佛山等珠三角发达地区，创客空间、创客社区、创客工厂等新型孵化器更是集中在深圳、广州两市，区域分布和发展的不均衡容易造成资源的过分集中，从而带来新的发展问题，不利于促进大众创业。

（四）大众创业教育发展水平有待提高

从整体上看，广东创业教育链条短，基本未能延伸至大学教育的前、后阶段。创业教育普及率不高、体系不完善、大学生创业成功率不高。从 2014 年广东应届毕业生自主创业的情况来看，截至 2014 年 9 月 1 日，应届研究生创业率约为 0.26%，应届本科生创业率约为 0.65%，应届专科生创业率约为 0.24%，与江苏、浙江等省市相比，广东大学生自主创业率较低①、创业质量不高。当前高校教育体制在专业选择、学科设置、学制等方面对创业教育和实践形成制约。创业教育的师资配备和研究经验均较为缺乏。省内部分地方也建立了大学城、职教园，但这些大学生集中的区域周边却没有设立像硅谷一样的创业园区与之配套。创业实践平台资金投入不足，实训实践、孵化基地的建设没有形成规模，大学生创业融资难、项目储备不足、创业方向与所学专业不契合等问题仍然存在，导致优秀项目难以得到孵化。广东至今未设立政府层面的省级大学生创业基金②。

（五）全社会支持大众创业的良好氛围有待形成

受传统观念和发展思路的束缚，全社会支持创业的氛围不够浓厚，尚未形成崇尚创

① 据相关数据显示，2014 年，江苏应届大学生创业率约为 3.2%，浙江约为 4%，而广东不足 1%，但由于统计口径的差异，该组数据仅仅提供参考。

② 目前，江苏财政已从 2008 年起共投入 3500 万专项资金，引导各级财政和社会投入超过 2 亿元，开展省级大学生创业示范校和省级大学生创业示范基地建设；云南设立了 1 亿元创业资金，率先在全国设立青年创业省长奖。

业、褒奖成功、宽容失败的良好创业环境。普通民众对于自主创业者和中小微民营企业认识上的偏见仍然存在。主流媒体对于创业典型的宣传报道有待进一步加强。支撑创业成功的讲道德、重诚信、循法治、守契约的社会诚信体系建设仍有待进一步强化。

四、国外政府在促进创业方面可资借鉴的成功经验

发达国家和地区高度重视扶持大众创业，自20世纪40年代起相继出台相关政策措施推动创业，至今已形成十分成熟的促进大众创业发展的制度体系，其成功经验对广东推动创业有重要的启示作用。首先，发达国家和地区均十分重视法律法规对大众创业的规范和保障作用，以系统完善的大众创业法规政策为基础，通过综合立法、专项立法、分散立法、混合立法等多种方式制定完善相关法律法规，以法律形式将税收优惠、教育培训、科技转化、社会保障等有关创业扶持政策加以明确，规定相关主体的权利和义务，为创业失败者提供完善的社会保障，实现大众创业的规范化、制度化和法治化。第二，以成熟多样的创业教育体系为支撑，重视培育未来的企业家。发达国家和地区创业教育起步早、发展成熟，与基础教育和高等教育相互渗透，形成以政府为主导、学校为主体、企业为载体的多元创业教育体系，资金来源渠道多、课程覆盖面广、教学师资雄厚、培训方式灵活、孵化器和中介机构功能完善，形成了政府、民间组织、高校、创业者“四位一体”的创业联动，有效提升学生创业比例和新创企业的成活率。第三，强大的投融资体系是发达国家和地区推动大众创业的重要抓手。发达国家和地区均建有完备的支持中小微企业投融资金融体系，设有专为中小企业提供资金帮助的政府部门和政策性金融机构，信用担保体系覆盖范围广泛，并以创业板市场为中心不断开拓创新金融产品和融资模式。第四，以建设良好的孵化载体和举办丰富多样创业活动为核心，成功发掘并孵化出一大批优秀的高新技术企业。大量优秀项目通过政府、企业及各大高校举办的创业大赛脱颖而出并获得风险投资的青睐，前景良好的初创企业通过服务完善的孵化器得以成功孵化，短短数年就能创造出惊人的业绩，并吸引更多的初创企业加入孵化项目中。

五、促进大众创业的对策建议

当前，国家支持大众创业的政策措施密集出台，释放出新常态下打造更好创业环境的强烈信号。广东既要落实好国家的各项扶持优惠政策，更要发挥改革开放排头兵作用，从战略上采取一系列创新措施，加快形成政府激励创业、社会支持创业、大众勇于创业的新局面。

（一）进一步加强大众创业的法制保障力度

在国家促进创业的相关法律法规指导下，结合广东实际，以扩大创业范围、提高创业成功比例、保护创业者权益为目标，进一步完善广东促进大众创业的相关法规制度，

将行之有效的创业扶持政策和措施以法律形式固化。围绕公平创业、创业服务与管理、创业教育与培训、创业支持、监督检查、法律责任等方面率先出台相关地方性法规制度，加强执法监督和法律服务，保障所有创业者平等使用各种要素，平等受到法律保护，营造公平竞争的创业法治环境。健全社会保障制度，让失去生命力和竞争力的企业和失败的创业者，可退出并获得社会兜底的基本保障。依法进一步强化创业者知识产权的保护和运用。

（二）强化市场配置创业资源的决定性作用

理清政府与市场、企业的关系，真正放开创业企业手脚。建设统一开放的市场体系，充分发挥市场配置创新创业资源的决定性作用，让市场选择创业的方向和路径，调节创业的规模和形式。政府要平衡好“放”和“管”的关系，要从改革创新制度入手，以精简前置审批，规范中介服务，实行更加便捷、透明的投资项目核准为重点，进一步放开市场准入，不断拓宽投资空间，让创业者在“负面清单”范围之外的行业和领域都能进行创业尝试。加强事中事后监管，加快推进商事制度改革，放宽创业企业注册条件，简化注册手续，提供工商注册便利，对众创空间等新型创业企业允许“一址多照”、集群注册。加快政府对初创企业扶持方向向普惠式、引领式转变，保障社会成员在大致相同的起跑线上创业竞争，营造公平的市场竞争环境。

（三）充分发挥雄厚的产业基础对大众创业的带动作用

依托广东已有的雄厚制造业基础，率先开展“互联网＋制造业＋”行动，将移动互联网、云计算、大数据、物联网等与广东优势传统产业及现代服务业相结合，推进智能制造与服务、绿色制造与服务、网络制造与服务融合发展，不断催生新技术、新产品、新业态和新商业模式，在产业转型升级的过程中制造更多的创业机会。围绕广东产业链部署创业创新链，根据各地市产业发展特点，在全省范围内打造一批富有特色的创业小镇，结合 LED、新一代显示技术、新一代移动通信、智能制造、新能源汽车、生物医药、生物农业、新材料、物联网等新兴产业和新业态发展，以少量的财政投入撬动大量的民间投资，辅之以优惠的配套政策，以富有广东特色的大项目建设带动当地创业就业。

（四）针对不同创业主体出台更具导向性的促进政策

研究制定更具针对性的促进大众创业政策措施，针对科技人员、大学生、事业人员、农民工以及其他有创业意愿的人员的不同创业特点和需求分类出台创业促进政策，充分调动一切创业者的创业热情。不断加强青年大学生的创业指导和扶持促进工作，提高大学生创业补助，推行弹性学制和学分制，将创业技能培训融入人才培养计划和课程体系。积极支持大企业高管及连续创业者凭借技术、平台、管理等优势再创业。鼓励高校、科研院所等专业技术人员在职或离岗创业，对经同意离岗创业人员可在3年内保留人事关系。积极落实国家和省关于高层次人才落地创业的优惠政策措施，大力招揽留学归国人员来粤落地孵化和创办企业，并在相关事务办理过程中提供绿色通道。进一步提高创业技能培训的资助力度以及用地、税费、金融、社保等方面的支持力度，鼓励下岗失业人员、异地务工人员和农村富余劳动力就地创业、返乡创业、网上创业。

（五）拓宽扶持大众创业的投融资渠道

充分利用财政、税收等调节手段，鼓励、引导社会资本进入大众创业创新领域。加速发展以“首投”为重点的创业投资，建立完善省市联动的天使投资风险补偿机制，引导社会资金、民营资本开展天使投资。大力发展以“首贷”为重点的科技创业信贷，开展科技贷款风险补偿资金池试点，建立全省统一的科技企业库，完善风险快速补偿机制，提高财政资金风险容忍度。积极创新科技金融服务和产品，鼓励发展众筹、互联网金融、普惠金融、小微银行等科技创业金融服务方式，增强金融对大众创业的服务能力。发挥多层次资本市场的枢纽作用，引导和鼓励创业型企业在股权众筹平台、区域股权交易市场挂牌和融资。以新三板、创业板、中小板为重点，加快推进股份制改造和企业上市步伐。

（六）建设多层次多样化的创业孵化平台

以广东现有的大学园区、国家重点实验室和省级工程技术研究中心为基础，布局建设一批多层次多样化的创业孵化平台。通过会员制、合同研发、项目经理制等市场化手段，建立新型创业孵化器，统筹产业链和创新链研发力量，促进企业、大学和科研机构等在战略层面的有机结合，实现创新资源的有效分工与合理衔接。加快发展创客空间等新型孵化器，支持民间资本或行业龙头企业高效整合人才、技术、资本、市场等各种要素，兴办面向创业者的具有新服务、新模式特征的新型孵化机构。鼓励传统孵化器实施体制机制转换和模式创新，建设一批混合所有制孵化器，推动传统孵化器与新型孵化器深层次合作、优势互补，联合打造“创业苗圃—孵化器—加速器”孵化链条。鼓励民间资本建设一批创新创业公寓，利用“退二进三”的机遇，将具有地理优势的废旧工业厂房、宿舍楼、SOHO 空间改造成为创业创新社区。与国际知名孵化器建立合作关系，共建集世界一流产品、技术、人才于一体的创业孵化联盟。

（七）不断提升大众创业的公共服务水平

建设一批以众创空间为龙头，集咨询机构、投资机构、会计师事务所、律师事务所、知识产权机构、技术交易机构、产权交易市场等于一体的创业服务集聚区，为创业企业提供科学化、标准化、便利化的公共服务。建立全省的创业项目资源总库和各地市创业项目资源子库，实现创业信息共享，完善项目开发、征集、论证、展示和推介的工作机制，为创业者提供丰富多样的创业项目服务。加强对大众创业的跟踪服务，及时了解创业者企业经营运行情况，提供持续有效的咨询和服务。大力发展研发设计、技术信息、检验检测、中试孵化、技术交易、科技信息、国际化促进等公共服务平台，推进科技成果资本化、产业化。鼓励各地市结合自身发展需要培育高端化的创业导师队伍，支持成功创业者、天使投资人、知名专家担任创业导师，深入众创空间，为创业者提供创业培训、辅导及创投对接等服务，鼓励创业导师与被辅导企业形成投资关系，建立创业者与创业导师共赢机制。通过常态化举办各类创业大赛为创业者和创业团队搭建项目路演、创投对接、宣传推介的平台。定期组织创业交流和考察活动，引导创业者成立创业联谊会，沟通创业信息，开展结对互助活动。

（八）全方位打造大众创业教育培训体系

借鉴发达国家和地区的先进经验，逐步建立完善与广东经济产业发展相适应的多形式、多层次大众创业教育培训体系。着力延伸创业教育链条，将创业教育纳入国民教育体系和终身教育体系。以协同创新为引领，在高等教育“创新强校工程”的总体框架下，以开展创新创业示范校建设为契机，加强创业教育指导服务，把创业教育融入专业课和就业指导教学，完善创业教育课程和教材体系，大力培养大学生创业意识、创新精神和创业能力。积极建设高校学生创业实践基地，开展“银企联盟帮扶大学生创业计划”，完善教育、人社、财政、工商、税务等相关部门联动机制，为有创业意愿并具备创业条件的大学生提供创业培训、创业指导、项目开发、小额贷款、跟踪扶持等“一条龙”服务。进一步整合社会资源，实现 SYB 创业教育培训资源广泛覆盖到大学生、失地农民、下岗职工等重点群体，逐步实现创业教育由传统的制式教育、应试教育转变为面向大众的能力教育、素质教育。

（九）努力形成全社会推动大众创业的共识和合力

切实加强大众创业推动工作实践中新问题、新情况研究，及时总结各地推动大众创业的发展模式和成功经验，提炼可复制的经验向全省推广。继续加强各种媒体对创业创新的宣传报道，引导更多社会力量关注创业、支持创业。对成绩突出的创业者和推动创业成效显著的地区给予表彰奖励，真正形成政府鼓励创新创业，社会支持创新创业、大众积极参与创新创业的良好发展环境。

加快科技孵化体系建设
促进大众创业创新

随着经济发展进入新常态，支持大众创业万众创新的重要载体——科技企业孵化器越来越受到全社会的高度重视，创业孵化已上升为国家战略。当前，顺势而为，进一步强化广东孵化器建设，促进创业创新资源向孵化领域加速集聚，加快构建全省孵化育成体系，是为创业创新提供强力支撑，满足广东新型产业培育需求的重要举措。

一、创业创新培育和服务载体——科技企业孵化器发展势头迅猛

近年来，广东科技孵化体系建设不断强化，孵化器规模和数量呈现迅猛发展态势，区域分布从中心城市和国家高新区向有条件的县（区）扩散，各级政府、行业龙头企业、高校、新型研发机构、风险投资机构、社会组织等建立起各具特色的孵化器。广东首创中国特色的“前孵化器”新机制，降低创业风险，催生科技型小微企业。由前孵化器——孵化器——加速器——专业园区构成的完整孵化链条逐步形成，对大众创业创新发挥了强力的支撑作用。目前，全省纳入科技部门统计的孵化器共有233家，其中国家级43家，拥有孵化场地面积1300多万平方米，在孵企业超1.5万家。

（一）加快科技孵化体系建设的政策支持力度不断加大

孵化器建设作为广东区域创新体系建设工作的重点，一直受到省和各地市政府的重视。2015年1月，省政府出台《关于科技创新的若干政策意见》（粤府〔2015〕1号），其中针对孵化器的用地政策、财政补助制度、风险补偿制度以及孵化器建设环境的完善制定了有含金量的扶持政策。孵化器发展重点区域广州、深圳以及多个地市均出台了孵化器发展扶持政策，如广州市出台了《广州市促进科技企业孵化器发展实施意见》和《广州市科技企业孵化器倍增计划实施方案》，深圳市出台了《关于促进科技型企业孵化载体发展若干措施》，东莞市出台了《东莞市鼓励发展科技企业孵化器实施办法》等，多市设立了专项资金，用于补助孵化器载体建设、搭建孵化平台、鼓励孵化绩效和扶持创业团队项目，确立了孵化器发展的战略部署。

（二）吻合新常态大众创业特征的新型孵化模式和业态不断涌现

广东孵化器建设主体呈现多元化发展趋势，建设运营模式从传统的政府主办型向政府主办与政企共建、民营主导多种模式齐头并进转变，混合所有制孵化器和大型综合孵

化载体不断涌现，为科技创业者打造了良好的创业创新生态环境，如南海翰天科技城成为“三旧”改造和农村集体资产保值增值的典范；东莞天安数码城、深圳云谷创业孵化城、万科广州智慧城创业孵化综合体等大型综合孵化载体必将成为广东大众创业示范基地和推动产业转型升级的新标杆。大批以市场需求为导向，为满足新兴业态、新商业模式创业者差异化、个性化需求为目标的专业型孵化器迅速成长；涌现出一批业绩突出，在全国拥有较高知名度和影响力的虚拟孵化器。科技创业孵化模式、服务业态创新活跃，孵化器持股孵化模式初步创立，形成投资人、孵化器和创业企业的利益共同体，涌现出广州创新谷、深圳柴火空间、深圳前海“梦工厂”等一批新型孵化组织，形成“天使投资 + 孵化”“创业辅导 + 天使投资”、创业展示与交流等创新型孵化服务业态。

（三）有利于大众创业创新的科技孵化服务体系不断完善

广东围绕创业孵化需要，加快孵化网络、公共技术平台、科技金融创新、国际交流和技术转移、科技中介服务体系以及广东火炬创业导师队伍建设，加快各种创业服务资源的有效整合。中山大学、华南理工大学等一批高等院校、中科院广州分院、省科技情报所等科研院校纷纷强化创业服务队伍；一批专业技术研发、检验检测、科技金融、科技信息等服务机构迅速兴起；广东省科技企业孵化器协会以及各地市孵化器协会等服务机构努力打造孵化器交流与合作平台；全省已建立起上千人的创业辅导队伍，各孵化器建立了创业咨询、培训、辅导和跟踪制度；各类主体举办各具特色的创新创业大赛，广东“珠江天使杯”科技创新创业大赛已成为国内知名创业大赛品牌，诞生了针对科技创业竞赛的专项投资基金；全省服务科技创业的投资机构超 2800 家，资金规模近 3500 亿元。

（四）孵化支持大众创业成效日益凸显

截止 2014 年底，全省科技孵化毕业企业 5014 家，其中上市企业 50 家，毕业企业总收入 3000 亿元，在孵企业带动就业人数超 20 万人。部分毕业企业成长为广东骨干大型企业，支撑了广东产业转型升级。如市值超千亿美元的国内最大互联网公司腾讯、发明世界第一个 U 盘的朗科科技、拥有国内第一大游戏语音通讯平台 YY 语音的广州多玩公司、研发成功北斗无人机导航仪的海格通信等，均是经广东孵化器培育产生的科技“小巨人”。科技孵化器已成为高层次创业人才的集聚地和培育战略性新兴产业领军人才的摇篮，国家“千人计划”创业类人才和省、市人才支持对象 80% 以上落户孵化器。

二、当前广东科技创业孵化体系建设的主要存在问题和制约因素

（一）孵化培育体系支持政策有待强化与落实

与先进省市相比，广东支持孵化培育体系发展的政策尚显不足。浙江、四川、福建等省均从省级层面出台了专门针对科技孵化体系建设的各具特色的扶持性政策文件，江苏、浙江、山东等省设立了专项资金。广东在省层面尚未出台专门的孵化器体系建设支

持政策①。在课题组调研过程中，孵化器和在孵企业纷纷反映，目前政府扶持政策侧重场地面积、企业数量、产值、税收等传统因素考核，而企业创新性、成长性、解决就业等指标考核占比很小，对新型孵化器以及创业孵化前期扶持政策不足；国家级孵化器税收优惠政策在地市税收部门难以落实操作；孵化器和在孵企业取得国家和省、市各种支持创业孵化的扶持政策申报程序繁琐，申报材料组织困难，需要耗费精力巨大，很多企业表示政策再好也只能无奈放弃争取。

（二）创业孵化服务体系尚待完善，孵化模式创新不足

各种资源的有效整合和系统支持是创业成功的关键所在。目前，广东的科技创业孵化服务支撑机构不够完备，创业孵化资源整合度不够高，孵化器之间的协同能力不够强。多数孵化器资产规模小，投资能力不足，导致孵化服务范围较窄、内容单一、手段缺乏，为初创企业提供所需的辅导、项目研发、经营管理融资、市场开拓等软服务不足。新型创业孵化业态活跃程度还有待进一步提高，行业同构、服务趋同、特色不明显问题仍然存在。孵化器专业程度仍不够高，专业技术服务平台欠缺，对初创企业提供专业化的公共技术服务不足。孵化后续服务不够，对毕业企业继续关注和支持不足。缺乏高素质、职业化、专业化的孵化器管理服务团队和人才。

（三）融资难问题突出，孵化所需的多样性融资服务欠缺

初创企业融资难、孵化器发展面临资金压力是调研过程中反映最为突出的问题。初创型科技企业核心资产多为知识产权、技术、点子或人，经营规模小，普遍抵押担保能力弱，或完全没有可抵押资产。担保、会计、审计、评级等中介机构服务初创企业贷款的功能不齐全，对于初创企业服务成本偏高，难以为在孵企业提供完善的服务。支持创业的法律、信用环境不健全，导致外部潜在投资者和创业者在孵项目可行性、创业团队的素质和企业财务状况等方面存在信息不对称，潜在投资者难以判断创业项目的真实价值。在孵企业难以获得商业银行贷款支持，也难以获得股权融资。提供高质量孵化服务的孵化器运行成本高，以服务换取股权收益实现周期一般需要2—3年，运营资金压力很大，投入到完善服务平台和提升服务能力的资金受到严重制约。

（四）孵化器数量和规模偏少（小），区域分布不平衡

与发达省区相比，广东科技孵化器数量和质量上都存在差距，全省孵化器数量不到江苏（500家）的一半，国家级孵化器不到江苏（114家）的2/5，少于山东（54家），与广东经济大省的地位不匹配。孵化器区域分布不平衡，主要集中在广州、深圳、佛山、东莞等珠三角地区，粤东西北地区各市国家级孵化器数量仍未实现零的突破。

① 《广东省人民政府关于加快科技创新的若干政策意见》（粤府〔2015〕1号）文中有三条针对孵化器的支持政策。

三、进一步完善科技孵化体系建设，促进大众创业创新的对策建议

（一）加快制定完善创业孵化体系建设发展的支持政策

因应新常态促进大众创业万众创新的需要，进一步加大对科技企业孵化体系的建设支持力度，出台省促进科技企业孵化体系建设发展的专门性政策文件，并制定相应的实施细则。制定省科技孵化体系建设专项规划，科学引导孵化器健康发展；落实各市孵化体系建设目标任务。加大财政资金支持力度，整合省科技专项资金，加大孵化育成体系建设专项资金规模，加强对新业态和新模式以及前孵化载体的资金支持力度；在财政扶持资金使用上，借鉴上海、推广深圳经验，将事后补贴更多调整为对创业者的事前资助。对孵化器的认定标准更加强化能力要求，根据孵化器的服务绩效确定对孵化器的支持力度。把国家已经出台的对孵化器税收的优惠政策进一步落实到基层税务部门。

（二）围绕创业不同时期需求完善孵化机制，打造孵化培育生态链

全面构建创业苗圃（前孵化器）、孵化器、加速器、科技园区相结合的全过程全要素孵化、差异化服务的孵化培育体系。认真总结广东首创的“前孵化器”建设试点经验，支持更多企业及相关组织兴办创业苗圃，帮助有创业意向的科研人员、大学生、留学人员等到苗圃开展创业见习实习，对优秀创业项目和创业团队进行专业、系统的预孵化。完善孵化器建设标准，提升现有孵化器质量，引导和支持社会力量兴办新孵化器。特别是要强化粤东西北地区孵化器建设，争取近期内在有条件的地市建成3—5个国家级孵化器。鼓励孵化器、科技园区和各地市结合专业和产业特色建设科技企业加速器，支持完成孵化的高成长性企业加快发展壮大。加强企业、孵化器、加速器与科技园区的对接合作，加快创业成功项目产业化和新兴产业集群化。

（三）创新孵化模式，强化新业态创业孵育功能

紧密结合新业态、新商业模式的创业需求，建设一批商业模式创新、运行机制灵活、资源集聚度高的新型孵化器和创业服务平台（如“专家服务+股权投资”、异地孵化器、虚拟孵化器等）。发挥优秀载体的示范作用，鼓励有实力的孵化器建设分园或分孵化器，开展连锁化经营，输出管理、服务、运营模式等，提升孵化器经济效益与社会效应。推广深圳经验，更加重视专业孵化器的建设工作，建设一批特色鲜明的专业孵化器。加强孵化器之间的协同合作，鼓励省内孵化器引进国内外运营模式先进的孵化器合办新型孵化器，或开展各种业务合作交流。

（四）拓宽投融资渠道，缓解创业企业融资难

完善科技创业孵化载体的投融资功能，支持孵化载体建立天使投资基金，加大与银

行、担保等金融机构的合作力度，通过孵化贷款、成长贷款、集合担保信贷[①]、投资参股等多种金融创新支持科技创业。鼓励政策性担保机构把创业企业的成长性作为评估重点，通过市场运营，充分发掘客户资源综合利用，实行担保换期权、担保换股权等“投保联动”获取收益，平衡创业企业担保的高风险。鼓励各地政府与担保机构合作，发挥政府财政专项资金的杠杆效应，引导社会资金投入，建立优质科技创业企业融资“蓄水池”。

（五）完善孵化服务机制，提升创业公共服务能力

支持孵化器根据自身发展定位，自建或与高校、科研院所、大型企业联合共建专业和特色服务平台，为在孵企业在技术研究、产品开发、市场运营等方面提供专业服务。鼓励咨询、会计审计、知识产权、法律、技术标准、专业会展等中介服务机构与孵化器合作，或向孵化载体集聚，拓宽服务内容，满足创业的多方面需求。建立多层次创业导师服务队伍，聘请知名企业家、成功创业者、天使投资人、高校专家等优秀创业实践者和专业人士担任创业导师，为创业者提供有针对性的专业创业服务。政府各相关部门联合建立创业一站式服务窗口，开通创业绿色通道；建立包含创业政策、创业项目、投资（企业或投资基金、投资人）需求、创业导师等信息的创业服务公共信息平台，加强创业者与市场的对接。

（六）充分发挥市场机制作用，激发民间资本积极参与科技创业孵化

重新认识政府在科技创业孵化中的作用，政府应加快从市场可以解决的领域退出，集中力量解决科技创业共性服务不足等市场不能解决的问题，完善政府主导的基地型孵化器，加强公益型、普适性服务。要制定具体措施，引导民间资本加大对创业孵化载体及其服务体系的投入。可以借鉴其他省区的做法，对新建孵化器，政府拿出10%—20%的投资，再辅以各种鼓励性政策（如用地、税费等），引导民间资本参与投资建设，推动孵化器与创业孵化细分市场的选择相对接，以市场力量撬动更多社会资源投入科技创新创业。

---

① 此项创新为深圳高新投集团有限公司与南山区科技创业服务中心等联合发起，为扶持从未融过资且销售收入低于3000万元的小微型、初创期企业专门设计的低门槛、低成本担保创新产品，采取无抵押、无互保、无保证金的纯信用方式，通过集合打包提升银行对小微企业放贷的积极性，结合政府的贴息政策，使企业的贷款总成本降到银行基础利率之下。此后深圳高新投与福田区、松山湖管委会也合作开展了此项目，成效显著。

全力打造创客天堂 激发大众创业创新活力

2015年初，李克强总理考察深圳柴火创客空间①时指出，创客②的活力和创造，将会成为中国经济未来增长的不熄引擎。3月，国务院办公厅印发《关于发展众创空间推进大众创新创业的指导意见》，明确提出要“加快发展众创空间等新型创业服务平台，营造良好的创新创业生态环境，激发亿万群众创造活力，打造经济发展新引擎”。党中央、国务院的高度重视为创客和众创空间③”的发展提供了重要支撑。一场“互联网+个人创意+制造业”的创客运动，势必在中国掀起新一轮创新革命和创业高潮。广东作为全球制造业基地和全国互联网应用大省，完全具备营造“创客天堂”的有利条件，充分利用这块沃土培育创客群体，拓展众创空间，打造未来经济增长的新引擎，是广东加快适应和引领经济发展新常态的重要举措。

一、国内外创客和创客空间发展的基本情况

（一）政府大力支持，发达国家创客和创客空间发展充满活力

“创客”一词源自英语“maker”，其前身是西方的“车库文化”，在美国等创新氛围浓厚的国家，创造本身就是生活的一部分，人们将车库、地下室打造成实践创新的场所，从车库中诞生了苹果、亚马逊等世界知名的科技企业。利用3D打印技术，创客们制造出特斯拉线圈、水下机器人等令人难以置信的产品。2012年，有18109个创客项目在美国kickstarter众筹网站成功募资2.74亿美元（约合17亿元人民币）。截至2014年，美国有1.75亿名创客，超过美国人口的一半。2007年以来，应创客而生的创客空间迅速发展，至今全世界已有1300多家创客空间，主要集中在美国、德国等发达国家。

---

① 创客空间指具有加工车间、工作室功能的开放实验室，供创客们贡献资源和知识，帮助创客们实现想法。

② 创客泛指出于兴趣和爱好，努力将各种创意转变为现实的人。狭义的创客指利用开源硬件和软件将创意现实化的人。

③ 众创空间指在创客空间、创新工厂等孵化模式基础上，实现创新与创业、线上与线下、孵化与投资相结合，为小微创新企业成长和个人创业提供低成本、便利化、全要素的开放式综合服务平台。其特征是市场化、专业化、集成化、网络化。

美国最大的连锁创客空间 TechShop 采取会员制管理，通过会员费、收费课程及接受企业赞助实现盈利，在全美7个城市设有分店，成功孵化出移动刷卡器 Square 等案例。美国政府一直关注和重视创客及创客空间的发展。2014 年 6 月，奥巴马政府主办了首届白宫创客嘉年华，大力实施由政府主导推动创客运动的整体措施，包括支持创客创立初创企业及新型雇佣关系，由 13 个政府机构和 Etsy、Kickstarter 等相关企业联合向创客提供资金、业务指导及训练等支持服务，计划每年发放 25 亿美元辅导金支持创客改革；美国教育部及 5 个机构将与 150 所大学、130 家图书馆及 Intel、Disney 等主要企业一同创立更多创客空间，增加教导创作的教育者，激发青少年学生对于发明、研究、理科教育的兴趣，大幅提升学生成为创客的机会。

（二）党和国家强力推动，我国各地加紧布局众创空间

党的十八大以来，中央以简政放权为突破口，推动经济转型，释放社会活力，社会投资和创业创新热情迸发，“创客风潮”席卷全国。2010 年 10 月 1 日，国内第一家创客空间——上海新车间诞生。2013 年，在北京举办的联想创客大赛开启了中国的“创客元年”，大赛共吸引 5.3 万名创客参赛，征集作品近 10 万件，影响人群达 400 万人次。现在国内共有各种类型创客空间 80 家左右，具有一定规模的有 20 家左右，集中分布在北京、上海、深圳等地，影响力较大的有上海新车间、北京创客空间、深圳柴火创客空间和杭州洋葱胶囊。2013 年，北京中关村管委会授予北京创客空间为创新型孵化器，在政策、资金、场地等方面予以支持。目前，北京创客空间与深圳富士康等制造企业成功合作生产加工了多个创客产品，与风险投资合作建立了以产业链为支撑的占地 1000 平方米的孵化中心，利用专门的投资基金支持孵化器内多个创客项目获得 10 万—300 万元不等的投资。2015 年，北京对首批 11 家众创空间进行授牌，并授予中关村创业大街“北京市众创空间集聚区”称号。上海市政府在《科普事业“十二五”发展规划》中提出“十二五”期间全市将建设 100 个面积不少于 100 平方米、配备 DIY 实验设备的“社区创新屋”，鼓励普通市民开展创意和创新实践活动。2015 年，在上海市科委牵头指导下，由中国孵化器杂志等近 40 家创业服务组织共同发起成立了上海众创空间联盟，成为全国首个区域性众创空间联盟。

二、广东以深圳为代表的创客和众创空间发展如火如荼

目前，广东有上万名年轻创客（大部分为从国外归来的创客）在广州、深圳等地活跃，各种类型的创客空间、创客社区和创客工厂已经形成一定规模的集聚。其中，深圳因其对国内外创客的强大聚集力和影响力，被业界人士称为“创客好莱坞”。地处改革开放前沿的深圳，是全国人口结构最年轻的城市，也是典型的创新型城市，从地方政府到企业、高校、科研机构、投资机构，再到普通民众，整个社会对于创客都持赞许和支持态度，认为创客是城市创新发展的一大源泉，是一座城市发展的强劲动力。这种开

放包容的城市文化，对创客形成强大的吸引力。深圳市委、市政府支持和鼓励创新创业，先后出台一系列较为完善的政策措施，对创新创业加大资金资助和补贴力度，不断创新中小微企业投融资机制，积极引导和推动国际创客交流合作，每年6月举办国际创客周，努力将深圳打造成为一个国际创客聚集、最具创新活力的创客高地。强大的制造业基础和产业配套能力也为创客的创新活动提供了极大便利，他们可以实现“不出一公里”就能以相对低廉的价格完成所有的配件采购，创客们的任何创意都能找到合适的制造企业提供服务。为此，全球最大的硬件创新孵化器 HAXLR8R 也从硅谷搬到深圳。目前，创客在深圳已经形成从创客和创客空间开始，到硬件供应商，然后通过企业孵化器或者众筹平台走向市场，到达消费者的较为完整的产业链条（见图1）。

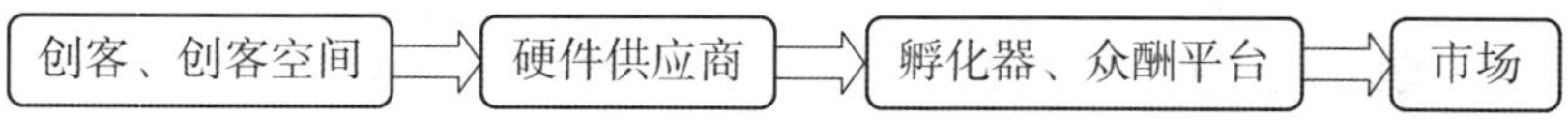

图1　创客产业链概图

2015年初李克强总理造访的深圳柴火创客空间就是比较有代表性的全国乃至全球创客交流切磋的平台，主要为创客们提供3D打印机、激光切割机、电子开发设备、机械加工设备等原型开发设备，组织创客聚会和各种级别的工作坊，拥有开源硬件、Linux 及嵌入式开发、物联网、绿色能源、城市农场等多个主题，成立4年已吸引1万多人参加活动。其母公司 Seeed Studio 是全国最大、全球第三大的开源硬件制造商，主要为创客提供开源技术、模块，打样和小批量制造服务，解决创客的商业化需求。自2012年以来，由柴火空间、Seeed Studio 引进并承办的制汇节（Maker Faire）已在深圳连续举办三届，被誉为全世界最大的 DIY 聚会和全国最大的创客盛宴，吸引来自全球500多个创客和团队加入。2014年11月高交会期间，中科院深圳先进技术研究院组建的中科创客学院正式揭牌，成为我国第一个由国立科研机构成立的创客学院，学院现有1000余名技术专家，可以实现对创客的各类技术指导。目前在院创客66个，创客团队超过20个，第一支创客团队已经成功注册公司并融到第一笔天使投资300万元，其项目估值超过3000万元。

三、思考与建议

经济发展步入新常态阶段，经济社会发展与互联网高速发展进一步融合，既掀起了大众创新创业的发展浪潮，又迫切需要通过大众创新创业驱动经济发展。发展众创空间正是适应这一时代背景，能够有效释放创造活力，打造未来经济增长新引擎的重要抓手。广东拥有良好的制造业基础和较完整的产业链，具备打造“创客天堂”的基础条件，应尽快制订完善相关政策措施，积极培育发展众创空间，努力营造适宜大众创新创业的良好氛围，将蕴藏在群众中的创造活力源源不断地转化为经济新常态下的新经济增长点。

（一）尽快出台加快发展众创空间的政策文件和配套措施

贯彻落实国家《关于发展众创空间推进大众创新创业的指导意见》，尽快出台广东《关于发展众创空间推进大众创新创业的实施意见》及相关配套措施，注意与其他相关政策性文件相衔接，积极发挥政策集成和协同效应，加强各项政策措施的落实力度。结合地方实际进一步简政放权，加大商事登记制度改革的配套，制定众创空间的评价和认定办法，对省级众创空间科技企业孵化器给予大力扶持，不断加强知识产权保护力度，优化市场竞争环境。

（二）在全省培育一批有影响力的众创空间

总结推广深圳等地发展创客空间的先进经验和孵化模式，鼓励有条件的地市在现有的高新技术产业开发区、科技企业孵化器、小企业创业基地、大学科技园等基础上，培育一批全要素、专业化、市场化、社会化、国际化的众创空间，为广大创客提供良好的集工作、网络、社交、资源共享等于一体的创新创业平台。根据广东产业发展布局，重点在生物医药、移动互联网、文化创意、海洋经济、航空航天、智能装备、机器人等领域加快构建“创业苗圃+孵化器+加速器+产业园”的全产业链孵化链条。鼓励有条件的大中型企业建立专业化孵化器和服务平台，形成开放的产业生态圈，培育和孵化具有前沿技术和全新商业模式的创客企业。

（三）不断加大对创客和众创空间的金融支持

充分发挥财政资金杠杆作用，通过市场机制引导社会资金和金融资本投资创客群体和众创空间。全面落实国家和省的税收优惠政策，对众创空间等新型孵化机构的房租、宽带接入费用和用于创业服务的公共软件、开发工具等给予适当补贴，鼓励众创空间为创客提供免费高带宽互联网接入服务。支持“天使+孵化”的市场化模式，积极培育发展天使投资群体，推动种子期、初创期创客小微企业发展。发挥多层次资本市场作用，为创客兴办企业提供综合金融服务。鼓励条件成熟的地市开展互联网股权众筹融资试点，开启“众筹+民生产业+创客”的新时代。

（四）强化对创客和众创空间的公共服务

加强电子商务、无线 Wi-Fi 等基础设施建设，搭建高效便利的创新创业服务平台。建立健全省内各类型创新载体的科研设施、仪器设备和科技文献等资源向创客全面开放的运行机制。综合运用政府购买服务、无偿资助、业务奖励等方式，支持中小企业公共服务平台和服务机构建设，为创客和众创空间提供全方位优质服务。支持服务机构为创客兴办企业提供法律、知识产权、创业导师、财务、咨询、检验检测认证和技术转移等服务。完善专利审查快速通道，对创客亟需获得授权的核心专利申请予以优先审查。支持社会资金购买大型科学仪器设备并以合理收费方式向创客和众创空间提供服务。

（五）在全社会弘扬创客文化和创新精神

创客是一种文化，也是一种精神，需要全社会的共同推崇和热心呵护。要加强政府引导，发动社会力量开展各类创客大赛，积极为投资机构和创客提供对接平台，提升青少年学生成为创客的积极性。通过各种媒体在全社会倡导“敢为人先，宽容失败”的创新精神，树立崇尚创新、创业致富的价值导向，培育和发展创客文化和企业家精神，将奇思妙想、创新创意转化为实实在在的创业活动。加大对创客领军人物、团队、成功案例的宣传力度，激发全社会关心支持创客和众创空间的热情，营造出人人参与创新、支持创业的良好舆论环境和文化氛围。

新常态下促进广东大学生创业的对策建议

大学生作为大众创业的重要群体，对于新常态下缓解就业压力、活跃经济以及稳定社会具有不可替代的关键作用。国际经验证明，创业成功的案例中，在校和毕业五年内的大学生占40%以上。因此，调动青年学生的创业干事热情，是培育创业群体效应，促进经济提质增效、社会转型发展的重要驱动力。

一、广东促进大学生创业的主要做法及成效

近年来，广东坚持将促进大学生创业作为落实以创新创业带动就业战略的重要抓手，着力从政策措施、创业教育、孵化平台和创业氛围等方面入手，不断优化大学生创业的宏微观环境，推动了一批批大学生积极投身自主创业，创业人数呈逐年上升趋势。2014 年①，全省高校应届毕业生自主创业 1712 人，比 2013 年增加 6. 35%（如图 1），其中，研究生 55 人、本科生 1156 人、专科生 501 人；个体创业 477 人，团队创业 274 人，网络营销创业 192 人，加盟经营、创意创业和其他创业的共 769 人。

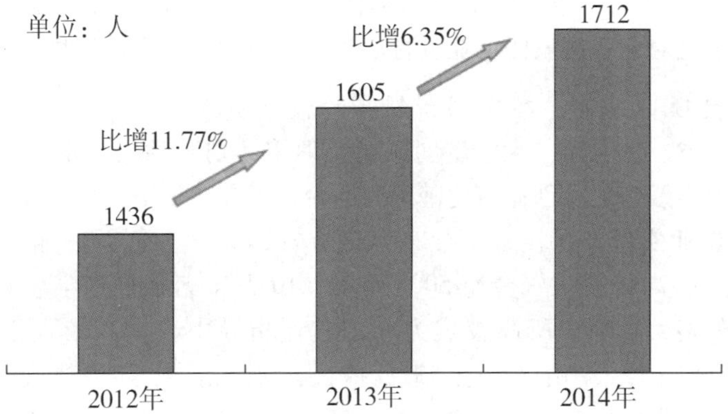

图 1 广东省高校应届毕业生自主创业情况（2012—2014 年）

数据来源：省教育厅相关统计。

① 据省教育厅测算，此类数据统计均截至当年 9 月 1 日。

（一）加强扶持引导，优化支持创业的政策环境

广东近年来出台了一系列就业创业刺激政策和专项规划，在资金支持、强化服务等方面为大学生创业提供了有力支撑。《广东省人民政府关于进一步促进创业带动就业的意见》特别强调推进创业教育，《广东省大学生创业引领计划（2014—2017年）实施方案》专门针对大学生创业提出税费减免等各项支持措施。2013年，全省累计印发80万份政策宣传手册，向2264名创业大学生发放小额担保贷款899万元。2014年，设立了一批针对创业大学生的“一站式”综合性服务平台或专门服务窗口。省内高校制定各具特色的配套措施，如广东工业大学每年投入1000万元（含引入社会资本600万元）用于学生创新创业训练与实践，由400多位教师指导着约3000人次学生，累计立项453项，覆盖全校专业。政府与高校的各类政策措施着眼于各自不同层面，为大学生创业提供了坚实的外围保障。

（二）树立典型示范，带动创业教育创新发展

广东通过实施创业教育典型示范工程，推动高校以设立创业学院、实施创业辅导、完善专业与课程设置等形式，不断深化创业教育与实践模式创新。2014年启动的“大学生创新创业教育示范学校”创建工作，已评出首批10家示范学校，与荣获“全国毕业生创业就业典型经验高校50强”的11所高校一起，发挥着引领全省创业教育的重要作用。如广东工程职业技术学院依托创业学院，建立了一年级创业体验、二年级创业实验、三年级创业实战的递进式教育模式；中山大学广泛吸引社会精英担任创业导师，为每个学生创业团队配备2位专业指导老师和1位校外企业家；2013年，华南师范大学《大学生生涯规划与管理》等3门课程入选首批全国高校职业发展与就业指导示范课程等，这些典型事例对全省高校的创业教育起到了强力的示范带动作用。

（三）依托项目平台，夯实创新创业的服务支撑

依托国家、省、校三级“大学生创新创业训练计划”项目，重点推动各类高校建设创新创业实习实践基地、创业孵化基地等平台，引导建设综合性创业服务平台，多方位提升大学生创业实践能力。近三年来，全省资助大学生创新创业训练计划项目近8000多项，带动各高校投入资金逾5000万元，10万多名在校大学生直接受益。2014年，广东外语外贸大学等3所高校成为全国就业指导中心“高校大学生创业实训基地”，占全国总数一半。中山市实施“政府搭台、学院指导、企业扶持和学生创业”方针，与电子科技大学中山学院合作构建占地2500平方米的“中山市大学生创业孵化基地”，提供项目、资金和创业指导等全方位免费服务。各类创业项目平台的服务引导功能，已成为促进大学生创业的可靠支撑。

（四）开展主题活动，营造鼓励创业的良好氛围

充分发挥各类主题活动的宣传效应与沟通功能，推动企业精英深入校园参与创业指

导，带动创业教育工作者优化教学技能，激发大学生自主创业热情。近年来持续开展“百人千企进校园”“优秀企业校园行”“企业精英校园高峰论坛”等系列活动，累计促成5000多家企业与省内高校签订共建实训基地、人才培养等多领域战略协议。积极组织开展“挑战杯·创青春”“加博汇杯”“赢在广州”等大学生创新创业大赛，组织参加教育部主办的“华普亿方杯”等创新创业授课大赛，2013年，来自广东技术师范学院的黄明睿老师获得“华普亿方杯”全国总决赛唯一的特等奖。这些活动对营造大学生踊跃创业的热烈氛围、推动高校创业指导课程建设和创业教学技能提升等，起到了有效的驱动作用。

二、当前广东大学生创业的主要制约因素

广东大学生自主创业率仍然较低，2014年，全省应届研究生创业率约0.26%、本科生约0.65%、专科生约0.24%，远低于江苏1.8%的创业率和全国1%的平均创业率。主要存在以下制约因素：

（一）政策扶持力度与大学生创业需求之间仍有差距

现行政策与先进省（市、区）相比，宣传普及程度不足、具体指引不够明确，特别是申请创业贷款、财政补贴等程序繁琐，并且存在担保等融资门槛限制，致使有些优惠政策难以落地。政策扶持力度也稍显乏力，如广东尚未设立省级大学生创业基金，而江苏省财政从2008年起共投入3500万元专项资金、引导各级财政和社会资本超过2亿元，投入省级大学生创业示范校和省级大学生创业示范基地建设。

（二）激发创业激情强化创业能力的教育体制有待完善

系统的专业师资培训机制尚未建立，高质量的校外辅导队伍缺乏，导致创业教育师资队伍的教学经验与能力普遍不足，对大学生创业实践的指导作用有限。部分高校仍未理顺创业教育体制，如创业教育未能贯穿人才培养全过程，创业教育与实践资源分散在各院系、不能有效统筹；创业课程设置以理论教学为主，对按创业方向自主选择专业的限制较多等，制约着大学生自主创业意识与能力的培养。

（三）孵化平台及服务体系的支撑能力亟需提升

各类创业孵化平台多数没有形成规模，大量以高校自身投入为主的创业教育实训实践、孵化基地布局分散、重复度高，支持大学生创业实践的功能不全。大学生创业服务体系远未成熟，既缺乏综合性大型服务平台的系统支持，也欠缺专业化市场服务的深度对接，尤其是高校各类创业教育与实践活动往往与市场脱节，难以为大学生创业项目提供有效的市场信息服务或争取充足的社会资源投入。

（四）关心和支持大学生创业的良好氛围尚未形成

当前稳定就业的传统观念仍占主导，社会公众对大学生自主创业的整体期待与认可

程度依然不高，社会整体创业氛围与崇尚创业的理想环境存在不小差距。各类创业竞赛等活动尚未形成常态化机制，活动组织的形式与手段局限较多，缺乏类似中关村大学生创新创业就业促进会、安徽省大学生创新创业促进会等组织对社会力量的广泛动员，聚集全社会关心和支持大学生创业的强大合力尚未形成。

三、新常态下促进广东大学生创业的几点建议

（一）加大创业扶持力度，完善创业促进政策

加快配套《广东省人民政府关于进一步促进创业带动就业的意见》等政策的实施细则，重点扶持大学生等青年群体创业。着重简化各类扶持资金的申办流程，建立大学生申报扶持项目的绿色通道，将租金、培训费等零散补贴直接补助创业服务平台或组织，探索实施以奖补方式减轻初创企业税费负担。以风险资金引导社会资本扩大投入，探索建立由金融等行业专家、企业家组成的大学生创业项目专家评估团，评估意见作为银行低息贷款的参考。深化相关部门资源整合，优化大学生创业绿色通道，完善大学生创业跟踪评估及绩效评价体系，加强创业前、中、后各阶段跟踪服务，推动区域中心城市在积分入户等政策上对创业大学生倾斜。

（二）深化教育改革，构建科学配套的创业教育体制

鼓励学分制改革，允许在校学生保留学籍休学创业。推动高校将创业教育纳入人才培养体系，适度将创新创业意识融入初等教育，侧重创业意识、创业精神及综合创业能力培养。鼓励高校建立由专门创业学院统筹的创业教育管理模式，开发设置有利于学生创业的专业与课程，畅通以创业为方向的自主选择专业机制，完善创业实习、见习制度。完善专业化创业教育师资培养体系，鼓励师范院校研究设置创业教育专业，探索组织创业师资参与创业平台服务、进入创业企业挂职等方式开展实践培训，推动创业师资加快能力提升、知识更新。建立以企业精英为主体的省一级创业导师资源库，支持高校以其为基础构建稳定的创业辅导机制，配套完善经费补贴、导师尽职调查及失信失职退出等考核激励机制，鼓励导师以入股等形式深入参与辅导项目，将导师尽职情形作为其名下企业申报政府项目的参考。

（三）强化服务支撑，打造协同高效的创业服务平台

改造升级现有大学生就业服务网络，构建大学生创业项目与市场对接的统一网络信息平台，集合培训、咨询、评估以及投融资等创业服务功能，配套开发应用 APP 等信息服务终端，及时发布政策信息、创业资源。以各大学生创新创业教育示范院校为依托，整合政府、高校、企业及社会等多方面资源，布局建设区域性大学生创业综合服务中心。推动各类创业平台在人才培育、项目对接、技术支持等领域深化合作，支持高校创业平台市场化、社会化、专业化运作，推动综合性创业孵化基地开辟大学生创业专

区，鼓励专业服务平台与机构创新开展大学生创业服务业务。

（四）全面组织动员，营造鼓励包容的社会创业氛围

鼓励设立各种非营利性社会组织（如大学生创新创业促进会），发挥其沟通创业大学生与政府部门、企业及社会组织等的桥梁作用。打造国内富有影响力的大学生创业项目交易博览会、巡回展览会等展示与交易活动，广泛开展创业设计、创业模拟等竞赛活动，推动各类竞赛、展示、交流活动常态化、机制化，逐步形成多层次、广覆盖、高品质的创业促进活动体系。发挥大学生创业典型的示范作用，鼓励各级各地开展大学生创业典范人物评选，鼓励创业典型进校园分享经验、指导创业。建立创业大学生诚信体系，加强大学生自主创业相关知识产权保护，构筑安全可信赖的创业环境。综合运用各类媒体深入宣传创业理念，普及各项促进创业的激励政策，提升社会对大学生创业的价值认同，动员社会各界力量关心和支持大学生创业。

转变创业教育理念　促进学生自主创业

——深圳职业技术学院创业人才培养模式值得推广

面对大学生就业形势日益严峻的“新常态”，广东高校创新思路，主动作为，将培养创新精神和创业能力融入人才培养全过程，以支持青年创业作为化解大学生就业难的有效途径。深圳职业技术学院（以下简称深职院）将创业教育纳入学校发展规划和人才培养体系，形成了以创业教学为基础、制度创新为保障、平台建设为支撑、政校行企四方联动为手段的创业人才培养模式，取得了较好的成效。学校从 2012 年建立创业学院以来，平均每年有 320 多人自主创业，占当年毕业生总数近 5%，远超全省不足 1% 的平均水平，累计创业人数 1000 多人，有 3000 多人次在各类创业比赛中获奖，拥有一大批创业成功典型，其经验值得借鉴。

一、深圳职业技术学院的主要做法和成效

（一）完善制度建设，构筑创业教育保障机制

深职院将创新创业教育纳入人才培养体系，注重做好创业教育顶层设计，2009 年实施“一把手”工程，成立学生创业工作领导小组；2012 年成立创业学院，作为创业教育领导小组执行机构，统筹创业教育各项工作。加强创业教育总体规划，2011 年在学校的“十二五”规划中，明确强调了创新创业型人才培养的重要性；2014 年实施《深圳职业技术学院“创新强校工程”2014—2016 年建设规划》，再次对“创业与创新能力教育”在建设基础、目标、任务等方面进行明确和深化，从总体规划上探索并确立创业教育协同创新运行机制。健全创业教育保障制度，出台了关于大学生创业工作、产学研用协同创新、复合式创新型高素质高技能人才培养改革、大学生创业导师管理、创新型项目课程教学、学生创意创业园管理等系列文件，从制度上完善创业教育管理运行机制。设立创业基金，每年投入两个“一百万”，其中，一百万用于扶持学生创业项目实施，一百万用于支持通过评审的学生创业项目享受学生创意创业园硬件的使用，迄今已有逾百个项目获得资助，并取得良好的成效。

（二）深化教学改革，构建复合式创业人才培养体系

深职院通过开展“启蒙教育”“预科教育”“职业教育”“实践教育”，将专业教育和创业教育紧密结合，对学生进行职业生涯规划技能、创业所需知识和技能、识别商业

机会方法、市场营销以及工商注册等等的专业性教育。实行“721”课程设置（70% 为实践学习，20% 为分享交流，10% 为课堂学习），通过学生自选项目实操，导师面对面授课、对学生团队个性化指导以及统一授课的方式，建立必修和辅修相结合的复合式创业教育课程体系。通过改革教学及课程建设，将“创新型项目课程”“创业理论与实践”“大学生创业基础”“创业与创新管理”4 个模块列入文化素质课程体系。与国际相关机构合作开展教学活动，着力提高大学生创业理论与实践能力。

（三）推进创业师资队伍建设，积极开展创业教育理论与实践研究

深职院建立“双师”（既具备教学能力又有高级技师职业技能的专业教师）创业教育师资队伍建设体系，全校“双师”比例达到 82%，这支专业技师队伍成为学生创业的坚强技术后方。实施师资专门化、专业化、专家化“三化”工程，建立校内外专家学者、知名企业家、创业成功人士、优秀校友、专业教师和辅导员组成的专兼结合的 600 人规模导师队伍。组织创业指导教师到企业挂职，参与行业创业创新项目研究，参加各类培训，提高教师指导学生创业的能力。积极开展创业教育理论与实践研究工作，多项研究成果获得国家、省、市教学成果奖项。

（四）整合各种资源，搭建实践平台，强化孵化质量

学校通过加强政校行企四方联动，建成“大学生创意创业园”，作为学生创业项目实训的重要基地。各相关部门为学生创业提供场地租赁补贴代办、小额担保贷款协助申报等各项服务，建立学生创业注册“绿色通道”。创业园已累计有 6 期共计 150 个项目入园孵化，先后孵化出园项目 96 个，孵化成活率达 50% 以上，已打造成为深圳市“创业带动就业孵化基地”。园区与“柴火空间”等创业孵化器及中国联通等众多知名企业长期合作，共建校外创新创业人才实训基地。与麻省理工学院合作筹建华南片区首家“微观装配实验室”，加入全球创客网络组织及知识共享网络。大力开展“三创一能”（创新工程、创业计划大赛、创意类比赛和技能大比武）系列活动，大力鼓励和引导学生积极参加国家级、省部级以及各类专项创新创业大赛，学生累计有 3000 多人次在各类创业竞赛中获各种奖励和资助。

二、启示及建议

（一）要转变教育理念，重视创新创业教育

随着经济社会发展进入新常态，高等教育也进入了创新创业教育的新时代，开展创新创业教育日渐成为高校人才培养和学生教育引导的迫切需求和核心。这就要求我们要加快改变长期沿袭下来的单一的，过分强化专业教育，要求培养各种“专家”的高等教育理念，更加重视培养具有创新意识、创造精神、创业能力的大学生。应从“大众创业、万众创新”的高度出发，把创业型人才培养与研究型、应用型人才培养摆在同

等重要位置，鼓励和倡导各类大学开展各种形式的创业教育，激励大学生由被动的就业者转变为就业岗位的创造者，使创业成为大学生谋求自身发展，实现自我价值的理念逐步深入人心。

（二）要深化教育体制改革，构建有利于学生提升创业能力的新型教学体系

深职院通过深化教育体制改革，设计更加灵活先进的教学制度和模式，提升创业教育水平，实践证明行之有效。因此，应在尊重高校依法自主办学的基础上，引导广东高校加快创业教育内容和教育方式改革，根据创业实际所需采用多学科、多层次教育模式，围绕强化创业精神、创业心理、创业方法、创业知识和创业能力构建科学的创业教育课程体系。引导高校建立有利于鼓励学生创业的弹性学制，进一步增强学生专业学科选择与学制选择的灵活性。积极推行创业教育“双导师制”，在校内导师与校外创业导师的双向共同指导下，使学生的创业理论知识与创业实践实现良好结合。

（三）要整合教育资源，发挥多方联动效应

深职院的成功经验表明，注重发挥校政行企多方联动效应，是促进大学生增强创业成功机会的重要因素。为此，应进一步整合各类创业教育资源。政府加快制定符合实际、可以落地操作的鼓励帮扶政策，并督促各个部门、环节的总体落实。高校“内外双修”，在强化校内创业教育的同时，主动与校外各方加强对接，进一步加强与政府和企业的合作，争取更多社会资源，参与、支持学生创业教育与实践活动。有条件的学校更应加强与国外有先进创业教育理论和实践的学校、专家开展国际交流与合作。对经评估有成功可能的创业方案、项目、团队，进行个性化辅导、扶持、跟踪，帮助大学生把创意转化为现实，把创业做成事业，形成“万马奔腾、百舸争流”的时代格局。

（四）要突出特色，把创业教育与服务地方经济转型升级紧密结合

深职院在创业教育实践中主动融入当地经济社会发展规划建设，以创新创业人才培养配合地方高新技术产业发展，多形式、多层次、多角度合作支持地方研发基地和战略性新兴产业基地建设，为促进学生成功创业发挥了良好作用。创业教育虽然有共同性，但各高校应根据各自办学类型和承担任务的不同特点，结合各校办学层次和特色，找准创业教育与地方经济发展的融合点，发挥自身优势服务地方发展的同时，使大学生创业选择方向与项目更“接地气”，更高成活，更快成长。

国外扶持大众创业的主要经验及启示

大众创业在增加就业、推动创新、提高生产率、调整产业结构和增进民生福利等方面具有重要作用，发达国家和地区均高度重视大众创业，出台一系列强有力的政策措施，通过扶持大众创业推动经济稳定增长，其经验值得学习借鉴。

一、国外鼓励大众创业的主要做法和经验

（一）制定完善的法律法规和政策支持大众创业

——制定完善的法律法规。但凡创业活动比较活跃的国家，都有比较完备的法律政策保障，且科学性与可操作性强。美国通过颁布《职业教育法》《就业培训合作法》等有关职业培训和职业教育的立法，结合政府拨款，调动政府、私人机构的积极性，加强创业培训，完善教育体系。1998 年，日本由国会通过了《大学技术转移促进法》，在高校倡导创业教育，同年还制定了《投资事业有限责任合伙法》激励创业合伙人提高投资效率。法国为鼓励大学生创业，制定了《迪特雷伊法》《青年就业法案》《创新与研究法》等专门法律。

——实施税收优惠政策。为鼓励大学生创业，德国实行税收优惠政策，如免征创业投资公司的商税，对用于新一轮创业投资的股权转让收益免征税等。1978 年美国颁布税法将创业投资基金资本利得税从 49% 降至 28%，1981 年进一步降至 20%。

——构筑完善的社会保障体系。为免除创业者的后顾之忧，增加大众创业的积极性，发达国家和地区均建立了完善的社会保障体系。美国政府制定了“工作分享”计划，通过增加失业保险机制的灵活性，让员工能以很低的工作时数保持就业状态，使有志创业者可以更多精力、更无顾虑地寻找创业目标。同时美国的职业保险为企业和个人提供企业责任保险，将创业风险降低到可预见且可承受的程度。德国政府为失业人员提供创业补贴，该补贴仅作基本生活补贴，不作为创业启动资金，使失业者能毫无顾虑的投入创业活动之中。

（二）构筑系统的创业教育体系

——推行覆盖面广的传统正规创业教育。创业活动活跃的国家大多拥有成熟完整的创业教育体系。美国形成了涵盖小学、初中、高中、大学乃至研究生的完备的、正规的创业教育体系。面对创业者日益年轻化的趋势，美国于 1998 年 1 月开始实施“金融扫盲 2001 年计划”，向中学生普及金融、投资、理财、营销等方面的教育，积极培育未来

的企业家。

——提供富有实效的创业指导。发达国家多数高校均重视对大学生的实质性创业指导，学校对大学生的创业项目进行评估与论证，帮助学生对自己的创业计划进行修正，提高创业成功率。如英国高校成立针对全国大学生的创业网络，提供英国创业计划、创业大事列表等资源。国外高校多成立有大学生创业协会，定期或不定期召开会议或举办座谈，让有创业意愿的学生分享经验，共享创业知识和思想，增强对创业的认同感。

——成立多样化的创业教育组织机构。发达国家和地区政府与民间组织、高校联合采取有效行动，共同为创业者提供创业帮助，形成了政府、民间组织、高校、创业者“四位一体”的创业联动。如美国堪萨斯州青年创业家、柯夫曼创业中心等，通过制定和实施创业教育课程计划、邀请杰出创业家参与教育辅导，给创业者提供有关知识产权法规、公共关系和营销建议、商业计划和资金申请等创业指导，为创业者提供资金捐助等，提高企业存活率，帮助新生企业稳健成长。法国成立的创业计划培训中心，在培训方式上将个人自主学习、课堂传统教学、生产实习操作、教师个别辅导等相结合，学生从入学开始制作创业计划书，学习培训的过程就是创业计划完善的过程，毕业学员还可获得6个月至1年时间的后续扶持。

（三）依托强大的投融资体系为创业者提供资金支持

——构建完善的信贷体系。创业者在创业过程中往往会在资金方面遇到困难，针对这一现象，许多国家把完善信贷体系作为扶持创业的重点。如英国政府针对18岁至24岁的目标人群，设立“创业启动贷款计划”，为青年人提供不超过2.5万英镑、固定利息为6%的贷款支持；针对其他初创企业的资金需求，设立“商业企业小微贷款项目”，为能够提出详尽科学商业企划书的创业企业提供总额不超过5万英镑的贷款。

——建立成熟的风险投资体系。风险投资和天使投资这两种非正式融资渠道，均是创业者获得资金保障的重要渠道。美国每年大约有30万—35万天使投资人对5万个项目进行投资，天使投资市场规模保持在300亿美元左右，占创业投资总额的40%—50%。1982年法国由国家财政拨款10亿法郎作为保险基金成立法国小企业投资担保公司，设立300多家金融和投资机构，有力地推动了大批创业资本公司的发展。

——发展多样化的融资体系。发达国家和地区鼓励融资方式创新，为创业者提供多样化融资方式。美国的融资担保体系覆盖范围广泛，除了由美国小企业管理局直接操作的全国性小企业融资担保体系外，还有区域性担保体系和社区担保体系。区域性担保体系由于不同地方政府操作而各有特色，如加州出口信用担保体系，其目的是帮助加州地区的小企业扩大出口。社区性担保体系主要帮助社区内的贫困人口创办小企业。“众筹”的融资方式对民众创业帮助也很大，德国某网站的统计显示，2014年德国众筹资金增加了870万欧元，同比增长61%，资助项目1058个，成功率为62%。

（四）为创业者提供良好的创业平台和载体

——积极举办各种创业计划大赛。国外发达国家和地区创业活动十分丰富，以交流会、俱乐部等形式为主的创业实践活动经常在各大高校间进行，“创业计划”大赛是其中非常成功的一种模式。在企业界的积极参与下，很多优秀创业计划受到企业家的青睐，并在企业家的资助下得以实施。大批由“创业计划”大赛直接孵化出的企业具有较高的成功率，业绩骄人，有的公司在短短几年内其年营业额达数十亿美元之巨。据统计，美国表现最优秀的50家高新技术公司有46%出自麻省理工学院的创业计划大赛，Yahoo、Excite、Netscape、YouTube等公司都是在校园创业氛围中诞生的。目前美国每年由包括麻省理工大学、斯坦福大学等世界一流大学在内的20多所高校共同举办这一竞赛。

——搭建成熟的企业孵化平台。孵化器已成为发达国家和地区科技创业的重要组成部分，大量前景良好的初创公司成功孵化，吸引了更多的新创业家加入孵化项目当中。创业孵化器和加速器为创业者提供导师、指导以及技术、商业与融资方面的服务。如在德国安道尔舍夫的孵化器，给予创业项目从种子期到孵化器、成长期直至发展期的全方位服务，包括优惠低廉的房租、大学的免费试验设施、共享网络、贷款融资、企业顾问、项目合作发展等；在孵企业在孵化器内购买的设施，政府还给予20%的补贴。广受欢迎的美国孵化器公司TechStars成立于2007年，总部位于科罗拉多州博尔德，目前已经扩张至纽约、西雅图、波士顿、圣安东尼奥等城市。有SendGrid、Occipital、Orbotix、CrowdTwist和OnSwipe等多家知名企业从TechStars毕业。TechStars共孵化出114家公司，另有98家还在孵化当中。TechStars为每家初创公司提供10名导师，为创业企业提供专注辅导。TechStars还联手Startup America创立“全球加速器网络（Global Accelerator Network）”，与其他创业孵化器和加速器分享关于其模式的信息。

二、对广东促进大众创业的几点启示

创业非易事。各国为推动民众创业，提高创业成功率，根据自身实际情况出台各种措施，很多做法和经验给了我们有益的启示。当前广东正掀起一股新的创业热潮，借鉴国外经验，建议重点强化以下四个方面的创业支持工作。

（一）进一步完善政策法规，建立健全创业社会保障机制

科学完备的法律政策支持和社会保障机制是推动大众创业的基础，发达国家和地区颁布实施的一系列法律法规和政策措施对推动大众创业作用显著。广东已经出台了支持大众创业的相关政策，关键是要落实好，要着力解决“最后一公里”问题。各地要结合实际，因地制宜，细化和实化各项政策措施，简化办事流程，提高服务效率，切实帮助创业者用好、用足已有政策。要进一步加强地方中小企业立法，将行之有效的创业扶

持政策和措施的法律法规形式固化下来，不断提高依法促进大众创业的水平。加快构建完善的社会保障体系，为缓解创业者在创业和生活方面的困难提供帮助；完善失败保障机制，建立创业保险体系，为创业者免除后顾之忧，使之能够顺利地进行再创业或就业。

（二）改革创业教育体制，完善大众创业教育体系

完善的大众创业教育体系不仅能培养公民的创业意识，更是创业者获取知识和信息的重要途径。广东应深化创业教育体制改革，探索在目前高校创业学院的基础上，进一步向前延伸教育链条。鼓励学校设计更为灵活先进的教学制度和模式，设置更为贴近市场和企业需求的课程与实战演练，提升创业教育水平。进一步调动地方政府、私人机构和社团等的积极性，开展多层次创业教育模式的探索。尽快完善大众创业教育体系，搭建企业与大学生创业互动的平台，推动各类创业教育资源加快整合，实现良性互动。

（三）创新创业投融资模式，强化大众创业金融体系

发达国家经验表明，完善的创业投融资体系能有效增加创业者的成功率。广东当前应充分发挥财政资金的政策引导和杠杆放大作用，带动更多的社会资金支持大众创业。要创新政银合作模式，强化创业企业信用担保体系建设，引导中小企业信用担保机构不断丰富担保产品与服务，切实帮助初创企业提高获得信贷支持能力。顺应互联网金融发展趋势，积极探索网络金融服务大众创业的新模式。完善创业投资产业退出机制，为创业投资机构顺利回收资金提供渠道，促进更多的创业投资公司投资初创企业。

（四）进一步完善创业平台建设，为大众创业提供有效服务

完善的创业平台和公共服务为创业活动提供最强有力的支撑与推进作用。借鉴国外发达国家和地区的成功经验，广东应继续大力推进大众创业基地、公共创新服务平台等建设，引导各地建立一批创业示范基地，充分利用各类孵化基地、工业园区加快培育和支持创业企业，切实解决创业场地难、成本高等问题。鼓励省内知名高校举办省级企业创业大赛，通过创业大赛发掘优秀技术创新项目，给予获奖项目研究、技术及资金等方面的支持。尽快建立起完善的企业支持体系，吸引大型企业、风险投资等社会资金参与到大学生创业计划或创业构想当中来。

大力发展电子商务　促创业稳增长

——义乌市以电子商务推动创业创新的经验与启示

发展电子商务产业是推动新常态下大众创业创新的直接助力。浙江省义乌市依托繁荣的市场、畅通的物流、活跃的民营经济发展氛围，通过完善电商创业政策、优化电商创业环境以及促进电商与实体经济的有机融合，极大地促进了创业和就业增长，在短短几年间跃居全国电商交易量第一大县，成为唯一获批创建国家电子商务示范城市的县级市。据了解，义乌电商经营货源约 80% 来自广东，若能认真学习借鉴其做法和经验，一定可以在新常态下实施“互联网 +”战略中出成效，为稳增长、扩消费注入新的动力。

一、义乌市发展电子商务推进大众创业工作的成效

近年来，义乌市把电子商务定位为战略性、先行性产业重点培育，把电子商务作为义乌响应国家推动“大众创业、万众创新”号召最直接、最活跃的门类之一，作为转型升级的主引擎来抓，成效显著。

——交易额快速增长。2011 年以来义乌市电子商务交易额分别实现 347 亿元、520 亿元、856 亿元。2014 年义乌市电子商务交易额高达 1153 亿元，同比增长 35%；内贸 B2B 交易额 145 亿元，同比增长 16%；外贸 B2B 交易额 280 亿元，同比增长 15%，外贸零售交易额 153 亿元，同比增长 42%。

——电商创业群体集聚。大量电商创业群体依托实体市场、第三方交易平台和电子商务园区形成集聚之势，在江东青岩刘、后宅新后傅、北苑四季社区等地形成了多个网商集聚区，产生了良好的集聚效应和辐射效应。截至 2014 年 12 月，义乌区域网商在各类平台账号数近 24 万个，其中注册地在义乌的淘宝卖家（含天猫）账户近 11 万个。

——线上线下融合发展态势显现。传统企业应用电子商务成为主流。开拓五金、俞兆林内衣、双童吸管等传统企业自建团队利用电子商务拓展销售渠道，并在细分领域排名前列；浪莎、宝狮马等传统企业的电子商务销售额已突破亿元。服装、汽车用品等行业领域的电子商务应用不断拓展，应用水平逐步提高，一批行业垂直类电子商务平台陆续涌现，正在形成与有形市场互促融合的发展态势。

二、主要做法和经验

——营造良好的网络创业政策环境。全面落实国家和浙江省各项税收优惠政策，对电子商务企业试行注册资本认缴制，并强化电子商务金融支持。2015 年前，对个体电子商务纳税人，可选择自行申报缴纳方式或税务机关核定方式缴纳税款。年销售额超过 80 万元的纳税人可向主管税务机关申请认定为增值税一般纳税人或继续为小规模纳税人。年薪 20 万元以上的电子商务高端人才，其个人所得税地方财政贡献额五年内 100% 给予奖励。成立财政（或国资）投入不低于 1 亿元的电子商务产业基金，强化电子商务企业的孵化培育。引导金融机构创新电子商务金融服务和加大金融投入，并对金融机构进行考核奖励。以金融业征信平台为依托，推动电子商务领域信用体系建设。创新电子商务企业住所登记制度，允许“一址多照”和“一照多址”，兴办商务秘书企业，电子商务经营者可以使用商务秘书企业的住所或办公区域作为住所登记。允许电子商务企业网上验资和网上年检，免于提交验资报告和审计报告。鼓励和支持网络经营者争创知名商号、著名商标。

——积极推动电商创业载体建设。建成电子商务园区 19 个，成为全国电子商务园区最多的县级市。形成电子商务园区—专业市场—专业楼宇—示范村平台体系，为创业者提供多类型创业场所选择。入驻园区的创业者和小企业可以获得场地、资金、培训、技术等方面的支持，从而快速成长。电子商务园区已成为义乌市区域电子商务服务的枢纽、“大众创业、万众创新”的孵化器、富有活力的知识社区和促进电子商务发展的政策载体。定期举办创业大赛、电子商务创业节等活动，如义乌市电子商务创业大赛暨大学生职业生涯规划（创业）大赛、2015 年中国（义乌）电子商务创业大赛等，参赛项目包括网络零售、物流快递、电商营销和应用开发等类目，涵盖电子商务全产业链，为创业者积累创业经验、展示成果、寻找合作伙伴创造有利条件。

——着力强化电商人才保障。将电子商务高端人才纳入人才住房保障范畴，给予特殊人才租赁房指标和子女公办学校就近入学指标。引进国内知名院校设立电子商务学院及研究机构，鼓励义乌工商学院和职业学校开办电子商务相关专业。邀请上海交大、浙大等 7 家大学在义乌创办电子商务虚拟大学。义乌工商职业技术学院突破传统观念束缚，创新创业教育模式，建立灵活的人才培养机制，确保学院正常教学秩序的同时为创业学生开辟特区、打破传统的“一校两制”教学模式。通过弹性学制和学分制，加大创业实践教学的比重和力度，设置灵活、注重创业实践的教学计划，并将创业技能培训融入人才培养计划和课程体系。学院依托义乌市场，联手“中国网店第一村”青岩刘村打造创业实验室，为学生免费提供场所和相应领域的教师。目前，由天猫、京东、亚马逊发起，覆盖跨境物流、影像展示、文案创意等 10 多个领域，由专业教师辅导的，由在校学生具体管理运作的创意实验室已开通，涵盖电商运营方面的诸多衍生服务。此外，义乌市还开展各类电商人才培训，累计开展培训达 30.5 万人次。为加快市场转型和“电商换市”步伐，自 2013 年 6 月起，启动实施电子商务人才培训“230”行动计划，两年内将全部传统企业和市场经营户轮训一遍。

——打造完善的电子商务产业链。随着电子商务产业链不断细分和延伸，义乌鼓励发展了一批快递、金融、商务、培训、代运营、第三方仓储等衍生服务的企业，产业链的完善极大的方便了大众创业，降低了创业的门槛。目前，义乌拥有规模快递企业 134 家，网拍店铺 200 余家，网络摄影师近千人，面积 500 平方米以上的摄影机构近 10 家。电商产业链的打造也衍生出大量的创业机会。

三、对广东加快电商发展促进创业稳定增长的启示

义乌市发展电子商务推动新常态下促创业稳增长的政策措施“接地气”，求实效，值得广东特别是民营经济活跃的地市借鉴推广。

——充分利用制造业强省优势，加快线上线下市场融合发展。电子商务打破了市场与客户之间时间与空间上的距离，聚集于义乌市的大量电商经营货源来自全国各地，其中 80% 左右来自广东。广东作为制造业大省，应充分利用制造业发展的强大优势，打造电子商务营销中心，引导市场经营户开发网购产品，支持和培育一批网货品牌。发挥实体市场对网货商品的集散与展示支撑作用，以“店商 + 电商”（线下实体体验，线上网站购买）模式推动企业转型发展。大力发展服务于实体市场，线上线下对应，融信息发布、信用担保、交易支付为一体的专业 B2B 电子商务平台。以全面扩大开放的姿态吸引 eBay、亚马逊等国外知名第三方平台在粤市场内拓展业务，并积极鼓励经营户通过各大第三方平台拓展交易，积极引进国内外知名网络代运营、摄影、物流、金融等平台服务商，构建专业市场与电子商务贸易新链条，构筑市场虚实结合新业态。

——强化基础条件支撑，完善电商创业平台建设。打造一批省重点电子商务产业园区，不断健全产业链体系，加大对咨询、培训、信用、协会等民间组织的培育和扶持。加快建立由网上支付、移动支付、固话支付以及其他支付渠道构成的综合支付体系。整合现有工业、商业、仓储和运输等物流信息资源，推进物联网等先进物流技术及装备的应用。推进电子商务与第三方物流互动发展，特别是解决网购“最后一公里”的难题，为网上交易提供快速高效的物流支撑。不断完善信息化基础建设，推进新一代通信网络建设。建立电子商务创业孵化基地、电子商务园等服务于电子商务创业者、小企业的电商创业平台，并将其打造成为区域电子商务服务的枢纽、富有活力的知识社区和促进电子商务发展的政策载体。定期举办具有一定影响力的电子商务创业大赛、电子商务创业节等活动，为创业者积累经验、展示创业成果、寻找合作伙伴创造条件，进一步激发全民创新创业精神，更好地推进广东电商产业健康发展。

——发挥各地特色产业优势，打造一批电商市电商村。《中国淘宝村研究报告

(2014)》显示，截至2014年12月，全国已发现淘宝村数量增至211个，其中广东54个（仅次于浙江62个）；淘宝镇19个，其中广东5个（浙江6个）。以淘宝村为代表的农村电子商务正在深刻改变中国农村的面貌。广东应充分发挥揭阳军埔镇、广州市番禺区南村镇里仁洞村、普宁市桥头村等省内“中国淘宝村”的示范作用，将各地特色产业网络销售作为重点，建设展示交流与产销对接的电子商务平台，打造一批电商市、电商村。发挥省内各大专业市场一级供应商作用，做大做强网货供应商集聚区。联动深圳腾讯、广州唯品会等本土大型电商，培育一批辐射全国服装、医药、纺织品、日用百货等专业的网络零售电商市、电商村，努力实现企业总部、利润、税收、就业在广东，销售覆盖全国及全球市场的新格局。

——加强电商人才培养，吸引高端电商人才到粤创业。创新电子商务服务人才培养机制，建设一支规模大、质量高的电子商务产业队伍。加大资金投入，开展电商领袖培育计划；鼓励、支持龙头电商企业举办业务培训班，提升全省电子商务从业人员业务水平。引进国内外电子商务及相关领域高端人才；吸引阿里学院到广东搭建大学生和小企业的人才直通车，培育实用型、创新型电商人才。认定潮汕职业技术学院、深圳职业技术学院、电子科技大学中山学院等院校为大学生电子商务创业示范单位，借鉴义乌工商学院成功经验，创新创业实践教育模式，为创业初期的创业者提供集电子商务、仓储、物流、商谈为一体的电子商务创业实践平台。

第六篇

对外开放

DUIWAI
KAIFANG

以“一带一路”和自贸区建设为抓手着力构建新常态下广东开放型经济新体系

改革开放以来，广东坚定不移地大力发展开放型经济，取得了令人瞩目的巨大成就，获得了领先优势，成为广东乃至国家经济社会发展的重要支撑。但随着国内经济结构调整和国际贸易环境变化，广东开放型经济发展进入了新常态，面临着高位推进增速回落、加快发展难度系数增加、溢出效应难达预期、国内外竞争不断加剧等问题。肩负“三个定位、两个率先”使命的广东，要主动适应新常态，引领新常态，就必须紧紧抓住“一带一路”和自贸区建设的重大历史机遇，打造与国际规则接轨的开放软环境，拓展优势产业发展的国际新空间，形成开放型经济溢出效应的辐射圈（带），加快对外开放从“大进大出”走向“优进优出”，构建有支撑、优布局、强保障的开放型经济新体系。

一、构建开放型经济新体系是广东引领新常态的内在要求

（一）广东开放型经济发展进入新常态

广东开放型经济发展虽然成绩显著，但也面临一系列严峻挑战。

一是开放型经济发展处于高位推进，维持较高增速再上新台阶，难度较大。2008年国际金融危机后，广东外贸出现了加工贸易向境外省外转移、传统市场需求疲弱等问题，进出口总额增速由2008年增长8%调整到2014年下降1.4%，逐渐告别了高速增长，整体进入了稳增长、调结构、提质量为特征的新常态。

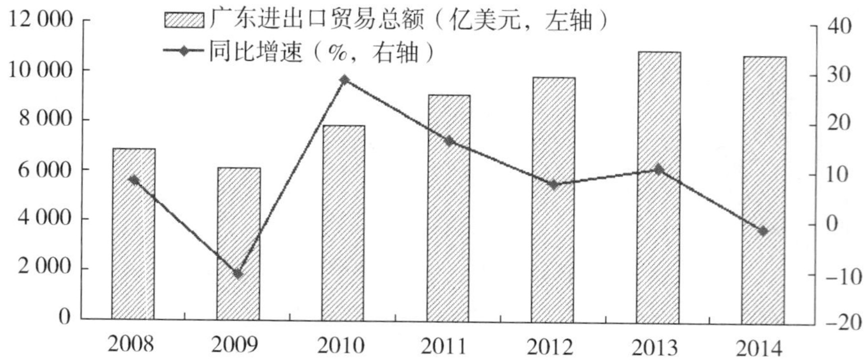

图1　广东外贸进出口进入新常态

二是资源环境、劳动力成本和区域发展不平衡等因素制约，加快发展的“难度系数”不断增加。广东是外经贸大省，但同时生产资料十分缺乏，土地开发强度大、环境承载能力弱、自然资源相对稀缺等制约也较为突出，伴随着人口红利的逐步消失和老龄化社会的提早到来，大量中小企业和劳动密集型企业面临招工难，传统的对外贸易低成本竞争优势逐步削弱，以创新驱动为核心的竞争新优势还处在加快培育之中。根据美国波士顿咨询公司对25个国家制造业成本调查，我国（以广东为考察对象）实际生产成本已相当于美国的96%左右，以“代工、低端、模仿”为特征的发展阶段基本结束。而区域发展不平衡也使占有全省外贸总值95.6%、地区生产总值80%的珠三角地区，保持较高增长速度比以往任何时期都更有难度，凸显广东经济腹地欠缺、发展空间有限、带动能力弱化的软肋。

三是面临周边国家和兄弟省份的竞争挑战。从周边国家看，全球价值链重构及订单转移对广东外贸发展构成明显挑战。随着低成本优势的削弱和部分产业向东南亚等周边国家转移，劳动密集型产品出口竞争力进一步下降，部分出口订单流失，贸易竞争和摩擦加剧，以粗放型为主要特色的出口快速增长方式已难以为继。目前，国际经济合作内涵也产生深刻变化，在全球经济总量中，服务业所占比重超过60%，服务贸易已占世界贸易总额的1/4，服务消费占所有消费额的1/2左右。在此背景下，国内主要中心城市和省份也纷纷采取措施，推动服务业加快发展，力图抢占新一轮城际竞争的“制高点”，形成新一轮的激烈竞争，如上海率先规划、启动和完成了一批现代服务业集聚区建设。港澳现代服务业向内地转移过程中，广东也面临着北京上海等地的激烈竞争。

（二）构建新体系是广东引领新常态的战略任务

一是参与国家对外开放战略的必然要求。国际金融危机爆发之后，全球贸易体系经历自1994年乌拉圭回合谈判以来最大的一轮重构，区域经济一体化成为经济全球化主要驱动力，美欧等发达国家着力引领高标准、跨区域、全方位的自由贸易区谈判，并逐渐成为各国谋求在全球经贸和国际战略布局中有利地位的重要平台，而随着经济实力提升也要求中国重新确定其在全球贸易治理和国际贸易规则制定中的角色。在此背景下，中国提出“一带一路”倡议、创建亚洲基础设施投资银行、建设中国—东盟自贸区升级版、积极推动自贸试验区建设等重大应对策略，并通过金砖五国峰会、APEC、中非峰会、上合组织等建立各种对话平台，努力争取在国际贸易规则制定中掌握主动权。广东作为开放型经济大省，积极参与“一带一路”、自贸区建设等国家战略，就必须构建更高水平开放型经济新体系。

二是新时期巩固和构建对外开放新优势的重要统领。巩固对外开放排头兵的优势地位，在新一轮更高水平的国际国内竞争中掌控主动权，需要广东主动适应国内外发展新形势，在对外开放上迈出更大步伐。充分利用作为“一带一路”重要节点和自贸试验区获批的重大机遇，以构建开放型经济新体系为统领，着力化解外贸增长方式比较粗放，创新驱动偏弱，企业核心技术对外依存度较高，具有自主知识产权、自主品牌的出口产品比重较小，国际定价话语权不足等问题，建立开放型经济新优势。

三是引领新常态实现改革开放先行地的历史使命。当前，世界经济格局正在发生深刻演变，美国经济复苏一波三折，欧洲深陷主权债务危机泥潭，新兴经济体转型步伐缓慢，国际市场需求呈现常态性萎缩。以外向型为主要特征的广东经济也进入了“增速降档、结构调整”的新常态，迫切要求广东着力实施创新驱动战略，大胆推进开放，倒逼深化改革，推动开放型经济转型升级，以具有全球资源要素配置能力的国际化本土企业培育为主体，以建立便利资源要素全球化整合的内外贸机制创新为支撑，以更高层次“引进来”和“走出去”方式为依托，探索一切有利于提高新时期广东经济发展资源全球配置能力的新机制、新方式和新路径，构建开放型经济新体系，继续成为中国改革开放的先行地。

（三）开放型经济发达是广东领先优势之根本

国家的改革开放战略为广东经济发展创造了历史机遇，广东发展开放型经济享受了政策和人口红利的馈赠，走出了一条以开放促改革、以改革促发展的独特道路，经历了一段“思想大解放、经济大发展、社会大变革、生活大提高”的黄金发展时期，也创造了广东独特的跨越模式。

一是开创了快速腾飞的奇迹。改革开放的历程是一个外向型经济推动 GDP 不断上台阶、经济实力不断增强、发展成果惠及全民的历程。1978—2014 年广东进出口贸易总额从 15.92 亿美元增加到 10676.3 亿美元，连续 27 年位居全国第一；36 年来累计实际利用外商直接投资 3539.52 亿美元。同期，广东 GDP 从 185.9 亿元增加到 67792.2 亿元，按可比价格计算年均增长 13%，高于全国同期平均水平 4.3 个百分点。人均 GDP 从 235 美元增加到 10330 美元，超过 1 万美元，相当于世界中高收入国家水平，比全国

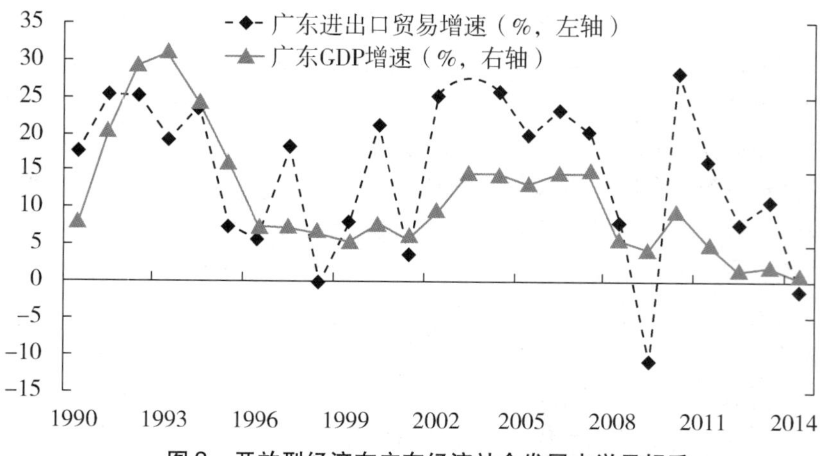

图 2　开放型经济在广东经济社会发展中举足轻重

平均水平高 38%。地方财政预算收入从 41.82 亿元增加到 8060.06 亿元，按可比价格增长了 191.7 倍，年均增长 15.7%。2014 年城乡居民储蓄存款总额 53215.87 亿元，是 1978 年末 17.56 亿元的 3030 倍，人民生活从贫困温饱型向宽裕型小康转变。

二是粤港澳合作成为广东腾飞的重要引擎。改革开放之初，广东充分利用毗邻港澳的地理人文优势，大量承接其制造业转移，形成了独特有效的“前店后厂”合作模式。从本质上讲，就是以开放改革打造一个平台，让“广东土地、中央政策、港澳资金、全国劳动力”四个因素充分融合，打造出“广货”独特的市场竞争力，创造了全国“喝珠江水、吃广东粮、穿岭南衣、用粤家电”的辉煌局面，引领着广东经济的每一次跨越发展。在广东每次产业转型升级过程中，不论是适度重型化、产业高级化还是建立现代产业体系，港澳因素一直发挥着重要作用，迄今为止，港澳依然占广东每年引进外资的 65% 以上。粤港澳深度合作既为港澳两地的经济转型和稳定繁荣注入了强大动力，也成为广东腾飞发展的强大引擎。2014 年广东加工贸易企业共设立研发中心 3613 个，拥有品牌 20531 个；十大支柱产业增加值 2.29 万亿元，约占全省规模以上工业的 78%、GDP 的 33%。十大支柱产业均排名全国前 5 位，其中排名第一位的有 3 个、第二位的有 1 个、第三位的有 2 个。这种合作发展被誉为世界上最成功的地区合作模式。

三是形成了多层次全方位的对外开放格局。从兴办经济特区、沿海开放城市、经济技术开发区，到遍布各地的产业园区，全省逐步打造出一批高水平的对外开放平台；从最初的招商引资、“三来一补”到今天的全方位对外开放合作，广东始终扮演着全国对外开放窗口和桥梁的重要角色。改革开放以来，广东进出口贸易总额、实际利用外资总量均占全国重要地位，成为推动全国不断对外开放和经济发展的重要力量。仅深圳、珠海、汕头三个经济特区 GDP 占全国比重就由 1980 年的 0.3% 上升到 2014 年的 3%，占全省 GDP 比重达到 28.8%。

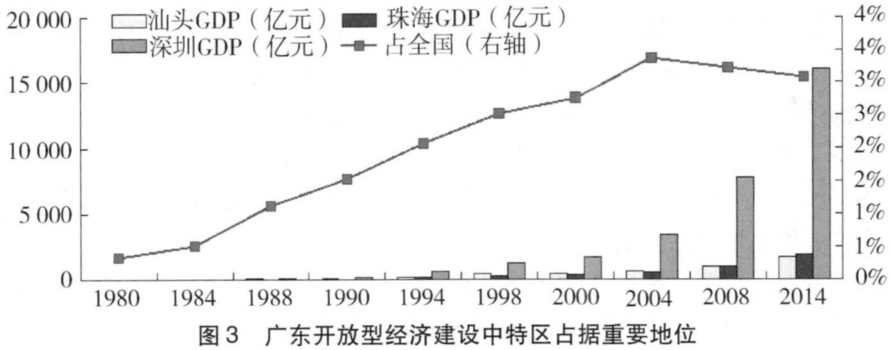

图 3 广东开放型经济建设中特区占据重要地位

四是为探索中国特色社会主义道路作出积极贡献。在开放改革的实践中，既要摸着石头过河，又要看清前进方向。在中央正确领导下，广东肩负着为全国“杀出一条血路”的历史重任，始终坚持把党在每个时期的方针政策和自身实际结合起来，解放思想，实事求是，不争论、不刮风、善总结，按照“三个有利于”的衡量标准，不断冲破旧观念和旧体制的束缚，义无反顾的走前人没有走过的路，大胆先行先试，不仅为全国的开放改革探索了成功经验，也为中国特色社会主义事业的发展作出实际贡献，成为邓小平理论、三个代表重要思想、科学发展观的主要实践基地。目前，广东正继续为完成习近平总书记2013年来粤视察提出的“三个定位、两个率先”新任务而努力探索。

二、构建新体系的发展思路和路径

（一）发展思路

在广东外向型经济处于高位推进增速回落、加快发展难度系数不断增加、溢出效应难达预期、国内外竞争不断加剧背景下，广东必须适应新常态，引领新常态，以“一带一路”和自贸区建设为抓手，充分利用自贸区的制度创新优势，加速粤港澳深度融合，将广东打造成为“一带一路”的战略枢纽、经贸合作中心和重要引擎，构建包括现代贸易促进体系、与国际接轨的投资贸易管理体系、强有力开放型经济支撑体系以及高效安全保障体系等在内的开放型经济新体系，准确把握国际经济格局的新变化，全面激发深化改革促开放的新动力，主动融入国家开放战略的新布局，着力建设好国际化市场化法治化营商新环境，使得开放型经济新体系为全省完成“三个定位、两个率先”新使命发挥重大支撑作用。

（二）发展路径

——充分利用“一带一路”历史新机遇，实现从“产品走出去”向“产业走出去”转变，加快融入全球价值链。

抓住实施“一带一路”和亚洲基础设施投资银行建设的战略机遇，围绕化解产能过剩矛盾，加大向沿线国家投资力度，加强国际产能合作，加快广东具有比较优势的产业走出去，为制造业转型升级争取时间和空间，带动广东技术和产品出口，并推动国内优势产能加速转移。推动广东制造企业积极利用全球资源和市场，通过在境外开展并购和股权投资、建立研发中心或者营销服务体系等方式，提升在全球产业链和价值链中的地位，逐渐扭转主要依靠加工制造环节融入全球产业分工体系的局面，加快从产品竞争优势向全产业链竞争优势转变。

——充分利用自贸区制度创新优势，从贸易规则适应者、融入者向规则制定参与者、受益者的国际贸易竞争高端转变，加快抢占话语权和制高点。

广东自由贸易试验区建设要突出面向全球、立足港澳，加快构建与国际高标准对接的投资贸易规则体系，建设依法规范行政体系和公平竞争市场机制，建设与“一带一路”沿线国家和地区的高水平合作平台，打造粤港澳全面合作示范区，强化国际贸易功能集成，提升国际航运服务能级，深化金融领域开放创新，完善配套监管及税收环境。依托粤港澳深度融合，发挥先行先试优势，加快广东制造业行业标准与国际先进标准的接轨，鼓励骨干企业、行业协会和科研院所等市场主体熟悉、掌握和参与制定国际标准，争取国际标准的话语权，减少国际贸易技术性壁垒，促进贸易便利化和自由化。推动广东企业充分利用国家自贸区战略和诸多双边自由贸易协定的战略红利，积极利用包括原产地规则在内的贸易和投资便利化措施，使广东企业在新一轮外向型经济新体系中获得更多收益。

——着力推动对外开放战略布局调整，提升珠三角对全省和泛珠的引领作用，向更高层次开放型经济排头兵定位转变，形成广东开放型经济溢出效应的辐射圈（带）。

珠三角要建设世界级城市群，使之成为承载重大项目、聚集新的先进生产力、带动区域经济、推动产业转型升级的新增长点。进一步提升珠三角对全省和泛珠的引领作用，以新一轮 CEPA 协议贯彻落实为契机，加强与内地省区、港澳地区在基础设施、现代服务业、教育、医疗、海洋管理等一系列领域合作，促进要素信息自由流动。共同参与 21 世纪海上丝绸之路建设，共同推进孟中印缅经济走廊、中巴经济走廊、中新经济走廊和中国－东盟自由贸易区升级版建设，加快珠江－西江经济带开放发展，建设西南中南开放发展战略支撑带。

——着力推动广东外贸转型升级和战略结构调整，向对外贸易市场结构更加多元、形态结构更加丰富、产业结构更加高端、区域开放布局更加合理转变，加快提升开放型经济竞争力。

加快从低附加值产品出口向高附加值产品及配套零部件出口转变，从出口产品向输出“产品＋服务”转变，从注重能源矿产领域投资向制造与能源资源并重转变，从企业单打独斗向战略协同转变，从企业“扎堆”竞争向拓展多元化市场转变，努力形成产品出口、对外投资和产能合作“三位一体”协同走出去的新局面。推动广东企业加快布局与“一带一路”沿线国家和新兴市场国家的合作，开发好中东、中非、拉美地区等新兴市场国家的巨大增长潜力，降低广东外贸对传统欧美日发达经济体市场的依赖度。加快监管方式创新，扶持跨境电商等外贸新业态发展，提升以“互联网＋”为基础的新型外贸业态在外贸稳增长中支撑作用。

三、以“一带一路”和自贸区建设为抓手，推动广东开放型经济向纵深优化

（一）以积极参与“一带一路”为抓手，拓展广东优势产业发展的国际新空间

“一带一路”贯穿亚欧非大陆，一头是活跃的东亚经济圈，一头是发达的欧洲经济圈，中间广大腹地国家经济发展潜力巨大。2014 年，广东与海上丝绸之路沿线国家进

出口贸易额高达1805亿美元，占全省的16.64%。广东要在加强与海上丝绸之路沿线国家合作的基础上，紧紧抓住国家“一带一路”的战略机遇，加快构建对外开放新格局（见图4）。

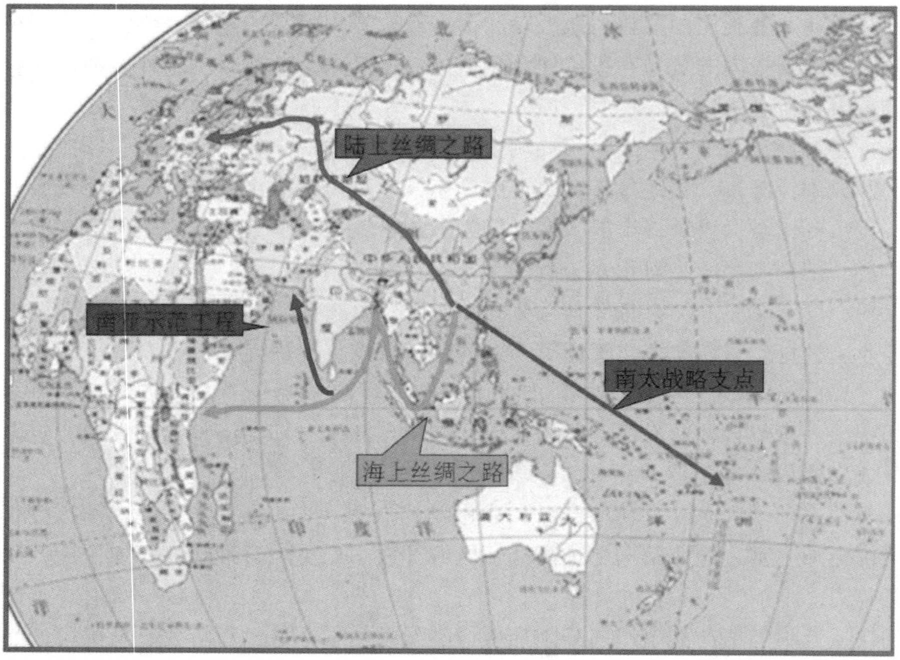

图4 广东“一带一路”战略图

一是以东盟为先导，争当21世纪海上丝绸之路经济带排头兵。东盟是海上丝绸之路沿线各区域和国家中与广东合作最紧密、规模增长最迅速、合作领域最全面的区域。2014年，广东与东盟的进出口贸易额达1122.9亿美元，占全国的24%。广东参与21世纪海上丝绸之路建设要充分发挥地缘、人缘、历史文化及经贸合作基础优势，近期以东盟、南亚为重点，中长期则着力扩大与西亚、非洲等海上丝绸之路沿线各国的合作，逐步形成“区域大合作”格局。以沿线港口为重点，畅通广东至东南亚、南亚、西亚至非洲海上通道，打造海上丝绸之路经济带。以贸易畅通为目标，积极借用中国—东盟自贸区升级版、亚太自贸区等区域一体化机制，先行先试，建立一系列促进贸易与投资的体制机制，不断推进贸易、投资便利化。充分发挥港口资源及技术资金优势，鼓励企业组团参与沿线国家港口建设投资，形成功能完善、便捷高效的口岸对接。积极参与国家与沿线各国的合作载体和园区建设，优化产业链分工布局，推动上下游产业链和关联产业合作发展，形成以广东为中心的资源互补、产业关联、梯度发展的多层次产业协作圈。加强与沿线各国海洋渔业、海洋科技、海洋工程等合作，共建开发机制，共同保护海洋生态环境。针对海上丝绸之路各国发展层次、产业结构、资源状况、技术水平等差异，着力推动以东盟为重点的电子、机械制造、海洋产业等产业链合作和产业融合，以南亚、西亚、北非为重点的基础设施建设和资源能源合作。

二是以中亚欧洲为重点，积极参与陆上丝绸之路经济带建设。以沿线中心城市为支撑，畅通广东至中亚、俄罗斯至欧洲陆上通道，打造陆上丝绸之路经济带。加快广东石龙铁路口岸的规划建设，促进“粤新欧”“粤满俄”等国际铁路联运专列的快速发展，打通广东通往欧洲、俄罗斯的陆上丝绸之路大通道，积极融入“新亚欧大陆桥”和“中蒙俄”经济走廊。探索建立与欧洲发达国家政府层面全方位、多层次、宽领域的合作对话与磋商机制，重点推进与其生物医药、高端电子信息、新能源等高新技术产业及金融、科技、文化创意等现代服务业合作，提升广东产业国际竞争力。针对俄罗斯与广东经济优势互补的特点，加强先进装备、航空航天、轻工、科技和能源等领域的合作，为对外开放注入新动力。加强与中亚各国的石油、天然气等能源合作。加快珠江—西江经济带、粤桂特别合作区及泛珠三角合作，构建面向丝绸之路经济带的区域合作支撑。

三是以南太岛国为延伸，构建海上丝绸之路东线的新支点。充分发挥广东丰富的华侨资源优势、便捷的交通区位优势、人员和经贸往来密切的先行优势，进一步深化与南太岛国的合作，加强基础设施互联互通，推动农业、渔业、旅游、教育、培训、海洋矿产资源和油气资源等开发合作，将广东建成中国与南太岛国合作的示范省，构建“海丝”东线的战略支点。

四是以瓜达尔港建设为支撑，打造广东参与“中巴经济走廊”建设的示范工程。“中巴经济走廊”是打通“21 世纪海上丝绸之路”与“丝绸之路经济带”两个战略的连接区、交汇区和受益区。其中巴基斯坦南部瓜达尔港是“中巴经济走廊”建设的重要起始点。要借助珠海港集团的先行介入，加强瓜达尔港及自由贸易区的建设，构建中巴贸易海上通道，将瓜达尔港打造成为连接巴基斯坦及中东地区的重要物流中转枢纽。加快“中国（广东）商品展示交易中心”的建设，为中亚、南亚和非洲地区提供中国（广东）产品采购体验平台。充分用好中巴经贸合作的厚实基础，全面推动通道构建、平台对接、园区共建、港口物流、捕捞养殖、商品交易、装备展览和丝路博物馆等项目建设，打造广东“走出去”参与“一带一路”建设的示范工程。

（二）以自贸区制度创新为抓手，打造与国际接轨的开放型经济软环境

一是以制度创新为核心，加快改革红利释放，把自贸区打造成为制度创新的新高地。以营造国际化市场化法治化营商环境为目标，围绕形成与国际投资贸易通行规则相衔接的制度框架，在政府职能转变、投资管理、贸易监管、金融创新、法制和政策保障等方面，形成一系列深化细化的制度创新举措，如负面清单管理模式、健全社会力量参与市场监督制度、完善企业准入“单一窗口”制度、深化科技创新体制机制改革等。同时，以深化粤港澳合作，借鉴香港在完善法律制度、规范政府行政、建立市场秩序、

引导企业诚信等方面的成功经验，尽快建立和完善适合自贸区畅顺运作的管理体系，构建技术创新体系和发展软环境，使其成为整合各种创新资源的重要平台，着力发展现代服务业和绿色产业，提高对区域资源的整合和配置水平。

二是以贸易方式转变和金融领域开放创新为特色，把自贸区打造成为对外开放的新窗口。提升自贸区在推动贸易方式转变中的作用。积极探索和鼓励包括离岸贸易、汽车平行进口、跨境电子商务、融资租赁、保税展示等在内的新贸易方式、新业态的发展，拓展贸易新领域，搭建新的贸易公共服务平台，加强知识产权交易、服务外包、工业设计等服务贸易发展。深化金融领域开放创新，建设我国金融业对外开放试验示范窗口。通过探索允许香港有限制牌照银行在前海设立分支机构、降低香港本土保险公司入区准入门槛、推进实现人民币资本项下可兑换、设立私募产品跨境投融资平台、发展科技金融和互联网金融等现代金融开放创新，打造深港共同资本市场，使金融要素在深港之间率先实现自由流动与市场配置。

三是把自贸区建设成为粤港澳合作开拓国际市场、合作参与全球竞争、合作面对全球挑战的新平台。用好一国优势，做好两制衔接，整合三地资源，推进粤港澳深度融合和全面合作，实现共赢发展。充分利用香港国际市场金融服务、资金流通、国际通讯资源以及专业服务等优势，为广东企业"走出去"发挥积极作用。联手港澳拓展国际市场，加快推进合作建设葡语系/西语系国家经贸园，打造国内首个葡语系/西语系国家商品展示销售综合平台。分别与香港、澳门以及8省（区）合作共建10个泛珠三角经贸合作园中园，率先实现泛珠地区与港澳服务贸易自由化，建成港澳向内地拓展、内地借助港澳通达国际市场双向通道和重要平台。

四是发挥机制创新优势，把自贸区打造成为"一带一路"的新节点。发挥自贸区机制创新优势，加快规则创新和试验，为广东参与"一带一路"提供有力支撑。以南沙港区为依托，加快规划建设"21世纪海上丝绸之路"经济合作区和广州南沙海洋经济合作实验区；探索在广州南沙、深圳前海、珠海横琴3个自贸区片区打造新型国际投资贸易规则试验区，推动广东与"21世纪海上丝绸之路"沿线国家和地区的贸易往来和投资合作；加快研究广东自贸区南沙片区成立海上丝绸之路港口基金，以支持广州港与沿线各节点城市深化港口设施与海上运输等有关项目的合作。充分发挥自贸区在体制机制、产业高端、人才聚集、港口优良、协同港澳等优势，推动粤港澳共同加强与"21世纪海上丝绸之路"沿线国家和地区的贸易往来，开拓国际市场，力求在基础设施、服务贸易、资源开放、航运物流等方面实现新突破，使自贸区成为"21世纪海上丝绸之路"建设的重要节点。

五是增强辐射带动作用，把自贸区打造成为经济发展的新引擎。积极发挥好自贸区的窗口、桥梁、纽带和辐射带动作用，从体制创新、资金、技术、人才、信息等方面，为全省大力发展金融、物流、会展、商业服务、总部经济、服务外包、教育、旅游等现代服务业，汽车、石化、船舶、钢铁、机车、飞机、装备、生物医药、新材料、海洋相关等先进制造业，提供有效的支持和服务，引导和推动广东加快产业结构转型升级和高端化。打造面向泛珠三角区域发展综合服务区。通过鼓励自贸区企业统筹开展国际国内贸易，形成内外贸相互促进机制；通过建立国际化商品要素交易平台，强化对泛珠三角区域的市场集聚和辐射功能，开展大宗商品现货交易和国际贸易，构建国际商品交易集散中心、信息中心，增强在国际市场的定价权。

（三）优化广东区域开放布局，形成错落有致竞争有序的开放型空间体系

一是特区和沿海开放城市要率先进行新一轮的体制和制度创新。在新一轮扩大开放进程中继续发挥“窗口”与“试验田”的创新、示范和引领作用，紧紧围绕加快企业国际化、城市国际化、人才国际化目标，坚持深化改革与扩大开放互动并进，以开放促改革、促发展、促转型，构建开放型经济新体制机制。进一步发挥特区和沿海开放城市的区位优势和先发优势，加快推动“一带一路”建设，不断放大沿海开发综合效应，全力打造开放开发战略高地。

二是开发区要成为广东开放型经济发展的排头兵。进一步明确其管理体制和运行机制，以创新驱动为动力，以提质增效升级为核心，加快发展先进制造业和现代服务业，推动产城融合，完善配套功能，提升规划水平，使开发区成为承载对外开放合作的重要载体，推动城市国际化的重要引擎。

三是国际合作园区要成为新一轮加强与发达国家合作的重要载体。积极引进国际先进技术、标准以及先进的人才、管理经验和体制机制。支持中新知识城、中德工业服务区、中德金属生态城、中以国际科技合作产业园、中瑞产业园、中意产业园、中韩科技园区、汕头华侨经济文化合作试验区加快发展，加强先行先试，建立国际通行规则的跨境投资、贸易机制，打造更加国际化市场化法治化的公平、统一、高效的营商环境，形成可复制、可推广的经验，为新时期广东全面深化改革、扩大对外开放探索新路径。

四是产业转移园区要以承接珠三角地区的产业转移为契机，形成与珠三角地区梯度发展、分工合理的多层次开放体系，成为广东对外开放新的增长极。东西两翼要有效拓展吸引外资的渠道，加快发展速度，提升开放型经济发展质量和可持续发展能力；粤北地区按照开发和保护有机结合的原则，积极引导外资发展低碳环保产业、生态农业和旅游业，促使其成为主导产业，同时积极推进来自珠三角地区转移产业的再升级和发展，成为珠三角地区先进制造业的配套基地。

（四）以区域合作为纽带，形成广东开放型经济溢出效应的辐射圈（带）

一是加强与泛珠三角区域合作。努力争取泛珠合作上升为国家战略，积极发挥引领作用，辐射和带动区域发展，在促进东中西合作中发挥积极作用，推进南向、西南开放大通道建设，畅通面向东南亚、南亚的国际物流大通道。推动产业有序转移和协调发展。全面清理地方保护和市场封锁的政策法规，进一步消除限制人员、技术、资本、货

物、服务流动障碍，形成统一开放、公开透明、平等竞争的大市场。

二是参与北部湾经济区合作。充分发挥粤西湛江、茂名和阳江三市的区位、资源和后发优势，积极参与环北部湾、大西南地区经济建设，加强与东盟合作发展，重点发展临港重化工业和现代服务业，改造传统特色产业，建设成为广东重化工业基地、区域性现代物流基地和循环经济示范基地，把粤西地区建设成为大西南地区以及东盟合作发展的开放门户和桥头堡。

三是积极融入海西经济区。发挥粤东地区在地缘人缘方面的优势，积极参与海峡西岸经济区建设，以汕头华侨经济文化合作试验区、揭阳中德金属生态城等园区为载体平台，加大对台合作，大力提升装备、纺织服装、五金不锈钢、医药化工、食品、陶瓷、玩具等产业发展水平和集聚度，适度发展重化产业，培植产业带、产业走廊和产业集群，构建粤东沿海对外开放经济带。

四是积极参与珠江—西江经济带建设。珠江—西江经济带作为国家战略，横贯粤桂，上联云贵，下通港澳，是西南地区重要的出海大通道，面向港澳和东盟开放合作的前沿地带，也是珠三角地区转型发展的战略腹地。要深入贯彻落实《珠江—西江经济带发展规划》，推动粤桂合作特别试验区建设迈上新台阶，带动泛珠三角区域合作做实做强，为促进全国区域一体化发展作出新的贡献。

（五）培育粤企国际竞争新优势，夯实广东开放型经济的微观市场基础

一是以开展海外品牌和技术并购为中心开启对外投资新纪元。未来相当长的一段时期内，欧美发达经济体在全球经济格局中仍将处于主导地位。广东大部分“走出去”企业仍处于价值链中低端，缺乏核心竞争力，需要尽快向产业链和价值链两端拓展。广东企业要积极抓住欧美经济深度调整的机遇，强化投资互动，通过开展海外品牌、技术的并购，迅速提高企业的知名度和核心竞争力。鼓励企业在研发资本存量丰富的国家和地区建立研发基地，为企业“走出去”提供全方位服务。

二是以建设境外经贸合作区为载体提升整体竞争力。充分发挥广东产业集聚、配套协同强的优势，在东南亚、非洲和拉美地区重要的投资意向国建设一批境外经贸合作区，积极向所在国争取优惠政策，引导“走出去”企业集聚发展。鼓励具有建设开发区经验的企业集团开发海外工业园区，形成统一的“走出去”支持性平台，帮助广东中小企业国际扩散。积极参与国家的中非合作计划，重新理顺尼日利亚广东自由贸易合作区的产权关系，加快中国·越南（深圳—海防）经贸合作区及埃塞俄比亚中国东莞华坚国际轻工业园等已有境外园区建设，推动在马来西亚、越南、缅甸、泰国等东南亚地区建设产业园区，打造海外企业区域聚集，提升整体竞争力。

三是以开拓境外能源合作新区域为重点建立全球要素保障格局。抓住“一带一路”建设的良好机遇，积极开展能源外交，在加强与越南、印尼等东南亚地区的煤炭、天然气等能源合作的基础上，推动与中亚、西亚地区产油国进行广泛的石油合作，实施广东

与中亚、西亚在石油、天然气等方面能源合作战略计划，强化能源供应管理体系的协作互动。加强广东与西亚在能源上下游生产的合作，力争将双方合作领域扩展到产业链上游的能源勘采、炼化和生产，充分挖掘广东与中亚、西亚国家企业能源合作的共同战略目标和商业利益。鼓励优秀的非国有企业进入中亚、西亚能源市场，推动原油分销市场的开放，促进竞争性的能源开发、运输和炼化机制改革，为两地能源贸易市场的健康、平稳发展创造条件。

四是以发挥对外工程承包优势为支撑加快企业国际化步伐。充分发挥广东电力、通信、基建等比较优势，推动企业“走出去”到对基础设施建设有巨大需求的非洲、东南亚、中亚、西亚等地区投资建设。通过采取灵活投资、工程建设、技术合作等方式，带动装备等出口，构建上下游协同的产能合作链条。大力推动设计咨询公司、项目管理公司、工程监理公司一起到境外开拓市场，以技术输出和管理输出为主，积累经验，逐步熟悉国际惯例，提高自身的技术水平和国际市场的竞争力。

五是以培育大型龙头企业为核心做大做强“走出去”经营主体。重点扶持具有一定规模实力、品牌优势和市场基础的大型企业集团，推动其加快实施品牌、资本、市场、人才、技术国际化战略，着力提高在研发、生产和销售等方面的国际化经营水平，使之成为具有国际竞争力和影响力的大型跨国公司，发挥示范效应，逐渐构建以我国企业为主导的跨国公司全球产业链。建立面向中小型企业跨国经营的成长激励政策，对在一定时期内跨国经营指数明显提升，境外资产、收入和人员发展速度快的中小型企业给予重点扶持。

四、对策建议

（一）加强公共信息服务，促进直接交流合作，提高财政性贸易促进效率，构建现代贸易促进体系

1. 建立完备的公共信息服务体系。搭建包括融资服务、法律援助服务、公共信息服务、公共展示服务、外贸孵化器服务等全省统一外贸公共服务平台体系，致力于解决外贸企业共性需求，畅通信息渠道，增强企业的市场竞争力，向外贸企业提供检验检测、国际营销、研发设计、展览展示、公共信息、外贸孵化、检测认证、公共物流、产品设计等服务，促进外贸企业的快速发展。充分发挥行业协会商会服务方式多样、信息开放程度深的优势，重点扶持广东优势产业建立行业公共信息服务平台。

2. 加大交流合作，创造直接的产品出口机会。研究制定开拓国际市场的工作计划，组织形式多样的国际市场推广和介绍活动。一方面要“引进来”，进一步提高对欧美发达国家以及跨国公司的招商力度，及时掌握其需求动态，发挥好广交会等平台作用，通过引进外资、外商等形式实现内贸带动外贸发展，促进产品出口。另一方面要“走出去”，如组织企业参与境外的各类国际专业展会和境内的对外经济贸易洽谈会，对于

“结伴参展”的中小企业给予适当的鼓励；组织专业贸易小组到重点开拓的国家和地区进行市场考察和产品推广；结合国内国际贸易形势，适时组织企业代表团出访，搞好双边或多边的经贸关系。

3. 提升财政性贸易促进支持效率。整合发挥外经贸发展资金的使用效率，根据业务发展的具体需要统筹支出。设立科技兴贸专项资金、境外投资贸易工作机构运作专项资金等用于提高出口产品质量和境外投资贸易工作机构运作等方面。调整财政支持方向，提高出口产品质量和水平。引导出口企业实施战略转型，由低价竞销策略向高附加值为主的技术创新、品牌推广相结合的新战略转变，通过提高产品质量、品牌价值，从而在根本上提高产品的出口价格和国际市场竞争能力，转变出口增长方式，实现可持续增长。

（二）提升自贸区制度创新窗口和示范作用，建立与国际接轨的投资贸易管理体系

1. 加快自贸区服务贸易开放和管理体系建设。结合国家产业结构调整方向，确定广东服务贸易发展的优势产业和优势地区；根据国际服务贸易的分工特点，明确广东服务出口的重点市场。围绕着优势产业、优势地区和重点市场，对服务出口进行政策、资金支持，并制订相应的人才培养策略。在要素服务贸易领域，尤其是金融、保险、咨询、邮电、航空运输、专业服务等技术、知识、资本密集型服务贸易领域，通过重点培育和对外开放相结合，提高国际竞争力。大力支持外贸新型商业模式发展，扩大市场采购贸易方式试点，积极推进跨境电子商务和外贸综合服务业企业发展。

2. 建立与国际接轨的外商投资管理体系。学习 TPP（即跨太平洋战略经济伙伴协定）或 TTIP（即跨大西洋贸易与投资伙伴协议）等国际先进规则，围绕投资贸易便利化，在自贸试验区加快实施准入前国民待遇加负面清单的管理模式，按照国际化市场化法治化的要求，积极探索建立与国际高标准投资规则体系相适应的行政管理体系，推进政府管理由注重事先审批转为注重事中、事后监管，形成可复制并向全省推广的管理经验。完善投资者权益有效保障机制，实现各类投资主体的公平竞争，允许符合条件的外国投资者自由转移其投资收益。

3. 构筑境外投资服务管理体系。改革境外投资管理方式，对境外投资开办企业实行以备案制为主的管理方式，对境外投资一般项目实行备案制，提高境外投资便利化程度。创新投资服务促进机制，加强境外投资事后管理和服务，形成多部门共享的信息监测平台。支持试验区内各类投资主体开展多种形式的境外投资。鼓励在试验区设立专业从事境外股权投资的项目公司，支持有条件的投资者设立境外投资股权投资母基金。

4. 建立国际化市场化法治化营商环境。建立一口受理、综合审批和高效运作的服务模式，完善信息网络平台，实现不同部门的协同管理机制，加快复制推广自贸实验区的贸易便利化措施，开展国际“单一窗口”。建立行业信息跟踪、监管和归集的综合性

评估机制，加强对试验区内企业在区外经营活动全过程的跟踪、管理和监督。建立集中统一的市场监管综合执法体系，在质量技术监督、食品药品监管、知识产权、工商、税务等管理领域，实现高效监管，积极鼓励社会力量参与市场监督。提高行政透明度，完善体现投资者参与、符合国际规则的信息公开机制。加强前海法院等试验机构改革创新力度，探索实行立案登记制、基层法院跨行政区划管辖案件、审判权与执行权相分离、司法行政事务管理权与审判权相分离、全面落实主审法官办案责任制等一系列改革使命，加快商事、仲裁和调节制度与国际接轨。

（三）加快国际物流通道、境外合作平台建设和金融服务创新，构建强有力开放型经济支撑体系

1. 现代物流支撑，畅通国际物流通道。发展高效低成本的国际物流，是推动开放升级的新推力，也是构建开放型经济的重要支撑。一是加快物流一体化。以珠三角地区为突破口，以建设与港澳地区错位发展的国际物流中心为目标，以物流市场一体化、物流网络一体化、物流产业一体化、物流信息一体化、物流标准一体化、物流营商环境一体化为重点，构建布局合理、技术先进、节能环保、便捷高效、安全有序的珠三角现代物流体系。二是发展多式联运。坚持铁运、陆运、水运并举，抓好铁路、公路、港口的配套和衔接，发展江海、铁海多式联运，增加“五定班轮”直达航线和班次。建立全省铁水联运物流模式，形成顺畅、低成本的货物多式联运，保证货物以最经济、最有效的方式交付或出港。三是打通国际物流通道，如丝绸之路南线通道（广州—西北新疆）、广东东盟海陆空铁水物流大通道、西江物流大通道、粤赣皖苏大通道、南北物流大通道等。

2. 优化境外产业合作园区建设。充分发挥境外经贸合作区在推动产业升级、带动经济发展、促进进出口贸易的作用，特别是通过境外经贸合作区转移产能规避贸易壁垒；通过“政府扶持、企业为主、市场化运营”，为广东企业实施“走出去”开创新模式。结合广东对外投资和产业转移规划，做好境外合作区的功能定位和项目配套，使更多进入合作区的投资企业共享资源、形成合力，减少境外投资风险。对境外合作区的投资企业给予政策和金融支持，帮助企业积极与东道国政府协调谈判，为企业投资决策提供指导和信息支持，通过各种方式维护好合作区投资企业的争当权益。

3. 构筑广东开放交流新平台。打造一批具有国际影响和示范效应的新兴国际交流平台，提高推介效应，为广东构建开放型经济新体系提供良好氛围。充分利用好“广东21世纪海上丝绸之路国际博览会”“中国（广东）国际旅游产业博览会”“中国－葡语国家经贸合作论坛”“泛珠三角区域合作与发展论坛”等论坛机制，积极探索推进“中非（广东）投资论坛”，加强与拉美、非洲等国在文化旅游、商贸、投资的多层次合作和交流。加强对外宣传和援助，加快广东特区模式发展经验总结，通过对南太岛国、非洲等区域文化学术交流、人员培训计划、举办面向南太岛国的广东发展成果展览

等形式，加快广东发展经验的宣传和推广，为相关国家发展提供借鉴。

4. 加大金融对走出去企业的支持力度。要加大金融机构支持企业“走出去”的力度，逐步发展广东跨国金融机构，支持金融机构加快境外布局，或与境外金融机构建立合作关系。利用自贸区先行先试的政策优势，在跨境贷款、商业银行跨境业务创新、跨境投资基金、跨境人民使用等领域积极探索，推动各类金融机构需要主动增加走出去领域的金融供给，并且需要提高具有行业特点的金融服务，增强金融创新能力，提供多样化的融资、避险和增值产品。

（四）加强企业“走出去”和金融风险防范，健全经济安全机制，构建高效开放型经济安全保障体系

1. 建立粤企“走出去”风险防范和保障体系。进一步提升“广东省企业境外投资综合服务平台”服务功能，为企业境外投资提供政策咨询、风险评估、融资服务等全流程服务；进一步完善境外人员和机构安全保护工作联席会议机制，完善境外突发事件应急处理机制，配合国家做好风险预警、信息发布及人员转移、资产保全等工作；指导企业构建境外安全风险防范工作层级管理体系，切实落实安全责任。在完善企业内部防控机制的基础上，加快建立境外投资风险公共保障机制，形成多方共担、有序转移、风险可控的格局，引导企业用好境外投资保险、境外劳务保险等避险工具。

2. 提高对外开放金融风险管理和防范水平。一方面粤港澳金融风险控制和管理政策不同，使得粤港在金融业方面的合作相对于其他服务业仍较为滞后，因此提高金融风险管理和防范水平是进一步推动粤港金融服务贸易便利化的内在要求；另一方面香港作为国际金融中心，金融自由化程度较高，粤港澳金融合作的进一步深入可能带来短期资本大规模跨境流动的风险、套利套汇风险和国内外非法洗钱等金融风险；同时，粤港两地服务业发展水平存在差异，发展较成熟的香港金融服务业进入广东金融服务业产生冲击。因此，要强化跨境资金流动的双向监测和渠道分析，完善风险监测预警功能。严厉打击地下钱庄等违法违规外汇交易行为，遏制异常违规资金跨境流入。

3. 健全经济安全保障和产业保护机制。构建省级经济安全和风险评估防范机制，实现深度参与全球化与防范经济风险良性互动。要坚持在有效防范风险的前提下深化对外开放，在提高对外开放水平中增强风险防范能力。既要重视防范国内市场开放带来的系统性风险和产业冲击，也要重视拓展海外市场过程中的人员与资产权益保护问题。健全贸易管理体系。完善进出口管制的管理体系，加强出口管制的清单管理和技术评估工作，加强国际交流与合作。保护广东产业安全，通过知识产权保护，维护广东优势产业的发展利益；加强标准化的建设，规范产品和市场的标准。

新常态下广东“走出去”存在的问题及对策建议

新常态下的中国对外开放呈现出高速引进和大规模走出去齐头并进的新特点。2014年，我国实际使用外资金额1195.6亿美元（非金融），同期全行业对外直接投资1160亿美元，如果加上第三地融资再投资，对外投资规模达到1400亿美元左右，我国实际对外投资首次超过海外在华投资，对外开放进入“走出去”的新时代。2014年广东实际使用外资268.71亿美元，新增对外协议投资124.91亿美元，还不及前者的一半；在全国所占比重不到10%，也与外向型经济大省的地位极不相称，“走出去”空间广阔。在新常态下，广东如何抓住“一带一路”及自贸区建设等新机遇，加快“走出去”步伐是摆在我们面前的迫切问题。

一、广东加快“走出去”恰逢其时

（一）全球经济格局深刻调整倒逼广东“走出去”

国际金融危机以来，世界经济呈现出“总量需求增长缓慢、经济结构深度调整”的特征。广东原来那种以“物美价廉”为主要特征的出口竞争力，受到传统市场空间萎缩的明显挤压，出口贸易的战略思路必须进行调整。而美欧等经济强国相继提出“再工业化”“2020战略”“重生战略”等措施，则为广东走出去参与智能工业的创新发展创造机遇；发展中国家都在努力调整发展模式，加快发展具有比较优势的产业，为广东具有国际竞争力的优势产业走出去融合发展提供重要契机。

（二）“一带一路”战略加速广东“走出去”

“一带一路”战略的实施，特别是亚投行的运作，将带来大规模基础设施建设，为广东水泥、钢铁、玻璃等过剩产业及通讯、电子等具有比较优势的信息产业“走出去”提供了前所未有的发展空间，同时沿线国家丰富的资源能源储备，也为企业带来众多的投资机会。

（三）“自贸区”建设助力广东“走出去”

建设好国内自贸试验园区，大力打造中国东盟自贸区升级版；争取签署中美双边投资协定；加快中巴贸易走廊、中印缅孟经济走廊建设；推进中日自贸区谈判并加快研究中欧自贸区建设，从而建立起连接全球的自贸区网络，建立对接国际高标准贸易规则的制度机制，进一步清除各国的贸易和投资壁垒。广东可充分抓住四个自贸区启动建设的历史机遇，以开放倒逼改革，努力为企业“走出去”打造更好的软环境。

（四）国家战略支持广东“走出去”

构建对外开放新格局，是新常态下广东外经贸工作的着力点。2014 年国家出台一系列投资自由化、便利化的举措（见表1），为企业“走出去”大开方便之门。2014 年12 月，国务院批准广东自贸试验区建设，更是为广东先行先试，创新体制机制，推动企业“走出去”提供了良好条件。

表1　2014 年国家“走出去”主要政策

时间	主要内容
2014 年 4 月	中国发改委发布新规，从 5 月开始放宽对海外投资的限制，10 亿美元以下交易不再需要审批，只需备案即可。
2014 年 10 月	商务部发布《境外投资管理办法》，98% 的对外投资事项已不需要再审批。
2014 年 11 月	国务院发布《政府核准的投资项目目录（2014 年本）》，境外投资的要求调整为，涉及敏感国家和地区、敏感行业的项目，由国务院投资主管部门核准，为境外投资松绑。

二、广东“走出去”存在的主要问题

近年来，广东大力实施“走出去”战略，对外投资合作快速增长，涌现出华为、中兴、美的、TCL、格力、农垦、广晟、粤电等一批有实力、有品牌的跨国经营企业。截至 2014 年底，广东协议对外投资累计设立境外企业 6888 家，中方协议投资额达359. 6 亿美元，中方实际投资额 437. 9 亿美元。但是，仍存在一些比较突出的问题：

（一）对外投资水平总体不高

“走出去”企业数量少、规模小，除了华为、中兴、美的等少数大型企业外，近 9 成为中小企业，全球化布局能力较弱，境外营销渠道和自有品牌建设不足。对过剩产能转移和产业输出作用较大的制造业对外投资仅占总额的 3. 7% 。境外合作区建设推进缓慢，未能有效带动省内优势传统产业的产能转移。境外资源开发规模较小，大部分项目不掌握资源产品的销售权和定价权。

（二）投资区域分布过于集中

无论从企业个数还是资金量看，香港都是广东投资高度聚集的地区，占对全球投资的 70. 6% ，占对亚洲投资的 93. 2% 。广东对外投资很多重大项目和跨国并购案均通过香港间接流向亚洲、欧洲、北美、大洋洲等其他地区，显现广东“走出去”高度依赖香港的特点。

（三）投资主体分布过于集中

珠三角9市凭借雄厚的经济基础和产业优势，集中了全省7成以上的境外投资，加上省属企业占全省境外投资总量的98%。在珠三角地区，境外投资又高度集中在广州、深圳两市，其中深圳占全省对外投资50%以上。粤东西北地区开展对外投资合作总体上发展缓慢，境外投资规模仅占全省2%左右，除汕头、湛江近年有一定发展外，其他各市对外投资合作仍未起步。

（四）发展后劲已显不足

与兄弟省市相比，广东境外投资在增长速度、项目规模、市场布局等方面已落后于江苏、山东等省市，有被赶超的趋势。2009—2013年广东新增协议投资额年均增长39.5%，分别比江苏、山东低17.2和1.9个百分点；2010年以来，江苏每年新增中方协议投资额均大于广东，赶超势头迅猛。

三、广东“走出去”面临的主要困难

（一）资金国际流动受资本项目管理体制制约

虽然近年国家外汇管理局陆续出台了一系列关于简化和规范对外投资外汇管理的政策措施，但尚未真正放开资本项目管制，按现行规定，企业只能汇出境外企业注册资本金，跨国运营中涉及的境内外资金流动受到较大限制，影响企业国际化运营能力的提升。

（二）人员出入境受制于现行人员出入境审批管理体制限制，不利于企业开展对外投资跨国经营

根据现行人员出入境管理办法，国有企业受出境次数和人数控制，影响正常的项目前期考察、协议签署、境外经营等企业经营；现有出国人员审批管理层级多、时间长、手续多，影响境外人员及时补充，不利于业务顺利开展。对于民营企业，多年来一直存在的突出问题是对外派人员常驻港澳工作的管理服务缺位。

（三）境内信息服务体系尚未跟上企业“走出去”的需要

对外投资是一项系统工程，涉及发展和改革、外经贸、外汇、外事、出入境、海关、检验检疫、税务、银行等部门的协调联动，还需要境内外的信息联通，为企业提供前期风险预警、国别产业政策、投资准入、市场信息以及后续的市场准入、国民待遇、日常经营中遇到的问题等一系列的服务。目前商务部在国别投资指南、国别产业政策、投资保护协定等方面建立了政策促进框架，也与外汇管理部门建立了较为协调的管理架构。但其他部门还基本处于各自为政的状态，尚未建立良好的工作机制，为企业提供有

效的政策支持和信息服务。

（四）企业融资难且渠道单一，融资成本高

除部分上市公司外，目前企业主要从银行贷款获得融资支持，渠道单一且成本较高。除部分大型企业外，广东大量“走出去”企业的规模较小，实力较弱，资本金及其他资产等不足以满足银行的抵押放贷标准，因而企业往往在办理国内银行的海外贷款业务时遭遇困难。

（五）企业在海外投资时面临的各类风险上升

当前国际经济政治形势复杂多变，国家政权更迭、社会动乱及针对我国投资者人身、财产安全的治安事件时有发生，增加了广东企业“走出去”的安全风险。国际保护主义盛行，一些国家加大外资审查力度，部分发展中国家政策不稳定，致使企业境外投资风险上升。

四、加快“走出去”的政策建议

（一）以“一带一路”为核心实施有针对性的“走出去”战略

充分发挥广东在“一带一路”建设中的区位和产业优势，打造广东“走出去”的先行地。支持研发、创新能力或者加工制造能力较强的企业以欧美等发达国家和地区为重点开展海外品牌和技术并购；引导轻工纺织、电子信息、建筑材料、食品加工等优势产业以东盟、中东和东欧等为重点设立生产基地、营销网络和经贸合作区；以东南亚、西亚、非洲等地区为重点开展矿产资源和农业资源开发合作；以东南亚、非洲等欠发达地区为重点，积极参与基础设施建设和工业园区合作，化解过剩产能。

（二）以自贸区建设为契机加快对外投资管理体制改革

对境外投资实行负面清单管理模式，除涉敏感国际地区和敏感行业外的境外投资，一律实行备案制，简化程序、简政放权，在真正意义上确立企业的对外投资地位。以自贸区为突破口，建设中国企业的海外投融资平台，为企业走出去解决资金困扰。一是在自贸区内资本项目下适度开放，增加境内机构境外发债规模并允许募集资金回流境内使用，促进海外并购和投资；二是推进利率市场化，接轨国际金融市场，降低企业对外投资成本；三是在自贸区内设立人民币境外投资基金，帮助企业规避汇率风险。

（三）以境外经贸合作区为抓手提高企业竞争力

发挥广东产业集聚、配套协同强的优势，在重要的投资意向国家和地区建设一批境外经贸合作区，积极向所在国争取优惠政策，引导“走出去”企业集聚发展。支持中小企业通过“抱团”方式开展跨国经营，并寻求共建专业性生产基地和产业园区，打造海外企业区域聚集，提升整体竞争力。

（四）以“走出去”联席会议制度为基础促进企业对外投资便利化

整合对外直接投资的跨部门管理职能，争取国家试点实行职能归口管理，进一步简化审批手续。进一步完善“走出去”的沟通协调机制，加强与外汇、银行、税务、外事、出入境等部门的沟通，在外汇使用、信用担保、保险、税收减免、人员进出等方面给予政策支持，为企业“走出去”大开方便之门。

（五）以加强引导和服务为重点健全走出去公共服务体系

加强对“走出去”企业的统筹引导和服务，做好全球投资需求的规模、领域和国别研究，深入研究对外投资风险，分国别编制投资实务指南，提供对外投资精准信息。以贷款贴息、保险费用补贴等方式对“走出去”企业给予一定资金扶持，降低投资风险，保障企业权益。建立境外投资风险预警应急机制和海外企业的维权机制，对企业在海外面对的贸易壁垒、金融风险等给予支持和指导。完善对外投资统计制度，建立企业信息体系，规范走出去企业海外经营行为，树立广东企业良好海外形象。

新常态下强化六大抓手
构建开放型经济新体制

十八届三中全会突破性地为中国改革“升级”提出“全面深化改革”的全新主张。作为全国改革开放的前沿，广东肩负着深化“改革开放先行地”的历史新使命，必须紧紧抓住“全面深化改革”的重要战略机遇，突出重点，强化抓手，加快涉外经济管理体制改革，逐步构建开放型经济新体制，以开放倒逼改革，以改革稳定发展，为广东对外开放提质增效和经济持续健康发展作出贡献。

一、以广东自贸区为平台，构建开放型经济体制改革的新高地

以制度创新为核心，以深化粤港澳合作为重点，大力深化广东自贸区投资管理体制改革，打造制度创新、体制创新和机制创新的新平台，构建开放型经济新体制的新高地。

（一）全面深化涉外经济管理体制改革

严格执行对外商投资准入前国民待遇加负面清单管理模式，建立宽进严管的市场准入和监管制度，为内外资企业营造一个公平、稳定、透明的营商环境；创新行政管理体制，建设市场准入统一平台和国际贸易“单一窗口”，建立以政府职能转变为导向的综合服务监管新模式；创新通关监管服务机制，建立以贸易便利化为重点的贸易监管新体制，营造与国际惯例接轨的贸易便利化环境；创新人民币跨境业务发展，建立以资本项目可兑换和金融服务业开放为目标的金融创新制度。

（二）率先实现粤港澳服务贸易自由化

加大服务业开放的广度和深度，不断取消或放宽港澳投资者的资质要求、股比限制和经营范围等准入限制，扩大服务业的开放领域；着力构建与国际通行规则接轨的制度体系和运行方式，加快金融、商贸、物流、科技、专业服务等现代服务业体制机制创新；清理服务业准入后的政策障碍和隐形壁垒，解决大门开小门不开的问题；推进粤港澳服务标准和规则对接，推动粤港澳专业资格互认，探索个人专业服务资格执业方式，促进服务要素便捷流动。

二、以“一带一路”为契机，探索国际区域合作新模式

充分发挥广东改革开放先行地优势，抢抓国家实施“一带一路”重大战略的机遇，

创新涉外投资管理体制，探索国际区域合作新模式。

（一）畅通国际沟通交流机制

探索建立广东与“一带一路”主要合作国家的沟通联络、互访机制，双方定期进行磋商，共同商定合作项目，协调解决合作项目进展中遇到的问题。加强统筹规划和制度建设，科学布局建设境外经贸代表处，加强境外信息收集，建设境外企业信息网络和项目数据库，为企业提供信息咨询和风险防范服务。延续“一带一路”的历史文化交流，加大缔结友城和友城互动力度。鼓励与各国的行业商协会交流合作，支持商（协）会承接部分政府职能，充分发挥民间组织在对外交往中的积极作用。

（二）积极参与中国—东盟自贸区升级版建设

推进广东与东盟国家在服务贸易自由化和投资便利化等多方面合作，建立先行先试探索开放的新机制，努力分享“钻石10年”的合作红利。在中国—东盟自贸区协议框架下，建立广东—东盟协调和调节机制，降低双方贸易摩擦发生数量，提高贸易纠纷和贸易摩擦的处理效率。提高认证、标准等体系衔接程度，逐步消除双方商品出口对方市场时面临的认证和标准障碍，推动检验标准和结果互认。

（三）强化园区合作机制

以“一带一路”沿线国家为重点，大力加强经贸、物流、农业等各类园区合作，实现集聚化、规模化发展。创新招商引资体制，加强中外合作园区建设，努力引入欧美等发达国家和地区的先进管理理念、运作模式及人才、技术等；创新对外投资理念，充分发挥广东产业集聚、配套完善的优势，积极建立境外合作园区，引导企业在外集聚发展；积极探索“一园两地”国际合作新模式，促进双方企业互到对方国家发展，实现“引进来”和“走出去”良性互动。

（四）改革对外投资管理体制

落实“谁投资、谁决策、谁受益、谁承担风险”的原则，确立企业及个人对外投资的主体地位，创新开展对外投资。省管权限内境外投资项目和境外投资企业设立、变更由核准制改为备案制，推动网上自动登记。争取国家支持广东先行先试，制定扩大企业和个人对外投资合作的管理实施办法，不断优化境外投资管理流程，下放对外投资管理权限。

三、以粤港澳台合作为重点，培育涉外经济体制改革的新亮点

继续发挥毗邻港澳台的区位优势，凭借粤港澳台合作的历史基础，探索合作新机制，开拓合作新领域，培育涉外经济体制改革的新亮点。

（一）创新粤港澳台合作机制

深入落实粤港、粤澳合作框架协议，健全粤港、粤澳联席会议制度，建立健全区域

产业合作机制，重点建设广州南沙、深圳前海、珠海横琴3个粤港澳紧密合作示范区，携手建设更具综合竞争力的世界级城市群。创新粤台经贸合作机制，加快推进一批粤台经贸合作平台建设，全面深入推进广东与台湾在贸易、投资、科技、农业等多领域深层次的合作，推动粤台经贸合作再上新台阶。

（二）充分利用香港、澳门平台优势，支持企业开展与境外企业的技术、人才、资源、市场等合作

充分发挥香港人民币离岸中心和前海作为国家金融创新改革探索平台的政策优势，加强金融市场的互联互动，建立政银企和担保公司多方联动融资服务体系，为更多的中小企业走出去提供强有力的金融支撑。改革和完善企业港澳投资审批管理制度，畅通通过港澳台对全球高端技术、人才、品牌和网络的控制路径。与香港投资推广署和贸易发展局、澳门贸易投资促进局等建立长期有效的沟通协调机制，发挥港澳完善的国际经贸平台优势。

（三）进一步落实CEPA在广东先行先试政策，率先实现粤港服务贸易自由化

探索破除机构资质等级门槛，改为以个人专业服务资格为主的管理方式。引入港澳服务提供者参与社会服务，开办非营利的社会服务机构。完善粤港金融合作机制，共同建设具有全球竞争力的国际金融中心区域。完善粤港澳跨界基础设施协作推进机制，推进跨界交通、能源、水资源和信息化等基础设施更紧密合作，进一步实现三地人员、资金、货物、信息等要素便捷流动。完善海外侨商及华侨华人专业人士来粤投资创业创新机制，创新侨务工作模式，依法给予更多便利。

四、以开发区为载体，打造开放型经济体制改革的新引擎

充分发挥全省85个省级以上经济技术开发区作为广东对外开放窗口和吸收外资重要载体的引领、示范、带动作用，率先推进招商引资体制、行政管理体制、市场监督体制等体制创新，成为开放型经济体制改革的新引擎。

（一）创新招商引资体制

坚持招商引资和产业升级相结合，开展创新金融、航运物流、装备制造、科技服务、商业服务、健康医药和文化创意等领域专题招商，引入产业链招商体系。建立重大外资项目统筹推进和协调会审机制，探索地区间利益协商及共享机制、外商投资项目流转机制。创新园区开发建设管理模式，加强国际合作园区建设，积极引进国际先进技术、标准以及先进的人才、管理经验和运营模式，加快产业转型升级。支持中新（广州）知识城、佛山中德工业服务区、揭阳中德金属生态城和东莞台湾高科技产业园等重点园区探索入园企业负面清单管理模式。

（二）推动服务贸易管理体制改革

加强省级服务外包示范园区和重点培育企业的综合考核评价，强化公共服务平台建设。建立统计分析机制及企业数据库平台，进一步完善服务贸易统计工作。落实国家对服务出口实行零税率或免税政策，进一步扩大技术、运输、金融、保险等服务出口。落实“营改增”等各项改革工作，探索建立与服务贸易特点相适应的口岸通关管理模式。

（三）深化行政管理体制改革

进一步深化行政审批制度改革，按照能放则放、能减则减的原则加大行政审批事项“取消、转移、下放”力度，支持开发区率先进行外商投资管理体制改革，打造行政审批改革先行区。大力推进工商登记制度改革，落实认缴登记制，由先证后照改为先照后证。鼓励在开发区开展人民币资本项目可兑换、人民币跨境使用、外汇管理改革等试点。创新开发区的投融资体制，探索建立投保贷一体化融资安排模式。

（四）加强监管体制改革

健全入区企业监管体制，注重事中事后监管，建立健全纵横联动、协同监管机制，建立后续监管信息共享机制和平台。开展国家知识产权保护和服务综合改革试点，完善知识产权保护和服务体系，推进知识产权诚信体系建设，充分发挥知识产权对产业转型、科技创新的重要支撑作用。

（五）制定科学评价体系

科学设置先进技术、研发创新、品牌建设、生态环境、投资环境等方面的评价指标，制定发展水平的科学评价体系，引导开发区走质量效益发展之路。

五、以泛珠三角合作框架为基础，开创跨省区经济合作的新路径

在进一步加强泛珠三角合作的基础上，加强与其他兄弟省区经济合作，积极参与“一带一路”建设，形成依托港澳、连接东盟、面向世界的对外开放新格局。

（一）创新跨省区经济合作模式

以共建跨省区域合作产业园区为抓手，将粤桂合作特别试验区打造成为省际合作机制创新区和东西部合作的重要示范区，有序推进产业梯度转移。重点打造珠江—西江经济带、北部湾经济带及南广贵广高铁沿线经济带建设，推动区域经济一体化发展。加强与新疆、内蒙古合作，参与新亚欧大陆桥和中蒙俄经济走廊建设，实现“一带一路”交汇贯通。积极推动粤东地区主动融入海西经济区、粤西地区融入北部湾经济区、粤北山区加快建设对外经济走廊，推动区域协调发展。

（二）探索区域合作新机制

积极争取泛珠纳入国家重大发展规划，为深化泛珠合作提供更有力的政策支撑。在

继续加强泛珠合作论坛暨经贸合作洽谈会作为泛珠合作重大平台的基础上，围绕重大项目、重点领域建设专项规划服务平台，建立跨区合作协调机制，有效突破行政区间协调发展的难题。

（三）完善市场机制

消除区域间市场壁垒和不正当竞争，逐步建立区域统一标准，日益完善流动人口跨省区养老保险转移接续、医疗保险异地结算等机制，实现人流、物流、资金流的自由流动。全面清理地方保护和市场封锁的政策法规，探索建立司法机构的联席会议机制，用法律保障要素的自由流动和市场的公平竞争，形成统一开放、公开透明、平等竞争的大市场。

（四）合力对外开放

在国家“一带一路”战略下，充分发挥各省区对外开放平台优势，用足用好国家优惠政策，通过优势互补实现共赢发展。加强基础设施互联互通的规划和协调，推动跨省区基础设施建设全面提速升级，形成纵贯南北、横跨东西的综合交通网络。加强口岸合作，推动沿海、内陆、沿边的大通关协作，实现信息互换、监管互认、执法互助。联合建立风险预警平台，关注国际市场的运行趋势，增强国际应变能力。

六、以营商环境建设为核心，增创国际竞争的新优势

积极对接国际标准，加快政府职能转变，建设法治化、国际化的营商环境，争创广东国际竞争新优势。

（一）建设与国际接轨的法治环境

加快推进地方商事法律与国际通行商业规则对接，健全商事纠纷诉讼解决机制。深入开展粤港澳仲裁合作和国际仲裁交流合作，加强包括涉外仲裁在内的多元化、国际化的纠纷仲裁和调解机制建设。健全知识产权海关保护长效机制，依法打击进出口侵犯知识产权行为。建立知识产权维权援助与涉外应对机制，完善知识产权保护举报投诉和相关奖励制度。建立企业知识产权方面的经营异常名录制度，推进知识产权诚信体系建设。

（二）建设与国际接轨的行政环境

积极对接国际先进理念和通行规则，深化行政体制改革，创新政府管理服务方式，精简和规范行政审批，建设透明高效的政务环境。借鉴国际通行做法，大力发展电子政务，推行网上审批和办事。加快政社分开，科学研究和制定商协会发展规划，优化商协会布局和结构，健全商协会工作机制，建立商协会信息交换平台，完善政策征询机制，充分发挥商协会在制定行业标准、规范行业秩序等方面的重要作用。

（三）建设与国际接轨的通关环境

继续深化区域通关一体改革，建立区域通关中心，构建统一的申报平台、风险防控平台、专业审单平台和现场接单平台，形成涵盖全省海关通关全流程的一体化管理机制和运行模式，全面提高贸易便利化水平。推动驻粤口岸各查验单位共同参与广东电子口岸建设，构建全省统一开放的口岸通关管理和公共服务平台，实现信息互换、监管互认、执法互助。探索建立国际贸易“单一窗口”管理制度，加快实现“一站式”服务，降低企业成本费用，提高通关效率。

（四）建设与国际接轨的人才环境

加快改革人才引进、培养、使用和激励等体制机制，大力构建与国际接轨的多层次人力资源体系。积极引进国内外具有国际视野、熟悉国际规则的复合型高素质人才，并为其在医疗保健、住房、配偶安置、子女入学等方面提供便利。依托中山大学、暨南大学、华南理工大学等省内重点高校，加强与境外知名大学的交流与合作办学进程，加快国际化人才的培养步伐。开展国际教育合作交流，加强公派留学出国管理与保障服务，加大来粤留学资金投入，有效改善留学生结构。

珠海积极探索构建新常态下开放型经济新格局

当前，广东正处于转型升级、探索对外开放新路径的关键时期。全省上下积极适应新常态，努力构建开放型经济新格局，涌现出许多好的经验和做法。珠海充分利用横琴自贸区建设和国家实施“一带一路”的战略机遇，在实施开放发展战略、构建新形势下对外开放新模式方面先行一步，努力构建“以外促内、内外一体”的开放新格局，形成以开放倒逼改革，以改革促进发展的新局面。

一、珠海开放型经济发展取得明显成效

（一）综合经济实力大幅跃升

近年来，珠海认真落实国家和省各项政策措施，抓住关键领域和薄弱环节，大力发展蓝色经济，培育大型骨干企业，促进外贸转型发展，壮大民营经济和总部经济，推动经济在结构调整优化中稳中有进、稳中提质，多项指标增幅在珠三角领先。2014 年全市实现地区生产总值 1857.3 亿元，增长 10.3%，人均 GDP 超 1.8 万美元；一般公共预算收入 224.3 亿元，增长 23.6%。GDP 和预算收入增速均居珠三角第一。一般公共预算收入占 GDP 的比重达 12%，税收收入占一般公共预算收入的比重达 81.2%，规模以上工业企业利润总额达 293.6 亿元，增长 18.2%，发展的质量和效益持续提升。固定资产投资 1135.1 亿元，增长 23.5%，增速连续四年保持珠三角第一。

（二）对外开放合作向纵深拓展

落实国家“一带一路”战略，积极参与 21 世纪海上丝绸之路建设，推动外经贸在转型中稳步增长。2014 年进出口总额达 550 亿美元，增长 1.3%，其中出口增长 9.3%，一般贸易进出口占比提高到 53.5%，内资企业出口占比达 55.2%，加工贸易委托设计和自主品牌混合生产方式出口占比达 62%，服务外包离岸执行金额增长 37%，外贸结构进一步优化。新增外商直接投资项目 330 个，新引进投资超过千万美元项目 39 个，实际吸收外资 19.3 美元，增长 14.4%。积极实施“走出去”战略，对外投资项目 45 个，协议中方投资金额 7.2 亿美元，同比增长 293%。完善珠港、珠澳联席会议制度，合作机制进一步加强。2014 年新增港澳企业 289 家，利用港澳资本 13 亿美元，珠海驻港澳中资企业资产总额达 200 亿港币。

（三）横琴新区为自贸区建设奠定良好基础

横琴开发5年来，取得了一系列重大成就。澳门大学、长隆国际海洋度假区、十字门中央商务区国际展览和会议中心相继落成，WTA超级精英赛落户横琴。国家食品安全（横琴）创新工程和“星光中国芯物联网工程”两大国家级战略工程先后落户横琴；国际广告创意产业基地被国家工商总局列为国家广告产业试点园区；香港瑞银企业管理、澳门优越企业管理等港澳商务服务类企业陆续进驻；中国铁建股份有限公司、珠海横琴国际煤炭交易中心、三一集团南方总部、中国中冶横琴总部等正式落户横琴。2014年新引进世界500强企业6家，中国500强企业4家，已引进和在谈世界500强企业52家，国内500强投资项目76个；引进总部企业785家；累计引进各类金融企业672家，注册资本1226亿元，实际管理的资金规模超过7000亿元，横琴“财富岛”已具雏形，也为横琴自贸区启动后的加速发展打下了重要基础。

三、主要做法及启示

（一）主动参与国家“一带一路”战略建设，打造“中巴经济走廊海上大通道”

最近，习近平总书记访问巴基斯坦时，提出要加快中巴经济走廊建设，并以此为中心，以瓜达尔港、交通基础设施、能源、产业合作为重点，形成“1+4”合作布局，实现合作共赢和共同发展。中国政府将在中巴经济走廊项目中投资450多亿美元，提振巴基斯坦的经济发展。走廊建成后，巴基斯坦将成为南亚、中亚的贸易中心。珠海市积极主动地参与到中巴经济走廊建设当中，依托珠海港，开展珠海与巴基斯坦瓜达尔港、贵州黔南三地合作，整合港口功能和商贸物流资源，开辟珠海—瓜达尔海上航线、开展珠海—黔南无水港物流，从而打通“瓜达尔—珠海—黔南”海上大通道并延伸至大西南、华南地区，形成覆盖我国和中东、非洲地区的国际物流链，并将珠海、珠海港打造成为丝绸之路上的物流枢纽之一。主要内容包括：

一是开辟海上物流大通道，搭建互联互通大平台。借助中巴自贸协议和相关政策，开展基础设施互联互通建设，构建珠海与瓜达尔港合作大环境，以珠海的区位、交通、经济及通关大平台的资源优势，尽快使珠海形成具有物流资源集聚能力和商贸一体化平台的桥头堡，联合建设和贯通“瓜达尔—珠海—黔南州”海上与内陆无水港物流联运运作新模式，并将其打造为“中巴经济海上大通道”。一方面为云贵川渝四省市商品货物提供出海平台，另一方面，为南亚及中东地区提供出口平台，推动商贸物流合作交流国际化。

二是合作开发瓜达尔港，构筑海上通道重要支点。珠海港集团利用自身优势，先行参与如下合作：为瓜达尔港提供人员培训，提供信息化平台的建设与维护；以瓜达尔临港产业及主要货种为依据，以适当投资方式在瓜达尔后方自贸区内建设物流仓储，作为码头后方的补充仓储设施与物流加工场地；探讨与瓜达尔港关于泊位租赁与购买、码头与自由贸易区投资与建设的合作模式，提升瓜达尔港的港口规模与水平；共同促进珠海与瓜达尔间海上航线的开辟，为航线组织合适的货源。

三是推动企业“走出去”，建立跨国商贸物流合作平台。以政府牵头，推动珠海港与瓜达尔港开展商贸物流合作，在瓜达尔港自贸区设立中国南方商品采购交易中心，作为瓜达尔港自贸区项目的启动区项目，占地面积25公顷，建设面积约7万平方米，总投资约10亿元人民币，分三期进行建设，一期投资1亿元人民币，预计2016年底完工，由珠海华发集团开发建设。汇集珠三角、广东、华南、西南地区名优产品入驻，拓展我国商品海外市场，并通过该中心帮助我国企业在巴基斯坦进行资源及原材料产品采购。

四是建设中巴（珠海）海洋养殖合作基地，带动巴方海产出口。结合珠海与瓜达尔的商贸物流合作基础，以海洋经济为突破口，依托珠海与瓜达尔相近的自然环境和珠海发达的养殖产业基础，利用珠海海产养殖的丰富经验和瓜达尔优质的海水养殖条件，共同建设“中巴（珠海）海洋养殖合作基地”，探索海上冷链物流产业园区双向投资，健全常态化的合作交流机制，构筑连接中巴两地内陆市场的双方海上互联互通的渔业合作网络，逐步开拓港口增值、深海捕捞、海产加工、鲜活物流领域的合作，积极探索发展中巴海洋养殖合作新模式。

（二）以横琴自贸区为平台，加快建立与国际规则相适应的体制机制

近年来，珠海在横琴推行一系列行政管理体制改革，建立了全国第一个以“清单+办事指南”的方式公布的“权力清单”和“责任清单”，将清单管理模式引入市场监管执法领域，列明国民经济96类行业1748种违法经营行为；深化商事登记改革，进一步建立“一个平台、一表通用、一次填报、统一收件、统一发证、统一归档”的“四证联办”商事登记模式，累计注册企业7363家；在全国率先开展司法改革试点，取消审判庭建制和案件审批制，实行法官会议制、法官员额制；率先推动“诚信岛”建设，出台全国首个诚信方面的政府规章《横琴新区“诚信岛”促进办法》；创新行政综合执法，实施“物管+城管+法管”为一体的城市治理新模式；在全国范围内率先启动个人本外币兑换特许机构刷卡兑换业务，有效解决以往现钞兑换造成的不便，为特许机构受理刷卡兑换业务的全省推广积累有益经验，澳门国际银行已在横琴挂牌设立，国内首张银联多币种IC卡在横琴首发。

（三）以港珠澳大桥建设为契机，加强与香港合作

成立珠港合作专责小组，共同举办珠港合作发展研讨会，双方紧抓港珠澳大桥建设机遇，推动双方在更宽领域、更深层次开展合作，尤其是服务业方面，双方各自优势明显，合作前景广阔。截止2014年底，香港在珠海投资企业1324家，投资总额194亿美

元，注册资本109亿美元。其中，在横琴新区注册和登记港资企业91家。珠海机场自委托香港机场公司管理以来，客货运量保持快速增长，2014年突破400万人次。由珠海港控股集团有限公司与香港和记黄埔三角洲港口有限公司合资建设的珠海高栏港两个5万吨集装箱码头已建成并试运营。以教育为重点的民生领域合作不断深入，香港浸会大学联合国际学院在横琴成立产学研基地和教育基金会。

（四）以横琴自贸区建设为载体，加强与澳门合作

以横琴开发为载体，出台实施《横琴新区支持澳门经济适度多元化发展的十一条措施》，率先降低澳门金融机构准入门槛，设立初始规模为100亿元的产业引导扶持基金和20亿元澳门青年横琴创业扶持资金，启动澳门青年横琴创业谷，设立澳门投资绿色通道，合作建设粤澳合作产业园，务实推动互利共赢的全方位合作。截止2014年底，澳门在珠海投资企业1284家，投资总额约30亿美元，注册资本约21亿美元。其中，在横琴新注册和登记澳资企业210多家。双方进一步加强通关合作，拱北口岸开闭关时间分别提前和延后1小时，横琴口岸实行24小时通关，珠澳跨境工业区口岸于0时至7时临时向社会开放。珠澳跨境工业区全面实施“先进区，后报关”海关临管模式，通关时间由几小时甚至一天缩减到3—5分钟。

（五）加强与欧美发达国家交流合作，不断提高对外开放水平和质量

欧美等发达经济体仍然是全球高端制造业基地、最重要的消费市场、资本和技术的输出地、科技创新的中心和世界经贸规则的主要制订者。珠海把加强与欧美发达国家合作作为提升开放型经济发展水平的重要抓手，与德国巴伐利亚州化学产业集群签署协议，合作建设“德国巴伐利亚州—广东省化工产业园”，将其打造成为国际合作的高端平台。同时，在德国、美国分别设立珠海驻欧洲、北美经贸代表处，聘请当地国籍人士担任首席代表，为珠海招商引资和企业“走出去”提供投资信息、法律咨询等全方位的服务。

（六）探索建设拉美论坛永久会址，将其打造成为中国与拉美国家商贸合作的重要平台

澳门与葡语国家有很深的历史渊源，“中葡论坛”选址澳门就是要利用澳门和葡语国家的特殊关系和潜力，作为中国和葡语国家之间经贸发展的平台。珠海充分利用在澳门举办的“中葡论坛”品牌，深化两地合作，计划在横琴打造“拉美论坛”永久会址，并制定中国（珠海）拉美经贸合作示范区工作方案，旨在将珠海打造成为中国与拉美国家经贸合作的重要基地。

（七）积极参与区域合作，推动内外贸共同发展

珠海充分发挥珠江口西岸核心城市作用，抓住部省共建珠江口西岸先进装备制造产业带的机遇，加快发展先进装备制造业和航空产业，先后引进中海油、三一重工、中国

北车、瓦锡兰玉柴、维柴动力、中船等装备制造业企业，努力成为珠江西岸经济发展新的增长极，进一步增强对珠江西岸地区的辐射带动作用。同时，还借助国家西江经济带战略的贯彻执行，以珠海港集团牵头成立了西江港口联盟，打通从云南、贵州、广西到珠海港的水运通道，并建设贵州省黔南州国际陆港，通加水路、陆路、铁路运输加强与内地其他省份的合作。

主要启示：积极探索，锐意创新，不断提升开放型经济发展水平，是特区和沿海开放城市发展的不竭动力。珠海利用自身优势，主动作为，把握机遇，积极参与国家"一带一路"战略，在开展与巴基斯坦瓜达尔港合作、建设丝绸之路海上大通道方面，取得了突破性的进展，是广东参与国家"一带一路"建设的一大亮点和重要抓手。同时，珠海还牢牢把握横琴自贸区、港珠澳大桥建设契机，发挥毗邻港澳优势，加快构建和布局新常态下开放型经济新格局，并取得明显成效。"一带一路"和自贸区建设是新常态下中央实施的重大战略，也是广东面临新一轮开放改革的重大机遇，各地均可在此过程中找到自己的定位和机会，并通过积极探索，主动谋划，借势发展，形成全省"千帆竞发、万马奔腾"的生动局面。

三、两点建议

（一）支持珠海将"珠海港—瓜达尔港—黔南州海陆大通道建设"申报为国家"一带一路"重要战略事项

该项目已列入到省21纪世海上丝绸之路规划建设的重点项目名单，建议省政府支持珠海将该项目申报为国家战略，争取国家有关专项扶持资金和投融资支持。巴基斯坦瓜达尔港设有9平方公里的自由贸易区，建议在自贸区窗口期过后，积极将自贸区有关政策复制到珠海港，设立瓜达尔港—珠海港间的进出口货物减免税政策，从而为中巴经贸货物提供便捷高效的通关节点与物流通道。加快推进珠海—云贵内河水路通道建设，打通西江到云南、贵州的内河水运通道，对右江到云南、红水河到贵州的船闸水电站的通航能力进行提升改造，使西江到云南、贵州的通航能力达到1000吨级。加快推动珠海—黔南陆路及铁路物流通道建设，尽快打通贺州到三水的货运铁路，使西南货物通过铁路更加快捷到达广东。

（二）支持珠海申报全国电子商务示范城市和中国电子商务港

珠海毗邻港澳，交通物流便捷，近年来珠海先进装备制造、生物医药等特色产业初具规模，具备良好的产业发展基础，随着港珠澳大桥的建设，珠江西岸工业化进程加快，特别是横琴自贸区建设带来发展红利，为仓储、港口贸易、物流、加工制造、金融等电商发展环节提供良好的发展基础，具备发展电子商务得天独厚的优势，珠海网商发展指数居全国地级市前10位，零售网商发展指数居全省第4位。但广东目前只有广州、深圳、汕头、东莞、揭阳获得全国电子商务示范城市。应积极支持珠海申报成为全国电子商务示范城市，将中国电子商务港（珠海保税园区）建设成为辐射华南地区的跨境电子商务中心节点、线上线下融合的跨境电子商务园区、创新实践的跨境电子商务智慧园区、全链条的跨境电子商务服务园区，最终成为“国家级高端产业新区、国际电商门户”和珠海新的城市名片。

新常态下东莞以跨境电子商务助推经济转型升级

——东莞抢抓机遇大力发展跨境电子商务的启示

2013 年 6 月 19 日，汪洋副总理视察东莞，要求东莞研究如何加快发展跨境电子商务产业。2014 年 9 月 11 日，汪洋副总理再次莅临东莞，专门视察跨境电商发展情况并高度肯定取得的进展。一年多来，东莞不断探索完善跨境电子商务发展政策体系，建立监管模式新规则，扶持电商发展新业态，实现跨境电子商务快速发展，助推加工贸易加快转型升级，较好化解了新常态下传统出口贸易受阻的困难，打开对外开放新局面。2014 年在省内各地进出口普遍增速下降的情况下，东莞外贸进出口增幅达到 6.2%，在全国外贸总额前五名城市中排名第一。作为全国二线城市，东莞大力发展跨境电子商务的经验对其他地区具有重要的学习和借鉴意义。

一、跨境电子商务助推经济转型升级成效明显

（一）促进外经贸稳步增长

东莞是中国的制造业重镇，而制造业正是跨境电商的主战场。强大的制造产业、丰富的产品货源、完善的产业集聚和深厚的外贸传统，构成了东莞发展跨境电子商务的先天优势。同时，东莞中小微企业数量占比超过 99%，跨境电子商务订单碎片化，小批量、多频次的特点，为东莞中小企业提供重要机遇。中小企业通过跨境电商向海外直销，其产品的利润率能从原来大宗采购下的 5%—10% 提高到平均 30%—40%，有的甚至高达 200%。据阿里巴巴国际贸易平台数据显示，东莞为全国网络销售提供了近三成的货源，产品种类达 6 万多种，涉及 20 多个行业，发货数量排名全国第二。在阿里巴巴全球速卖通平台上，东莞的卖家数量和交易规模已一路攀升至第六位。2013 年东莞国际小包规模近 1.4 亿美元，2014 年达到 2.7 亿美元，增长近一倍；国际小包每日平均发送量呈几何级数增长，从 2013 年的 2 万票到 2014 年的 4 万票，2015 年首季已达日 8 万票。短短一年多时间，跨境电子商务出口的星星之火，已在东莞形成燎原之势。2014 年，东莞外贸进出口总值 1625.3 亿美元，同比增长 6.2%，增幅高于全国、全省，增速在全国外贸总额前五名城市中排名第一。

（二）推动“东莞制造”品牌升级

跨境电子商务的发展以品牌为引领，以质量为生命。跨境电子商务带给东莞的不仅仅是多了一条外贸销售渠道，也不只是全新产业链利润分配格局，而是“东莞制造”品牌升级，沿微笑曲线向两端拓展的绝佳机会。2014 年，东莞加工贸易企业新增国内外注册品牌 1605 个，比 2013 年增加 84 个，累计注册国内外品牌达 9111 个。这些东莞自主品牌企业产品都是过去为国际代工，没有自主品牌和海外市场网络，而现在通过转型，拥有了自主品牌，并通过电商在海外重新建立营销体系。同时，东莞通过跨境电商 O2O 模式“线上约”（APP）和“线下会”（展会、展馆等）组织国际知名零售巨头前来采购、参观、考察，全面提升了东莞制造商与外国零售商的接触面、互动面，推动东莞的制造业品牌进一步走向国际。

（三）推进外经贸格局优化

跨境电子商务带动出口结构进一步优化。从东莞外经贸部门了解到，2014 年外国商品在俄线上销售额达到 50 亿美元，同比增长 75%。其中，俄线上交易订单中 70% 是来自中国的商品，“东莞制造”占比 3 成以上。据东莞邮政统计显示，2014 年东莞发往俄罗斯的邮政小包约 200 万票，日均量接近 6000 件，平均单价约 20 美元，交易总额约 4000 万美元。2014 年东莞对俄出口 5.9 亿美元，增长 21.3%，高于全市出口增长率 14.5 个百分点。同时，通过建立境外东莞产品展销中心引导和帮助企业抱团“走出去”成效明显。市品牌创新推广服务中心在迪拜设立 5000 平方米的东莞品牌展销中心，着力打造永不落幕的展贸会，每年有 1400 多家东莞企业入驻展销。

（四）助力产业链完善

跨境电子商务等外贸新业态的发展，将帮助生产制造企业有效弥补经营链条的缺失，构筑起一条“外部集成式”的转型发展新路径，进一步推动中小微企业提升核心竞争力。目前东莞跨境电商企业超过了 3500 家，涵盖跨境电商各个环节，形成了由平台、物流、供应链、电商、行业协会、集群注册、金融服务、人才输送、园区、代运营等组成的完善的协会会员生态圈。其中，东莞轻工业品进出口有限公司等 4 家企业成为全省外贸综合服务试点企业和重点培育企业。这个“生态圈”紧紧抓住转变外贸发展方式的主线，沿着微笑曲线通过外部集成式升级服务，将进一步推动加贸产品转型升级，协助加贸企业构建起市场网络，掌握销售渠道，确立市场和品牌的话语权。

二、东莞大力发展跨境电子商务的主要做法

（一）以“政策支持 + 便利化通关”为先导，营造发展跨境电子商务的良好环境

近年来，东莞市政府高度重视跨境电子商务发展，专门成立跨境电子商务办公室，

先后出台《东莞市进一步加快电子商务发展实施意见》《东莞市电子商务专项资金管理暂行办法》等政策。市政府每年拿出1.5亿元扶持资金，对电商尤其是跨境电商发展给予支持。与此同时，东莞的园区政府、镇街政府还分别安排资金对电商进行奖励扶持，比如松山湖每年拿出5000万元、东城区每年拿出5000万元，从而形成了两级叠加的政策资金扶持。为了营造跨境电子商务发展的良好氛围，市政府还启动了“六个一百”工作（百日招商、百日集货、百日培训、百日聚才、百日服务、百日宣传）。其中“百日聚才”，以新航线为代表的东莞跨境电商人力资源企业，已经与全国六十多家院校达成了合作协议。东莞率先启用全国统一版的海关总署跨境电商监管服务平台，实现跨境电商通关“全国第一票”，并完成基于平台的第一票集约化商品退税，促进跨境电子商务阳光化、规模化发展。成功争取国家有关部委支持设立东莞国际邮件互换局兼交换站，开通“粤满俄”“粤新欧”集装箱铁路班列，提高跨境货运的速度和效率。

（二）以“公共监管仓+海外仓”为重点，促进跨境电子商务的规模化发展

公共监管仓是在关检汇税等部门支持下建设的具有强大数据处理能力和智能仓管系统的公共货仓，依托全程数据贯通，实现核查方式的简化、监管方式的创新，为退税、结汇等环节效率的提高创造基础性、关键性条件。作为公共服务平台的延伸，公共监管局连接着提供货源的制造企业、提供交易平台的电商企业和提供物流报关等服务的电商服务企业，同时还计划吸引支付、结算、检测、认证、供应链金融等环节的服务，实现跨境电商产业链的集聚。目前，公共监管仓已投资1000多万元，正处于建设和试运营中。海外仓有利于电商平台企业、生产企业通过一般贸易方式发货，依托海外仓储资源与专业服务，发展本地化配送和售后服务，进一步降低通关物流退税的综合成本，提高海外配送及退换货效率。目前，东莞已引进在北美拥有15家大型仓储基地的合丰集团，大力动员外贸综合服务企业与各国合作伙伴协议设立海外仓，其中东信公司已设立了10国15仓。

（三）以“O2O外贸交易会+境外中国精品馆”为抓手，打造发展跨境电子商务的良好平台

举办O2O外贸交易会，贯通互联网销售平台和海外实体展销会，通过线上线下联动营销，更有效地集成海外广大零售商的中小外贸订单，实现精细营销和深度营销，从而提高交易效率、扩大客户群体、压缩交易成本。2014年10月31日至11月2日，东莞首届网贸会达成320项意向采购协议，完成了一批线上线下交易，其中线上交易超过5000万元，形成订单超过1500宗，线下交易单张交易金额单张最高超过600万元。2015年4月9日，东莞国际采购商洽谈大会召开，50家俄罗斯顶级零售商来莞进行洽谈采购，有300多家珠三角制造业企业参加，采用“引进来”的方式实现了海外优质采购商与市内制造商、供应商的对接和交流，提升了东莞制造的品牌知名度，为东莞制

造业企业走进俄罗斯市场搭建了桥梁。2015 年 5 月，东莞还将在俄罗斯举办“东莞·莫斯科跨境电商 O2O 外贸交易会”，帮助制造业企业更好地掌握俄罗斯市场的产品需求和销售情况。市跨境电商协会还组织每半月一场的“好产品对接会”，组织制造企业与省内外跨境电商平台的对接，取得良好成效。境外中国精品馆是指在重要的海外市场与贸易中心，拓展与质量优良、自有品牌的生产企业的合作，落地建设境外精品馆，面向零售商组织多品类、多场次、专业化的常设展，搜集海外客户的需求与反馈，推进常态化订货与定制化生产。东莞在迪拜设立了 5000 平方米的东莞品牌展销中心，每年有 1400 多家东莞企业入驻展销。同时，联手合丰集团投建纽约法拉盛中国网络商品展示中心；支持大龙网在俄罗斯、波兰建中国制造精品馆；计划鼓励和支持有关平台企业在“一带一路”的沿线国家逐步建设东莞制造业产品体验馆，进一步推动东莞制造业拓展海外市场，实现从制造业大市向制造业强市的转变。

（四）以“服务链 + 价值链”为核心，推进跨境电子商务的产业融合

沿着贸易链配置服务链，沿着服务链打造产业链，大力发展包括海外营销、平台电商、跨境支付、供应链金融、现代物流等在内的“外部集成式”升级服务，对大外贸的各个环节进行电商化改造，形成“互联网 +”的升级路径。目前，东莞已引进了跨境电商物流龙头企业三态和递四方、美国物流仓储龙头企业合丰公司、自贸区物流综合服务龙头企业招商物流和前海保宏等。在跨境电商平台企业竞争迅速加剧的大势之下，积极推动电商定制生产、平台反向收购、基金战略投资，结盟制造商，占据价值链的高端。东莞积极引进大龙网和浩方等公司，利用海外营销网络和平台大数据，集成工业设计、供应链金融和品牌建设等服务，带动生产商转型升级。

（五）以“产品数据库 + 重点企业库”为支撑，推动跨境电子商务的品牌化发展

结合各专业镇和产业集群内的特色产品、9111 个加贸企业自有品牌产品以及民营企业优质品牌产品建设东莞产品数据库，推动优质产品从传统贸易渠道、传统销售渠道、内贸电商交易渠道进入跨境电商采购集货、线上运营、海外分销的流通体系。建立东莞跨境电商重点企业、重点培育企业和重点联系企业的重点企业库，形成直通企业的新渠道，更加优先精准地承接各级政府各部门的政策资源与试点资格，构建企业梯次成长、拾级而上的工作格局，大力培育乐于接受柔性生产方式、具有持续创新能力、致力自创品牌的生产企业，形成掌握发达的海外市场网络、丰富的现代营销渠道、强大的数据处理能力的电商企业群。

三、几点建议

东莞跨境电子商务的发展为新常态下经济转型升级提供了一种全新的思路和有效的

途径。广东作为制造业大省、外经贸大省和深化改革开放的先行地，面对经济新常态，大力发展跨境电子商务更为迫切、更有条件。而东莞的经验很值得有条件的地市借鉴推广。

（一）深刻认识经济发展新常态，高度重视跨境电子商务新业态发展

随着互联网、大数据、云计算等信息技术的快速发展及物流等基础设施建设的不断完善，跨境电子商务将成为国际贸易的主要方式和手段，彻底改变全球贸易的趋势和格局。面对传统对外贸易增长放缓及结构优化的经济发展新常态，大力发展跨境电子商务将成为必然选择。“一带一路”和广东自贸区等国家战略的实施，为跨境电子商务带来重大机遇；粤东西北地区振兴发展，进一步完善交通、通讯等基础设施，为跨境电子商务发展提供良好的硬件支撑。因此，各地市要深刻认识经济发展新常态和外贸新业态，高度重视跨境电子商务发展，加快出台相关政策，营造发展跨境电子商务的良好环境和氛围。

（二）促进跨境电子商务的产业融合，打造经济转型升级的新动力

跨境电子商务不仅仅是全球化背景下的国际贸易电子化，更是跨境电子商务服务的快速发展，涉及金融、保险、物流、人才、电子支付、IT 服务、网络营销等，有利于制造业企业建起海外市场网络，确立市场和品牌的话语权。首先要引导和支持企业树立品牌形象，打造企业核心竞争优势，提高“广东创造”的国际影响力，实现跨境电子商务助推外经贸持续健康发展。第二，大力发展 O2O 商务模式，通过展会、体验馆等形式实现线上线下、境内境外联动营销，从而不断扩大客户群体，推动跨境电子商务服务链延伸式发展。第三，大力发展平台电商、跨境支付、供应链金融、现代物流、IT 服务等在内的“外部集成式”升级服务，打造与延伸产业链，形成“互联网 +”的升级路径。

（三）坚持“政府引导、市场化运作”，打造经济发展新引擎

充分发挥政府作为资源管理者的职能，做好规划、加强引导、整合资源、营造环境等基础性和前瞻性的工作。成立专门机构，不断健全完善跨部门沟通协调机制，切实解决跨境电子商务发展过程中出现的种种问题，促进其阳光化、规模化、品牌化发展。在政府的正确引导下，发挥市场在资源配置中的基础性作用，引进和培育国际化的跨境电子商务平台和品牌服务企业，发展拥有发达的自主销售和市场网络的电商产业群，构建完善的跨境电商产业链，打造经济发展新引擎，加快对外合作转型升级，开创对外开放新局面。

抓住德企增资广东新意向
提升外资引进质量与水平

李克强总理在2015年政府工作报告中提到，制造业是我们的优势产业，要实施“中国制造2025”，坚持创新驱动、智能转型、强化基础、绿色发展，加快从制造大国转向制造强国。当前广东利用外资出现了一些新动向，但劳动密集型产业发生梯次转移和关迁既是广东主动调结构促升级的结果，也是经济发展的必经阶段。最近在广东利用外资新动向的调研中发现，德国企业仍将广东作为新增投资最佳目的地，充分说明广东投资环境的优势并没有发生根本变化，珠三角对高端制造业投资仍然具有较强的吸引力。

一、部分企业迁移是广东主动调结构促升级的结果

（一）从数据看广东利用外资关停有序整体平稳

一是外资企业关停整体平稳有序。2014年，广东有1620家外资企业关迁，同比增加2.2%。其中转为内资企业319家，搬迁到江苏（昆山）4家，歇业12家，到期终止59家，提前终止1226家；2014年新设外商投资项目6016个，同比增长8.99%。二是外资企业关停对外贸出口影响较为有限。2015年1月，广东新设外商投资企业503家，关停搬迁142家，后者预计影响出口1.6亿美元，涉及就业6000人左右，仅占广东2014年外贸出口的0.3%。三是从大项目看，2014年外资新增投资大型项目（超过1000万美元）1209个，合同利用外资同比增长19.8%；2015年1月外资新增大项目83个，合同利用外资增长42.7%。四是从利用外资看，广东利用外资继续保持较好势头。2014年广东合同利用外资430.59亿美元，同比增长18.58%；实际利用外资268.7亿美元，增长7.69%。2015年1月，合同利用外资28.09亿美元，增长26.6%；实际利用外资16.79亿美元，同比增长26.34%。

表1　广东利用外资仍维持积极向好

外资企业设立			利用外资增速		
	2014年	2015年1月		2014年	2015年1月
关迁	1620家	142家	合同利用	18.58%	26.6%
新设	6016个	503家	实际利用	7.69%	26.34%

数据来源：广东省商务厅，省府发展研究中心整理。

（二）促进低端制造业迁移是政策主动调控的结果

一是广东主动作为实施“双转移”。2008年，省委省政府出台了《关于推进产业转移和劳动力转移的决定》，加快产业结构调整升级步伐，着力推进珠三角地区相关产业向粤东西北转移，推动产业优化升级，促进区域协调发展。二是劳动密集型产业发生梯次转移是经济发展的必经阶段。对于城市经济体来说，发生劳动密集型资本迁移并不可怕，可怕的是，当这些资本走出去的时候，没有其他资本进入，特别是创新性资本、技术密集型资本和现代服务业资本的进入。三是广东产业集群蕴含的供给链和价值链，仍具有巨大成本优势。随着三星、微软、丰田等跨国企业在中国的减产，转向东南亚部分国家，一条以中国为中心的东南亚区域性供应链则得到了巩固。正是凭借制造业这种内在韧性，广东对高端制造业和现代服务业的吸引力仍然存在，是广东制造业向产业链高端发展的重要基础。

（三）广东仍是高端制造和现代服务业投资最佳目的地

一是外商投资转向高端制造已成新常态。广东吸收外资正由低端行业如石油、化学原料加工等向高端行业转移，呈现出稳步增长态势。2015年1月，广东第二产业吸收外资增长13.7%，其中电子和通讯设备制造业占比18.06%。二是第三产业外商投资增速加快。2014年，广东第三产业吸收外资增速高达13.7%，占比47.6%；2015年1月，第三产业吸引外资同比增长42.19%，占比提高到50.42%，这也是外贸进出口没有随着外资增加而随之快速增加的重要原因。三是现代服务业成为吸引外资新亮点。第三产业吸引外资主要以融资租赁、金融和商业服务为主，投资主要来源地为香港，广东与港澳服务贸易自由化的推进和实施在推动广东现代服务业发展中起到越来越重要的作用。

（四）低附加值制造业利润空间受到多重挤压是迁移主要推力

一是人力资源综合成本上升挤压传统中低端制造业利润空间。调研中大多数外贸企业反映，目前珠三角人工成本平均在3000—3500元/月，且呈持续增长态势，而越南普工人均成本约950—1100元/月，斯里兰卡约为1500—1800元/月，促使企业将产业链低端部分迁移出去，国内企业普遍通过工业机器人来降低用工成本。二是广东提高最低工资标准倒逼外企转型升级。5月1日起广东调整最低工资标准，平均增幅为19%，尽管大多数企业实际工资高于最低标准，但随之带来的社保缴纳费用的提高仍将增加用工成本，也促使外资寻找新的成本洼地。三是外需疲弱和前期人民币升值使中低端制造业面临风险加大。调研中发现，传统制造业净利润率目前一般在5%以下，部分企业甚至仅有1%—2%，抗风险能力较弱，国际市场需求持续疲弱，外贸订单增长放缓，部分企业出现迁移和关闭。事实上，工业化的梯度发展是规律现象，部分劳动密集型加工制造业从广东向比较成本更低的地区转移也是必然趋势。科学判断和客观应对这一情况，才能坚定转型升级的信心和决心，努力实现向中高端跨越的目标。

二、德资企业仍将广东作为新增投资最佳目的地

（一）优越投资环境使德企继续选择广东作为最佳新增投资地

一是德企新增投资计划中广东是最佳目的地。2014 年，据中国德国商会对在华德资企业调查显示（下文关于在华德资企业数据来源同此）①，未来三年新增计划投资最佳目的地，广东占比 14.8%，高于上海 14.2% 和北京 11.3%。二是新增德资企业实际利用外资增速较快。2013 年，广东来源于德国的外商直接投资项目 19 个，合同利用外资 2.2 亿美元，实际利用外资 2.3 亿美元，实际利用外资同比增长 91.5%。三是一批新平台吸引德资企业成效显著。佛山中德工业服务区与德国合作项目 58 个，正在洽淡国内外项目 80 多个，涵盖研发、职业教育等多个领域；揭阳中德金属生态城 2012 年建设以来，有 18 家知名企业落户，累计形成项目 22 个。

（二）制造业和中小企业是德企在华投资的主要形态

一是产业上以制造业为主。机械和工业设备以及自动化仪器是德国在华投资的主要方向，其中 26.4% 德资企业属于机械和工业设备行业，14.3% 属于自动化仪器设备，另有 9% 属于与技术相关的咨询和专利法律服务行业。二是以中小企业为主。调查显示，在雇佣人数上，65.4% 的在华德企少于 250 人，仅有 11.8% 的在华德企超过 1000 人。在营业额上，66% 的在华德企少于 2.5 亿元，与德国制造业以中小企业为主相类似，也与广东经济发展的需要相适应。三是在华德企主要布局在沿海地区。74.8% 的在华德企布局在中国一线城市，其中上海占 41.9%，北京 20.9%，珠三角占比 17%。

（三）低成本并非德企选择新增投资的最重要驱动因素

一是较低生产成本并非德企投资时最为重要的因素。调查显示，仅有 33.4% 的在华德资企业认为较低生产成本是其在华投资的重要因素。二是市场潜力是德企在华投资最为重要的驱动力。调查显示，德资企业认为市场潜力是吸引其在华新增投资最重要驱动力，占比由 2012 年的 71.9% 上升到 2014 年的 72.3%。15% 的受调查德企认为中国市场在全球业务中排名第一，46.5% 认为中国市场排名前三。三是柔性生产以适应当地市场也是重要考量因素。62.2% 在华德企认为，在华投资以增强适应当地市场需求的能力较为重要，这一比例较 2011 年提高了 11.4 个百分点。

（四）引进德资企业促进广东先进装备制造业发展

一是广东在装备制造业方面有着完善的市场配套。经过 30 多年的发展，装备制造业已成为广东的主导和支柱产业，在全国也处于领先地位，完善产业配套是吸引德国制造类企业投资的重要因素。二是广东先进装备制造业市场潜力巨大。广东将先进制造业

---

① German Chamber of Commerce of China,《Business Confidence Survey 2014》.

图1　德资企业在华投资的驱动因素调查（2007—2014年）

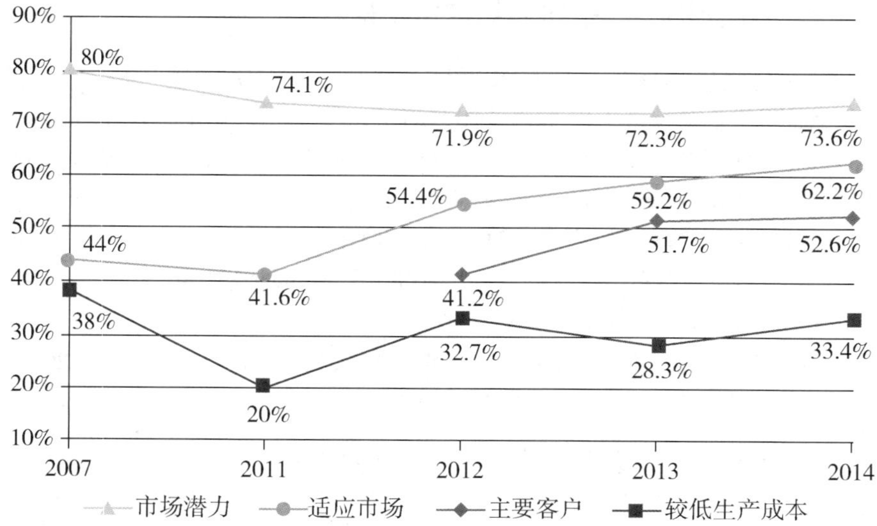

作为未来发展的战略重点，根据规划，到2017年，珠江西岸先进装备制造产业带规模以上产值超过1.3万亿元，巨大的市场需求潜力是吸引德资企业的重要优势。三是加大引进德资企业有助于广东先进装备制造业转型升级。德国拥有世界一流的制造业技术和世界最完善的职业教育体系，利用和借鉴德国先进技术和管理经验，有助于推动广东装备制造业转型升级，向产业链高端迈进。

三、以德资企业引进为契机，提升外资引进质量与水平

（一）大项目和中小企业并重，提高德资引进的针对性

在华德资企业主要以中小企业为主，这与德国制造业由300多万充满活力的中小企业相一致，这就要求提高德资引进的针对性。一是以大项目为引领，发挥支撑带动作用。瞄准先进行业和龙头骨干企业，引进一批大项目，充分发挥大项目对产业的带动和示范效应。二是重视中小企业项目资源，发挥好配套服务作用。德国制造业以中小企业为主体，专业分工精细，产业链条较长，充分重视对中小企业项目的招商引资，发挥好其在产业链条的配套服务功能。

（二）解决职业技术人才难题，打造职业技术人才高地

高素质技术工人不仅是德资企业新增投资的重要考量因素，也是广东制造业向高端跃升的内在要求。一是以职业教育为先导，加快德国“双元制”职教经验借鉴推广，在中等教育领域早出示范效应。加大对现有中德双元科技大学项目（揭阳）支持，力争使之成为将德国“双元制”职业教育理念和办学模式复制到广东的示范点，为提升

广东高等职业教育水平提供有益的探索。二是吸引国内高素质技术工人向广东集聚，打造职业技术人才高地。在市场导向前提下，出台来粤职业技术人才扶持和鼓励政策。

（三）加大市场规则改革力度，打造营商环境新优势

德资企业将市场保护、知识产权以及政策细则不透明等作为影响经营环境主要因素。一是加强知识产权保护，推进对德国技术咨询和知识产权贸易的快速发展。根据调查，技术咨询和专利服务类企业占2014年受调查在华德企的10%左右，对促进广东提高产业装备技术水平具有重要的推动作用，目前亟待提高知识产权保护力度，打造有利于专利和技术服务贸易便利化新优势。二是打破市场保护，提高规则的透明度。德资企业对政府规则透明和信息规范有着较高要求，在广东推进自贸试验区建设，实施投资准入前国民待遇和负面清单管理过程中，及时出台政策细则和执行指引，增强对德资企业的宣传和交流。

（四）实施平台优化和升级，提高对欧合作支撑作用

在华德资企业表现出较高的集聚性特征，超过70%的企业布局在长三角、北京和珠三角地区，且更高比例德资企业将珠三角作为未来新增投资最佳目的地。一是对现有实施平台优化和升级，发挥引进德资的聚焦功能。二是重视自贸试验区平台先行先试的政策优势，在引进德资企业中发挥更大作用。

以高水平引进美资企业为抓手形成广东“优进”开放新格局

2015年4月3日，李克强总理在主持召开中国装备走出和推进国际产能合作座谈会上指出，要培育对外开放新优势，推动形成优进优出开放型经济新格局，使中国经济与世界经济在更高层次上深度融合。广东作为改革开放的排头兵，加强与欧美等发达国家和新兴市场国家的直接合作，形成全方位的对外开放新格局是新时期的必然要求。根据华南美国商会2015年3月问卷调查结果，华南美资企业2015年预估新增投资超过120亿美元，其中在自由贸易试验区扩大经营的意愿企业占比高达44%，因此以自贸区为依托、以大项目为重点、以现代服务业为方向，通过改革来创造更加开放营商环境，不断提升对美资企业引进来的水平和层次，是广东新时期形成“优进优出”开放新格局的重要抓手。

一、美资企业华南运营：总部和转型

（一）在总部区位分布上，美资企业华南运营总部设在广东比例接近90%

一是将总部设在广州仍占最大比例，但趋势上略有下降。调查①中发现，华南美资企业位于广州的运营总部，从2013年的59.6%下降到2015年的52.4%（以下数据来源同此）。二是佛山总部经济吸引力持续增加。美资企业将总部设在佛山的比例从2013年的3.3%上升到2015年的9%。三是深圳美资企业总部较历史低点有所增加。美资企业总部设在深圳的比重较2014年历史低点的19%增加至19.9%，但较2008年的32.1%还存在着较大的差距。

（二）在业务范围上，美资企业更加看重中国内需且从制造业向提供服务转型

华南美资企业更加看重中国内需，表明华南正从世界加工工厂转向全球新兴消费市场。2015年，产品或劳务提供作为美资企业在华南地区的主要业务，由2014年的

---

① 数据来源：The American Chamber of Commerce in South China，《2015 White Paper on The Business Environment in China》，February. 2015. 华南美国商会在华南地区有2300多家会员单位，会员企业营业额占中美商务、贸易及投资总额的40%。2015年华南美国商会调查企业275家。

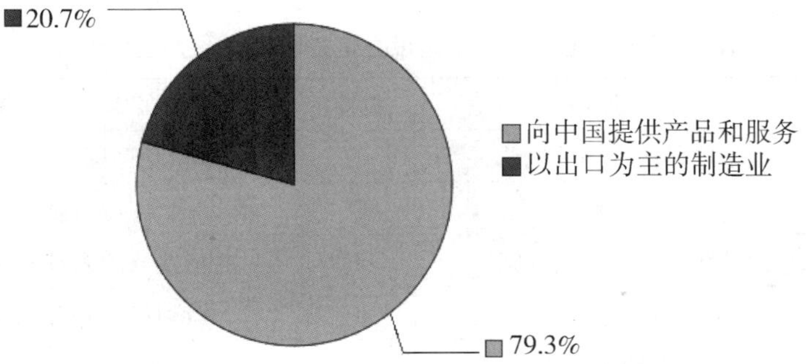

图1　美资企业运营总部占比（2015 年调查）

数据来源：华南美国商会《2015 年华南地区经济情况特别报告》，广东省政府发展研究中心整理。

72.9%上升为79.3%，而这一比例在2003 年不足23%，由此表明越来越多的企业开始重视中国消费市场，而不是把中国当成一个出口产品的生产加工地。与此同时，华南美资企业运营业务中专业服务、商务服务占其业务量的79.3%，这充分说明随着经济结构和技术水平的转型升级，在华投资的美资企业也由劳动密集型向高附加值转型，且更愿意向提供有附加值、技术含量、适应更高环保要求的产品和服务。

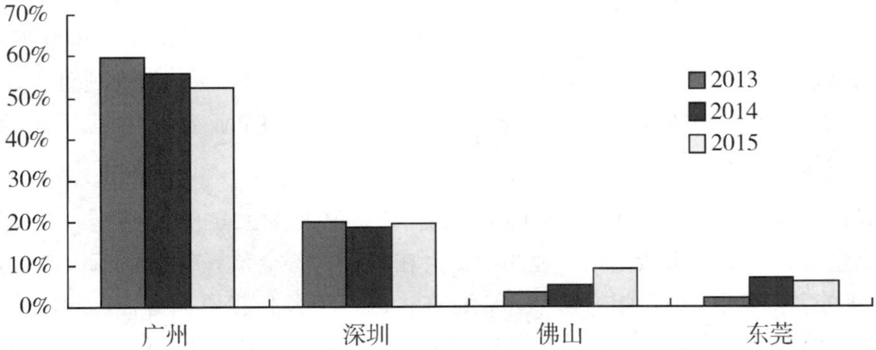

图2　美资企业在华南运营以提供本地市场产品和服务为主

数据来源：华南美国商会《2015 年华南地区经济情况特别报告》，广东省政府发展研究中心整理。

（三）在区域选择上，华南地区优越的投资环境是吸引美资企业设立运营总部的重要原因

华南地区“巨大市场机遇”“毗邻香港”“拥有更好的基础设施”是美资企业设立运营机构的主要原因。“比中国其他地区更加开放”和“拥有高素质管理和专业人才”也是吸引美资企业的重要因素。

表1　美资企业选择在华南设立运营机构的最主要原因

排序	2015 年调查	排序	2012 年调查
1	华南地区国内市场的机遇	1	华南地区国内市场的机遇
2	临近香港	2	临近香港
3	华南地区更好的基础设施	3	拥有高素质管理和专业人才
4	比中国其他地方更加开放	4	华南地区更好的基础设施
5	拥有高素质管理和专业人才	5	比中国其他地方更加开放

数据来源：华南美国商会《2015 年华南地区经济情况特别报告》，广东省政府发展研究中心整理。

二、美资企业华南投资：发展动向和影响因素

（一）从 2014 年实际投资看，华南美资企业 2.5 亿美元以下项目实际投资要高于预算投资

目前，大多数华南美资企业按照原定计划进行投资，并无持续转移到其他地区或国外的情况。调查显示，2014 年表示预算再投资额为 1000 万—5000 万美元的受访企业仅为 9.5%，实际进行该额度投资的企业则达到 14.4%；而预算再投资额为 5000 万—2.5 亿美元的企业为 5.3%，实际进行该额度投资的企业则达到 9.4%。但大项目实际投资仍然低于预算投资。2014 年预算再投资为 2.5 亿美元以上的企业为 8.4%，而实际投资在该区间的仅为 5.9%。

（二）从未来预估投资看，2015 年轻微下降但未来三年降幅明显

从总量看，2015 年美资华南企业用于扩大在华经营资金预算将达到 120.3 亿美元，较 2014 年的 132.7 亿美元同比下滑 9.3%；在未来三年预估投资额方面，2015 年调查标准化预估值 138.4 亿美元，同比下降 16.9%。从比例看，预算投资有所增加的企业由 2012 年的 60% 下降至 2015 年的 51.2%；但预算投资增幅在 1000 万—5000 万美元、5000 万—2.5 亿美元的受访企业比例显著上升。从投资期限看。一年投资预算出现轻微下降，而未来三年投资预算降幅明显，表明受访企业对中期发展的不确定性有所增加。

（三）从投资热点来看，广东自贸区是华南美资企业未来新增投资的重点区域

美资华南企业对自贸区保持较高期待。2015 年受访企业中有 44.4% 表示对在广东自由贸易区开办新公司和工厂投资感兴趣，31.8% 的受访企业表示仍在犹豫之中或不确定。美国德克萨斯州一家肉类加工企业在华南地区建立大型冷链加工厂，以满足中国市

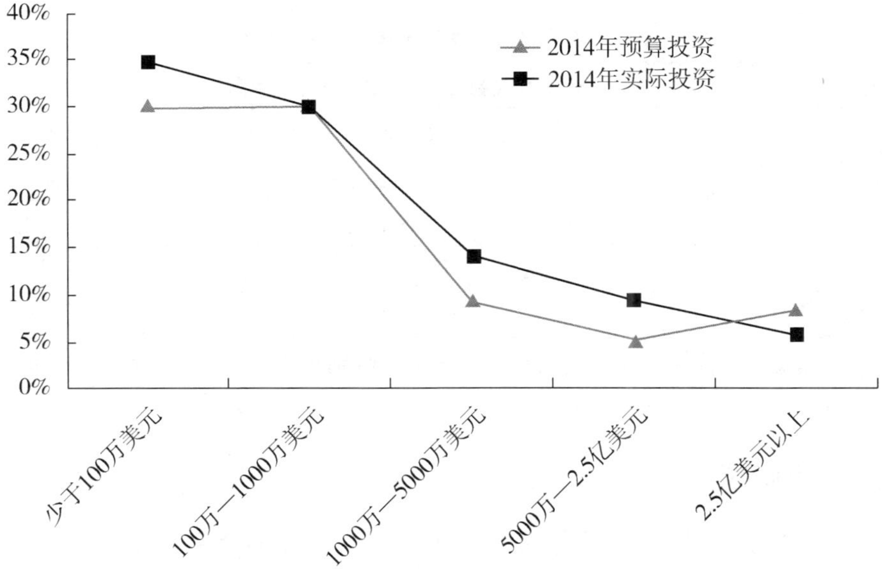

图3　华南美资企业预算投资与实际投资比较（2014 年）

数据来源：华南美国商会《2015 年华南地区经济情况特别报告》，广东省政府发展研究中心整理。

场需求的快速增长，在短暂的接触与洽谈之后，这家企业迅速将目光聚焦到广州南沙。调查结果也表明，投资和金融便利是美资企业选择自贸区最为期待的因素。自贸区对外资负面清单的管理模式，是投资领域扩大与放宽的有力保障；而随着自贸区的扩容，外资可利用的市场工具以及金融手段也在大幅增加。

（四）从影响因素来看，法制化市场化的营商环境是美资企业华南投资重要考量因素

一是法律法规问题连续三年成为美资华南企业最为关注的问题（见表 2）。自 2006 年以来，法律法规问题一直都是美资企业华南运营的首要考量，这意味着增强法律法规透明度及美资企业法律信心将是未来深化改革扩大开放的重点领域。二是人民币更为自由兑换受到更多华南美资企业积极评价和期待。66% 的受访企业表示人民币可自由兑换将会对其中国业务产生更加积极的影响（2014 年这一比例为 54. 2%），而表示人民币更加自由兑换将积极影响企业全球业务的比例也有所增加，达到 63. 1%。三是华南地区整体营商环境感知和评价持续向好。有 85. 3% 的受访企业认为华南整体营商环境“好/可接受”“很好”或者“优异”，仅有 14. 7% 的受访企业（低于 2014 年的历史高点 15. 8%）认为整体营商环境“有待提高”或“差”。

表 2　美资企业华南投资重要影响因素

排序	哪五项挑战会阻碍或限制公司在华南地区发展
1	法律法规问题（政府如税收、关税或行业法规）
2	本地竞争
3	人力资源成本上升
4	缺乏“合格”管理和专业人才
5	国外竞争

数据来源：华南美国商会《2015 年华南地区经济情况特别报告》，广东省政府发展研究中心整理。

三、对策建议

（一）以南沙自贸区为依托，加大对华南美资企业招商和引进力度

华南 60% 的受访美资企业运营总部位于广州，超过 44% 的受访企业有兴趣在自贸区扩大经营，31. 8% 的受访企业仍对自贸区扩大经营持观望态度。因此，一方面要以南沙自贸区为依托，充分发挥华南美资企业在广州的集聚优势，定向对美资企业进行政策和法规的对接和解读，提高和增强美资企业对自贸区扩大经营的信心；另一方面加快建设一批美资企业自贸区扩大经营示范项目，通过示范来提升美资企业对广东投资的积极性和投资信心。

（二）以大项目招商为重点，提高意愿投资向实际投资的转化效率

2015 年华南美资企业在 1000 万—2. 5 亿美元之间新增投资预算占比有所增加，且 2014 年实际投资要超过预算投资；但 2. 5 亿美元以上新增预算投资项目相对减少，且 2014 年实际投资要少于预算投资。大项目投资意愿和实际投资的缩减，一方面是由于跨国公司超大投资项目需要国外总部的授权和批准，另一方面也受到外部环境的影响。广东要抓住自贸试验区建设机遇，以引进美资企业大项目为重点，加快实施负面清单管理模式与外资国民待遇等投资贸易便利化措施，加快前海自贸区在人民币可自由兑换、自由贸易账户改革推进步伐，提高投资便利化程度，加快意愿投资向实际投资的转化效率。

（三）以现代服务业为方向，进一步优化和完善广东营商环境

华南美资企业提供商业和专业服务的比重不断提升，逐步从制造业向服务业转型，而包括航运、创意、教育、医疗保健等行业在内的现代服务业和战略新兴产业对法律体系和司法制度都是高度敏感的。华南地区较其他地区更加开放的市场环境在广东吸引美资企业设立运营总部因素中起着越来越重要的作用，但同时，法律法规问题一直都是美

资企业华南运营阻碍的首要考量因素。因此，要加强制度融合与试验，一方面要利用好粤港澳经济深度融合的广东自贸区实验区战略定位，加强对港澳先进经验与制度的借鉴，推进与港澳现代服务业标准的衔接；另一方面通过制度红利激活粤港澳经济协同发展的活力，充分发挥自贸区本身的互利属性，使传统通过政策红利吸引港澳投资的发展模式，转变为依靠制度红利激活粤港澳经济协同发展模式，为粤港澳经济的深度融合提供新的动力源泉。

第七篇
社会安全

SHEHUI
ANQUAN

新常态下广东社会安全指数指标体系研究

党的十八大和十八届三中、四中全会提出全面推进依法治国的总目标，并对健全公共安全体系作出重要战略部署。伴随着经济转型和社会发展，一场深刻的社会变革正在到来。当前，广东已进入经济社会发展新常态阶段，在谋求经济社会稳定发展的同时，正经历从传统社会向现代社会的持续变革和转型，社会结构产生深刻变化，社会矛盾日益复杂，社会阶层利益诉求多元化，发展中不平衡、不协调、不可持续的问题仍然存在，城乡区域发展差距和居民收入分配差距大，教育、就业、社会保障、医疗、住房、生态、食品药品安全、安全生产、社会治安、司法执法等问题较多，对社会和谐稳定构成巨大挑战。这既要求我们以更宽阔的视野理解和把握“社会安全”的内涵外延，也对社会安全治理包括社会安全状况监测与评估提出新的更高要求。因此，要紧扣经济社会发展新阶段的新特点、新要求，在大力强化传统社会安全、填补全面建设小康社会监测指标短板的同时，丰富提升原有“平安社会”的现实内涵，加快制定完善科学合理、特色鲜明、便于操作的广东社会安全指数指标体系，为广东持续深化平安广东建设、创新完善社会安全体系提供科学可靠的参考依据，进而推进社会顺利转型发展、维护社会大局稳定，为全面深化改革、全面建成小康社会提供有力保障。

一、新常态下社会安全工作面临一系列新的情况和挑战

（一）新常态下社会安全工作的新特点、新要求

——社会安全为经济转型升级保驾护航的作用空前重要。伴随着新常态的到来，广东的经济建设已进入爬坡越坎的深度转型期，呈现速度换档、结构升级、动力转换的明显特点。经济发展速度的下降，结构调整的阵痛，社会领域问题没有得到同步解决的制约等，都是不得不过的关口。经济风险的累积，必定转化为社会风险，新常态阶段经济发展与社会安全工作的关联互动空前密切。在这个关键时期，社会安全工作必须顺应经济转型升级的战略大局，全力清除经济社会各领域的风险因素，营造和谐稳定的改革与发展环境，确保“三期叠加”阶段经济硬转型和社会软转型战略目标的顺利实现。

——社会安全正面临着日益复杂的矛盾风险的巨大挑战。受全球化、信息化、工业化、城镇化进程加速的影响，广东现阶段社会安全形势日益复杂严峻，出现如资源环境制约日益明显，公平效率矛盾逐步加剧，区域、城乡发展差距高于全国水平，市场安全

和网络安全挑战凸显，庞大的流动人口管理不完善等一系列风险隐患。毗邻港澳的特殊区位，使广东更易受到世界性社会安全风险放大的社会影响。紧密结合广东实际情况，必须动员更多政府和社会资源，推动社会安全工作，在强化矛盾风险防控中推进社会顺利转型，满足人民群众不断提升的安全期望。

——社会安全的内涵外延正随着社会发展不断丰富与拓展。伴随不断深化的社会变革，社会安全工作的主体内容和辐射领域不断拓展，高技术和信息产业的高速发展，在为区域和个人提供全新巨大发展机遇的同时，也带来了新的安全风险。必须在巩固提升传统社会安全工作的基础上，把握新常态社会治理的新领域新内容，积极运用现代技术手段建立科学有效的监管机制，持续深化平安广东建设，创新完善富有广东特色的社会安全指数体系。

——社会安全亟待运用新视野寻求更广阔空间的突破。在新常态阶段，融合经济、政治、社会、文化和生态五大领域的“大社会系统”观念愈发凸显，要求社会安全工作在与社会之外各领域的融合互动中调整发展导向。必须进一步解放社会安全工作思路，运用法治思维、生态文明等新视野，在全面推进依法治省、生态文明建设等战略进程中整合资源，强化协力，实现新时期社会安全工作的突破与创新。

（二）新常态下影响社会安全的主要因素

新常态阶段影响社会安全的因素日益复杂多元，主要由各种风险形式和相应的防控状况构成，具体体现在以下几个层次：

一是存在于社会领域的传统风险因素及其防控状况。主要指构成和维持日常生产生活的稳定环境与基本秩序的核心要素，包括社会治安状况、生产生活风险防控情况以及群众风险防范意识与能力等。这类因素与社会安全之间具有稳定的因果联系，因此相应的安全问题具有较高的可预测性和可控性。围绕这类因素展开的风险防控等安全治理工作，即是传统社会安全工作的主体内容。

二是随着新常态到来社会发展变革逐步凸显的风险因素及其防控状况。主要是未纳入传统社会安全主体内容但与安全范畴关联密切，随着社会变化而逐渐放大影响的一类因素，如信息科技飞速发展带来的网络安全问题，分裂势力和宗教异端等制造的暴恐威胁，伴随群众权利意识觉醒等出现的群体性事件，生活环境异变、人口流动加速等产生的重大疫情风险等。这类因素本身复杂多变，演化成安全问题具有一定的随机性，防控的难度较大，对传统社会安全格局构成较大挑战，正逐渐上升为新常态阶段社会安全工作的热点与重点。

三是间接作用于社会安全的经济社会等各领域风险因素及其防控状况。主要是存在于传统安全范畴或一般社会领域之外，但对社会安全具有较大影响的关联性因素或支撑性条件，如社会领域的基本民生保障状况、公共服务均等化水平等，经济领域的就业状况、收入差距状况等，文化领域的核心价值认同情况等以及生态建设领域的环境污染与保护状况等。这类因素本身不属于传统安全范畴，主要通过在各自领域内有效影响社会群体的主体状况，借社会群体的反应行为，间接影响社会安全。新常态下社会安全工作需要充分关注这类关联性影响因素，以最广域的视野构筑安全稳定的大社会系统。

以上各层次的影响因素通过直接、间接或相互作用，并随着经济社会形势的发展变革而放大或消弱，或者变换所属层次，共同构成新常态下某一具体发展阶段的社会安全工作关联系统。

二、新常态下社会安全的基本内涵

（一）广义

概指整个社会系统能够充分有效防范和化解风险因素，保持稳定良性运行和协调发展，最小化不安全因素和影响度的社会运动状态。较流行的解释是，其主要内容除传统的社会生产生活安全外，还包括所有关联领域的整体安全状态，如国家安全、政治安全、经济安全、军事安全、文化安全、信息安全等诸多方面。

（二）狭义

专指与群众生命财产安全和日常生产秩序密切相关的社会生产生活安全状态。主要包括社会治安、生活安全、生产安全、交通安全等内容。

（三）本课题组的界定

立足新常态新要求，以政府掌握的有限资源尽力满足当前广东经济社会安全运行需要和人民群众对社会安全新诉求为前提，着力筑牢传统的核心社会安全领域防线，并以系统思维和宏观视野推动更广阔经济社会领域的安全建设，最终构建广东涵盖全面建设小康社会各相关领域的“核心＋外围”的完整社会安全系统。鉴于此，新常态阶段的社会安全应定义如下：即以社会日常生产生活秩序的稳定有序为基础，纳入对网络安全等在社会发展变革中凸显的新安全风险的有效防控以及其他对日常生产生活构成直接重大影响的各关联领域，如民生保障充分、收入差距合理、价值认同较高和环境污染可控等相关领域的和谐稳定状态。

三、广东现行社会安全相关指数指标需要创新完善

多年来，广东省委、省政府高度重视社会安全建设，将安全工作纳入本地经济社会发展总体布局，运用科学有效的监测和评价指标体系对社会安全各领域进行管理监控，强化社会安全保障，比较有代表性的相关指标体系包括《创建平安广东考评指标体系》《广东省法治政府建设指标体系》《广东省社会建设综合考核指标体系》等，《广东全面建设小康社会统计监测指标体系》考评指标中对社会安全予以重点体现，对推动广东社会安全的各项工作发挥了积极作用。

（一）现行相关指数指标的主要内容和操作实践

平安建设是社会治安综合治理工作的主要内容，也是构建社会安全指数指标体系的重要组成部分。2012年，广东省委省政府颁布实施《创建平安广东行动计划（2012—2022年）》，采用平安创建“双百分”考核指标体系对全省21个地级市、130多个区县平安建设工作进行考核评价。指标体系采取统一评价和纵向比较相结合的方式，用一套标准考评所有地市、区县，并将过程考核与结果考核并重，由体现创建平安举措的《平安创建表》[①] 和体现创建平安成效的《平安绩效表》[②] 两部分共同组成考评体系，各占100分，总分200分，是当时国内最先进的平安建设考核评价指标体系之一[③]。平安建设考评指标体系对于指标的分类方法和部分核心指标，与社会安全指数指标体系吻合，但未能涵盖社会安全的各个领域。

2013年6月1日，广东正式施行《广东省法治政府建设指标体系（试行）》及《广东省依法行政考评办法》，指标体系设有制度建设、行政决策、行政执法、政府信息公开、社会矛盾防范和化解、行政监督、依法行政保障等8项一级指标，40项二级指标，108项三级指标，总分100分，每年针对政府依法行政行为组织一次考评，每一项一级指标均设有硬性的量化指标，并邀请人大代表、政协委员、专家学者、新闻媒体及其他有关方面代表参与考评工作，走在全国前列[④]。同平安建设类似，法治政府建设考核指标也是社会安全指数指标体系的重要组成部分，其部分核心指标也可用于评价社会安全状况。

2013年，广东省社工委会同省有关部门研究制定《广东省社会建设综合考核指标体系》，指标体系由社会事业、社会安全、社会公平、社会参与等4项一级指标，37个二级指标组成，采取年度考核制，考核结果由进步指数、基础指数和综合指数三方面组成，分别进行排名[⑤]。该套指标体系在综合传统的社会建设相关指标体系基础上，立足广东实际，补充完善了规范化幼儿园达标率、住房保障工作目标责任完成率、食品重点品种监测总合格率、促进就业工作指数、社区参与指数等新指标，较全面地对全省社会

---

① 《平安创建表》：由组织领导、矛盾化解、严打整治、社会管理、专项工作、基础建设、经验推广7类指标组成，共45个二级指标。

② 《平安绩效表》：由“一强二升三降”综合绩效、社会稳定、公共安全、经济秩序、执法公正5类指标组成，共26个二级指标。

③ 2015年4月，根据省综治委通报2014年度创建平安广东暨综治工作考评结果，梅州、云浮等地市被评为优秀等次。

④ 根据2014年公布的2013年度依法行政考评结果，深圳被评为优秀等次，广州、珠海、汕头被评为良好等次。

⑤ 进步指数由考核年度考核指标得分与上一年度考核得分进行对比形成，反映社会建设的努力进步程度；基础指数由考核年度考核指标得分形成，反映社会建设的发展现状；综合指数由进步指数和基础指数按一定比例折算而成，反映社会建设综合水平。

建设情况进行考评。社会建设综合考核指标与社会安全指数指标体系有交叉的部分，其一级指标中“社会安全”部分内容就是狭义的社会安全指数指标，其他一级指标中也有部分指标，如城镇登记失业率、基本社会保险覆盖率等可反映出相关领域社会安全情况。

（二）现行社会安全评价相关指数指标体系存在的主要问题

一是国内包括广东对社会安全指数的理解主要源于国家统计局2008年发布的《全面建设小康社会统计监测指标体系》，并未形成专门的社会安全指数指标体系。小康社会指标体系将社会安全指数作为评价国家或地区社会安全状况总体变化程度的重要指标，由社会治安（用每万人刑事犯罪率衡量），交通安全（用每百万人交通事故死亡率衡量），生活安全（用每百万人火灾事故死亡率衡量），生产安全（用每百万人工伤事故死亡率衡量）等四个方面共同构成。客观地说，用上述四个指标测算出的安全指数作为全面建设小康社会的一个方面，能够部分反映出狭义的社会安全情况，但是从广义的社会安全概念看，这一指数涵盖的范围太窄，不足以反映社会安全的总体情况，项目设置和数据体系亟待进一步细化和完善。

二是前述广东实施的几个指标体系对社会安全的监测评价也未能全面系统地反映广东社会安全建设的相关情况，指标的导向性作用有待进一步增强。

因此，必须深入贯彻落实中央关于加强社会安全建设相关文件精神，将社会安全问题放到一个更加重要的位置，制定出台一套符合新常态特征和广东实际的社会安全指数指标体系，指引全省社会安全建设工作取得新的突破，继续在全国发挥先行先试排头兵的示范作用。

四、国内外制定完善社会安全指数指标体系的经验做法

西方发达国家基于社会风险防控的目的，较早开始进行社会安全领域的研究。我国也有学者在20世纪80年代提出启动国情社会风险研究，并对社会治安状况及公众安全感相关指标作出分析。

美国早在20世纪60年代就提出了涉及经济、政治、宗教、社会、资源、家庭、性及传统文化等多方面影响社会安全稳定的指标，也是世界上最早制定和实施网络安全战略的国家①。德国杜伊斯堡大学发展与和平学院公布的“人类安全指数”排名，分别从经济安全、食品安全、卫生安全、环境安全、个人和社会安全及政治安全等6个方面对全球209个国家的安全状况进行系统评估。英国《经济学人》杂志从数字安全、健康安全、基础设施安全和个人安全等四个维度40多个指标对世界各国主要城市的安全指

① 美国已建立起一套较为完备的4级信息安全保障评价指标体系，采用静态评估、动态评估和状态评估3种手段对信息安全保障系统进行评价。

数进行综合评价①。

近年来，国内相关领域学者针对社会安全问题开展研究，设计出“城市社会安全与稳定预警指标体系”② 等较为系统的指标体系，从公共安全、社会经济、自然灾害、公共卫生、重大事故、重大活动、周边环境等 7 大类 64 个具体指标对社会安全情况进行衡量。江苏、浙江均出台了平安建设的考核办法，制订了较为完善的评价考核体系。两省为主动适应平安建设中出现的新情况新问题，使指标设置更科学、考核评价更合理、操作方法更简便、解决问题更有效，每年都会对具体评审条件进行调整完善。

发达国家及我国的江苏、浙江等省份对社会平安的研究和考核评价积累的丰富经验，为广东构建社会安全指数指标体系提供了有益的经验借鉴。但社会现象的复杂性和社会成员的个体差异性给社会安全指标的确定及指标体系的构建增添许多难度，迄今为止，有关社会安全的指标构建，在理论上和实践中均未形成社会各界共同认知的体系范畴。

五、新常态下广东社会安全指数指标体系的构建

根据国家和省关于健全公共安全体系的指导精神，结合新常态阶段经济社会发展的新特点、新要求，紧密围绕广东社会安全的新内涵，坚持与时俱进、综合防控的基本要求，本报告力求构建能更准确反映社会平安状态，更贴近公众安全感，为各地评估和防范社会安全风险提供更有效辅助和参考的指数指标体系。

（一）设计原则

——科学合理。遵循统计规律并切合广东实际，从既有利于现实评估，又能指引未来工作的角度出发科学设定指标体系，选取指标既要能客观反映全省社会安全的基本情况，又要能从全省的角度指导各项具体工作。

——特色鲜明。紧扣新常态下广东社会安全的丰富内涵，以社会治安、网络安全等为核心，兼顾经济安全、生态安全等相关领域，广泛覆盖，突出重心，力求能够有效促进全省社会安全防控体系建设。

——便于操作。既要与现有的相关统计监测指标衔接，筛选有代表性、容易获取、

---

① 其中，数字安全包括网络安全、身份盗窃的频率以及其他与数字安全有关的因素；健康安全包括居民的平均寿命以及人均医院床位；基础设施安全涉及公路质量和死于自然灾害的人数；个人安全主要涉及传统安全指标，如犯罪活动和警察执法。2015 年，基于地区代表性和数据的可获得性，《经济学人》对全球 50 个城市开展评比，东京、新加坡、大阪、斯德哥尔摩、阿姆斯特丹、悉尼、苏黎世、多伦多、墨尔本和纽约被评为 10 大安全城市，香港排在第 11 名，台北第 13 名，我国内地城市中排名最高的是上海，排在第 30 名。

② 《论我国城市社会安全指数的预警等级与指标体系》，魏永忠，《中国行政管理》2007 年第 2 期。

便于测算的关键性指标，又要考虑未来社会的动态发展，随着发展阶段和现实情况的变化适度添加相关指标和对目标值进行调整。

（二）几点说明

——体系建立的基础。经过深入调研和广泛征求省直相关部门及专家学者的意见，课题组认为，广东现行涉及社会安全的几套指标体系是历经实践考验较为成熟的指标体系，其中有大量指标符合建立《广东社会安全指数指标体系》的原则和要求，经认真筛选后可直接采用作为衡量传统社会安全的重要指标。此外，结合新常态特征和国内外先进经验，课题组补充完善部分创新性指标作为衡量新常态阶段社会安全的重要指标，共同组成广东社会安全指数指标体系。

——指标分类的标准。社会安全反映的是一种民生需求和民众愿望，既要将社会安全融入整个经济社会发展中，更要突出重点、难点和新点。为此，课题组将整套指标体系分为核心指标和其他相关指标两个大类，共包含社会治安、应急管理、生产安全、网络安全、法治保障、经济安全、公共卫生、生态安全 8 项一级指标和 26 个二级指标。其中，社会治安、应急管理、生产安全、网络安全、法治保障等 5 项一级指标与社会安全的关系极为紧密，更能体现新常态特征和要求，是整个体系的核心指标；经济安全、公共卫生和生态安全等 3 项一级指标也从不同维度反映社会安全的整体情况，但部分二级指标对社会安全不构成直接影响，因此列入其他相关指标。

——创新性指标的设定。结合新常态下经济社会发展新特点和新要求，课题组提出了一些创新性指标，如信息安全指数、信息网络管理安全指数、贫富差距率、自然灾害防控指数等，有些是全新的指标，有些是现有指标的合成指标。这些指标目前并未被现行各套指标体系采用，相关部门也未针对指标开展监测统计，短期内在数据的获取和横纵对比上有一定难度，但对于未来社会安全形势分析和工作指引具有重要意义，建议相关部门予以重视并纳入日常监测统计工作中。

（三）指标体系及数据来源

广东社会安全指数指标体系

一级指标		编号	二级指标	单位
核心指标	社会治安	A1	治安刑事指数	%
		A2	警民比率	‰
		A3	万人交通事故死亡率	%
		A4	万人火灾事故死亡率	%
		A5	群众安全感	%

续上表

一级指标		编号	二级指标	单位
核心指标	应急管理	B1	应急管理工作指数	%
		B2	公共安全突发事件	起
	生产安全	C1	重特大生产安全责任事故	起
		C2	生产安全事故死亡率	%
	网络安全	D1	信息安全指数	%
		D2	信息网络管理安全指数	%
	法治保障	E1	信访指数	%
		E2	人民调解指数	%
		E3	法律援助率	%
		E4	监所安全率	%
其他指标	经济安全	F1	经济增长率	%
		F2	城镇调查失业率	%
		F3	基本社会保险覆盖率	%
		F4	贫富差距率	%
		F5	社会救助率	%
	公共卫生	G1	食品安全指数	%
		G2	药品安全指数	%
		G3	重大传染病疫情发生率	%
		G4	公共卫生预防指数	%
	生态安全	H1	环境质量指数	%
		H2	自然灾害防控指数	%

注：具体指标说明参见附件

——数据来源：指标体系中的大部分指标选自广东现行较为成熟的指标体系，如万人交通事故死亡率、经济增长率、群众安全感等，均可直接从省相关部门获取；部分指标是课题组在现行指标体系基础上提炼合成的新指标，如贫富差距率、自然灾害防控指数等，可由统计部门综合相关数据加以合成；部分指标是课题组根据新常态特征和要求提出的新指标，如信息安全指数、信息网络安全指数等，需要相关部门开展专门的统计调查，及时获取数据。

六、新常态下提升广东社会安全指数的对策建议

围绕当前社会安全工作最突出的重点、热点和难点问题，特别是新常态下凸显的新安全风险，广东应加快完善社会安全体系，强化风险防控能力，提升广东社会安全指数，切实构筑确保经济社会持续平稳健康发展的和谐稳定环境。

（一）发挥社会安全指数指标体系的导向作用

相关部门通力合作，明确各指数指标的监测主体与权重分配，尽快制订出台社会安全指数指标体系。研究选择若干地市、区县开展社会安全指数指标体系先行试点，试行阶段可先采用核心指标，评价统计时注重正向推动，以有利于各级政府和各部门工作推动为原则，重点监测关键风险领域的指数指标控制实效，争取经一段时期的检验调整后最终核定，切实为各地深化社会安全建设提供可靠参照和明确指引。顺应经济社会阶段性特征和当期战略发展重点，适时调整指数指标组合与具体权重，加快启动调查与监测当前尚无确切统计但有重要参考价值的指数指标，深化有关定量定性方法和测量技术研究，持续提升社会安全指数指标体系的适应性和科学性。

（二）健全社会安全工作制度机制

提高各级党政领导干部对新常态下广东社会安全工作的共识水平，依托省社会管理综合治理委员会、省创建平安广东工作领导小组等机制平台，调整完善社会安全工作跨部门、跨地域综合协调机制，强化职能分工、监督考核与责任追究机制，切实发挥各单位、各职能部门共同推进社会安全建设的工作合力。加大社会安全工作法治化保障，重点强化社会安全风险集中、与公共安全利益密切相关的各领域法制建设，鼓励地级市利用即将开放的地方立法权开展探索创新，及时推动成熟实践经验上升为地方性法规、政府规章，加快形成系统完备、科学有效的地方性社会安全法规制度体系。深化社会安全领域体制机制改革，持续完善社会治安综合治理、安全生产监管、网络信息监管、食品药品安全、防灾救灾减灾等管理体系，推动形成良性调节社会关系、有效维护公平正义的社会安全工作体制机制。

（三）完善社会安全风险防控体系

健全社会安全风险评估、排查和处置的立体化防控网络，全面落实重大决策、重大事项社会稳定风险评估，推动职能部门建立行业性风险评估指导意见与评估标准；推动各级政府实施常态化社会安全形势分析，加快构建社会安全信息资源采集、更新与共享平台，督促各类单位、市场主体建立完善相关安全风险定期排查机制，重点排查大型群众活动、人流聚集区等安全风险；完善重大突发社会安全事件联合处置机制，集中整治重点领域突出问题，深化各级平安创建尤其是医院、学校等平安细胞工程建设，推广网格化服务管理模式。完善大信访、大调解工作体系，夯实综治信访维稳中心各级平台，

深化涉法涉诉矛盾纠纷分离机制改革，健全人民调解、行政调解和司法调解衔接联运的工作体系，强化问题预警、案件协调、司法救助及违法惩处等配套机制。推进社会安全风险防控手段信息化、装备现代化，配合智慧城市战略，运用云计算等新技术升级关键防控技术和定量监测技术，提高重大事故灾害预测科学化水平和应急救护综合能力，开发保障社会安全相关重大装备和系列防护产品。

（四）强化基层社会安全工作队伍建设

落实基层社会安全工作与事权一致的人财物等资源保障，加大省市财政对基层相关职能部门的支持力度，实施编制倾斜、挂职下派等手段充实一线工作队伍，支持基层探索政企共建、跨界合作等多种形式，强化安全技术研发、安全设施建设和应急物资储备等。大力提升社会安全工作队伍维护安全和处置风险的专业素质，优化整合各系统与社会安全工作相关的培训体系，重点加强一线执法人员的安全工作意识与应急处置能力，突出关键风险识别和现代防控技术应用等核心能力培养，探索完善特殊安全人才快捷录用和急需安全人才临时征召渠道。促进地域间社会安全建设资源均衡分布，推动优质资源向安全风险较多、问题突出的地区倾斜，实施财政补贴、奖励表彰等激励措施，推动体制内外相关人才向资源薄弱地区流动；探索实施相关领域人员编制柔性管理机制，适应区域需求的动态变化进行科学调配。

（五）调动社会力量深入参与社会安全建设

畅通安全建设的社会参与渠道，探索建立基层社会安全工作的公众评议机制，健全网络问政、“两代表一委员”工作室等社情民意表达渠道，发挥科研院所、咨询机构对社会安全相关信息的搜集分析功能，规范社会安全信息的舆论报道，完善以基层党组织为核心、基层社区为平台、业主委员会或村民理事会等群众组织全面参与的多层民主协商。调动群众参与基层社会安全治理的主体作用，发挥村（居）法律顾问等专业辅助力量，鼓励建立村（居）民安全巡防、危机互助志愿组织，壮大义务安全员、民情志愿服务队等群防群治队伍，推动形成社区自我管理、自我服务和自我约束的安全自治机制。深入开展全民安全知识宣传教育和应急能力培育，将基本安全知识与重要应急技能培训纳入国民教育体系。发挥社会组织促进社会稳定的服务引导功能，建立以信息库和诚信体系为依托的社会组织综合监管体制，重点提升公益性、枢纽型社会组织承接政府转移职能的能力，支持在医疗、物业等矛盾风险集中领域发展专业社会协调组织，鼓励发展服务特定社会群体、平衡利益诉求的特色组织，做实企业工会教育动员、弥合矛盾等重要功能。

（六）构筑支撑社会安全的和谐发展局面

加大民生改善与发展步伐以缓和社会压力，持续围绕民生实事工程增加民生投入，健全高效优质的就业公共服务体系，多举措促进城乡居民收入稳定增长，稳步提升城乡社会保障特别是底线民生保障水平，健全社会救助体系，促进教育、医疗等公共资源均衡分布，落实低收入和夹心层群体住房保障，完善异地务工人员管理服务体系。突出社会主义核心价值观凝聚人心的基石功能，依托公共文化场馆等打造全覆盖、多层次、有特色的核心价值观宣传阵地，综合利用传统与新兴媒体推动核心价值观深入生活、深入人心，鼓励创造凝聚核心价值观的文化精品，发挥文化体育事业激发活力、释放压力的社会修复功能，发掘与核心价值观相融通的传统文化精髓的潜移默化作用。构筑生态友好的生产生活安全屏障，倡导清洁生产和节约生活理念，发展智能、低碳等安全节能交通系统，推进绿化行动等生态屏障和生态修复工程，深化节能减排和水土空气污染治理，严厉打击破坏生态安全的行为。

附件

广东社会安全指数指标体系及指标说明

广东社会安全指数指标体系

一级指标		编号	二级指标	单位
核心指标	社会治安	A1	治安刑事指数	%
		A2	警民比率	‰
		A3	万人交通事故死亡率	%
		A4	万人火灾事故死亡率	%
		A5	群众安全感	%
	应急管理	B1	应急管理工作指数	%
		B2	公共安全突发事件	起
	生产安全	C1	重特大生产安全责任事故	起
		C2	生产安全事故死亡率	%
	网络安全	D1	信息安全指数	%
		D2	信息网络管理安全指数	%
	法治保障	E1	信访指数	%
		E2	人民调解指数	%
		E3	法律援助率	%
		E4	监所安全率	%

续上表

一级指标		编号	二级指标	单位
其他指标	经济安全	F1	经济增长率	%
		F2	城镇调查失业率	%
		F3	基本社会保险覆盖率	%
		F4	贫富差距率	%
		F5	社会救助率	%
	公共卫生	G1	食品安全指数	%
		G2	药品安全指数	%
		G3	重大传染病疫情发生率	%
		G4	公共卫生预防指数	%
	生态安全	H1	环境质量指数	%
		H2	自然灾害防控指数	%

指标说明：

1. 社会治安：社会治安直接决定居民的生命、财产安全及内心的安全感，是衡量社会安全最核心的指标。

A1 治安刑事指数：由万人治安和刑事警情数量组成的合成指标，用于衡量一个地区的治安刑事水平。

A2 警民比率：以常住居民计算，平均每千人配备警察数，反映一个地方的警力资源水平，是国际通用的衡量社会治安维护情况的重要指标之一。

A3 万人交通事故死亡率：每万人中因交通事故死亡的人数比例。反映道路交通安全状况，是衡量交通安全的主要指标。

A4 万人火灾事故死亡率：每万人中因火灾事故死亡的人数比例。反映火灾事故的伤亡状况，是衡量生活安全的主要指标。

A5 群众安全感：衡量广大人民群众对社会治安状况、公共安全、社会治安秩序等满意度的主观指标，由第三方调查机构调查获取。国家统计局 2001 年开始在全国范围内组织开展群众安全感抽样调查，广东《创建平安广东考评指标体系》等指标体系均已开展对该项指标的考评。

2. 应急管理：应急管理是应对特重大事故灾害的危险问题提出的，主要指政府及其他公共机构在突发事件的事前预防、事发应对、事中处置和善后恢复过程中，通过建立必要的应对机制，采取一系列必要措施，应用科学、技术、规划与管理等手段，保障公众生命、健康和财产安全，促进社会和谐健康发展的有关活动等。

B1 应急管理工作指数：用于衡量应急管理工作完成的质量和效果的综合指标。评价范围包括应急管理专职工作人员配备率、应急预案演练率、突发事件信息报送准时率、突发事件风险隐患整改率、应急管理宣教培训率、应急庇护场所容纳率、应急平台建设覆盖率、应急处置效果、突发事件整改措施落实率等。

B2 公共安全突发事件：反映社会稳定的重要指标，评价范围包括群体性事件、民族宗教事件、公共场所滋事事件、恐怖袭击、影响校园安全稳定事件、涉外事件等。

3. 生产安全：在社会生产活动中，通过人、机、物料、环境、方法的和谐运作，使生产过程中潜在的各种事故风险和伤害因素始终处于有效控制状态，切实保护劳动者的生命安全和身体健康。

C1 重特大生产安全责任事故：指一次死亡 10 人以上的重特大生产安全责任事故起数，用于衡量被评价区域生产安全的程度。

C2 生产安全事故死亡率：由亿元 GDP 生产安全事故死亡率、工矿贸易就业人员 10 万人生产安全事故死亡率组成的合成指标。用于衡量被评价区域生产安全基本情况。

4. 网络安全：随着信息时代的到来，信息成为物质和能源之外维持人类社会的第三资源。“信息垃圾”“电脑病毒”“网上犯罪”“网络黑客”成为严重威胁网络安全乃至社会安全的一大隐患，引起社会各界的高度重视。对网络安全的评价应包括系统安全、网络信息安全、信息传播安全、信息内容安全等等。

D1 信息安全指数：衡量信息的保密性、真实性、完整性、未授权拷贝和所寄生系统的安全性的综合指标。评价范围包括网络欺诈立案数、网络支付安全、非法侵入计算机信息系统立案数、非法获取计算机信息系统数据立案数、非法控制计算机信息系统立案数、以网络手段编造、传播虚假信息的行政处罚案件等。

D2 信息网络管理安全指数：由各类网站备案信息管理率、网站安全应急事件处置效果、网络舆情引导机制健全率组成的合成指标。用于衡量网络信息安全管理工作和网络信任体系的建设水平。

5. 法治保障：科学合理的法治建设指标和考核标准，对于推进政府治理体系和治理能力现代化，促进社会安全意义重大。主要包括依法执政、公正司法、普法教育、法律服务和法律监督等。

E1 信访指数：由上访总量下降率、网上信访平台受理量和信访积案办结率等共同组成的合成指标。是反映社情民意和社会稳定的重要指标。

E2 人民调解指数：衡量人民调解工作效果和发展水平。评价范围包括人民调解、行政调解、行业调解、诉讼调解、第三方社会矛盾纠纷调解等。

E3 法律援助率：政府法律援助机构组织承办的法律援助案件数占符合法律援助条件的申请数和公安机关、人民检察院、人民法院作出的通知辩护、通知代理案件数之和的比率。是衡量被评价区域保障民生的服务水平的重要指标。

E4 监所安全率：由在押犯数，强戒人员在册、在所数，监所内非正常死亡人数，对抗管理、自伤自残人数，脱逃人数等组成的合成指标。是反映监所的管理水平和安全程度的重要指标。

6. 经济安全：经济安全是影响社会安全与稳定的重要因素。经济衰退、贫富差距大、失业率增加、基本社会保障不完善，均可能带来大规模的社会动乱。经济持续健康发展是社会安全稳定的重要保障。

F1 经济增长率：末期国民生产总值与基期国民生产总值的比较，反映一个地区在一定时期内经济总量的增长速度，是一定时期经济发展水平变化程度的动态指标。

F2 城镇调查失业率：衡量闲置中的劳动产能，是反映一个地区失业状况的主要指标。目前各统计指标体系普遍采用“城镇登记失业率”指标。鉴于现行的就业服务体系和社会保障体系尚不完善，就业和失业登记办法有待进一步规范，登记失业人员数量少于实际失业人员数量，因此存在实际失业率高于登记失业率的现象。建议相关部门实施抽样调查，以“城镇调查失业率”取代“城镇登记失业率”。

F3 基本社会保险覆盖率：衡量社会保险在经济活动人口中的覆盖程度，由基本养老保险覆盖率和基本医疗保险覆盖率组成的平均覆盖率表示。其中，基本养老保险覆盖率为企业职工本省户籍二、三产业从业人员养老保险参保率和城乡居民养老保险参保率的平均值。

F4 贫富差距率：反映被评价区域个人拥有财富不均衡的状况，贫富差距过大会造成犯罪率上升等潜在的社会危害。由被评价区域最高收入的 20% 人口的平均收入与最低收入 20% 人口的平均收入之比、贫困率等指标共同组成。

F5 社会救助率：用于衡量被评价区域对于遭受自然灾害、失去劳动能力或者其他低收入公民给予物质帮助或精神救助，以维持其基本生活需求，保障其最低生活水平的各种措施的完成质量和效果。

7. 公共卫生：公共卫生是关乎公众健康的公共事业，评价范围包括对重大传染病疫情（如结核、艾滋病、SARS、MERS 等）的预防、监控和医治；对食品、药品、公共环境卫生的监督管制；相关卫生宣传、健康教育、健康管理、免疫接种等。

G1 食品安全指数：由食品中毒率和食品质量合格率组成的合成指标，用于衡量食品的安全程度。

G2 药品安全指数：由药品评价抽样合格率、监督靶向命中率、基本药物抽样执行情况和药品质量合格率等组成的合成指标，用于衡量药品的安全程度。

G3 重大传染病疫情发生率：包括甲乙类法定报告传染病和新发现的 MERS 等在内重大疫情传染病发生率。发达国家早已针对重大传染病疫情开展综合监测管理，疫情报告渠道畅通、效率较高。广东亟需尽快开展对重大传染病疫情的统计监测。

G4 公共卫生预防指数：包括基本疫苗的接种率、对各类疾病疫情的预防控制等在内的合成指标，是反应生活安全的重要指标。

8. 生态安全：生态安全是影响社会安全与稳定的因素之一。破坏性较强的自然灾害会对人民生命财产造成巨大损失，生态环境的日益恶化严重威胁人民健康和生命安全，是维护和保障社会安全的重要领域。

H1 环境质量指数：由被评价区域生态环境质量状况的一系列指标组成的综合指标。包括 PM2.5 达标天数比例、地表水质达标率、森林覆盖率、城市建成区绿化覆盖率、工业危险废物综合利用处置率、生活垃圾无害化处理率、功能区环境噪声达标率等。应随着外界环境的变化，不断更新完善。

H2 自然灾害防控指数：由自然灾害发生个数、灾害预报准确率、受灾经济损失率等组成的合成指标。用于衡量被评价区域对自然灾害的防控水平。

着力提升社会安全指数 确保广东率先实现全面小康目标

率先全面建成小康社会是党中央赋予广东的重要使命，也是广东当前和今后工作的前进方向和行动指南。根据国家统计局2008年印发的《全面建设小康社会统计监测方案》[①] 和2013年发布的《全面建成小康社会统计监测指标体系》[②]，省统计局对2000—2013年广东全面小康进展情况进行了测算，2012年，广东全面建设小康社会实现程度达94.42%[③]，位居全国第六。当前，广东已进入到全面建成小康社会的最后冲刺阶段，既非常接近100%实现小康的目标，又面临进一步突破短板指标的瓶颈。为此，广东要进一步增强排头兵意识、忧患意识、使命意识和责任意识，在巩固优势指标的同时，突出问题导向，集中突破难点，在稳步推进经济发展和民生投入的同时，重点关注民主法制建设，花大力气提升社会安全指数[④]等相对落后的指标，确保全省2018年全面建成小康社会。

一、全省社会安全建设的基本情况

按照省委、省政府的工作部署，相关部门制订实施《广东率先全面建成小康社会安全指数指标解决方案》，采取超常规措施严打严控刑事犯罪，严防重大交通、火灾、工矿商贸生产安全事故。2013年，全省刑事犯罪人数、交通事故死亡人数、工矿商贸企业事故死亡人数均比上年有所下降，全省社会安全指数为77.8%，比上年提升1个

① 为了全面反映我国及各地全面建设小康社会的进展情况，国家统计局制定了《全面建设小康社会统计监测指标体系》，内容包括经济发展、社会和谐、生活质量、民主法制、文化教育、资源环境等6个方面，共23项指标。

② 根据党的十八大提出全面建成小康社会新要求，国家统计局对2008年制定的《全面建设小康社会统计监测指标体系》进行了修改和完善，形成《全面建成小康社会统计监测指标体系》，由5大方面39个一级指标构成。

③ 2013年监测数据尚未对全社会公布。

④ 社会安全指数：国家统计局《全面建设小康社会统计监测指标体系》和《全面建成小康社会统计监测指标体系》中的重要指标，用以评价国家或地区社会安全状况总体变化程度。包括社会治安（用每万人刑事犯罪率衡量）、交通安全（用每百万人交通事故死亡率衡量）、生活安全（用每百万人火灾事故死亡率衡量）和生产安全（用每百万人工商事故死亡率衡量）四个方面。

百分点，距离2018年实现81.5%的目标还差3.7个百分点。

（一）打防并举，全面稳控治安局势

一是针对影响全省社会治安大局的突出犯罪问题，保持严打高压态势，强势推进打击整治工作。2014年，全省重点组织公安机关集中开展打击整治毒品、黄赌、食药和制假售假、电信诈骗、涉车、涉枪犯罪“六大专项”行动，快侦快破突出刑事犯罪案件，严厉打击盗窃、抢劫、抢夺等侵财犯罪。二是结合重要敏感节点安保和反恐形势需要，建立公安武警联合武装巡逻、屯警街面、动中备勤等常态化机制。以着装巡逻、设卡盘查为重点，提高路面见警率和威慑力。建设启用环粤38个治安检查站，加强治安防范有效压减可防性案件。组织刑警、巡警、特警等警力在案件多发时段、地段实施巡逻伏击，加强重点场所管控。三是运用信息技术提升治安管理和社会面管控的针对性和准确性。在全省推行“数字化巡警”，构建全时空、立体化的治安动态巡控格局。广泛应用治安视频图像智能分析和视频监控技术。整合治安基础信息，实现对“人、物、场所、案事件”等数据的关联分析研判。实施科技强警，加强刑事技术、移动侦控系统建设。加快情报研判系统建设和应用，实施情报导侦战略。四是推广“围院式”小区管理模式，在流动人口集中的小区、出租房应用“门禁+视频”技术，加强流动人口管控。以有违法犯罪前科或有违法犯罪嫌疑的流动人口为重点，实时动态采集流动人口居住信息和活动轨迹。加强群防群治，创建“平安细胞”。

（二）综合整治，强化道路交通安全

一是强化乡镇（街道）道路管理责任，加强事故预防。将农村交通工作组织体系建设、重点车辆监管、道路隐患排查治理、严重交通违法行为专项整治等重点工作纳入地方党政领导班子安全生产责任制考核体系。加强农村交通秩序整治，集中查处各类严重交通违法行为。二是强化源头基础监管，排查治理道路安全隐患。加强对客车、货车、危化品运输车、校车、农村面包车等五类重点车辆源头监管。督促落实运输企业安全主体责任和危化品运输车辆行业监管职责，加强客货运企业和重点驾驶人源头监管。加强国、省道路中央隔离设施和农村道路外围防护设施建设，排查高危路段的安全隐患。完善高速公路事故警示措施，提高重要节点疏堵应急处置能力。三是强化路面监管，加强交通安全宣传教育。深化营运客货车交通违法和校车交通违法行为专项整治，保持酒驾醉驾严打态势。加强交通安全宣传教育。加大交通违法、安全隐患曝光力度。

（三）防消结合，提升火灾防御能力

一是修订《广东省实施〈中华人民共和国消防法〉办法》，健全完善现行消防法规体系。突出抓好违章既有建筑、高层和地下建筑、生产储存经营场所违规住人“回潮”、老城区和城中村、小作坊等重点消防安全隐患治理。持续推进政府挂牌督办火灾隐患重点地区和“96119”火灾隐患举报投诉机制建设，建立网上有奖举报投诉平台，加大处罚力度，

实行消防安全与单位信用挂钩。二是构建政府主导、部门监管、单位负责、公民参与的全民治火新格局。开展以“家庭、社区、学校、人员密集场所、单位消防安全教育”为重点的五大消防宣传专项活动，提升全民消防知晓率。推进基层消防队站建设，优化消防车辆装备结构，常态化开展战区拉动演练。三是创新社会消防安全管理，提升消防工作科技含量。实施建设工程消防设计审查与行政审判分离，建立工程消防安全质量终身负责制，将消防违法行为纳入社会信息监管体系。培育发展消防设施维护保养检测、消防安全评估、消防审图等社会服务机构。推动消防安全监管融入“智慧城市”建设，推动“物联网”“云计算”等高新技术与火灾预防和应急管理深度融合。

（四）完善监管，建立安全生产长效机制

一是坚持“党政同责、一岗双责、齐抓共管”，落实行业主管部门直接监管、安全监管部门综合监管、地方政府属地监管的安全生产管理责任体系。积极推进安全生产管理体制改革，加强农村安全监管长效机制建设，强化安全生产末梢管理。二是开展重点地区、行业、企业排查整改工作，夯实安全基础。深入开展安全生产标准化达标创建活动，对事故多发地区、隐患严重行业、劳动密集企业进行重点排查整改。在建筑施工、危险化学品、非煤矿山和特种设备等重点行业领域持续深入开展安全生产领域“打非治违”专项行动。三是建立健全事故调查处理“回头看”工作机制，坚持事故调查和处理结果向社会公开。积极开展安全生产月、安全万里行、安全生产知识竞赛等活动，普及安全生产法律、法规和安全常识，提高全民自我防护能力。加强安全生产、职业危害、职业安全自我保护的培训和宣传。

二、提升社会安全指数面临的障碍

社会安全指数是广东全面建成小康社会指标体系中相对落后的一个指标，不仅低于江苏、山东等兄弟省份，还低于全国平均水平，且提升难度较大。2010 年，广东社会安全指数达 80.2%，但主要受刑事犯罪人数变动的影响，2011—2012 年连续两年呈下降趋势，2013 年略有回升（详见下表），这说明广东的社会治安状况仍有较大改善空间，对各类事故的预防还需进一步加强。

表 1　2008—2013 年广东社会安全指数情况

指　标	单位	权重	2008	2009	2010	2011	2012	2013	小康目标
社会安全指数	%	—	80.0	79.2	80.2	79.6	76.8	77.8	≤81.5
年终人口数	万人	—	9497	9591	10286	10473	10550	10619	—
1. 刑事犯罪人数（被告判决生效人数）	人	40	94823	101297	103406	108168	127507	121070	≤101100

续上表

指　标	单位	权重	2008	2009	2010	2011	2012	2013	小康目标
2. 交通事故死亡人数	人	20	7182	6318	6223	5870	5714	5633	≤5714
3. 火灾事故死亡人数	人	20	220	107	107	110	98	137	≤98
4. 工矿商贸企业事故死亡人数	人	20	531	583	494	453	512	502	≤512

数据来源：广东省统计局及《广东率先全面建成小康社会安全指数指标解决方案》。

广东地处改革开放前沿，是最早步入经济社会发展转型期的地区之一。受地区经济发展不平衡、外来人口数量众多、贫富差距大、各种社会矛盾突出等多种因素影响，广东的刑事犯罪率一直居高不下，社会治安形势较为严峻。伴随网络技术的发展，跨省市的高科技犯罪在广东较大规模出现，严重危害人民生活和社会和谐。随着反腐治腐力度不断加大，职务犯罪判刑人数在一段时间内还会增加。广东的汽车销售和户均拥有量均处全国前列，且保持增长态势，使得各类交通事故的发生不可避免。广东各地拥有各种类型的工厂、矿场、商贸企业等，具有数量多、集中和分散布局并存的特点，对安全生产造成较大压力。此外，个别单位和个人对社会安全工作重视不够，存在疲劳厌战和消极应付情绪，工作积极性不足，责任意识、担当意识不强，推进力度不足也是不争的事实。目前，全省各级法院均存在在审未决的积案，随着新刑诉法的实施，法院审判力度收紧，对万人刑事犯罪人数指标达标构成一定影响。这些客观存在的现实情况对广东社会安全指数的提升造成不同程度的阻碍。

三、进一步提升社会安全指数的思路与对策

围绕2018年全面建成小康社会的阶段性目标，各级党委、政府应将提升社会安全指数作为当前工作的一个重点，有效应对影响社会安全的突出问题，严惩各类作案分子，形成持续高压态势，有效降低刑事犯罪人数。特别是要分解防控目标，对经过努力相对较易做到的交通事故死亡人数、火灾事故死亡人数和工矿商贸企业事故死亡人数“三下降”要作为重点突破口，确保社会安全指数不拖率先全面小康的后腿。

（一）加强法治建设，健全维护社会安全的长效机制

不断加强对权力保障、治安管理、社会服务、诚信建设、市场监管、基层建设等领域的地方立法。强化权力运行制约和监督体系，提高政府工作透明度。健全惩治和预防腐败的体系，减少经济犯罪的可能性。加大从严治警力度，建设一支忠诚、为民、公正、廉洁的政法干警队伍。完善基层民主制度，推进专业化、规范化、规模化的法律服务和法律援助。完善社会治理体系和运行机制，创新有效预防和化解社会矛盾的体制机

制，建立畅通有序的诉求表达、心理干预、权益保障机制。持续深入开展普法教育，提升公民的法律意识。

（二）以打促防，全面加强社会治安管控

一是总结提升“六大专项”行动经验做法，组织开展好“3+2”专项整治行动。在全省组织推动涉毒、涉黑恶、涉“两抢一盗”三类突出犯罪专项打击。各地根据实际选定两项突出治安问题开展集中打击，解决全省面上治安问题和各地治安突出问题，快侦快破突出刑事犯罪案件，推动全省突出治安问题得到扭转。二是加强社会面治安管理和巡逻防控。推进视频监控与巡逻力量结合，实现巡逻防控工作扁平化、可视化指挥调度和智能化、实时化盘查比对。提升流动人口和出租屋等治安要素管理水平。完善“以证管人、以屋管人、以业管人”立体管理体系，推进娱乐场所管理信息系统建设和移动采集终端应用，全面采集特行场所从业人员信息。广泛应用居住证“门禁+视频”系统，完成旅业系统、流动人口信息自助申报平台升级改造，加强“落脚点”管控。实现全民治安，努力营造平安稳定的社会治安环境。

（三）综合整治，确保道路交通安全形势平稳

分解道路交通安全责任目标，落实安全生产行业监管责任，强化安全生产责任考核。继续加强农村交通事故预防综合治理，大力排查治理道路交通安全隐患，整治各类交通违法行为，强化重点车辆与重点驾驶人源头管理，推进交通文明创新计划，构建公路立体化防控体系，全力防范重特大交通事故。深化营运客货车交通违法专项整治，开展校车交通违法行为专项整治，保持严查严打酒驾醉驾交通违法行为。

（四）防消结合，不断提升消防综合治理能力

加强城镇公共消防设施和基层消防组织建设，落实行业部门监管责任，推行行业消防安全标准化管理，深化社会单位“四个能力”建设，抓好消防安全“网络化”“户籍化”工作。加强公安派出所消防警务制度建设、业务培训和基础保障，突出人员密集场所和劳动密集型企业消防安全治理。常态化消防安全形势分析研判、重要节日重大活动消防安保、“96119”火灾隐患举报投诉、重大火灾隐患地区（单位）挂牌督办和消防安全专项治理等火灾隐患排查整治机制。深化消防宣传“五进”工作，抓好执警备战和“六熟悉”基础工作，强化预案制定和实战演练，提升灭火救援实战化水平。

（五）查防并举，确保工矿商贸安全生产

深化安全生产管理体制改革，建立隐患排查治理体系和安全预防控制体系，做好突发安全事件应急处置工作。深入开展安全生产标准化达标创建活动，加大力度督促隐患严重行业、劳动密集型企业落实事故隐患治理责任，切实做到整改措施、责任、资金、时限、预案“五落实”。深入开展安全生产领域“打非治违”专项行动和重点行业领域专项整治等工作，有效预防和坚决遏制因非法违法行为导致的重特大生产安全事故。

充分发挥信访工作效能
助力新常态下社会安全体系建设

信访工作是党的群众工作的重要组成部分，是促进经济发展的“减震器”和维护社会稳定的“安全阀”，也是密切党和政府与广大人民群众联系的特殊桥梁和纽带，维护和实现群众民主权利的重要手段。随着经济社会发展进入新常态，做好信访工作对于稳固党的执政基础、增进群众对党和政府的信任、推动决策的科学化和民主化、促进经济发展和社会全面进步、创造安全稳定的社会环境具有重要的意义。

一、广东信访工作在化解群众矛盾、维护社会安全稳定中发挥了重要作用

近年来，广东信访工作始终牢牢把握发展是第一要务，稳定是第一责任的大局意识，不断增强工作的主动性，层层负责，落实责任，不断加大交办督办力度以及包案化解力度，努力在切实解决问题上下工夫，在真正化解矛盾上做文章，助力社会安全体系建设，取得了很好的成效。

（一）抓好问题源头排查治理，有效预防和减少信访问题发生

一是加强信访形势研判和矛盾预防。按照胡春华书记提出的要像分析经济形势一样分析社会形势的要求，省委政法委每月组织一次社会矛盾形势研判会，加强信访研判和矛盾预防，及时预判形势和研究化解社会矛盾的措施。省委书记每半年听取一次汇报，省委副书记每季度听取一次汇报，使矛盾纠纷排查化解工作制度化。近年来，省、市、县三级每年排查矛盾近3万件，化解率达93%，群众越级到省上访大幅减少。二是从政策层面推动解决涉及面广的信访问题。针对水库移民安置、集资融资矛盾纠纷等群众反映集中的热点问题，开展专题调研，推动省从政策层面研究解决大批信访突出问题。把社会稳定风险评估作为重大政策出台和重大项目实施的前置条件和刚性要求。三是坚持领导干部接访下访。出台《关于领导干部定期接待群众来访的实施意见》和《关于省直机关定期组织干部下访的实施意见》，要求省、市、县、镇四级领导干部分别每季度、每两个月、每月、每周到接待场所公开接待群众来访，春节、“两会”等重要节点组织四级领导干部深入基层接访、带案下访、到基层巡访和重复上访户家中探访，面对面倾听群众意见，解决群众合理诉求，把问题化解在基层。四是建立一村一法律顾问制度。下发《关于开展一村（社区）一法律顾问工作意见》，引导律师下基层，为基层群

众提供免费法律服务。目前，全省两万多个村（社区）实行了一村（社区）一法律顾问制度。

（二）推动信访工作平台建设，畅通群众表达诉求渠道

一是大力推动人民来访接待厅建设。印发《关于在全省开展联合接访和分类接访工作方案》，在市、县两级建立由多部门进驻大厅的联合接访制度。二是积极构建网上信访大厅。全省各地级以上市、县（市、区）以及信访量较大的 7 个省直单位网上信访大厅于 2013 年底正式建成开通。“信访网电”四合一的全省信访信息系统在 2015 年 1 月建成，通过与国家信访局网上对接，与各地级以上市信访部门信息联网，初步实现了信访事项处理情况的可查询、可跟踪、可督办、可评价。2014 年，广东网上信访平台受理量为 14576 件次，占同期到省信访总量的近三分之一。三是构建覆盖基层的三级综治信访维稳平台。建成覆盖全省县（市、区）、乡镇（街道）和管理区（农场）的综治信访维稳中心，全省 25779 个村居和 5500 多个学校、企事业单位建成综治信访维稳工作站（室），基层司法、信访、综治、维稳力量得到有效整合。四是建立“绿色邮政”制度。从 2014 年 7 月开始，在县级以上政府信访工作机构全面实施信访“绿色邮政”制度①，为群众信访提供便捷的方式。五是建立健全港澳台居民涉粤信访工作机制。由省、市、县各级领导阅批港澳台居民来信，接待来访或包案协调处理涉粤主要信访事项，各级信访部门加强与中央人民政府港澳联络办以及省港澳办、省台办等有关职能部门的会商协调，确保涉港澳台信访事项得到优先处理、有效解决。

（三）加大信访问题处理力度，推动信访事项案结事了

综合运用法律、政策、经济、政治等手段，采取解释、听证、评价等多种方式化解矛盾解决问题。一是做好信访积案化解。开展信访积案化解年活动，重点解决了一批久拖不决的“钉子案”“骨头案”，努力减少积案存量。2007 年至 2013 年，共交办积案 4055 件，办结率达 96% 以上。二是抓信访督查。在全国首创信访督查专员制度，充分发挥各级信访督查专员代表同级党委政府的权威作用。2004 年至今，已有 44 批 493 名副厅级领导干部担任省信访督查专员，共办理群众来信 3 万多件，参与接待上访群众 1.29 万批次 11 万多人次，包案 3473 宗，深入基层开展信访督导调研 7700 多场次。2011 年开始，群众到省上访量前 5 位的地级以上市，均安排副厅级领导干部担任省信访督查专员，回督本地信访工作。三是动员社会力量参与信访工作。下发《关于推动各级党代会代表、人大代表、政协委员及社会各方力量参与信访工作的意见》，充分发挥第三方力量在化解社会矛盾的作用。建立大学生信访工作志愿者制度，2009 年至

---

① “绿色邮政”制度：信访人通过邮政，以书信形式给特定国家机关信访工作部门提出信访事项时，只要在信封正面右上角上注明“人民来信”字样，就可享受免贴邮票服务。

2014 年，已有 500 多名大学生志愿者到各级信访部门参与信访工作。四是建立健全信访复查复核和核查终结制度。制定了《广东省信访事项复查复核办法》和《广东省信访事项核查终结暂行办法》，2011 年至 2014 年，省级共受理复查复核信访事项 394 件。积极开始信访公开听证工作，促进信访人返访、信访事项有效退出。

（四）健全信访工作责任制度，维护正常信访秩序

一是细化信访工作人员的职责。特别强调主办单位办理责任制、首办责任制、责任倒查制和信访工作人员责任制等，防止因工作不到位造成问题久拖不决、激化矛盾或引发群体性事件。二是实行信访工作重点管理制度。对各县（市、区）上一年的信访工作情况进行考核，对工作不到位、信访问题突出的排名后 5 位的县（市、区）实行重点管理，并通过加大通报、约谈和提出问责建议的力度，确保信访工作责任落实到位。制定《广东省信访工作责任追究暂行办法》，对因处理信访问题工作不力而造成不良影响的，严肃追究有关领导和责任人的责任。三是依法规范信访秩序。制定了《关于处置信访活动中缠访闹访及违法犯罪行为的工作意见》《关于依法处理到省进京非正常上访行为的指导意见》等，依法处置信访活动中的违法行为，有效减少信访违法行为和缠访闹访现象的发生。

二、新常态下信访工作面临的新问题

当前，广东信访形势呈现“信访总量下降、到省上访总量下降、信访秩序明显好转”的良好局面。但随着经济社会发展进入新常态，广东信访工作既有传统信访问题压力，亦由于经济发展预期目标下调，经济运行速度放缓对解决就业、社保等民生问题带来一定影响，面临一些新的突出问题，主要表现在如下几个方面：

（一）改革推进和社会转型带来的信访问题仍将高发

农村集体土地确权流转和股份制改革、养老保险双轨制并轨等改革措施的推进，产业结构的调整和企业转型升级等，将涉及部分群体的利益调整，容易引发新的社会矛盾。

（二）因新政策出台引发的信访问题不容忽视

中央和省委省政府出台的一系列利民惠民政策，有的到了下面执行走样，引发一些本不该发生的信访问题。有的政策相对滞后，无法解决已经出现的新情况新问题；有的政策部门利益化，政策和政策之间存在矛盾，留下群众信访的空间；有的政策出台时考虑不够全面，引起攀比，带来新的矛盾和问题；有少数地方在制定政策和上马大型工程项目时，没有严格执行重大问题集体决策、专家咨询、社会公示、公开听证等制度，对重大工程项目建设和重大政策制定的合法性、合理性、可行性、可控性没有进行系统论证，对可能出现的社会风险和各种不稳定因素没有进行科学评估，导致损害群众的合法

权益，引发大规模集体上访。

（三）境内外各种势力插手广东信访工作的现象仍然存在

部分境内外各种势力借农村土地、村务管理、村委会选举遗留问题以及企业劳资纠纷、垃圾焚烧厂、核电站、发电厂、PX 等项目建设带来的环境污染问题等挑起事端，挑动群众集体上访。

三、信访工作助力广东社会安全体系建设的对策建议

当前，广东经济步入新常态发展阶段，随着社会的加速转型而出现的社会利益不断调整，群众需要解决的问题种类之多、情况之复杂前所未有，因而，做好信访工作对社会安全体系建设至关重要。针对广东当前信访工作的突出问题及对今后一段时期的预判，应着力加强以下几方面工作：

（一）进一步建立完善社会安全工作体制

一是要完善矛盾纠纷分析排查机制。主动针对社会管理中的热点、重点和难点问题，进行经常性的分析排查。着重加强对重点地区、重点工程、特殊群体、敏感时期的排查、建立台账。注重对零碎、分散、原始的社会不稳定信息特别是信访信息进行筛选、挖掘、提炼和分析，定期就阶段性的信访问题进行定量定性定向分析和综合分析，并对下阶段的社会形势进行科学预测。二是要完善矛盾纠纷调解机制。坚持“调解优先原则”，通过健全人民调解、社团调解、仲裁调解、行政调解、司法调解横向调解网络和市、区、镇、社区、村与楼门院（小组）纵向调解网络，营造多渠道的矛盾纠纷调处新机制，着力减少社会对抗。三是要完善矛盾纠纷诉讼机制。通过推动司法公正、提高司法效率，进一步树立司法权威，缓解“执行难”“申诉难”等问题，引导群众依法有序表达合理诉求，加大缠访、闹访治理力度。四是要完善重大事项风险评估机制。在重大决策、重点项目和涉及群众利益的重大政策实施前，主管部门或责任主体要牵头组织进行风险评估，落实将信访风险评估作为社会稳定风险评估的“前置程序”“刚性门槛”，对有可能产生的信访问题及时采取有效措施加以防范化解。

（二）进一步畅通和扩宽群众利益诉求表达渠道

注重现代科技信息技术与信访工作的结合，充分运用现代信息通讯手段，主动、及时了解民情，准确及时掌握群众关心的热点和焦点所在。继续加强广东网上信访大厅建设，拓宽领导在线视频接访群众层次，通过增设论坛、邮箱，推动各单位开通网上信访分厅等形式，畅通群众利益诉求表达渠道。培育一支专业化、高效化、过硬的网上信访工作队伍，保证信访网站能够安全高效地为开展信访工作服务。建立党代表、人大代表、政协委员信访工作室和人大代表、政协委员督查及视察信访工作制度。认真总结和推广信访代理制、信访首办责任制、民情日记等好做法，引导群众有序信访，推动问题

解决在基层。

（三）进一步提高基层化解矛盾纠纷能力

把加强社会安全体系建设与加强和改进信访工作有机结合起来，着力从体制、机制、人员、保障等方面，研究更好地服务群众、把矛盾化解在基层的有效措施，把党和政府的工作触角延伸到社会管理的各个方面。要真正发挥县（市、区）、镇（街）综治信访维稳中心的作用，使之真正成为集中听取群众诉求，集中解决群众诉求的工作平台。要配齐配强基层信访工作队伍力量，配强村、社区信访信息员和矛盾纠纷排查员，以便及时发现、化解和上报基层信访苗头和矛盾纠纷。要把加强基层组织建设、基层民主政治建设和加强信访工作的基层基础有机结合起来，认真总结和吸取群体性事件的教训，切实提高基层组织的凝聚力和战斗力，提高基层政务公开、村务公开、财务公开的透明度，提高基层干部的整体素质和服务群众、化解矛盾的能力，筑牢信访和维稳工作的第一道防线。

（四）进一步发挥社会组织化解矛盾纠纷的作用

充分发挥工青妇等群众团体以及统一战线各界人士、城乡基层自治组织、企事业单位、社会团体、行业组织、社会中介组织在联系群众、反映民意等方面的桥梁纽带作用。探索建立“信访志愿者”和社工介入矛盾纠纷化解工作机制，疏导群众情绪，化解社会矛盾。建立由社会团体和组织参与组成的听证会代表团数据库，当政府就重大信访问题举行听证时，随机抽取代表团进行听证信访，推动社团组织实现自身利益诉求的自主表达、自主维护以及对一些要求过高的缠访、闹访案件的依法终结。

着力夯实安全基础建设
保障社会安全和谐稳定

——揭阳市榕城区的主要做法和启示

“新常态”时期，社会结构、社会心态、社会问题都出现了新的特点。如何在这个关键时期保持社会的安全稳定，成为各级政府面临的重要课题。揭阳市榕城区牢牢守住社会稳定底线，突出组织建设，坚持防控与治理并重，狠抓责任落实，努力探索出经济欠发达地区推进社会安全建设的路子，成为“全国平安建设先进区”，其经验值得借鉴。

一、榕城区的主要做法和成效

（一）加强组织建设，平安榕城责任落实高位推动

作为粤东一个人口密度很高、政府资源有限的城区，榕城认真贯彻落实省委、省政府和揭阳市委、市政府关于平安建设的决策部署，坚持领导亲抓、高位推动，成立榕城区深化平安建设领导小组，统筹协调区全面深化平安建设各项工作，通过召开区委书记会、常委会、专题工作会议等，分析研判榕城区当前平安建设的发展态势，大力推动平安建设。近年来，先后出台了《关于全面深化平安榕城建设的实施意见》《全面深化平安榕城建设行动计划（2012—2022 年）》等相关政策文件，积极发挥部门协调、齐抓共管合力，全区 10 个街道、48 个平安建设成员单位以及 111 个社区，严格落实平安建设责任分工，主动开展深化平安建设十大工程和平安细胞工程等各项工作，为榕城区连续两届获得“全国平安建设先进区”起到有效的推动作用。

（二）注重立体防控，平安榕城“天眼”“地网”全覆盖

榕城区紧紧抓住“提升社会治安防控能力”这个平安建设的关键环节，构建起联防联控、巡防管控、卡口堵控、社区防控、群防群治群控、特种行业管控、社会治安视频监控“七张网络”。依靠人防、物防和技防构建“天眼”“地网”，实施精细化管理。不断加大投入充实警力，实行 24 小时巡查执勤制度，提高路面见警率，有效预防各类违法犯罪，降低安全隐患，并组织开展一系列统一清查打击行动，有效打击震慑违法犯罪分子。区财政紧缩其他开支，加大治安硬件建设力度，先后投入 1 亿多元，对原有设备进行升级，在一期 304 个监控点的基础上新增并网高清监控点 450 个，形成一套密集遍布全区的“天眼”，实现全区技防监控全覆盖。群防群治

建“地网”，组建社会治安联防队，实施分片管理，采用武装巡逻、便衣伏击、公开与秘密相结合的方式打击各类违法犯罪行为，维护全区社会治安持续稳定。近年来，榕城区没有发生政治事件、重大群体性事件以及影响恶劣的刑事、治安案件和影响社会稳定的安全生产事故。

（三）完善信访机制，平安榕城共建共享

榕城区建立“一把手亲抓、分管领导直接抓、落实人员具体抓”的“一抓到底”信访工作机制，实行区、街道、社区综治信访维稳中心（站）三级平台联合接访，开展领导公开下访接访活动，畅通“领导干部亲批来信、蹲点调研、民情座谈会、书记信箱、督办积案、网上信访、网络舆情、人大政协提案建议、党代表工作室”等“九大渠道”，开通网上信访信息系统，拓宽12345市民服务热线领域，健全民意表达机制，实现群众信访诉求“一站式接待、一条龙办理、一揽子解决”，推动及时就地化解信访问题，预防和降低信访问题引发的社会治安隐患。强化群众到省进京上访等突出问题的领导干部包案责任落实，最大限度预防和减少到省进京上访问题发生。结合地方特点应对历史遗留问题，特别注重建筑领域的矛盾纠纷化解工作，并将其作为综治维稳的重中之重，加强预警机制建设，妥善处理矛盾纠纷，做到“第一时间、第一现场、第一响应”，落实属地责任，把矛盾化解在基层。近年来，共协调处置建筑领域纠纷100多场，解决突出问题50多宗，有效维护城市核心区社会大局和谐稳定。

（四）创新治理方式，平安榕城建在街道社区

榕城区委、区政府把平安建设和安全防范有机结合起来，实施细胞化、网格化管理，以点带面，条块结合，积“小安”为“大安”。全面打造示范点，成功申报市级平安街道6个，平安社区53个，创建省、市、区级平安校园52所，平安医院6家，涌现出一批精品亮点细胞工程。率先在揭阳市推进社会管理服务网格化建设，在全区10个街道建立751个大网格、2595个小网格，创新建立“管理无盲区、服务零距离”的网格化社会服务管理新模式，形成“三级平台、四级网格”的管理服务体系，并把平安建设延伸到消防安全生产、食品药品、环境卫生、社区服务和医疗服务，把基层的大部分矛盾化解在网格之中，创新农村社会治理模式。推进“一室两会”（即村级代表工作室、公益理事会、村务监督委员会）建设，全区111个社区建成村级“一室两会”，覆盖率达100%，2014年通过“一室两会”建设，共举办好事实事285件，化解矛盾纠纷523宗，帮助24个问题社区和重点社区完成整顿。加强城乡公共法律服务体系建设，将一村（社区）一法律顾问工作与领导干部驻点直接联系群众结合起来，引导广大群众懂法信法，依法维护自身合法权益。全力探索社区社工服务新模式，建设全市首家社区综合服务中心，为辖区社会各阶层、各领域提供专业化、人性化的社工服务，不断提高群众的幸福感和满意度。

二、启示及建议

（一）要以平安社会建设为牵引，提升新常态下维护社会安全的能力水平

平安建设是构建和谐社会的具体举措，是新形势下社会综合治理的创新与发展，是推动科学发展、促进社会安全的必然要求。随着新常态阶段的到来，经济增长速度放缓，社会各阶层所呈现的矛盾也将日趋复杂，全力推进社会安全、维护社会大局稳定的方式和手段必须不断创新。因此，要及时转变新常态下社会安全体系建设观念，将影响社会稳定的各种安全问题纳入社会安全体系综合考虑，突出能力建设，注重机制创新，强化风险管控，狠抓责任落实，全方位维护社会稳定发展。总结推广榕城区“全国平安建设先进区”的典型示范案例，鼓励各地创先争优，打造更多社会安全先进市、县，推动全民积极参与社会安全建设，不断增强人民群众的安全感和满意度，为全省社会安全工作营造良好的氛围。

（二）要强化社会安全建设主体意识，着力夯实基层社会安全建设基础

伴随着经济和社会的转型，广东与全国一样进入了社会公共安全事件的高发期，自然灾害、社会治安、生产安全、公共卫生等社会安全事件发生数量呈上升趋势，有效应对这种新的形势，亟需进一步强化社会安全建设的主体意识，夯实安全建设的社会基础。榕城区在创建“全国平安建设先进区”的过程中，着力加强领导建设、组织建设、制度建设，强化平安创建的责任意识，完善机构设置，不断夯实平安创建的基础。因此，要明确各级党委和政府在社会安全建设中的监督和管理责任，强化社会安全基础建设，加大对多样、复杂、敏感的社会公共安全事件以及日益显现的社会深层次矛盾的应急管理体系建设力度，加强安全形势预测分析，提高安全保障能力。要注重强化队伍建设，规范社会安全事故应急救援专业队伍的管理，解决广东各地普遍存在的基层安全工作人员队伍薄弱的问题，为营造全省社会安全提供人力保障。

（三）要主动开展社会安全矛盾排查治理，着力提升全省安全管理水平

做好社会安全矛盾排查防控工作是提高安全管理水平的重要基础。榕城区实施由以打为主向打防结合、预防为主转变，积极构建立体防控体系，在提高治安防控能力，维护社会安全方面取得了很好的成效。要建立健全社会安全矛盾排查整治常态化体系及社会安全矛盾排查治理研判调度制度，实现排查、治理工作全覆盖和无缝管理。强化社会安全矛盾排查网格化触角的延伸，对排查出的信访隐患和苗头性、倾向性问题，及时拿出化解方案，做好防控工作，切实把矛盾纠纷和不稳定因素处置在基层、稳控在源头，最大限度减少影响社会安全稳定的问题和隐患。

（四）要积极推动部门和社会联动，全力维护社会安全稳定

榕城区发动全区街道、平安建设成员单位、社区等形成创建平安城区的合力，积极

开展深化平安建设十大工程和平安细胞工程，提高平安创建的有效性和长效性。各地在平安社会建设中，要注重建立部门联动机制，搭建社会安全建设组织架构，既要保证统一协调、调度和指挥，又要充分体现各部门的特殊性和专业要求，提高应对处置突发事件和服务群众的能力水平。要推进社会安全信息化建设，强化顶层设计，形成安全可靠、互联互通、快速便捷的网络架构和功能完善、符合工作实际需要的业务应用系统设计，完善安全事故预警机制。要创新社会管理与服务工作，发挥城乡社区自治组织、社会组织和社会工作者队伍的重要作用，推进城乡社区自治和社会自治的互动发展，促进社会安全建设与和谐稳定。

第八篇
基层社会治理

JICENG
SHEHUI ZHILI

新常态下完善广东基层社会治理模式研究

习近平总书记指出，党的工作最坚实的力量支撑在基层，经济社会发展和民生最突出的矛盾与问题也在基层，必须把抓基层打基础作为长远之计和固本之策。近年来，广东深入贯彻习近平总书记重要讲话精神，以基层社会为重心，以新理念、新方式、新手段推进治理模式创新，逐步构建起基层社会治理新体制机制，维护了经济社会大局的稳定。新常态下，由于利益群体多元、利益冲突加剧、权利意识崛起、社会心态复杂等因素，基层社会治理出现一系列新趋势、新特征，亟需坚持问题导向，按照国家治理体系和治理能力现代化的总要求，完善基层社会治理模式，进一步提升基层治理效率与水平。

一、完善基层社会治理模式是适应新常态的迫切需要

面对多元利益主体之间的相互博弈，各种矛盾冲突不断显现，原有的基层社会治理模式已明显不适应经济社会急剧转型和新型社区发展的要求，亟需创新完善，重构新型的基层社会治理模式，实现城乡社区的有效治理。

（一）推进国家治理体系和治理能力现代化、巩固党的执政地位的迫切要求

基层社会治理是国家治理的重要组成部分。当前，要推进国家治理现代化，必须变革过去那种以单位为主体、以行政权力和资源垄断为依托、依靠自上而下的动员和命令来推进的传统治理方式，汲取世界新的治理模式经验，结合中国国情，创新基层治理模式。基层社会治理水平的高低，直接体现党的执政能力。当前，党对新涌现的个体企业、行业协会、合作组织等新型社会组织的领导力还不够强，加上目前基层党组织党员队伍年龄老化、学历不高、综合素质偏低等问题，使党对基层社会组织的领导出现弱化的倾向。必须始终把加强基层党的建设、巩固党的执政地位作为贯穿社会治理和基层建设的一条红线，有力有序推进基层社会治理创新。

（二）适应新型工业化新型城镇化发展要求、实现基层社会和谐稳定的迫切需要

当前，工业化城镇化对基层社会治理提出三大挑战：一是伴随农村劳动力的大规模转移，一方面，城镇化地区原来以村民自治为核心的治理结构与高度开放的现代社区建

设不相适应，面临如何解决外来人口有效融入当地基层社会问题；另一方面，农村地区人地分离，面临如何解决留守妇女、留守儿童、留守老人和“农村空心化”问题。根据《广东省新型城镇化规划（2014—2020 年）》，到 2020 年，广东将有超过 1300 万人口进城，全省常住人口城镇化率将提高到 73%，届时“农村空心化”问题将更加严峻。二是农村集体资产如何有效监管问题。一方面，已城镇化或半城镇化地区，原农村集体经济面临如何改革转型，建立适应城镇化发展的新形态；另一方面，农村地区则面临集体经济如何在有效监管基础上做大，以支撑基层社区自治组织的正常运作。三是土地征用和房屋拆迁如何维护农民居民的土地财产权利。在广东加快推进新型城镇化进程中，有四类社区最容易引发矛盾冲突：撤村建居社区主要因村集体资产分配不均、社保城乡标准不一等；新建住宅小区主要因物业管理、环境治理、政治诉求等；房屋拆迁类城市社区主要因拆迁补偿标准不一、迁建选址不符合部分人利益等；农地征用类农村社区，矛盾主要集中在征地补偿标准不高、内部分配不均等。这四类社区成为基层社会利益矛盾爆发的“焦点”。若引导治理不当，将会引发群体性事件，对新常态下社会基层治理构成重大挑战。必须将创新完善基层治理机制摆在更重要、更突出的位置，把握群众利益的正当诉求，切实化解基层社会利益矛盾，完善矛盾纠纷化解机制，稳定基层治理秩序。

（三）贯彻落实“三个定位、两个率先”目标，是全面建成小康社会的必然选择

2014 年 8 月，习近平总书记首次视察时对广东提出“三个定位、两个率先”的总目标。党的十八大提出 2020 年全面建成小康社会的宏伟目标，广东提出到 2018 年提前两年率先全面建成小康社会的目标。当前，广东经济社会结构、城乡结构、利益格局等发生深刻变化，农村面临着村庄空洞化、环境污染和生态破坏、乡村治理失范等诸多问题，城市中因经济成份、就业形式、利益关系、分配方式和价值观念多样化而导致的深层次的社会矛盾和问题逐渐显现，原有的基层治理机制无法满足新常态下的经济社会发展需要。只有加强基层社会治理创新，从根本上改变基层社会建设严重滞后、基层社会治理不适应新常态的局面，才能真正实现全面建成小康社会的目标。

二、新常态下广东基层社会治理的新趋势、新特征

改革开放以来，我国基层社会组织方式发生了多次重大而深刻的变化，从计划经济体制的“单位制”“人民公社制”转变为市场经济体制的社区制。随着新型城镇化的推进，基层社区在提供公共服务、反映公众诉求、化解社会矛盾、保持社会稳定等方面发挥着重要作用。新常态下，广东基层社会治理呈现许多新特点、新趋势。

（一）治理目标法治化

在坚持党的领导、人民当家做主、依法治国有机统一的前提下，广东积极推进基层

社会依法行政、依法执法、公正司法，不断优化基层政府职能设置、流程运作和治理能力，厘清基层政府与社区组织在基层治理中的角色定位，初步构建起政府依法治理和居民依法自治有效衔接的社区治理机制。近年来，广东改革信访制度，引导群众通过法律途径，依法表达利益诉求，依法维护自己的合法权益。鼓励群众依法利用现代信息技术手段和互联网，依法、及时表达利益诉求，把涉法、涉诉信访事项纳入法治化解决轨道，信访、越级上访量明显减少。

（二）治理主体复合化

广东把强化政府治理主体责任、扩大社会组织参与、发挥居民自治主体作用作为创新基层社会治理模式的重点，积极推动基层社会治理从行政力量的一元化治理、单一部门的碎片化治理转向多元主体的合作共治与复合治理，探索推进以社区为平台、社会组织为载体、社工为支撑的“三社联动”模式，大力发展商会类、科技类、公益慈善类、服务类及社区基金会等新型社区社会组织，建立健全政府购买社会组织服务机制，初步构建起多元参与、多元协商、多元共治、协调发展的基层社会治理格局。目前，全省在民政部门注册登记的各类基层社会组织达数万个，注册志愿者突破700万人。

（三）治理手段多样化

一是价值观念治理。广东重视发挥道德的教化作用，大力弘扬社会主义核心价值观，弘扬中华传统美德，培育社会公德、职业道德、家庭美德、个人品德，实现法治和德治相得益彰。二是社会规范治理。广东高度重视运用市民公约、行业规章、团体章程等多种形式的社会规范，引导社会组织和成员个人，实现自我约束、自我管理、自我规范。三是调解治理。广东健全完善人民调解、行政调解、司法调解联动工作体系，建立矛盾纠纷调解衔接配合机制，依法妥善化解矛盾纠纷。四是互联网治理。广东建立和完善互联网管理体制机制，推进社区公共服务综合信息平台建设，大力吸纳专业社会工作人才，初步构建起以信息化为支撑、以专业化为主体的矛盾调处机制。

（四）治理方式差异化

由于我国实施城乡分治的管理体制，随着新型城镇化的不断推进，出现了一些新型社区，但大体上分成城市社区与农村社区两大类，城市社区又分为老居民区社区、单位型社区、村居混杂社区、新型住宅小区社区等；农村社区又分为一村一社区、一村多社区等不同类型。综合来看，基层社会可以分为城市社区、农村社区、城中村社区、城乡结合部社区等四种类型。由于不同类型的社区在人口结构、人际关系、资源结构、文化积淀等方面的差异很大，很难用某种共同的方式对所有的社区进行治理。因此，对不同类型的社区，根据其不同文化特点、矛盾冲突、利益诉求，实施不同的治理方式，分类施策，差异治理，就成为广东基层社会治理的必然选择。

（五）治理制度系统化

在建立社区管理制度方面，中央先后出台了深入推进农村社区建设试点、加强城乡社区协商等意见，省出台了加强城市社区居民委员会规范化建设、开展一村（社区）一法律顾问工作等意见，逐步构建起与流动性和开放性相适应的基层社会管理机制，形成了以发展谋稳定、稳定中求发展的基层社会稳定机制。在建立公共服务制度方面，统筹城乡，实施城乡一体化战略，逐步建立起“以块为主、以条为辅、以钱养事”并存的多样化公共服务供给模式。在推进基层政府转变职能方面，探索增强公共服务职能，实行政居分开，逐步建立以提供公共服务为导向的基层政府管理体制。在发挥居民参与、自治作用方面，逐步建立起参与社区重大决策机制，建立社区民主选举制度，真正还权于民，有效保障了基层居民民主参与社区治理的权利。

三、当前广东基层社会治理存在的突出问题

当前，广东正处于社会转型和矛盾凸显时期，基层社会治理在思想观念、主体定位、模式创新、治理手段等方面仍存在着诸多问题。

（一）思想观念落后

当前，广东正在跨越“中等收入陷阱”，人们政治诉求不断增加，经济社会形势更加纷繁复杂，社会矛盾冲突更加多变。一些基层干部在基层社会治理上存在“求稳怕乱”“怕闹事”“怕上访”思想，依靠强硬的“管控”“管治”旧观念、旧思维求稳思想占据主导地位，没有树立以人为本、保障人权、尊重人格的观念；一些地方政府只讲“维稳”，不讲“维权”，不善用法治、经济、民主、协商、新载体等新型手段、方法来解决新矛盾新问题，应对社会风险的创新能力不强。

（二）治理主体职能模糊

长期以来，受“万能政府”思想的影响和束缚，乡镇、区街道基层政府充当了解决一切社会问题的主角，管理了许多不该管也管不好的事情，存在社会治理“过度行政化”“头重脚轻”现象。村委、居委成为在基层政府办事的延伸机构，与其自治组织的法律定位、功能属性不符，基层政府越位、错位管治现象十分严重。同时，基层社会治理体制存在弊端，人力、物力和财力集中在县、市区，而具体行政性、事务性工作却由基层机构承担，事权和能力不匹配、权责不对称，村委、居委承担了过多不该干、干不了、也干不好的工作。

（三）治理管理方式落后

一些地方误以为治理就是收费、审批、处罚，治理的过度行政化使得社会资源配置模式过于单一，导致整个社会的僵化和低效，在社会冲突中基层政府被置于矛盾的焦点。一些地方误认为“人民内部矛盾用人民币来解决”，对上访群众无原则地妥协，鼓

励了群众用“大闹”“重访”的方式来解决问题，基层治理陷入了“大闹大解决、小闹小解决、不闹不解决”的恶性循环，群众信访不信法，恶化了基层的秩序生态。加上信息化管理落后，基础信息采集不及时、不互通互享，社会管理“高本低效”现象普遍。

（四）治理体制机制创新滞后

治理制度的缺失、滞后和不规范是社会矛盾产生的重要根源。当前，广东“重管控轻制度”现象普遍，主要是在创新预防和化解社会矛盾体制，重大决策社会稳定风险评估机制，诉求表达、心理干预、矛盾调处、权益保障机制，基层治理绩效考核评估机制等方面的制度建设落后于经济社会的发展。一些城市地方政府习惯沿用“运动式”思维应付危机、冲突，习惯于表层社会治理的制度修补，缺乏深层的制度变革动力，造成社区治理制度严重缺位。

四、完善广东基层社会治理模式的对策建议

为贯彻落实中央、省关于推进国家治理体系和治理能力现代化的总要求，今后一段时期，广东要把基层治理摆在更加突出的位置，树立系统治理、依法治理、综合治理、源头治理、分类治理理念，坚持治标与治本相结合，治理与建设并举，为全省的改革发展稳定提供可靠保障。

（一）县（市、区）对基层治理负总责，分类治理问题型社区

胡春华书记强调指出，县级党委是抓基层治理的主体。为此，一要明确县（区）委对基层治理负总责。要转变基层社会治理理念，治理不是要将老百姓“管死”“控住”，而是要从坚持社会正义、公平的角度尊重民意完善社会治理政策，逐步建立起地方党委负治理总责的制度化安排。二要转变基层政府的职能定位。界定政府权力控制和社区自治之间的界限，转变基层政府职能，明确是服务型政府的定位，把行业管理、社会生活事务管理等职能向具有资质条件的社会组织转移，实现从“运动员”到“裁判员”的转变。三要重点治理问题型社区。对实施了村改居的“城中村”、城郊结合部社区，探索将合法的集体建设用地征为国有，有偿出让给村股份公司、集体经济组织；对有干部因征地款、集体分红不均引发贪腐行为的社区，要依法严惩查处；对因物业管理不善、占用公共用地引发矛盾的城市社区，要引导建立物主委员会，加强社区的自治管理；对恶意上访、故意聚众闹事的社区，要依法严惩带头闹事头目，以维护城乡社区的和谐稳定。

（二）扶持发展社会组织，推进基层社会合作共治

要坚持培育发展和管理监督并重，推动基层治理“共同体”的形成，构建开放型现代社会组织生态系统。一要制订重点领域社会组织培育、向社会组织购买服务、财政

扶持社会组织发展意见，大力扶持发展从事非营利性社会服务活动的社会组织，如居民社区业主委员会、志愿者组织、行业协会、农村经济合作组织等。二要积极推广政府购买服务的方式，对社区治安、环境维护、养老助残等群众急需的社区服务实行政府购买服务。推进网络化治理。三要充分利用互联网信息平台。开辟网络参政、议政渠道，同时加强对网络参与主体教育和监督，建立网络监督队伍，减少公民接触不良信息的机会。

（三）建立自我管理调节机制，完善基层社会自治

社区是以社会互动为基础的人类共同生活的社会有机体。要完善党领导下的基层群众自治制度，落实居民、村民组织的自治权，把基层重大事务的决策、管理、监督等事项归还给基层，使群众能够真正参加与自己利益有着切身关系的自治活动。要加大政务、事务公开力度，将群众关心、利益相关的重大事项进行公开，激发群众参与意识和参与热情。要通过各种媒体和渠道，大力宣传基层自治的精神实质、目的以及对于基层社会治理的重要价值，让基层群众在政策宣传的氛围中，潜移默化地形成对自治制度的认知，逐步培养基层群众的主人翁意识，调动基层群众参与基层事务的积极性。

（四）加快法制建设，构建法治化的基层社会治理

一要加快社会领域立法进程。当前，要逐步完善劳动就业、劳动保护、社会保险、社会救助、社会福利、收入分配等方面的法律，确保人民安居乐业。二要深化司法体制改革。支持法院、检察院依法独立公正行使审判权和检察权，积极开展完善人民陪审员制度、执法司法公开、行政案件异地管辖、审判权运行机制、检察官办案责任制等改革试点，建立健全监督制约机制。三要促进社会公平正义。核心是促进权利公平、机会公平、规则公平。重点是完善民主权利保障、基本经济、公共财政、收入分配、社会公平保障等制度，以制度促进社会公平正义。四要开展法治教育。在农村、社区、企业、学校设立“法律工作室”“道德法律文化墙”，树立法律权威，依法处理涉法、涉诉信访，强化法律对社会治理的促进作用。

（五）加强思想道德建设，推进基层社会德治

一是针对不同人群开展全民修身活动。针对城乡居民、机关工作人员、企业员工、未成年人等各类人群的不同特点，推进“十德”教育，即“仁、义、礼、智、信、忠、孝、廉、耻、勇”，让民族文化扎根于群众的意识之中。二是开展中国梦和社会主义核心价值观主题教育。在全民倡议开展“做一个有道德的人”主题活动，注重培育社会的规则意识、企业的契约意识、家庭的责任意识、个人的公序良俗意识，争做文明有礼、守法有德的道德模范。三是推广“全民读书”活动。开展“书香单位”“书香校园”“书香家庭”评选活动，激发全民阅读热情，促进社会文明风尚的形成。

完善广东基层社会治理创新机制的思路对策

基层社会治理是国家治理的重要组成部分，是国家长治久安的基石。2014 年，广东人均 GDP 达到 10330 美元，首次超过 1 万美元，接近上中等收入国家平均水平线，进入了一个社会利益结构快速分化、新的利益群体阶层不断出现的新阶段，面临着人口管理、安全防控、服务供给、政治诉求等重大社会矛盾问题。要应对这一系列关乎社会稳定的重大挑战，必须按照党的十八届三中全会提出“国家治理能力现代化”的目标要求，以基层社会为重心，转变治理思路，改进社会治理方式，创新社会治理体制机制，逐步从局部化、碎片化、浅表化的传统管治转向法治化、民主化和自治化的现代治理，提升社会管理能力和服务水平，巩固党在基层的领导地位，保证国家社会的长治久安。

一、以改善民生为核心，夯实基层治理的社会基础

“民惟邦本，本固邦宁。”改善民生，造福民众，是稳定基层、稳定政权的基础，是夯实社会治理基础的核心。首先，改善民生是党的性质和宗旨的本质体现。我们党的根本宗旨是全心全意为人民服务，始终坚持人民的利益高于一切，必须把改善民生放在更加突出的位置，始终关心百姓，始终惦记民生。其次，改善民生是构建社会主义和谐社会的重要基石。构建社会主义和谐社会的核心是解决利益平衡和利益兼顾问题，维护社会公平正义。而改善民生问题，特别是解决困难群众的民生问题，是推进社会公平正义，进而实现和谐社会的基本条件。再次，改善民生是社会文明进步的现实需要。要解决由于经济转轨、社会转型出现的就业难、分配不公、收入差距扩大、看病难、上学难和住房难等问题，必须加快经济的发展，否则不仅影响经济社会的发展，还会危及社会的稳定。

要实现改善民生、夯实基层治理社会基础的目标，要求做到：一是确保民生底线。健全社会安全网，推进社会保险和社会救助机制建设，建立健全以最低生活保障、五保供养、医疗救助、临时救助为基本内容的城乡救助机制，进一步扩大城镇社会保险覆盖范围，全面实现农村新农保、新农合、农村低保全覆盖。二是建立公平分配的利益收入制度。一切社会问题的核心其实都是利益分配是否公平。坚持按劳分配为主体、多种分配方式并存的分配制度，坚持效率优先、注重社会公平，坚持各种生产要素按贡献参与

分配。加大粤东西北欠发达地区财政转移支付力度，逐步解决与珠三角地区城乡收入差距扩大问题。三是建立城乡一体的公共服务体系。建立健全统筹城乡发展机制，不断加大政府公共服务投入，大力发展社会事业，改革公共服务方式，优化公共资源配置，形成一套符合省情、统筹城乡、持续发展的基本公共服务机制，有效缩小城乡差距。

二、以创新体制机制为动力，构建运作高效的基层治理新体系

当前，城乡社区治理体制机制存在不少问题：一是乡镇、街道基层政府职能转变不到位。基层政府与居委、村委的事权划分不明确，相互间越位、缺位、错位，权责不一致。同时，对基层干部缺乏相应的考核机制，大多干部习惯于上级的指令，主动作为积极性不高。二是居委、村委功能定位不清。随着改革开放和经济建设的发展，社区的组织、服务、维稳功能得到加强，但自治、参与的功能远未发挥，政社不分。一些自以为是民选的村干部，不听基层政府指挥，常出现“替民做主”现象。三是居民、村民和非政府机构在社区治理中参与度不高。作为主体的广大居民、村民与非政府组织对社区治理事务认同感不强、参与度不高，其主体作用还未充分发挥。四是自治组织力量薄弱。据调查，居委、村委工作人员由于收入不高，年龄偏老化，专业、文化知识结构不合理，业务素质不高，与所承担的职责任务不适应。

面对社会发展的新态势，传统的以行政体系为主要力量的基层治理体系越来越难以承担现代社会治理的重任，必须建立更具开放性和包容性的治理体系：一是加快建设服务型基层政府。树立“有限政府”的理念，深化乡镇、街道基层政府的行政体制改革，转变政府职能，由经济型政府转变为社会型、服务型政府，推进政务、政事分开，加快建立服务电子平台，创办政务中心，把公共服务延伸到社区、行政村，提升服务水平和效率。二是明确社居委、村委的功能定位。重新界定治理主体功能，增加自治、参与职能，明确自治组织内部的分工协作，以居民、村民为自治主体，在社区内实行民主选举、民主决策、民主管理、民主监督，满足社区成员物质和文化生活、参与治理、互助互爱、维护稳定和社会化服务需求。三是创新社会组织管理服务机制。降低登记门坎，放宽准入条件，重点培育发展包括城乡专业经济协会在内的公益性、慈善性服务组织。做好社会自治组织的引导，做到事前及时发现、事中有效控制、事后妥善处置。四是创新流动人口和特殊人群管理服务机制。加快公共信息化平台建设，实现市、县（区）、乡镇（街道）、社区（村）联网，公安、教育、卫生、房管、工商等部门信息共享。建立完善“以证管人、以房管人、以业管人”机制，实施居住证制度，提高互联网安全管理能力，提高发现处置、侦查打击、防范控制的能力。

三、以加强基层社区服务作为重点，提升社区服务的质量与效率

基层社区是社会治理的“细胞”。构建和谐的治理体系，重心在基层，基础在社

区。当前，基层组织管理服务能力水平普遍不高，社会管理服务机构和专门性人才比较缺乏，体制性、保障性机制还不完善，应在治理中提供服务，在服务中促进治理，实现从控制型政府向服务型政府转变。一要创新服务模式。网格化服务是近年来各地积极探索和大力推广的一种新型社会治理模式，在南海开展试验已取得初步成效，要大力推广。南海模式以城乡社区为基础，以服务管理为指向，凸现了“责任网格”的总体要求和“百姓网格”的人文理念，推进了公共服务进社区、社区事务进网格、工作责任进网格，是治理模式的有益创造。二要提高服务效率。要在基层党政组织的统筹下，整合服务资源，组建高素质的服务团队。要充分利用以互联网、物联网、云计算为代表的现代信息技术，借助新媒体等先进信息媒介，不断提升社会治理的效能。三要缩小服务半径。根据实际建立15分钟、20分钟服务圈，解决服务群众“最后一公里”的问题，为群众提供更加快捷的服务，实现对每一名城乡居民困有所助、难有所帮、需有所应。四要培育服务组织。引入、培育市场力量和社会力量，发展专业化的社会服务组织，承接公共服务、公益服务和商业服务等多种形式的服务，搭建起多层次、多元化服务结构，提高社会自我协调、自我供给能力。

四、以化解基层矛盾纠纷为突破口，从源头上维护基层社区的大局稳定

随着经济迅猛发展及城市化进程的推进，来自不同地域、不同阶层的不同利益群体共同居住在社区，由于在人生价值追求、思维方式、行为方式上的差异，从而引发出众多的矛盾碰撞和冲突。新形势下，基层矛盾纠纷的主体，已不再是单纯的村民之间、邻里之间的一般性纠纷，而是公民与法人、非法人团体和组织及其相互之间，其中发生在群众与政府机构和干部之间的矛盾纠纷日益增多，一些与行政纠纷、经济纠纷、治安案件、刑事案件混杂在一起交织发生，调处难度增大。为此，要以化解社会矛盾纠纷为突破口，从源头上促进社会和谐稳定。一是坚持从源头治理矛盾纠纷。在改革措施出台、管理方式转变、重大项目引进等重大决策之前，应充分征求群众和有关专家的意见，减少因决策不当带来的社会各方的利益冲突。全面推进社会稳定风险评估工作，把社会稳定风险评估作为实施重大决策、重大项目的必经程序和前置条件，切实防止因决策失误引发社会矛盾。二是构建“大调解”工作格局。进一步完善“党委政府统一领导，政法综治牵头协调，职能部门共同参与、社会各方整体联动”的大调解格局，完善村社、乡镇街道、区、市四级大调解工作平台，建立健全人民调解、司法调解、行政调解联调联动机制，充分发挥“第三方”作用，健全大调解工作平台。三是探索建立矛盾纠纷长效化解机制。探索建立“一综多专”的矛盾化解机制，采取“党政领导、综治牵头、依托部门”的模式，在矛盾纠纷多发领域，建立完善相关专业调处机制，配备专职人员，完善工作制度。特别是针对当前房地产开发、环境保护、劳资关系、医患纠纷、交

通肇事等社会矛盾和问题，应积极建立房地产开发领域、规范医患纠纷、交通肇事纠纷等重点社会问题专门联动调处机制。

五、以推进居民区、村民自治为切入点，提升基层社区自治能力和水平

社区居民委员会与村民委员会是自我管理、自我教育、自我服务的基层群众性自治组织。但在实践工作中，这两个组织其实是行政组织在社区、农村的延伸，承担着大量的行政事务工作，其自治功能远未能得到充分的发挥。为此，要回归居委、村委的自治属性，大力提升其自治的水平与能力。

（一）明确政府行政管理与居民、村民自治的职能

制定基层政府（或派出机构）指导居、村委会工作规则，明确政府行政管理、居民自治的职能。完善政府购买社会服务机制，凡委托给居、村委会办理的公共服务事项，由政府负责购买。扩大基层群众自治权限，赋予基层自治组织更多自治权限，逐步将公共设施修建、公益服务开展等涉及居民直接利益的公共事项纳入基层群众自治范畴。改革社区事务管理模式，将社区事务的源头决策和评价权交给基层自治组织，由居、村委会组织城乡居民进行民主决策、民主管理和民主监督。

（二）培育发展城乡基层群众自治组织

适应城镇化加速发展的需要，进一步规范“村改居”、村委会重心下移的条件和程序，加快推进新建住宅区、城乡结合部地区、流动人口聚居区的社区居委会组建工作。在社区居委会、村委会下设立各类社会组织，明确职责任务，组织居民开展自治活动和协助加强社会管理。完善社区服务站建设，进一步理顺社区居委会与业主委员会、物业服务企业的关系，加强社区居委会对业主委员会、物业服务企业的监督。

（三）完善城乡社区居民自治机制

加快地方性法规关于自治立法的步伐。扩大基层民主选举，进一步规范村委会选举、罢免、职务终止等程序。推行社区协商民主制度，完善居、村民会议制度，推广乡贤治村制度，加强居、村民代表培训，发挥居、村民代表会议的作用。拓宽社区民主监督渠道，建立社区对市政服务单位的监督评议机制，发挥村务监督委员会的民主监督功能。创新社情民意表达机制，完善公共政策民主听证制度，建立社区人大代表、政协委员和党员领导干部见面日、居民代表定期入户制度。

（四）提升城乡社区工作者整体素质

出台政策，在晋升发展、表彰奖励、社会兼职等方面给予社区工作者关心和支持，增加社区工作者在各级党代会代表、人大代表、政协委员和劳动模范中的名额。面向优秀社区工作者招录公务员、事业单位干部，畅通社区工作者出口。完善社区工作者福利

待遇政策，确保社区工作者待遇水平。发挥社会工作者专业服务作用，鼓励社区工作者参加社会工作者职业水平考试，提升社区工作者中持证社工比例。

六、以健全基层党组织为基础，充分发挥村居党组织核心领导作用

党的基层组织是党在社会基层组织中的战斗堡垒，是党的全部工作和战斗力的基础。新形势下，一些基层党组织领导地位不明确，工作涣散，一些村党支部与村委关系紧张，直接影响到基层党组织的凝聚力、影响力、战斗力。为此，要创新社会组织管理，发挥党组织在基层治理中的核心领导力量，构建社会管理组织新格局。一是建立党管村居的体制。在乡村、社区、外来务工集中地，建立以党组织为核心的群众自治组织和经济、社会组织，把党和政府的政治优势转化成基层发展、自治的主导优势。在农村社区，要协调好村委会与村党支部的关系，确保村党支部的领导核心地位，在事关党的路线方针政策在农村的落实问题上、在事关全局性的重要问题和事关全体村民利益的重大问题上，发挥村党支部领导核心作用。村党支部书记与村委会主任要实现“一肩挑”。二是从财政上确保经费保障。根据加强和创新社会管理的实际需要，加大社会管理工作人员、经费、设施、装备等保障力度，政府应将加强和创新社会管理工作经费纳入同级财政保障。在城乡一体化和新农村建设中，应将行政服务中心、社区管理场所等列入规划，同时施工，确保到位。三是建立责任考核机制。加快建立考评体系，把创新社会管理工作列入“一把手”工程，作为基层组织领导班子工作目标和绩效考核的重要内容，使推进加强和创新社会管理落到实处。

新常态下广东农村基层治理模式的探索实践

农村基层治理体系及治理能力现代化是国家治理体系及治理能力现代化的基础。伴随新型城镇化的持续深入推进，广东大部分农村在经济结构、人口结构、社会结构等方面都发生了巨大变化，农村各类社会矛盾较为突出，传统的基层组织设置形式、管理方式、工作方法无法适应新变化，以村民选举为主要形式的基层民主模式在实践中遇到了挑战。近年来，面对农村的新变化、新趋势、新常态，广东各地认真厘清乡村治理的方向思路，创新农村基层治理体制机制，积极探索和建立起符合实际的基层治理模式，取得一定的成效。

一、广东各地探索农村基层治理的几种模式

广东农村大致分为3种类型：第一种是传统意义的农村，主要从事农业生产；第二种是已实行“村改居”的农村；第三种是城中村。结合3种类型农村的情况和特点，全省各地因地制宜探索了符合实际的基层治理模式。

（一）纯农村地区的治理模式

由于土地管理制度、思想文化观念、外部社会环境等发生变化，传统农村的内部治理也需相应进行变革。广东欠发达地区积极创新，探索了一些适合本地特点的治理模式，巩固了党在基层的执政基础，扩展了基层民主自治，提高了为民服务的效率，有效解决了农村存在的纠纷和矛盾。

——清远市“三个重心下移”。一是党组织建设重心下移。在行政村一级设立党总支，在自然村或村小组及具备条件的村办企业、农民合作社、专业协会等设立党支部，扩大党在基层的组织覆盖和工作覆盖，并通过建立健全班子联席会议制度、党群联席会议制度，强化党组织对村级事务的领导。二是村民自治重心下移。在村民自愿的前提下，以村小组或自然村为单位设立村民委员会，建立村民理事会，实行“村党组织提事，村民理事会议事、村民代表大会决事、村委会执事”的民主决策机制，实现民事民治民管。三是农村公共服务重心下移。以解决基层群众办事难为切入点，建设县、镇、村（片区）三级社会综合服务网络平台，县、镇建立社会综合服务中心，行政村（片区）建立社会综合服务站，解决了服务群众“最后一公里”问题。

——云浮市乡贤理事会协同治理。一是协同兴办公益。理事会成员发动组织村民积极申报竞争性“以奖代补”项目和村级公益事业建设“一事一议”财政奖补项目，带

头筹资筹劳推进项目建设和公益事业。二是协同化解矛盾纠纷。理事会把“和谐、包容，尊老敬贤、敬宗睦里”等文化元素和传统转化为村规民约，充分发挥文化在引导人们行为、规范社会秩序中的“软约束”作用，促进了传统道德约束与村民自治的有效结合。三是协同发展农村经济。理事会创新了“公司+理事会+农户”的经营模式，成为连结公司与农户之间的纽带，积极协助解决农业龙头企业与农民合作的土地租赁、承包和生产环境整治等问题，推进农村农业发展。

（二）“村改居”社区的治理模式

为适应城镇化发展和城区范围不断扩大的需要，珠三角地区逐步开始推进“村改居”工作，使村民变成城市居民，生产活动由农业向二、三产业转变；既有本地村民，也有大量常住外来人口，形成了新的社区模式，新的治理方式因此应运而生。

——南海“政经分离”。一是实行“五分离”，即党组织、自治组织和经济组织的选举、职能、干部、议决事、账目进行分离，将公共财政提供的社区事务与农村集体经济的“私权”重新划分，让基层组织各归其位、各施其职，确保基层职责清晰化、组织完善化。二是推进农村配套综合改革。将全区所有村（居）党支部升格为党总支，创新党组织服务社群机制；建立社区和谐共建理事会，完善政府购买服务机制，构建“社工+义工”的志愿服务体系；建立社区服务中心，向包括异地务工者在内的全体人员提供行政服务和社区服务；建成集体资产管理交易平台和农村财务监管平台，开创“出纳驻村（居）、会计驻镇（街道）、集中会计核算、财政专项资金专户管理”的财务监管新模式。

——顺德政府购买行政服务。一是厘清政务村务事项。村居事务中党务事项交由村社区党组织负责，村务事项不纳入购买服务范围，由村居自行负责，行政事项由区、镇两级政府出经费向村居购买服务。二是明晰镇村职责权利。政府与村居签订《村居行政服务购买合同》，由村居向村民提供行政服务，政府给予购买服务经费补贴。建立绩效考核机制，政府委托第三方进行公众满意度评估，对使用资金进行审计等。三是村议监会实行民主监督。选举设立议监会，辅助村民（代表）会议决策以及每季度监督评议村委会执行政务、村务情况，评议结果与村委会干部报酬挂钩。

（三）“城中村”社区的治理模式

随着工业化、城镇化进程的加快，广东特别是珠三角地区许多农村改变了传统格局和治理模式，但原有的地缘、血缘结构未被瓦解，成为既不同于传统农村，又不同于现代城市的过渡型社区即“城中村”，构建起与一般社区不同的治理规则与模式。

——广州“城中村”三大主体共同治理。目前在“城中村”改制过程中，普遍存在着街道办事处、社区居民委员会、经济联社三个对社区事务起着重要作用的组织。从规范意义上来说，街道办事处作为城市政府在基层的派出机构，实施对社区事务的领导，是“城中村”社区名正言顺的治理主体；社区居委会作为居民自治组织，承接原村委会的行政和社会事务管理职能；经济联社是集体经济股份合作经济实体。但在实际操作中，由于相对封闭的利益共同体的存在，广州“城中村”社区独特的存在和发展模式使得原村民排斥外来权力对社区事务的介入，三大治理主体的地位以及关系发生了较大变化，街道办与经济联社作为强大的两极，包揽了各项重大社区事务管理职能，尤其是经济联社在社区社会管理和公共服务等方面仍然发挥着重要作用，扮演了“事实治理主体”的角色。社区居委会则成为街道办附属的行政部门，没有行政权，也缺少可支配的经济资源，主要精力在于完成街道办交给的各项管理任务，作为居民代表的地位和作用无法真正体现，居民的认同度不高。“城中村”转制社区的现行管理模式和运作特征，仍存在原有的农村管理的色彩，遗留了不少亟待解决的问题。

二、大力推动广东农村基层治理进入新常态

当前，广东借农村换届选举和党的群众路线教育实践活动深入开展的重大契机，解决了一批基层突出问题，党群、干群关系进一步密切，改善基层治理有了良好基础。要进一步完善符合广东实际的农村基层治理机制，维护农村社会稳定，构建广东农村基层治理透明、民主、公平新常态，实现农村基层的有效治理，加快广东农村基层治理体系和治理能力现代化的进程。

（一）坚持从实际出发，探索城乡统筹背景下农村基层治理的有效途径

广东基层农村社区地域广阔、人员成分多样、产业多元、情况复杂，随着农村经济社会发展及改革的深入尤其是城乡一体化的加快，要统筹发展城乡基层群众自治和社区建设，鼓励各地根据实际情况探索创新不同的基层治理模式。加快推进城乡基层组织、管理和服务体制改革，完善基层群众自治机制，扩大基层群众自治范围。进一步推进基层便民服务，创新村民自治服务形式，在城乡社区设立便民服务中心或代办点，公开规范办理就业、社保、民政等基本服务，提高服务的供给效率和综合效益。创新村务公开和民主管理制度，推动城乡社区在发展民主自治、加强管理服务上实现良性互动、共同进步。

（二）加强基层组织规范化管理，夯实村级民主自治机制的组织基础

村党组织是农村各种组织和各项工作的领导核心，在探索完善村级组织运作机制时，要始终贯穿坚持党组织领导核心地位这一主线，完善村党组织议事规则和决策程序，涉及村民利益的事项原则上由村党组织统一受理议案，保证村党组织发挥领导核心作用。村党组织积极支持村委会、村级经济合作组织以及共青团、妇代会、老人会、民兵等群众组织依法依规开展活动，构建在党组织领导下，以政府管理为基础、村民自治为核心、社会组织广泛参与的多元农村基层治理机制。

（三）推动村级事务规范化运行，提供发挥基层群众主体作用的制度保障

在村民自治背景下，农民群众是农村基层社会治理的主体。要因地制宜推广重大事项由村党支部提议、村“两委”联席会议商议、村民（代表）会议决议以及决议公开、

实施结果公开等做法，真正做到村民的事情村民定，村民的事情村民管，村民的事情村民监督，使村民真正成为决策议事的“主角”。以“扩大有序参与、推进信息公开、健全议事协商、强化权力监督”为重点，建立健全民主监督机制，全面推行村务公开，公开内容由侧重财务公开向党务、政务和财务“三位一体”拓展，公开方式由事后公开调整为事前、事中、事后全过程公开，公开范围由相对分散向统一规范拓展。

（四）推进农村治理法治化，营造基层民主建设良好的法制氛围

随着农村改革的深入推进，各种利益诉求越来越多、越来越复杂，创新基层社会治理必须走依法依规治村的路子，要建立健全法规制度，推进依法依规治理，坚持依法行政，防止政府部门和基层干部不作为、乱作为。把农村广大干部群众作为普法宣传教育的重要对象，引导基层干部依法管理基层事务，引导群众依法反映诉求、依法维护自身权益。健全基层法律服务工作网络，完善一村（社区）一法律顾问制度，开展法律咨询、普法宣传、矛盾纠纷调解和法律援助等工作，促进基层依法治理。

（五）加快实现基本公共服务全覆盖，全面提升为民服务质量和效能

要强化政府基层公共服务职能，探索政府扶持、市场运行的公共服务供给机制，对农村基层行政性事务采取政府购买服务方式交由村干部负责，群众自治组织主要开展自治事务。将提供基层公共服务、着力改善民生、维护社会稳定作为乡镇领导干部主要的考核指标，真正树立为农民服务的理念。创新农村流动人口社会管理体制，全面推广扁平化、网格化服务管理，梳理公共服务清单，将流动人群纳入有效管理，按照“谁的利益都不受损”原则对不同类型居民（农村股民、户籍人口、外来人员等）享有的权益进行清理，明确权益边界。建立公共服务项目公众评议机制，引导多元主体共同参与基层治理，推动基本公共服务均等化、志愿互助服务制度化和便民利民服务多样化，强化直接的面对面公共服务体系建设。

（六）落实乡镇（街道）领导干部驻点普遍直接联系群众制度，找准解决联系服务群众“最后一公里”问题的有效路径

坚持以“更直接、全覆盖、常态化、制度化”为核心，加大以乡镇（街道）领导干部为主体的走访联系覆盖，采取划分片区、分组负责等方式，尽力把外来人员纳入直联对象范围，推动驻点联系工作重心从解决群众来访问题向了解群众、学习群众、服务群众、引导群众转变。完善监督考核机制，采取月度巡查、季度抽查、定期通报等方式实施动态督查，将驻点联系工作考评纳入基层干部绩效考核指标体系。不断创新制度、丰富载体，建立党员联系服务群众的长效工作机制，把有利于密切联系群众的成功做法、鲜活经验用制度的形式固定下来，使其完全融入领导干部的日常工作与生活中，实现制度化和长效化的有机统一。

新常态下广东农村基层治理新趋势

党的十八届三中全会提出“推进国家治理体系和治理能力现代化。”治理能力现代化基础在基层，重点难点在农村。改革开放以来，随着中国特色新型工业化、信息化、城镇化、农业现代化的不断推进，传统农村、“村改居”社区、城中村等不同类型农村地区的治理环境存在差异，农村群体及利益诉求更加复杂多元，政府提供公共服务方式更加多样，有条件有需求的农村自治单元从行政村逐步向自然村调整。农村基层治理体制机制创新需充分考虑这些基层治理新形势和新变化。

一、不同类型农村地区的治理环境存在差异

广东有 19597 个村委会，23.5 万个村民小组。受到地理位置、自然禀赋、资产资源、人文环境的影响，乡村之间社会经济水平差异较大，总体上可以分为传统意义上的农村、已实行“村改居”的农村社区、城中村 3 种类型。

（一）传统农村治理环境相对简单

传统农村以农业生产为主，正面临着观念冲突、人才流失、集体经济薄弱等社会治理问题。一是观念冲突。传统农村是一个以宗族为纽带的熟人社会，外来人口极少，随着人口流动和信息互通的加速，乡土文化受到较大冲击，个人主义、拜金主义蔓延。二是人才缺乏。大量青壮年劳动力外出务工，农村长期只有老人、妇女和儿童，基层干部素质较低，缺少治理的人才和监管力量。三是集体经济薄弱。传统农村集体经济依赖集体土地发包出租或者集体土地的征收收益，收入非常薄弱，甚至没有，再加上村民收入较低，农村公益事业缺少稳定的资金来源。

（二）“村改居”社区治理环境稍为复杂

“村改居”社区是由原农村社区转制而成的城市社区，农民转为城市居民，村委会改为居委会，集体经济组织开展股份制改造，农用地全部或者大部分被征收。部分地区实行土地征用留成制度，导致部分村改居社区保留集体土地，既是“村改居”社区也是“城中村”。一是“村改居”居民未享受与城市居民同等的公共服务。2014 年，广州“农转居”人员的养老保险金平均水平约有 700 元/月，低于城镇居民的每月 1000 多元、城镇职工的每月 2600 元。二是集体经济仍承担大部分社区公共设施和公共管理费用。大部分道路、绿化、排水、环卫、水利等设施和学校、敬老院、养老院、幼儿园等仍依赖于村集体经济组织。三是村民综合素质不高。“村改居”使不少村民一夜暴富，

但由于文化教育跟不上，出现不劳而获的“食利族”，黄、赌、毒等现象甚盛。

（三）城中村治理环境最为复杂

城中村是城市快速扩张过程中，被城市包围的农村，全部或大部分耕地已被征用，但土地仍是集体经济组织所有，仍采用农村的管理体制。城中村是违建加建、社会治安、消防安全、无证无照经营、食品安全等问题较多的地区。一是城中村人口复杂。城中村是外来流动人口的聚居地，人口密度高、构成复杂、流动性大，社会治安和环境治理压力大。二是城中村基础设施薄弱。城中村缺少规划及用途管制，村民为了获取出租收益，私搭乱建、违法违规用地、“小产权房”等普遍存在。公共设施配套不足，道路狭窄，交通、用电、用水、网络等管道混乱，居住环境脏、乱、差问题突出。三是集体经济成为矛盾易发区。城市的发展使城中村土地、资产大幅升值，与此同时，集体经济争利、征地拆迁矛盾、贿选、村官违纪等矛盾突出。

二、农村社会群体呈现复杂多元

根据职业、收入、身份等方面的差异，农村的人群可以划分为农村干部、集体企业管理者、私营企业主、个体劳动者、智力型劳动者、乡镇企业职工、农业劳动者、雇工、外聘工人、无职业者等类别。不同类别群体的价值观、利益诉求各有不同，农村中逐渐形成派别之分。目前最为突出的是特殊群体争利以及外地与本地人口的矛盾。

（一）特殊群体对集体经济争利现象日趋增多

随着城市化进程和人口流动加快，农村人口呈现多元化、复杂化特征，特殊人群多达十余类，如：1. 户口未迁出的出嫁女；2. 娶进的媳妇；3. 到女方落户的上门女婿；4. 计划外生育的小孩；5. 养子女与养父母解除了收养关系；6. 大中专院校的学生；7. 城镇户籍人口回迁原籍农村；8. 农业户口迁出外籍后又迁回原籍；9. 外来的代耕农；10. 在国家政策鼓励下户口迁入城镇自谋生计的“自理口粮户”；11. 因国家征地等原因“农转非”的原集体经济组织成员等。在集体经济收益较高的农村，特别是村改居农村和城中村地区，因成员资格引发的权益纠纷和上访案件越来越多，已成为当前影响农村社会稳定的重大隐患。

（二）外来人口与本地居民存在矛盾

在村改居社区和城中村，有大量非本地户籍的常住人口，例如东莞长安镇的外来人口占到总人口的90%以上。多数本地村（居）民，普遍存有“不能让外来户占了便宜”的思想，从感情上不接受“外来户”，传统的家族、宗族、乡里乡亲等传统熟人关系增强了排外性。外来人口在流入地难以享受到平等的社会福利、经济和政治权利，新老居民权利义务的不对等使得外来人员对社区缺乏归属感，不利于和睦相处的社区氛围的营造。一些社区，原村民和外来人口之间经常发生矛盾和冲突。

三、依法治村越来越成为农村基层治理新常态

党的十八届四中全会指出“全面推进依法治国，基础在基层，工作重点在基层”。2015年中央一号文件首次提出并强调要围绕做好“三农”工作，加强农村法治建设，依法保障农村改革发展。加强农村法治建设是新时期新形势下农村工作的重点，是农村基层治理的新常态，是实现农村和谐稳定、农业可持续发展的重要保障。

（一）农村基层治理的法律体系不断完善

在国家层面，《宪法》《村民委员会组织法》明确了基层自治的结构、职能、运作方式，《农民专业合作经济组织法》也进入修订阶段。在广东，已出台《广东省实施〈中华人民共和国村民委员会组织法〉办法》《广东省村民委员会选举办法》和《广东省村务公开条例》，并根据集体经济发展需要，制定了《广东省农村集体资产管理条例》《广东省农村集体经济组织管理规定》等规章制度。尽管大部分文件是行政性、政策性的要求，还没有上升到法律层面，但制度的篱笆已经越扎越牢。

（二）村民法律意识逐渐提高

虽然村民对法律知识的认知仍停留在浅层次上，表达诉求的方式更多是信访，而不是走法律程序，甚至出现群体性暴力表达诉求的情况，但村民的权利意识、参与意识已逐步加强，敢于表达自身利益诉求，争取合法权益。在征地拆迁补偿、村干部失职渎职等事件面前，村民已勇于发声，并且注重利益诉求的法律政策依据，在上访信件中引用法律法规、政策文件、领导讲话等内容。随着全省“一村（社区）一法律顾问”工作的推进，村民法律意识将进一步提升，表达方式更理性。

（三）对农村基层职务犯罪的执法力度不断加强

农村基层领导干部职务犯罪大多涉及基层百姓利益，不仅给国家、集体直接造成了巨大的经济损失，严重影响了党和政府在基层群众中的公信力，还增强了农村干群间对立情绪。近年来，通过加大对农村基层干部职务犯罪的打击力度，逐渐营造良好的环境。2012年全省查处农村基层组织职务犯罪472人，占全部查处职务犯罪总数14.8%，2013年人数和比例分别上升到524人与18.6%。尤其是在经济相对发达的珠三角地区，仅2010—2012年，佛山就有62名村官落马；广州市白云区近四年来已有100多名村干部因贪污腐败落马。

四、政府提供基本公共服务方式多样化

农村公共服务涉及面广泛，包括了农业生产所需的农田水利、道路交通等基础设施，农村公共教育、卫生、养老、救助优抚等基本社会保障，农业生态环境保护等等。长期以来，农村公共服务处于供不应求的状态，城乡不均、地域不均、群体不

均等问题突出。为此，党的十八大强调，要加强和创新社会管理，改进政府提供公共服务方式。

（一）政府购买服务充分调动社会参与

2013年《国务院办公厅关于政府向社会力量购买服务的指导意见》提出，推行政府向社会力量购买服务是创新公共服务提供方式、加快服务业发展、引导有效需求的重要途径。近年来，广东一些地方也立足实际，探索政府购买服务，以解决公共服务质量效率不高、规模不足和发展不平衡等突出问题。例如，佛山顺德杏坛镇政府试点政府购买服务，与马东村签订了村居行政事项购买服务合同，购买村居行政服务事项211项，按照常住人口每人每年300元、给予流动人口每人每年150元购买服务经费补贴，工作效率和质量明显提升。

（二）政府和社会资本合作模式（PPP）带来新活力

2015年5月，国务院办公厅转发的财政部、发改委、人民银行《关于在公共服务领域推广政府和社会资本合作模式的指导意见》指出，围绕增加公共产品和公共服务供给，在能源、交通运输、水利、环境保护、农业、林业、科技、保障性安居工程、医疗、卫生、养老、教育、文化等公共服务领域，广泛采用政府和社会资本合作模式。目前，社会资本参与农村公共服务供给的渠道较少，只有少部分开展奖教奖学、扶贫济困等公益建设项目。通过吸引社会资本参与，将能有效解决基础设施建设、养老服务等资金缺乏的问题，为村民提供优质高效的公共服务。

五、村民自治单元出现调整变化

《宪法》第一百一十一条规定："城市和农村按居民居住地区设立的居民委员会或者村民委员会是基层群众性自治组织。居民委员会、村民委员会的主任、副主任和委员由居民选举。"《村民委员会组织法》第二条规定："村民委员会是村民自我管理、自我教育、自我服务的基层群众性自治组织，实行民主选举、民主决策、民主管理、民主监督。"当前，广东的村民委员会设置在行政村一级。各级政府职能部门将大量行政事务性工作下沉到镇、村基层，村委会既是政府在基层的延伸机构，也是自治组织，但由于承担大量行政性任务，缺少足够的精力投入到农村自治。近年来，清远市开展以自然村为单元的自治试点，将"乡镇—行政村—村民小组"治理结构改革为"乡镇—片区—村（原村民小组或自然村）"，在行政村建立片区社会综合服务站并作为政府派出机构，在村民小组设立村民委员会。该试点激发了村民自治的积极性和创造性，并得到了中央的认可。2013年《关于全面深化改革若干重大问题的决定》提出："可开展以社区、村民小组为基本单元的村民自治试点"。2015年中共中央、国务院印发的《关于加大改革创新力度加快农业现代化建设的若干意见》要求创新和完善乡村治理机制，在有实际需要的地方，扩大以村民小组为基本单元的村民自治试点。自然村是典型的熟人社会，具有信任、合作、归属感等管理基础，区域范围相对较小，组织管理效率相对较高。在有需要有条件的地方进行推广以自然村为单元的村民自治将成为基层治理的新趋势。

新常态下广东城市社区基层治理呈现“五化”

社区是城市的细胞，是社会的基石。近年来，广州、深圳、佛山等地贯彻落实党的十八大、十八届三中、四中全会精神，积极探索推进城市社区治理模式创新，在发展社会组织、网格化管理、多元共治等方面形成可复制、可推广的经验，总体上呈现社会化、网格化、信息化、协同化、民主化等趋势。随着新型城镇化、经济社会转型进程加快，人们参与社区治理的诉求和社会服务需求不断增加，针对城市社区治理出现的新问题新形式，需要持续完善治理模式，提升基层治理水平，推进城市社区治理体系和治理能力现代化。

一、供给社会化

居民日益增长的服务需求与社区服务供给失衡的矛盾逐渐显露，加上社区服务覆盖广、内容多，传统的政府包干式管理已不再适应社会发展的要求，须充分发展社会组织、培育社会工作人才、调动社会资源，发挥他们在社区治理中的作用。

——深圳“现代社会组织体制”。2014 年底，深圳作为全国社会组织创新示范区，共有社会组织 8241 家，现代社会组织体制逐步健全。一是创新社会组织法规政策体系。2013 年以来，出台《深圳经济特区行业协会条例》等有关法规政策文件，实行工商经济类、社会福利类、慈善公益类等八类社会组织直接登记，实现行业协会“一业多会”、适度竞争。二是构建综合监管体系。制定《关于构建社会组织综合监管体制的意见》，2014 年联合行动查处了 124 家有违法违规行为的社会组织；出台《深圳市社会组织抽查监督办法》，建立日常抽检监督制度。三是强化社会组织规范化建设。先后出台《深圳市行业协会法人治理指引》等政策文件，积极推动社会组织信用体系建设和行业自律体系建设。四是成立社区基金会。在社区以社区居委会名义设立社区基金专户，由社区居委会进行日常管理，由社区居民议事会决议，为各类公益活动提供资金支持。2014 年，出台《深圳市社区基金会培育发展工作暂行办法》，登记成立 10 家社区基金会。

——广州“社会组织公益创投”。公益创投是公益领域的创业投资，投资主体通过与被投资者建立长期的合作关系，为初创期和中小型的公益组织提供“种子资金”、管理和技术支持。2014 年，广州市开展了首届公益创投活动，鼓励支持社会组织参与公益服务。首届公益创投活动共征集公益创投项目238个，申报资助资金和自筹配套资金均突破5000万元。经专家评审最终确定100个公益创投项目，实际投入财政资金1500万元予以资助，撬动社会配套资金1100万元。各项公益创投项目顺利实施并取得了良好社会效益，首届社会组织公益创投活动直接受益对象达415319人，间接受益人数1305367人，合计受益人数1720686人。

二、监管网格化

社区网格化管理是将城市社区划分为若干基础网格，实现社区网格无缝对接。网格化使管理方式从“线”到“面”，打破部门线条壁垒，实行协同作战、精细化管理，能更好地解决社区居民最关心、最直接、最现实的利益问题。

——广州“城市社区网格化服务管理”。2014年，先后出台《广州市推进城市社区网格化服务管理工作总体方案》及《广州市关于整合街（镇）聘用人员队伍组建专职网格员队伍的指导意见》《广州市城市社区网格化服务管理入格事项管理办法》等配套文件，全市统一按照“一个组织架构、一张基础网格、一支网格队伍、一套信息系统、一套管理制度”（五个一）的基本构架，全面推进网格化服务管理工作。全市1475个社区按照每200户左右的标准，划分21912个基础网格，部分区已建立专职网格员队伍。例如，越秀区全区222个社区划分1928个网格，每格不超过200户标准配备网格员，建立基础网格员工作机制和志愿网格员奖励机制，逐步将社区办理老人证、计生证、失业证等10大项78小项社会服务内容以及公共设施、市容环境等城市综合管理工作共12大项121小项管理事务“入格”，依托“越秀号”信息服务直通车逐步将社区沙井盖、路灯、垃圾桶等城市部件信息及社区网格内的人、户、单位、楼宇等信息约48万条纳入全区网格化综合信息系统。

——阳江“社区片区经理人社会治理”。以片区为基层社会管理单元，将社区划分成若干个片区，由社区工作人员和街道挂点社区干部组成片区经理人，对管辖的片区实行“定片、定人、定责”的三定工作机制，由片区经理人和片区义工为居民群众提供面对面、点对点、个性化、精细化的服务。片区经理人每周携带《片区工作笔记》走访片区居民不少于3次，每月不少于40户，每年走访一遍所属的片区居民。自2014年5月至12月底，共接受群众咨询1030余次，排查和化解各类矛盾纠纷172起，解决民生实事156件，排查安全隐患458起。

三、服务信息化

在全国推进“互联网+”战略的背景下，“互联网+社区”不仅能利用互联网技术打造协同联动的综合信息服务平台，还能利用微信、移动客户端等低成本的新媒体搭建社区治理平台，为社区治理提供了新技术、新方式、新应用。

——佛山禅城区“一门式政务服务”。2014 年，禅城区建设社区公共服务综合信息平台，推动政府不同职能部门的多个办事大厅向一个集中、不同业务多个办事窗口向一个集中的“两个集中”，倒逼整合部门资源、共享办事信息、精简申办材料，减少办事环节，缩短办事时限。一是任一窗口可受理或办理所有事项，“一门”可办理共 282 项行政服务事项，窗口减少 15%，窗口工作人员减少 30%，彻底解决了以往窗口忙闲不均、时段性办事拥挤等问题。二是创新办事流程，使用电子图章，实行申请材料电子化流转，可逆办理事项采取“先信任、再审核”模式，沉淀共享数据供其他部门重复使用，推进跨部门信息系统对接互联，群众办事等候时间缩短到 5—10 分钟，减少申请材料的事项达 97 项。三是推进网上办理，公共服务综合信息平台与网上办事大厅实现对接，至 2014 年底，进驻省网上办事大厅禅城分厅的服务事项共 942 项，进驻事项网上办理率 100%，网上办事深度达到三级的占 61. 46%。

四、管理协同化

目前社区治理主体和内容均呈现多元化，实现社区“善治”更加强调政府与居民、社会、市场的协作和互动，充分发挥社区党组织、社区居委会、社区工作站、社会组织、驻区单位、物业、业主委员会、居民等利益相关者的合力。

——深圳罗湖“社区多元融合”。罗湖区通过归位、赋权、增能，形成《深圳市罗湖区深化社区体制改革推进社区治理体系法治化实施方案》及 13 个附件，使社区居委会、社会组织、社工机构依法归位。一是实施社区工作清单制。制定社区综合党组织、社区居委会、社区服务中心等 8 份工作事项清单。二是明确行政事务准入制。除工作清单以外的事项要进入社区的，需经区编委会研究决定；取消除计划生育考核外所有针对社区的考核评比事项，区、街道不得以考核、评比等方式变相下放事务。三是培育发展行业协会。在全区建设 67 家社区服务中心，通过公开招投标引入专业社工机构运营，全年投入运营经费 3350 万元；培育成立罗湖区社工协会，发挥行业协会自主、自治、自律功能。

五、治理民主化

城市社区自治长期存在居民参与动力不足、参与平台缺乏、自治组织内部建设较弱等问题，需要在坚持党的领导下，从制度建设、居民政治素质等多方面着力，促进居民在社区治理中完善自我管理、自我服务、自我教育、自我监督。

——广州“幸福社区”。一是抓居民议事平台建设。制定《城市社区居民议事会建设工作指引》，指导社区成立社区街坊会等实体议事自平台和 QQ 群、微博等网络议事平台。共建立社区居民议事平台 1443 个，议事 7524 次，共 223347 人次参与；社区直选率达 84. 1%；55% 的社区居委会成员由本社区居民兼任。二是大力推进政府购买服务，实现家庭综合服务中心全覆盖，全市156个家庭综合服务中心为居民提供家庭服务、长者服务、青少年服务、异地务工人员服务等多种专业服务。三是抓社工队伍人才建设。开展社会工作员培训、登记管理、认证和社会工作督导员培训，为社会工作行业累计培养输送了3801名社会工作员和181名本土社会工作督导员。

——佛山顺德区“党群先锋队”。顺德区以乐从镇为试点，探索建立党群先锋队，广泛发动党员参与基层建设。一是组建队伍，党群先锋队由党员队伍中党性意识强、有活力的党员和群众中经过培养考察、政治表现优秀的先进分子组成。二是集中轮训，对党支部成员、入党积极分子、骨干队员、先锋队队员等开展有针对性培训，确保队员每月一培训。三是设岗定责，设定“三团九岗二十七责”。“三团”即“先锋团”“中坚团”和“顾问团”，每团下设三岗，每个岗位明确3项具体职责。四是激发热情，发动先锋队员参与镇街领导干部驻点普遍直接联系群众工作，定期举办“茶话时政会”，到居民家中走访，主动服务群众。

总体而言，广东城市社区基层治理模式创新主要集中在城市化发展水平较高的珠三角地区，粤东西北等发展相对缓慢的地区仍停留在社区管理阶段。对社区问题和发展认识不到位、区县街道社区权责不清、治理主体参与不足、社会资源调动有限等问题仍普遍存在。要实现从社区管理向社区治理转变，推进治理体系和治理能力现代化，必须以全面深化改革为契机，强化党在社区治理的领导地位，激发党委政府、社区居民、驻区单位、社会组织、社会工作者等多元主体的活力，理顺权责关系，运用“互联网+”创新基层治理，促进社区有效治理。

乡贤治村：农村治理创新的重要形式

——郁南县创建乡贤理事会的经验、成效与建议

郁南县位于西江中游南岸，总人口52万人，其中农村人口43.87万人，是典型的山区县。2011年，县委、县政府按照云浮市委关于培育发展乡贤理事会的要求，以自然村为重点，鼓励村中党员干部牵头，组织发动老党员、老教师、老模范、村民代表、复退军人、经济能人和外出贤达成立乡贤理事会，发挥党员理事和外出乡贤的亲缘、人缘、地缘优势，创新村民治理制度，推动共谋、共建、共管、共享，使群众成为推动农村社会基层治理的自觉拥护者、忠诚实践者和有力组织者，巩固了党在农村的领导地位。2014年1月，广东省委书记胡春华到郁南兰寨村调研时，对该县在生态文明村建设中注重充分发挥乡贤理事会作用、弘扬历史文化传承的做法表示充分肯定。截至2014年底，全县共创建自然村乡贤理事会944个，基本实现了全覆盖，乡贤理事会成员达14730人。

一、郁南以自然村为重点，大力创建乡贤理事会

郁南以自然村为重点，兼顾县、镇和行政村，大力创建多种形式的乡贤理事会，成效十分显著，其经验做法是：

（一）以党政统筹为根本推动县镇村三级联动

县委、县政府成立了由县委书记担任组长、县长担任第一副组长、县委专职副书记担任常务副组长的领导小组，其成员单位由县委组织部、县社工委、县财政局、县民政局等部门组成的，领导小组下设办公室，负责日常具体工作。各镇也相应成立了组织领导机构，落实专人，加强指导，确保创建自然村乡贤理事会工作顺利推进。目前，县设立了教育同兴促进会，部分镇、行政村设立了教育研究会、教育奖励基金会、外出乡贤协会等多种形式的乡贤理事会，大部分理事会在县民政部门登记备案。

（二）以农村法治为依据推进乡贤治村制度化

该县依据村民自治法律制度，先后制订出台了《创建三级理事会试点工作方案》《关于培育和发展三级理事会2012年实施方案》和《关于培育和发展自然村乡贤理事会的指导意见》，使乡贤理事会的运作做到县、镇有领导机构，部门负责指导督促落实，行政村、自然村有专人负责、有专门的办公场所。各理事会根据本村实际普

遍制订乡贤议事规则，依制度管人管事管钱，做到议事有依据、办事有监督，乡贤理事会在群众中的影响逐步扩大，地位逐步提升，成为群众信任的治理载体。一些外出乡贤纷纷解囊相助，捐款、捐物合力建设家乡，农村治理逐步走上了法制化、制度化的轨道。

（三）以明确职能定位为前提实现群事群治

乡贤理事会是以参与农村公共服务，开展互帮互助服务为宗旨的公益性、服务性、互助性的农村基层社会组织，以弥补基层政府和自治组织提供公共产品和公共服务的不足。其职责任务是协助调解邻里纠纷、协助兴办公益事业、协助村民自治，包括：协助参与自然村（社区居民小组）分类评级；协助发动群众申报和建设竞争性“以奖代补”项目、村级公益事业建设“一事一议”财政奖补项目；协助农业龙头企业推动现代农业经营体制机制创新，促进农民增收；协助开展信用户评定工作；协助开展弘扬优秀传统文化促进奖教助学和乡风文明；协助落实村规民约促进乡村治理；协助组织村民代表或户代表集中议事等。成员产生方式是由自然村（村民小组）在具有独立民事责任能力的经济文化管理能人、老党员、老干部等有威望、有能力的乡贤和热心为本村经济社会建设服务的人士中推荐提名，经村（社区）党支部审核，镇（街）备案登记，由自然村（村民小组）公布后确认成为理事成员，并由理事成员会议选举产生理事长、副理事长、秘书长。

（四）以充分发动群众为核心扩大乡贤理事会影响力

此外，还通过召开现场会议、广播电视、宣传标语、网络、宣传专栏、大家谈、组织外出参观学习等多种形式，大力宣传自然村乡贤理事会性质、宗旨和作用以及先进典型，进一步加深村民和外出乡亲对自然村乡贤理事会的认识，使外出乡贤、社会能人、有威信的村民充分认识理事会对治村的重大意义与作用，自觉加入理事会，并通过以理事会成员身份积极参与到社会主义新农村的建设中去，为新农村建设献策建言、出钱出力。当地群众在乡贤的影响带动下，纷纷参与到农村各项公益事业建设和村务管理中去。

（五）以典型引领为抓手全面推广乡贤治理模式

为确保创建乡贤理事会工作取得实效，2012 年 6 月，该县在历洞镇召开全县培育和发展乡贤理事会现场会，部署开展创建乡贤理事会工作。2013 年，县委、县政府把该项工作纳入《郁南县 2013 年重点项目工作台账》，要求每镇要创建标准规格较高、发挥作用明显的示范点不少于 5 个，示范点要做到“六有”（有牌子、有机构、有章程、有场所、有活动、有简介）。通过试点和借鉴云安等地的经验，郁南县创建自然村乡贤理事会工作顺利开展，涌现出一批创建成效好的乡贤理事会，如：建城镇梅花营村，连滩镇兰寨村和龙岩村，桂圩镇勿坦村和新寨村，平台镇古勉村，东坝镇枫树围村等等。

二、郁南乡贤治村成效显著，村民自治制度得到完善提升

通过三年多努力，郁南乡贤治村成效显著，主要体现在：

（一）提升了农村基层治理能力

理事会成员积极参与村中重大事务的管理，尤其是在化解修建公路、农电改造、饮水工程、产业调整等矛盾纠纷方面发挥了重要纽带作用，做到小事不出组，大事不出村。至2014年底，全县自然村乡贤理事会协助村民小组研究申报“以奖代补”“一事一议”奖补项目145个，协助制定村民小组村规民约914个，依据村规民约调解矛盾纠纷6300多宗，协助开展信用户评定1304个，推动制定村秩序管理相关制度1120项，成立监督小组385个、管护小组268个，村民捐赠公共设施管护经费达到748万元，凝聚了广大群众力量，发挥了群众主体作用，促进了自我管理、自我教育、自我服务、自我监督，农村民主化水平显著提升。

（二）减轻了基层政府工作压力

通过创建自然村乡贤理事会，给广大农民提供了参与社会管理的平台载体，大大增强了农民管理村庄公共事务的能力，提高了农民组织化程度，实现政府与农村社会的合理分工，从而在政府向农村社会改革“放权”的同时，农村社会能够“接得住、管得好”。基层党委政府从过去的“撑船”向现在的“掌舵”转变，从以前的“大包大揽”变为现在的“管得少，管得好”，农村管理得到有效的治理加强，构建了新型的“官治+民治”的主动局面。

（三）有力地推动了新农村建设

该县充分发挥乡贤理事会引领作用，与生态文明村、信用村、平安村庄建设紧密结合起来，有力地推动了新农村建设。在2013年成功建设了520条生态文明村基础上，2014年突出连片打造，分八片线统筹推进建设394条生态文明村，成功创建了连滩兰寨村等一批彰显地方特色、带动力强的生态文明示范村。全县群众共捐资6900多万元用于生态文明村建设，其中95%以上捐资是通过乡贤理事参与发动。如：千官深水步村群众在乡贤理事会的组织带动下，全村300多户群众100%参与了捐资活动，共筹集180多万元资金建设道路、广场、文化楼等设施，并落实1名保洁员每天上门收集垃圾和清洁公共场所。2014年，郁南县“兰寨、长乐、石桥头、佛子坝、五星”片区获得了云浮市“省级新农村示范片”遴选总分第一名，列入2014年第一批14个省级新农村示范片，获得建设资金1亿元。

（四）改善了农村人居生活环境

通过乡贤理事会引领和推动，各村开展“四整治一美化”的村庄综合整治，带领

村民群众义务投工 18.3 万工，拆迁违章建筑、旧房、猪舍等 15 万多平方米，无偿出让土地 9 万多平方米，植树 21 万多株，使村容村貌发生了较大变化。共还林复绿面积 4410 亩，清拆水库无序养鱼网箱 11 万多平方米，有效保护了生态环境。各村完成道路建设、饮水工程、文体设施等民生工程项目共计 1701 个，约 16 万群众受惠。如兰寨村在 2014 年 5 月成为云浮市唯一入选全国“美丽乡村”创建的试点村。

（五）促进了农业增效农民增收

全县通过理事会理事宣传发动作用，成立农民专业合作社，推动土地流转带动全县农业结构调整面积达 7 万多亩，辐射带动广大农户调优种植品种，有效带动了增加农民收入。例如：东坝镇蚕农加入“公司 + 合作社 + 农户”合作养蚕新模式后，省时提质，每亩桑每年比去年增收 2100 元。建城镇便民村通过土地流转、合作社带动，发展连片种植无核黄皮 3500 多亩，户均增收 3800 元，被农业部评为“全国一村一品示范村”。

三、大力推广乡贤治村经验的建议

自 2001 年国家开始推动农村税费制度改革后，乡村治理面临了两个新困境：一是行政权力在农村退出，政府对农村事务干预减少；二是乡村基层组织治权弱化，矛盾纠纷呈上升趋势。党的十八届三中全会提出了国家治理体系和治理能力现代化的要求，今年中央一号文件也提出了“创新乡贤文化，弘扬善行义举，以乡情乡愁为纽带吸引和凝聚各方人士支持家乡建设”的乡村善治新目标，这就要求重塑乡村基层治理组织，完善村民自治机制，激活村民当家作主的权利，真正还权于民。为进一步发挥乡贤治村作用，化解农村矛盾纠纷，提升农村自治能力，建议如下：

（一）充分发挥乡贤文化的示范引领作用

在广东农村，乡贤文化根植乡土、贴近性强，蕴含着见贤思齐、崇德向善的力量。要善于继承和利用人才辈出、文化遗存丰富、积淀深厚的历史资源，当代外出求学经商务工者中涌现出一大批名人、达人、能人的外部资源，在家务农经商创业者中凸显的好人、贤人、富人以及退休后返乡或回乡居住的老干部、老教师、老职工、老板的本土资源，用其学识专长、创业经验反哺桑梓，建设美丽乡村。通过多年探索的郁南乡贤治理具有植根于民众、行政成本低廉的优点，有其深厚的民意基础、社会基础、文化基础，在农村中有强大的生命力，是农村治理的新型的、高级的形态，是农村基层社会治理的重大制度创新，我们应积极推广应用，充分发挥乡贤在农村治理中的示范引领作用。

（二）出台鼓励创建乡贤理事会的指导意见

通过全面系统总结云浮市乡贤治理的经验，建议省有关部门出台创建乡贤理事会的指导意见，充分发挥外出、本土和离退休的乡贤、能人等的作用，鼓励他们参加乡贤理事会，鼓励回乡支持家乡建设。

（三）安排专门财政经费鼓励创建乡贤理事会

建议制订奖励标准，对制度健全、运作规范、推动农村基层社会管理成效明显的自然村乡贤理事会给予表彰奖励，鼓励其加快发展。

（四）降低乡贤理事会备案登记准入门槛

乡贤理事会属于公益性、服务性、互助性的农村基层社会团体。建议降低乡贤理事会的备案登记准入门槛，比照企业登记注册所采用“先照后证”的做法，优先为创建乡贤理事会办理登记备案手续。

政府主导　多元参与

——新加坡社区治理的经验与启示

社区是城市治理的基本单元，社区和谐关乎城市和谐稳定的大局，社区活力的激发是城市可持续发展的强大推动力。广东的城市社区建设已取得了明显成效，但社区发展面临社区治理结构单一、社区公共服务水平较低、社区成员参与度不高等亟待解决的问题。新加坡与广东经济发展水平相近，工业化已基本完成，社会结构则更为多元，族群融合、社会和谐，这与其有效的社区治理模式密不可分。新加坡坚持“政府主导，强化组织；统一指导，民主自治；以人为本，社会参与”的理念，政府对于城市社区发展的主导和扶持、社区力量的动员和培育以及政府与社会力量的良性互动成为新加坡社区治理成功的基本经验，值得广东研究借鉴。

一、新加坡城市社区治理的主要做法

新加坡社区治理的基本特征是政府放权、社会组织补位，政府与社会力量良性互动，政府在城市社区发展和治理中处于主导地位。基层社会组织的成长并不是与政府公共权力博弈的结果，而是政府主动按照效率、公平及以人为本等原则进行谋划引导，是政府治理意图的体现。政府对社区治理的重视和积极作为，正是新加坡社区良性发展的根本保证。

（一）政府组织构建分工明确的社区综合管理体系

新加坡的社区管理机构，实行以社区成员积极参与和灵活分散为主要特点的网络管理方式，民众参与度高、分工管理与服务、事权与责任明晰。官方机构和组织主要有三种：

一是社区发展理事会。偏重发挥公共服务职能，包括推进社区计划、进行地方性规划、确定地区性社会需求、策划安排地区的社会服务等，不设基层机构。

二是市镇理事会。属非政府组织，行使市政物业管理职能，包括管理、维修与改善组屋居住环境、管理公共配套设施、推进旧组屋及其公共设施的翻新计划等。

三是人民协会及其下属基层组织。“是政府贯彻建国政策的工具”，发挥着上传下达的重要功能，推动政府与社区成员的沟通。人民协会下属三个基层组织：公民咨询委员会作为党、政、民之间的媒介，在社区组织中地位最高，把社区成员的要求、需要和问题反映给政府，对涉及社区的重大问题向政府作出建议，维护居民权益；把政府的有关活动安排和政策信息传达给社区成员；负责募集社区基金等。民众联络所下设少年、

青年、老年、妇女等专委会，针对社区内相应群体开展服务；行使建设和管理社区俱乐部的职权，社区成员可凭全国统一的会员卡到任意俱乐部参加活动；组织文化、教育、娱乐、体育等社会活动，以促进种族和谐和社会稳定。居民委员会与我国居委会类似，但职责范围较小，侧重包括邻里关系在内的居住软环境建设，通过各种活动增进社区成员的认识和了解，更好地理解和响应政策措施。

（二）政府培育基层社会服务组织拓展社区功能

以建设“服务型社区”为目标，除官方机构和组织外，服务广泛、功能完善的基层社会服务机构是新加坡社区治理的显著特色。一方面，居民生活的各种需求在社区范围内都能得到便捷的满足；另一方面政府通过社区服务外包实现降低成本、提高效率的目的。较有代表性的有以下几类：

家庭服务中心。由政府规划、统一招标，每年进行评估，连续5年不达标的，政府组织重新招标。家庭服务中心设有幼儿托管中心，幼儿18个月大的就可以送到托管中心；学生关怀中心，为7—12岁的学生在放学后和假期里提供托管照料；家庭教育中心，开展婚姻教育、生育教育、子女成长、家庭生活等教育；乐龄（退休）活动中心，鼓励和教育退休人士保持身心健康；老人托管中心，帮助家庭照料老人；邻里服务中心，增进邻里关系等。家庭服务中心的服务内容涵盖了居民生活的方方面面，建立起社区终身教育体系，并且由于政府在政策、场所、经费上给予支持，加上社会义工的无偿参与，中心的服务大多免费或收费极低。

社区医院。作为辅助医疗设施，是国家医疗保障体系的补充，同样收费低廉，重点满足老年病人的需求。社区医院大多邻近区域性医院，与区域医院共享医疗资源，病人在区域医院治疗后的康复护理可转入社区医院。

社区商业服务设施。主要有两种，一是居民中心及邻区商店，居民中心引入大中型商业企业，邻区商店满足居民日常生活必需品需求；二是菜场及小贩中心，营业空间作为公共设施由政府规划提供，为解决便民可能导致的营业性亏损，政府会给予适当补贴。

（三）政府整合精英人才资源培育基层组织领袖

新加坡高度重视社区的基层组织领袖对组织发展的影响力，体现出依靠精英治理社区的思路。政府从执政党和民间社会发掘受过教育、能言善辩、有管理才能的社会中坚分子，充任基层组织骨干。这些担任基层领导的活跃分子包括退休的前政治精英、行政精英、知识精英和经济精英以及仍在工作但积极参与社区事务的各类精英。他们具有丰富的政治和社会经验，不计报酬，利用自身社会影响力，组织社区居民开展各类互助、康乐、公益等活动，将社区从陌生人社会变成熟人社会，增强社区凝聚力，将各种矛盾和冲突化解在基层。

政府以“国家社区领袖学院”等机构为平台，为社区精英提供丰富多样的培训，他们在此接受大至国体小至会场布置的各类课程，培训的目的是统一思想认识，增强实务能力，增进了解和友谊，搭建不同组织之间的合作平台。利用培训的方式，政府不仅提高了基层领袖的工作能力，同时增强了他们的归属感，并通过他们牢牢抓住了基层组织，继而赢得这些组织的会员即广大社区民众。

（四）政府鼓励社区成员多方式积极参与社区治理

新加坡社区的服务管理、资源配置都充分尊重民意，社区治理体现出明确的公益性和人性化，从而提高了居民对社区治理的认同感。社区管理机构不承担任何形式的经济职能，社区经费主要来自政府的行政、活动补贴和社会募集，政府制订捐款配套补贴政策，鼓励企业、社会机构和个人对社区活动进行长期赞助，社区的活动经费开支也大都以节约为原则实行市场化运作。社区活动各项经费支出均有严格规定，必须经相应的理事会、委员会或居民讨论，组屋翻新、公共设施的建设等重大事项，都必须经社区居民投票表决，达75%以上支持率才能通过实施，充分体现出以人为本的治理原则。

同时，新加坡政府通过教育引导，充分发挥社区成员的自主性，将共同参与社区治理作为居民自愿、义务的行为，社区社会力量逐渐壮大，自我管理、自我服务的能力大大提高。新加坡注重培养大众为社会自愿贡献的“义工精神”，公民咨询委员会、民众联络所、居民委员会等基层组织除少数政府负责的受薪人员外，大部分是兼职的义工，节约了财政支出。公共环境美化等社区活动多为自愿性质，社区内的众多组织聚集了不同兴趣爱好和心理需求的人，形成召集、参与和资助各种社区活动的群众基础。

二、对广东城镇社区建设与治理的启示

与经济领域强调市场调节机制不同，社会治理是以维护公共利益为目标，具有公权力的属性，政府应始终处于主导地位。新加坡在政治体制、文化思想等方面与我们的国情、省情有相近之处。尽管广东人口流动性大、住宅供给市场化等特点给社区治理带来挑战，但仍可以对新加坡的成功经验加以借鉴，依靠党和政府在社区基层的统筹协调能力、推进项目建设的效率优势，在社区建设和治理中发挥更大的作用。

（一）提高认识、加强规划建设，为社区发展创造空间

对广东城市发展新常态保持清醒的认识：受城镇化进程加快、经济结构调整、人口老龄化等因素的影响，离退休人员、待业人员和外地务工人员在城镇社区中的比例将不断增加，加上企事业单位社会保障和服务的功能逐渐剥离，社区承担的管理服务工作不断加重。构建和谐社会、增强城市发展活力，基础在基层，重点在社区，政府和有关部门应积极重视、加紧完善社区建设和治理，转变土地财政的惯性思维，强调社会价值而非经济价值对社会政策的影响，切实把满足居民需求、解决生活中的困难作为社区建设和治理的核心目标。

注重科学性、前瞻性的社区规划和公共基础设施建设。广东各地应针对城镇社区的建设和长远发展科学制定规划，一方面采取鼓励引导措施，按照规划约束开发商在房地产开发中配套进行社区公共基础设施建设；另一方面由政府主导、整合资金资源，加强各类公共设施保障力度，重点加大公共交通、教育、医疗服务、文体中心、社区公园、养老机构等基础设施建设，提升绿化景观、推广垃圾分类、保持环境洁净，力争做到社区布局合理、配套齐全、功能完善、环境优美、宜居宜业。

（二）转变理念、寓管理于服务，提高社区成员凝聚力

目前，广东的社区治理仍然普遍采取行政管理的方式，社区封闭、功能单一，邻里关系淡漠，缺乏对社区的认同感。基层管理组织负担着各类任务和考核，成为行政化的附庸，政府与社区之间容易形成纵向的隶属关系。社区是政府治理和政权的延伸，凝聚社会力量是社区的重要功能之一，人民群众往往通过日常生活而不是各种口号感受政府的公共管理能力和对民生的关心。因此，完善社区治理首先应转变理念，将传统的权力强化和硬性监管，转变成为以民为本的社区服务，使管理手段更“柔化”，更丰富，更容易被接受。

在社区服务方面，广东应参考新加坡的成功经验：一是不仅自上而下宣传贯彻政府的政策和精神，同时注重自下而上听取社区居民的意见和需求，保持和民众的密切联系；二是注重建立长效服务机制，避免过多依靠运动式的清理整治活动；三是注重精细化服务，减少粗放式管理；四是注重协商治理、协同治理，减少行政管制控制。这将有利于提高社区和政府的凝聚力，引导社区居民积极参与到社区的自我组织、自我管理、自我服务中来。

（三）鼓励参与、引入多元组织，提升社区成员自主性

从长远来看，居民对社区服务需求的内容和层次日益多样化，社区治理面临过程的多维化、互动化，仅靠政府提供公共服务及管理远远不能满足需求，应当逐步向政府主导、市场和社会共同参与转变。一方面进一步发挥居委会的自治作用，强化居委会参与社区事务以及上传下达、反映民意的职能，赋予经费和资源，使其集中精力促进邻里关系和社区融合，协调不同群体、家庭的关系；另一方面创新公共服务的供给方式，采取市场化运作、严把准入和退出，引导社会力量承担、兴办社区服务项目，支持连锁型、标准化的服务项目进入社区，在青少年教育、残疾人照顾、老年人日间照料等方面代替政府承担一定的工作事务。

党的十八大报告强调：“在城乡社区治理、基层公共事务和公益事业中实行群众自我管理、自我服务、自我教育、自我监督”。增强社区居民共同意识和参与意识是提高社区治理水平的根本。政府应秉持以人为本、服务为先的理念，探索培育不同功能、服务的社会组织，使组织发展和居民自主性相互促进，依靠社区居民的广泛参与，使社区治理保持稳定性和长效性。

（四）吸引人才、充实干部队伍，加强社区事务自治

不同于传统的农村社区，随着城市发展的日益复杂化，社区的联结纽带也在逐步发生转化、变迁，城市社区居民对社区秩序和权威的认可度较低，参与积极性不高。新加坡积极培养基层精英和社区领袖，正是重视这些人才在基层的广泛影响力，希望“提纲挈领”地把握社区的发展方向，降低社区管理成本。广东应着重创新基层人才激励长效机制，选拔、培养年轻化、专业化、组织协调能力强、有良好人际沟通能力和热心于社区建设的高素质人才充实到社区干部队伍中来，同时有必要探索通过基层民主推选、民主监督等自治方式产生社区带头人，获得居民的理解与支持，重建社区的联结纽带。

第九篇

建设现代农业强省

JIANSHE XIANDAI
NONGYE QIANGSHENG

新常态下广东农业调结构转方式建设现代农业强省研究

伴随经济发展进入新常态，广东农业发展的内外部环境也发生了深刻的变化。必须准确把握广东农业发展的趋势性变化与特征，分析面临的严峻形势与挑战，提出新常态下调结构、转方式、建设现代农业强省的新路径，继续强化农业基础地位，推动广东现代农业发展适应和引领新常态、进入新阶段。

一、把握新常态下广东农业发展的新趋势、新特征

新常态下，广东农业发展在需求结构、供给渠道、经营方式、功能作用、政府调控等方面发生了一系列趋势性深刻的变化，主要体现在“五个转变”：

（一）农产品需求从解决温饱向精特、安全转变

个性化、多样化、安全性的消费需求成为新常态的一个基本特征。人们对农产品的需求不再满足于温饱、解决生存，而是对质量安全、精品特色提出了更高的要求。从品种结构看，广东城乡居民对大米、小麦等粮食类产品消费比较稳定，对肉类、水产品、岭南名优特水果以及奶制品等附加值高的产品需求日益旺盛。从质量安全看，虽然不同收入水平的消费者对农产品需求表现出差异化分层态势，但总体上对农产品质量安全的要求都越来越高。广东居民农产品需求已跨越满足数量需求阶段，进入数量质量安全并重的新时期。

（二）农产品供给渠道从主要依赖国内向国内与国外并存转变

过去，农产品供给更多依赖国内市场、国内资源，粮棉油糖、畜牧水产等都有较高的自给率。我国加入世贸组织以来，广东农产品供给渠道发生了变化，依靠国际、国内两个市场、两种资源的供给模式日益明显，粮食自给率只有35％左右，进口农产品数量显著增加。广东积极鼓励农业龙头企业到海外投资，加快了农业“引进来”与“走出去”步伐。2011—2013年，广东农产品进口总额从119.79亿美元增至148.82亿美元，年均增长11.5%；出口总额从69.7亿美元增至81.3亿美元，年均增长8%。在坚持口粮安全、积极承担国家粮食安全责任的同时，适当从外省输入和进口农产品，已成为当前和今后一个时期广东农产品供给的基本模式和格局。

（三）农业生产资源功能从单一性向多样性转变

过去，耕地、水、林木等自然资源更多用于满足农产品生产、居民生活，农产品供给主要依靠资源投入，这对资源和生态环境造成很大压力。我国用世界10%的耕地养活了世界20%的人口，同时也使用了世界40%的化肥，单位面积农药施用量是世界平均水平的2.5倍，广东单位面积农药施用量更是位居全国第四，农业面源污染日益加重。随着生态文明战略的实施，环保生态理念日益深入人心，农业生产资源不仅要承担产品供给的功能，还要拓展生态环境保护、观光旅游休闲和文化传承等多种功能，以实现资源节约、环境友好。

（四）农业经营主体从以家庭为主向多主体转变

实行家庭承包制后，广东农业生产经营的主体是承包农户，1000多万农户经营的耕地面积占全省耕地面积60%以上，小规模分散经营，组织化程度低，抗击市场风险能力弱。20世纪90年代中期以来，广东大力推动传统农业转型升级，龙头企业、专业合作社、家庭农场、种养大户等新型经营主体层出不穷，与农户共同从事农业生产与服务，农业生产集约化、专业化、组织化、社会化程度大大提高。同时，流通经营形态也发生了深刻变化，过去主要以实物形态流通，链条长、环节多、损耗大、效率低，近几年，冷链物流加快发展，产销对接日趋活跃。我国有各类涉农电商3.1万家，其中涉农交易类电商有近4000家，农产品电子商务交易额10多万亿元，农产品流通正由实体流通向实体流通与电商营销相结合转变。

（五）农业调控手段从政府行政为主向政府与市场相结合转变

改革开放以后，广东率先改革统购统销的农产品流通体制，逐步建立起以需求为导向的价格体系，市场机制开始在农业发展中发挥积极作用。进入21世纪，政府加大对农业基础设施、科技推广等方面的投入，对农业和农民提供各种补贴，构建和完善了农业支持保护体系。经济发展进入新常态，更加强调政府引导与市场主导相结合综合调控，市场在资源配置中起决定性作用，用市场的方式撬动更多社会资本和金融资本，让市场机制在调控农业生产中发挥更大作用。

二、新常态下广东建设现代农业强省面临严峻的挑战

2011年，省委、省政府作出建设现代农业强省的战略决策部署，为广东农业现代化注入强大动力。经过几年努力，广东现代农业发展取得了显著的成就，农业结构转型升级加快，农村农业基础设施大大改善，农民生活水平不断提高。2011—2013年，广东农业占三产比重从5%下降到4.9%，增加值由2665.2亿元增加到3166.67亿元，年均增长6.3%；用于农林水事务的地方公共财政支出由420.34亿元增加到595.28亿元，年均增长20.8%；农民家庭人均纯收入由9372.73元增加到11669.31元，超出全国平

均水平 31.2%，年均增长 12.3%，于 2012 年首次跨过万元大关。但在新常态下，影响广东农业发展的因素更加复杂，建设现代农业强省面临严峻挑战。

（一）农业生产要素流失，资源环境约束力增大

改革开放以来，随着工业化、城市化的快速发展，广东大量耕地被征用，目前人均耕地仅 0.4 亩；农业转移人口加快，按省城镇化规划目标，到 2020 年，全省要转移 600 万农业人口落户城镇。在耕地减少、农业劳动力人口减少的双重压力下，如何提高农业综合要素生产率和质量效益，就成为建设农业强省的首要任务。同时，由于化肥、农药等大量使用，导致水污染、土壤重金属超标等农业面源污染日益加重，严重危害农业环境安全。资源环境约束已经成为广东农业发展的“紧箍咒”。

（二）新型农业经营主体发展受土地和资金制约，农村金融改革严重滞后

目前普通农户仍然是广东农业经营最重要的主体。新型农业经营主体进一步发展面临土地和资金的制约，流转土地越来越难，租金越来越贵，难以获得土地开展规模经营。金融改革虽已进行多年，但至今还没有建立健全金融支持农业的体制机制，商业金融机构反而成为农村金融的“抽水机”，加剧了农村资金的流失，涉农贷款难长期难以得到解决，制约了农业经营主体的投入，制约了农业扩大再生产。

（三）受农产品价格“天花板”和农业生产成本“地板”双重挤压，农业经营效益压力加大

由于农业生产资料、土地租金、劳动力等价格持续上涨，农产品生产成本居高不下。随着农产品价格持续上涨，我国主要农产品价格已经普遍高过国际市场，国内外农产品价格的倒挂可能成为常态。农产品生产成本的“地板”不断抬升，价格的“天花板”已经触顶，上下“两板挤压”，农产品已难有持续涨价的空间。我国农业的“黄箱补贴”已接近上限，继续增加农业补贴有困难。广东继续提高农业经营效益和发展“外向型”农业面临新挑战。

（四）农业二、三产业发展长期滞后，农业产业结构“短板”问题突出

由于缺乏系统的、长效的扶持政策和措施，致使农业加工业、流通业和服务业发展滞后的问题长期难以得到根本解决，成为农业“提质增效”的瓶颈。广东农产品加工业产值虽然处于全国前列，但规模以上的企业不多，知名的品牌不多。农产品现代物流发展薄弱，农产品流通仍以传统经营方式为主，且农产品交易市场等基础设施建设滞后。农业公益性服务组织不健全，公共服务能力不强，农业经营性服务组织发展缓慢，农业社会化服务缺失，难以满足农业经营者多层次的服务需求。

（五）农民持续增收面临多重压力，建设农村小康社会任务艰巨

随着农村劳动力转移，农民工资性收入大幅增加，成为农民收入的重要来源。近年广东农民工资性收入占总收入的比重已经超过 50%。在经济增速减缓的新常态下，就

业形势比较严峻，农民工资性收入增长受到压制；而农民的经营性收入、财产性收入、转移性收入的增长也受到农业经营效益提高困难、增加农业补贴空间有限等因素制约。在农民收入连续5年保持2位数的增长之后，农民收入持续增长面临很大压力。粤东西北地区仍然存在部分贫困农民，许多农村还比较落后，扶贫任务仍然艰巨。

三、新常态下广东建设现代农业强省的着力点

建设现代农业强省，关键在“强”，主要体现在“强结构、强产业、强效益、强主体、强科技、强生态”。要以“强”为纲，引领现代农业强省建设。

（一）结构强

农业结构调整要树立大农业的理念，以新理念引领农业向广度、深度进军，拓展农业发展更大的空间。农业结构调整不仅要“内部优化”，还要“内外联动”。通过优化种养结构，形成粮食作物、经济作物、畜牧业和渔业生产结构合理的发展格局。通过调整一、二、三产业结构，加快二、三产业发展，补长二、三产业发展“短板”，接二连三，推进一、二、三产融合，构建一、二、三产业相互衔接、相互融合、相互促进、协调发展的大农业产业结构。

（二）产业强

现代农业产业体系是一个集农产品生产、加工、销售、科技创新、资源开发、环境保护、文化服务等产业为一体的综合系统。建设现代农业强省，要构建完善的现代农业产业体系。运用高新技术改造提升传统农业，大力培育发展现代农业新产业、新业态。着力打造竞争力强的种养业、加工业和物流业。推广健康种养，发展无公害农产品和绿色食品，确保农产品质量安全。着力提高农产品加工业发展水平，通过“做强企业、做响品牌”，提高市场竞争力。加快发展农业现代物流业，以区域性农产品批发市场为基点，以互联网为纽带，构建与国内和国际市场互通的大市场格局。

（三）效益强

先进生产力是现代农业强省的重要标志，也是提高农业效益的重要因素。要进一步加强农业基础设施建设，用先进技术和现代物质装备武装农业，全面提高广东农业生产力水平。加快推广农业机械化，提高劳动生产率。大力发展设施农业，提高农业生产要素的利用效率，增强农业抵御自然灾害的能力，改变“靠天吃饭”的局面。推进农户分散经营向联合经营转变，促进农业规模化集约化经营，提高规模效益。拓展农业功能，延长产业链，增加附加值。

（四）主体强

新型农业经营主体是建设现代农业强省的生力军，要支持龙头企业、种养大户、家庭农场、农民合作社等新型农业经营主体做强做大。鼓励种养大户、家庭农场增加投

入，提高农业生产技术含量，提高专业化生产水平，发展规模化集约化经营。鼓励农民专业合作社组织农民开展联合经营，扩大合作社规模，提高竞争力。鼓励工商资本发展适合企业化经营的现代种养业、农产品加工流通和农业社会化服务，发展具有国际竞争力的现代农业产业集团。

（五）科技强

科技是现代农业的核心，要强化农业科技创新驱动。深化科技体制改革，增强农业科技创新活力。推进农业科技协同创新联盟建设，开展重大农业科技协同攻关，重点在种子繁育、智能农业、农机装备、保鲜加工、生态环保等领域取得突破。完善农业科技推广体系，促进农业科技成果转化应用。加快科技普及工作，让广大农民掌握农业科技知识。

（六）生态强

坚持可持续发展，建立与环境资源承载力相匹配的农业产业体系。全面控制农业面源污染，严格农业投入品管理，大力推广科学施用化肥、农药，降低化肥、农药的使用量。控制农业用水总量，推广滴灌、微灌、喷灌等节水农业。开展重金属严重超标耕地综合治理，推行替代种植。在控制农业面源污染的同时，发挥农业的生态功能，发展资源节约、环境友好的生态农业。

四、推进全链条建设，形成支撑现代农业强省的主骨架

2015 年 8 月，时任广东省省长朱小丹到湛江、茂名、云浮三市调研现代农业时强调要抓好“5 +1”全链条建设，延伸产业链，打造创新链，完善组织链，优化资金链，强化安全链，建设政府服务链，形成支撑农业现代化的主骨架。为此，我们必须以全链条建设为核心，大力实施创新驱动发展战略，推进农业结构战略性调整，加快转变农业发展方式，深化农业经营体制改革，激发农业改革发展新活力，早日实现建设现代农业强省的目标。

（一）延伸产业链，实现农业三次产业高度融合

一要巩固以粮食生产为重点的种植业。按照粮食生产省长负责制的要求，建立优质高效的粮食生产基地。继续扶持发展“一乡一品”，形成一批地方特色产业。做大做强蔬菜、水果、花卉、畜禽养殖和水产养殖等优势产业，形成布局合理、特色鲜明的区域优势产业带。二要打造农产品加工强省。以区域性加工园区为孵化器，培育发展一批上规模、实力强的农产品加工企业，建设广东食品加工中心园区，建设粤东、粤西水产品加工园区、粤北畜产品加工园区等。三要率先推进农业服务化。大力发展农业新业态，规划建设区域性农产品产地批发市场，高度重视冷链建设，发展农产品连锁配送、电子商务、期货交易等现代流通业态，加快发展电子商务新业态。

（二）打造创新链，提升经营主体的竞争力

一要创新金融服务。探索农业经营主体信用贷款、农村承包土地经营权抵押贷款等，满足农业经营主体的资金需求。鼓励商业保险机构开发适应农业经营主体需求的多层次的保险产品，提高保障水平。二要推进科技创新。推动种苗、种植、加工、节能、环保、信息化、绿色化等环节技术创新，将产学研协同创新渗透到农业龙头企业生产经营全链条，尽快抢占农业生物工程技术制高点。建立农业科研成果项目库。完善科技成果转化机制。三要培育新型农民。按照“懂技术、会经营”的新型农民的要求，加强对从事农业生产经营活动的农民进行培训，加强面向广大农民的选种适用技术普及，全面提高农民素质。

（三）完善组织链，提升农业的组织化程度

扶持发展龙头企业、农民专业合作社、家庭农场、种养大户等创新主体。重点是提升龙头企业竞争力，完善“公司＋N＋农户”模式，发挥其带动农户的示范作用。逐步扩大新型农业经营主体承担农业综合开发、财政基建投资等涉农项目规模。加快土地流转体制机制改革，通过奖补等方式，引导农村土地流转向新型农业经营主体集中，支持农业新型经营主体发展规模化、集约化经营。进一步加强生产基地标准化建设，提升农业机械化推广应用水平。

（四）优化资金链，保持财政支农资金投入力度

加大农业基础设施建设投入，全面改善农业生产条件，夯实现代农业基础。加快发展政策性农业保险，扩大保险覆盖范围。加大农村扶贫和农民社会保障的投入，促进农民增收。深化农村金融改革，加快在全省范围建立农村信用体系，开展信用贷款，解决涉农信贷“抵押难、担保难”的问题。加快推广“政银保”，加大省、市、县三级财政对担保金的投入，扩大担保贷款规模。进一步发挥农业发展银行和农村信用社的支农作用，增加农业投入。积极促进农业龙头企业资本运营，培育上市公司。

（五）强化安全链，确保农产品质量安全

一要建立更多绿色农副产品生产示范基地。通过新建、扶持农业产业化龙头企业以及公开招标等方式确定农副产品生产供应和集中配送基地，实现农副产品生产供应安全。二要推进农副产品安全标准化建设。按照操作有规程、过程有记录、产品有标识、市场有监管、质量可追溯的要求，制定主导产业技术规范，形成与国家标准、行业标准相配套，涵盖生产经营各个环节的农业标准体系。三要健全信用体系和监管体系。深入推进农产品信用信息系统建设，强化企业和行业的诚信责任，完善失信惩戒机制，建立信用监督机制。

（六）建设政府服务链，提升政府调控农业的水平

制订广东省“十三五”现代农业发展规划，制订促进农业龙头企业发展的专项规

划和配套政策。强化农业公益性服务体系。以转变职能、便民服务为重点，加强农业技术推广等公益性服务，使公益性服务真正做到全覆盖、有保障。培育发展农业经营性服务体系。采取政府订购、定向委托、奖励补助、招投标等方式，引导经营性服务组织参与公益服务。支持经营性组织多层次、多样化的个性服务。重点支持开展农技推广服务、农机作业服务、测土配方施肥服务和病虫害防治服务。支持拓展产品营销、农资配送、信息提供等新型服务。

以科技创新提升农业发展质量与效益

随着经济社会的快速发展，农业科技创新对现代农业的贡献越来越大，对保障国家粮食安全、促进现代农业发展和新农村建设发挥着重要支撑作用。广东科技进步对农业增长的贡献率由“九五”末的45.7%提高到目前的61.2%，高出全国平均水平5.6个百分点，农业科技成果转化率由“九五”期间的18%跃升至目前的45%，农产品加工率提高到近40%，全省水稻机械化水平达到61.1%。新常态下加强农业科技创新，对建设现代农业强省具有重要意义。

一、新常态下广东农业科技创新的新特征

新常态下，广东农业科技创新呈现出高新化、信息化、生态化、装备化等一系列新特征，具体体现在：

其一，基础理论研究取得重大突破。“十二五”以来，尤其是2013年以来，广东在杂交稻育性控制、动物病原菌耐药机制、蔬菜作物耐性机理、昆虫分类等方面取得了显著成绩。尤其是由华南农业大学完成的“杂交稻育性控制的分子遗传机理研究”，利用先进的分子生物学方法，对杂交稻育性控制关键的细胞质雄性不育和杂种不育的分子遗传机理进行了系统研究，对水稻杂交育种中的不育和恢复系的选育、杂种育性障碍的克服以及杂种优势利用等方面具有重要的应用价值。

其二，食品安全技术研究受到重视。“十二五”期间，在农药风险理论及技术、农田污染与综合修复、病虫草害综合防控、低毒无毒植物性杀虫剂研究、农药残留快速检测、奶牛重大疫病检测等方面取得了突出进展，如由广东省生态环境与土壤研究所完成的“城市生活污泥资源化利用技术及装备”课题，研发了生物化学调理、保氮固碳、重金属原位钝化等污泥安全利用技术，研发出生物肥成套装备，实现了城市污泥资源化技术、工艺、装备的集成与耦合。

其三，特色农产品加工技术显著提升。“十二五”期间，广东在海水珍珠养殖加工、高品质酱油啤酒加工、食用菌精深加工、南海经济海藻精深加工等方面取得了显著进步。比如由中国科学院南海海洋研究所完成的“热带海洋软体动物功能蛋白肽的关键利用及其产业化”课题，开发新型蛋白源利用技术，创制了特种渔用饲料高值产品、海洋生物临床肠内营养制剂等，有力地推动了我国热带海洋软体动物资源利用的技术进步。

其四，信息化技术在现代农业中得到广泛应用。信息技术是一种全新的生产力，对

农业发展具有巨大的支持作用。在农业生产方面，现代信息技术应用已经渗透到种植、畜牧、渔业、农机等多个行业及多个环节，如智能监控、遥感监测、产品追溯等技术在农业中广泛应用；在农业经营方面，农业电子商务、批发市场信息化以及休闲农业信息服务加快发展；在农业管理信息化方面，加快了市镇村基层管理平台建设，建立了农村“三资”管理信息化平台建设。

二、当前广东农业科技创新存在的突出问题

工业化、城镇化的快速发展，彰显了广东农业科技创新的滞后，存在“四个无法适应”：

一是农业基础理论研究还无法适应重大创新的要求。目前，广东农业科技重大创新研究成果比较少，育种新技术、安全高效种养技术、农产品质量安全技术、主要农产品保鲜加工技术、农业装备技术、数字农业技术等产业关键技术欠突破。农业基础研究和高新技术研究后劲缺乏，科技储备相对不足；科技成果转化率较低，能够运用到生产领域的新成果少；农业科研效率不高等等。这一系列问题导致粮食自给率偏低（2014 年只有 32%），重大动植物疫病时有发生，健康高效种养技术农产品和食品质量安全存在隐患，农产品附加值偏低，农产品出口遭遇技术壁垒等问题，影响了广东现代农业产业的可持续发展。

二是农业技术研究能力无法适应群众对农产品质量安全的要求。广东气候高温高湿、复种指数高、病虫害高发，而且外来动植物疫病入侵几率大，造成肥料和农药的使用增加，农产品质量安全风险较高。由于对化肥、农（兽）药等投入品的不合理使用、违禁物的非法添加、工业“三废”对农业生产的污染，农产品中农（兽）药残留、重金属等有毒有害物质超标等问题的技术研究、创新跟不上形势发展的要求，不仅对人民群众的身心健康造成威胁，也严重制约了广东农产品的出口贸易。对此，群众意见较大。

三是农业科技管理水平无法适应农业可持续发展要求。广东在水资源短缺、农业灌溉方式落后、耕地资源不断减少、农业劳动力老龄化等方面问题突出。广东水资源人均占有量 2118m^3，不到全国人均 2200m^3 的水平，仅相当于世界人均水资源占有量的四分之一。全省农业灌溉用水的利用率只有 40% 左右，而先进国家达 70%—80%。在 2000 年末，全省耕地 312. 78 万 hm^2，2005 年末减少为 295. 27 万 hm^2，人均耕地减少为 0. 037 38 hm^2，远远低于联合国粮农组织确定的 0. 053 hm^2 的警戒线。20 世纪 80 年代中期进城务工的第一代农民工逐步被“淘汰”返回农村，“高龄”化、老龄化成为农村劳动力的常态。农业生产方式没有得到根本改善，已成为制约可持续发展农业的关键问题。

四是农业科技体制无法适应科技惠农的要求。目前，广东在农业技术投入、研发、推广和组织形式方面存在诸多问题。科研投入渠道单一，资本社会化程度低，投入严重

不足，无法满足经济社会进步对农业科技进步的要求；科研院校的研究与农业生产联系不紧密，研究人员创造性发挥不够，科研成果转化困难重重；乡镇基层政府农业技术推广队伍人员老化、机制僵化、与农民技术需求不紧密现象普遍存在，不能及时向农户提供产前、产中、产后有效服务；农业龙头企业仍未充分发挥农业科技成果转化、推广示范先进适用农业技术的作用，在农业产业化经营中发挥科技示范带头的作用不够明显；培育懂技术善管理的新型农民主体力度不够大，农民企业家、种养业能手、农机作业能手、科技带头人等新型农民主体数量少、力量单薄。

三、加快广东农业科技创新的对策建议

当前，创新驱动已上升为国家和广东的重大发展战略。2015 年 3 月，中共中央、国务院印发了《关于深化体制机制改革加快实施创新驱动发展战略的若干意见》；2014 年 6 月，广东省委、省政府作出《关于全面深化科技体制改革加快创新驱动发展的决定》；2015 年 2 月，广东在深圳举行科技创新大会，力争到 2017 年初步建成创新型广东。当前和今后一个时期，广东要走出一条符合省情、技术先进、市场竞争力强的农业现代化道路，必须紧紧依靠农业科技改革创新，以提升农业的生产力。基本的思路是：按照中央“四个全面”战略布局和习近平总书记对广东提出的“三个定位、两个率先”的总要求，把农业科技创新摆上更加突出的位置，让市场机制在配置资源中发挥更重要的作用，构建农产品与食品安全以及生物和生态安全的技术体系，建设布局合理的开放型的农业发展与新农村建设、服务三农的科技创新体系，重点推进农业技术集成化、农村服务社会化和农民发展现代化，着力提高农业科技自主创新、农业综合生产、可持续发展能力，努力把广东打造成为全国重要的优质农产品生产、加工基地，力争在“十三五”期末，农业科技总体水平达到国内一流，农业技术研发能力与科技整体实力进入国内领先水平行列，实现农业大省向农业强省跨越。为实现上述目标要求，提出如下对策建议：

（一）加大农业科技管理体制机制改革力度，创新支持农业科技创新的大环境

按照今年广东省政府一号文件《关于加快科技创新若干政策意见》要求，制定和完善农业科技创新相关政策规定，使科技项目管理科学化、制度化、规范化。建立法人单位负责人、学科带头人、项目主持人的责任制度，深化农业科研院校所改革，赋予负责人、学科带头人、项目主持人更多、更大的自主权。建立基于以人才为核心的科学创新激励机制，奖励向高科技领域和基础性领域的科技人员倾斜。落实农业知识产权作为生产要素参与分配的政策，建立科技要素参与分配机制，提高农业科技研发机构和人员科技创新的积极性。

（二）加强农业科技研发与攻关，提高解决重大关键技术问题的能力

以强化自主创新、促进成果转化和发展科技产业为突破口，加强农业科技的创新和集成，重点发展农业生物、动植物新品种选育、动植物高效种养、农产品与食品精深加工、食品安全生产关键、动物重大疫病防控关键、植物重大病虫害防控、农业生态与资源高效利用、先进适用农业机械化装备、农业信息化技术，实现农业机械化、自动化、信息化，进一步提高农业科技的持续创新能力和农业的市场竞争能力；加强协同创新，打造技术集成、试验示范、产学研合作等多功能的农业科技园区。

（三）加快培育新型农民，重构农业技术推广体系

大力实施新型农民科技培训体系建设，实施农村劳动力和农村实用人才培养计划，大力开展绿色证书培训，建立农民科技书屋，多渠道、多层次、多形式培育新型农民，培养一大批有文化、懂技术、会经营的技术能人和科技示范户，与植根一线的试验员、技术员和推广员。积极开展科技特派员计划，推进大专院校和科研单位的科技人员与企业对接，共建技术研发平台、公共服务平台、技术支持平台，建立产学研战略联盟，形成产学研合作长效机制。

（四）充分抓住“一带一路”建设机遇，争当现代农业国际合作“排头兵”

抓住建设“一带一路”机遇，发挥独特的区位优势、品牌优势、科技优势、体制优势，加强先进技术、设备的引进消化、吸收和再创新工作，形成一批具有自主知识产权的关键技术。组织实施国际科技合作和产学研合作计划，引进、培养一批高水平的海内外科技人才。完善农业走出去政策，加快推进农业科技合作研发示范基地、中介服务机构、人员队伍建设，争当现代农业国际合作“排头兵”。

（五）加大对农业科技创新的投入，强化组织领导保障

逐年加大省财政对农业科研投入的力度，改革投融资机制，吸引社会资本投入农业科研项目。推进广东“科技阳光工程”的实施，完善各类人员评价考核和激励机制，按照基础性工作、基础与应用基础研究、高技术研究、应用技术研究、成果转化应用与产业化等内容，实行分类考核与绩效评价，建立科学的考核指标和评价体系，重奖有突出贡献的科技人员，鼓励自主创新与成果转化，提高科研人员积极性。大力实施知识产权战略和技术转移战略，保护创新主体权益，显著提升广东农业自主创新能力。

把“第六产业”打造成为广东现代农业新的增长极

在经济发展步入新常态、“三农”发展进入新阶段的新形势下，中央农村工作会议和今年一号文件明确提出把产业链、价值链等现代产业组织方式引入农业，促进一二三产业融合互动。从产业融合的角度分析农业发展的新特征，全面认识农业发展的新亮点和新业态，对广东加快转变农业发展方式、推进农业现代化建设具有重要的现实意义。

一、“第六产业”已成为发达国家现代农业新业态

一二三产业的融合互动，也被称为“第六产业”（“1+2+3”等于6，“1×2×3”也等于6），是一种现代农业的经营方式，20世纪90年代由日本东京大学教授今村奈良臣最先提出。在产业转型升级的驱动下，行业间的界限逐渐模糊并呈现融合发展的趋势，传统农业焕发出了新的活力，生态农业、信息农业、工厂化农业、旅游休闲农业等新型农业在日本、荷兰等农业发达国家日益兴起。进入21世纪，日本经济由外向型发展转向内外互动发展，农业作为新的内需增长点受到政府的高度重视，已将“第六产业”放在推动农业发展、增强农村发展活力的战略性地位。自2008年开始，日本政府相继出台了《农山渔村第六产业发展目标》、《农业六次产业化》白皮书、《粮食、农业、农村基本计划》等相关法律以及纲要性文件，“第六产业”迅速发展。日本发展“第六产业”的主要做法是：

（一）增加农产品产地附加值

日本对现有食品流通体制、批发市场进行改革，推进产地直销，利用先进技术建立新型高效的物流管理、食品流通和食品安全管理等系统，并积极培育本地品牌，加强农业生产、加工、流通和服务等环节联合，通过签订契约实现农产品在产地进行初加工，进一步提升农产品附加值。

（二）发展农工商合作

日本农业是典型的小农经济，经营单位较小，但以农业为主业的株式会社集科研、生产、加工、贸易于一体，以小农经济为基础走农工商联合道路，实现了农业产业化，成为日本农业商品的生产基地和农业现代化的“领头羊”。例如，农业种苗企业采用先进技术培育蔬菜、花卉等新品种，生产繁殖优良品种种子，经加工精选与包装，进入国

内外种苗市场进行贸易。

（三）发挥中介组织带动作用

在日本，农协是全国性和综合性的联系市场与农户的农民合作中介组织，覆盖农业生产、流通、分配和消费的全过程，适应了日本农业生产分散、规模小的特点，通过对农业生产者的有效组织，实现农户与市场的对接，成为日本推动“第六产业”和现代农业发展的重要力量。

（四）加强专业人才培训

日本在推进“第六产业”过程中，积极完善以农业者大学校为主的农民职业技术教育体系，建立学校附属农场，使学生学用结合。此外，由日冷、永旺等200家食品流通企业牵头成立的“日本农业经营学校”，正着力培养具有战略思维能力的年轻的现代农业经营领军人才。目前，日本全国有超过50所农业者大学校，为“第六产业”的发展提供了专业人才保障。

二、“第六产业”必将成为广东现代农业发展新增长极

“第六产业”实质是实现农业“接二连三”，即鼓励农户搞多种经营，延长产业链条，使农业由单纯的农作物生产向农产品加工和流通及休闲服务业等领域交融发展，实现农业附加值的增加和农民的增收。以往，作为第一产业的农业仅仅局限在农产品生产过程中，“第六产业”则打破一、二、三产业传统界限，融合工业元素和服务业理念并赋予农业新的附加功能和更强的竞争力。

（一）从工农互惠、产业互补的角度看，“第六产业”是加快推进农业现代化的重要抓手

工业化、城镇化、信息化和农业现代化“四化”统筹推进，一二三产融合互动，是社会生产力发展到一定阶段的必然选择，也是广东现代农业发展的内在动力。当前广东已进入工业化后期，信息化、城镇化也在快速发展，对同步推进农业现代化的要求极为迫切。因此，以新型工业化和城镇化带动农业农村现代化，把农业由第一产业升级为由一次产业加二次产业加三次产业的六次产业，把握住现代农业发展的新机遇，才能进一步增强农业产业竞争力，更好地发挥农业在广东经济社会中担负的使命。

（二）从居民生活质量要求不断提高的发展趋势看，“第六产业”是拓展农业多功能的有效途径

随着工业化城镇化的推进、经济社会发展和人们生活水平的提高，三产融合作为一种产业创新，有利于传统农业由分割式发展、目标功能单一的衣食农业，转变为产业链条延长、目标多元化综合化的包括经济功能在内的社会、生态、文化等多重功能的现代农业，从而提高农业生产效率，改进农产品品质，发挥农业复合效益。

（三）从应对资源环境硬约束的现实挑战看，“第六产业”是农业可持续发展的客观要求

广东农业发展的资源、环境约束日趋突出，耕地面积不断减少、耕地质量逐步下降、水资源日益短缺，农业资金和劳动力流失严重，环境污染加剧，农业可持续发展问题逐渐引起人类关注。新常态下人们更关注农业产品质量和社会生态效益，发展“第六产业”可让农业从依靠拼资源消耗、拼农资投入、拼生态环境的粗放经营，转到依赖现代信息技术、注重提高质量和效益的集约型经营，缓解农业发展的资源约束，为广东现代农业可持续发展寻找到新的出路。

（四）从农民增收的阶段性变化看，“第六产业”是全面建成小康社会的必然选择

当前，广东农业生产承受着“成本地板”不断抬升、“价格天花板”不断下压的双重挤压，而且农民向二、三产业转移就业困难重重，导致农民增收的难度加大。农业与二、三产业融合发展，一方面使传统的农业生产经营管理走向科学高效，促进经济资源的节约和生产经营成本的降低，有利于提高农民收入；另一方面增加了农产品加工、流通服务等经济环节，拓宽了农业产业价值链，在实现农业增产、产品品质改善的同时，进一步增加农业产业增值空间和农民就业机会，使农民获得除生产领域外包括加工、运输、保管、包装等流通服务领域的收益，为2018年广东实现“两个率先”的目标提供动力支持。

三、加快培育发展广东“第六产业”的几点建议

近年来，广东农业生产方式发生深刻转变，农业布局和生产结构不断优化调整，农业产业化、组织化、规模化、集约化程度大幅提升。随着经济进入新常态，以新型工业和现代服务业带动传统农业转型升级，促进一、二、三产业融合互动，实现资源的共享利用和产业链条的有效延伸，是顺应市场需求的新常态，也为广东农业迈向现代化、实现提质增效带来了重大机遇。

（一）立足自身实际，重点突出，寻求“第六产业”发展的突破口

广东区域发展差距较大，珠三角和粤东西北地区的农业资源禀赋和发展条件不尽相同，所承担的主体功能也有所差异。在农业发展进入新常态背景下，各地应根据实际情况，探索“第六产业”发展的新路径：珠三角地区要依托大都市的科技、经济和社会力量，利用市场化手段，将农业的生产、生活、生态功能结合于一体，形成以经济效益为中心、以种养业为支柱，农工科贸一体化、产加销一条龙的专业化生产、社会化服务、企业化管理的农业发展模式，建立起具有岭南特色的都市型、外向型现代农业产业体系，率先实现农业现代化。粤东西北地区要依托良好的生态环境和丰富的资源优势，

重点发展特色效益生态农业，加快建设无公害、绿色和有机农产品生产基地，形成以农产品生产、加工、销售为中心的规模化和集约化的绿色农副产品产业带。同时实施品牌战略，发展以特色农产品生产采摘、农家体验等为内涵的观光休闲农业，带动基础设施建设、食品加工、旅游工艺品加工、餐饮服务、交通运输与商业贸易等二、三产业发展。

（二）加快推进农业内部产业分工发展，为“第六产业”发展提供完备的产业支撑体系

农业内部的种养业、畜牧业、林业等子产业融合发展是有效利用自然资源、形成合理生态系统的客观要求，也是农业生产良性循环的必要条件。要促进农业与其他产业融合发展，首先就要确保农业内部各产业结构合理，由满足居民温饱型需求转向适应小康型需求，形成以市场需求为导向，提高农业资源综合利用效率、生态环保的现代农业。因此，要充分发挥政府政策的扶持引导作用，加快调整农业产业结构，优化农业产业内部子产业之间的比例关系，以生物技术、信息技术融合为基础，通过生物链或服务资源重新整合，形成生态农业、数字农业等新型产业形态，提高农业产业核心竞争力。同时，积极拓展农业产业部门，以农业为中心向前后链条延伸，将生产资料供应、农产品加工销售与农业生产连接起来，促进农业内部一、二、三次产业融合发展，形成纵向上趋于延长和横向上趋于拓宽的农业全产业链，不断提升农业的结构效益和产业整体效益。

（三）深入推进农业产业化，为“第六产业”建立紧密的经济组织纽带

“第六产业”以增加农产品附加值、促进产业融合为核心，农业产业化正是以农产品的产业链与价值链为主线，通过产加销、贸工农结合，打造完整产业链，形成集聚效应和聚合规模，实现资源的优化配置和生产要素的重新组合。加快全省农村土地承包经营权确权登记颁证步伐，鼓励探索土地流转、土地入股、托管经营、联户经营等多种形式的适度规模经营。要加大引导和扶持力度，加快培育新型农业经营主体，鼓励支持家庭农场、专业合作社、协会、龙头企业、农业社会化服务组织等，开展多种形式的产业融合发展。继续做大做强农业产业化组织，进一步加大对农业龙头企业和农民合作组织的扶持力度，重点扶持一批涉足三产融合的新型农业企业。鼓励农业产业化组织加强横向互动交流，以生产要素集约化为突破口开展跨产业、跨区域联合，形成产业联盟和农业产业集群，加速农业产业化发展和三产融合互动步伐。

（四）积极推进技术革新和人才队伍建设，为“第六产业”发展提供强大保障

创新驱动是新常态下广东重大发展战略。广东现代农业要实施创新驱动，就要加快农业科技经济资源整合步伐，加大农业科技专项资金投入，继续支持大学、研究机构和

高新技术企业推进尖端技术研究并将其应用于农业领域，推动全省农业由“生产导向”转向“消费导向”，促进农业开发与金融投资、信息技术等生产性服务业结合。此外，要加快培养覆盖农业产业链条各环节，具备生产、管理、营销等多方面能力的复合型人才队伍，加强对农业企业、合作组织、家庭农场等新型经营主体的管理人才培训，培养造就一大批专业农民、职业农民和新型农民，提高农民的专业素养和劳动生产率，最终解决广东将来“谁来种地”和“如何种地”两大难题。

全面推进广东农业发展进入新常态

新常态之“新”，意味着不同以往，过去不可持续的发展方式必须抛弃；新常态之“常”，意味着相对稳定，转变发展方式的条件具备。当前，我国经济发展进入新常态，也正是农业转型发展、提质增效的大好时机。农业不仅要主动适应大环境的新常态，演绎好新常态下自身发展的大逻辑，还要适应现代农业本身的新常态，引领现代农业发展新常态。因此，必须全面认识农业发展新亮点，准确分析农业发展新特征，牢牢把握农业发展新趋势，顺势而为，加快转变农业发展方式，优化调整农业结构，补齐农业现代化短板，为广东实现“两个率先”目标奠定坚实的基础。

一、农业产业新业态新模式层出不穷，“第六产业”方兴未艾，现代农业成为新的经济增长点

（一）大量特色各异的农业新业态不断涌现

农业新业态是农业经营主体为了满足消费者对农产品和服务的新需求，超越传统农业的单一经营模式和产品，将农业子产业、农业与其他产业相互融合，不断创新推出农业新产品、新服务，从而达到一定经营规模并持续成长与稳定发展的新型农业产业业态，既提高了农业产业经营效益，也拓展了农业多功能与产业发展空间。

——从横向看，广东农业既包括农林牧渔等传统产业，也包括观光休闲文化、生态环境保护平衡等多重功能。截至2011年底，全省共有农业旅游区（点）200多家，在42个省级农业现代化示范区、193个省级现代农业园区中，具有休闲农业功能的园区分别为11个、46个；休闲农业与乡村旅游收入超过300亿元，占全省旅游收入的6%以上，观光休闲农业已成为广东现代农业发展新的经济增长点。

——从纵向看，现代农业的内涵已由传统的种养业发展成为包括产前生产资料投入，产中社会化服务，产后的收获、加工、流通、贸易、营销等各环节在内的从田间到餐桌的完整的农业产业链条。现代农业引入产业链、价值链等现代产业组织方式，与第二产业和交通运输、技术、信息服务等第三产业融合发展，已成为一二三产融合、上中下游一体、产供销加互促的“第六产业”。

（二）“互联网+”创造农业新模式

在云计算大数据的互联网背景下，“互联网+农业”不仅改造着传统农业产业链，而且创造着农业触网的新模式，是拓展农业下游消费、更新销售渠道、打通资

金链和物流链的重要手段。广东已开始在农电商、农村互联网金融、农业信息化等领域加快布局。农电商方面，截至2014年12月，全省共有淘宝村54个、淘宝镇19个，位居全国第二；2015年1月，全省首家农资电商平台“农粤网”上线，建立起农药、肥料、“种子+服务”的立体农业工程。农村互联网金融方面，广州证行互联网金融信息服务有限公司（正勤金融）和广西中小企业信用担保有限公司合作推出“e农贷”支农惠农产品，为“三农”提供小贷、P2P等金融服务。农业信息化方面，广东已建成1000多个县（镇）信息服务中心、逾2万个村级信息服务站点。良好的信息网络环境氛围、庞大的产业规模和人口基数，为利用互联网、信息技术改造旧农业模式留下巨大的空间。

二、农户土地承包权与经营权分离，农业经营方式多元化，农业提质增效的内生动力提升

（一）土地流转成为新常态

在工业化、城镇化快速发展背景下，大量人口和劳动力离开农村，承包农户不再经营自己的承包地，农户承包权与土地经营权已悄然分离。近年来广东土地承包经营权流转呈“加速跑”态势。2010年底，全省农村土地承包经营权流转面积已达582万亩（比2007年增加约160万亩），占落实家庭承包经营权耕地总面积的20.81%。为引导土地有序流转，广东按照“2014年扩大试点，2015年全面铺开，2016年基本完成”的总体安排，继续深入推进农村土地确权工作，24个试点单位已有85个镇6873个经济合作社启动了确权工作，完成实测面积59万亩，颁发农村土地承包经营权证书5.3万份。

（二）农业经营方式不断创新

农业经营方式既涉及生产力，也涉及生产关系，主要表现在农业生产和农产品流通两个方面。

——农业生产由分散经营向适度规模经营转变。以往农业生产的主体是小规模分散经营的承包农户，主要依靠人力精耕细作，劳动生产率和土地产出率较低。新常态下传统承包农户与家庭农场、种养大户、农民专业合作社、农业龙头企业等新型经营主体，通过农业机械化、农业科技推广应用等，共同从事农业生产与服务，农业生产的商品化、规模化、集约化、专业化、组织化、社会化程度大大提高。2014年，广东共有省级农业龙头企业550家、农民合作社30000家、家庭农场37500家；农业机械化迈入中级发展阶段的初级水平，主要农作物耕种收综合机械化水平提高到43.4%，全省农业规模化生产、产业化经营、社会化服务的格局正在加快形成。

——农产品流通由“实体流通”转变为“电商与实体流通相结合”。过去农产品从

种到收、由田间到餐桌，多为实物形态的流通模式，链条长、环节多、成本高、损耗大、效率低，“卖难”“买贵”等问题时有发生。近年来，冷链物流加快发展，各类产销对接日趋活跃，电子商务蓬勃兴起，阿里巴巴、京东等互联网企业踊跃进入农产品营销领域，对农产品流通产生颠覆性的影响。2014 年，广东与阿里巴巴达成战略合作，3 年内在 50 个县开通 10000 个左右的“千县万村”村级淘宝服务站，把广东农村的优质农产品和特产通过阿里巴巴的村淘平台输送出去。目前已开通了淘宝网的特色中国广东馆，在清远试点推进农村淘宝县级运营中心和村级服务站建设，打造覆盖全县的农村电子商务 O2O 综合平台。

三、农村劳动力结构不断变化，居民消费结构不断升级，农业产业结构调整的外源动力增强

（一）农业劳动力兼业化、老龄化成为新常态

无论农业如何发展，都需要有农民直接从事农业生产。随着工业化、城镇化步伐的加快，广东农村劳动力大量转移，留乡务农的农民呈现出兼业化、老龄化、妇女化趋势，务农劳动力素质结构性下降。2012 年，全省外出务工的农村劳动力占总劳动力的 32.6%，比 2005 年提高 5.8 个百分点，大多数农村实际务农的劳动力平均年龄高达 60 岁左右；初中及以下文化程度比重高达 80.5%，受过中等及以上农村职业教育的比例不足 4%。省妇联的数据显示，全省农村妇女占农业劳动力的 65% 以上且年龄都在 40 岁以上。

（二）消费需求结构发生变化

随着消费品市场的日益繁荣和消费环境的不断改善，居民消费选择性增加，从过去具有明显的模仿型排浪式特征，转变为模仿型排浪式消费阶段基本结束，个性化、多样化消费渐成主流，保证产品质量安全、通过创新供给激活需求的重要性显著上升。

——食品消费结构有所改善。随着农村居民收入水平的不断提高，水稻、小麦等粮食类产品消费比较稳定，肉类、蔬菜、水产品、水果以及奶制品等附加值高的产品需求日益旺盛。2012 年，广东农村居民人均食品消费支出 3658.7 元，其中人均粮食消费量较上年减少 5.4%、蔬菜及其制品消费量减少 5.6%、肉禽及制品消费量增长 1.5%、油脂类消费量增长 5.4%、蛋类及制品消费量增长 3.1%、水产品消费量增长 0.9%。

——农产品质量安全倍受关注。不同收入水平的消费者对农产品需求表现出差异化分层态势，但总体上对农产品质量安全的要求都越来越高。国际经验表明，当恩格尔系数降至 40% 以下时，人们对食品营养、安全卫生水平的要求更迫切。2013 年，广东城镇和农村居民恩格尔系数已分别达到 36.7% 和 49.0 %，食品质量安全逐步上升为农产

品供求的主要矛盾。此外，食品安全水平与经济发展阶段密切相关，和人均 GDP 成正相关关系。2014 年，广东人均 GDP 首破 1 万美元，位居全国第七，意味着人们不仅要求吃饱吃好，而且要求吃得安全、吃得营养、吃得健康。

四、农业生产成本“地板”持续抬升，农产品价格逼近“天花板”，农业生产比较效益低下

（一）农业生产高成本成为新常态

由于农业生产经营方式粗放、劳动生产率低下，农业生产要素特别是土地流转费用、投入品价格和劳动力成本不断上升，广东农业已全面进入高成本时代。

——农业生产要素价格上涨。2010—2013 年，广东农业投入产出环境发生了转折性变化，农业生产中间消耗量的增长普遍高于总产值的增长，农业的收益率出现了趋势性下降。四年期间农业总产值分别增长了 4.8%、5.5%、3.8%、2.9%，而同期中间消耗分别增长了 13.9%、16.0%、9.3%、9.7%（按照可比价格计算）。

——农民种植业收益不断下降。2012 年，广东农村居民家庭人均经营性纯收入同比增长 2.7%，是农民四项收入中增速最低的一项，其中人均第一产业纯收入 1716.8 元，下降 4.8%；第一产业中种植业收入 1205.3 元，下降 5.0%。农业生产经营进入成本上升的新常态，种粮口粮化、农业副业化、农民兼业化趋势越来越明显，农民缺乏生产积极性，农业生产空间越来越小。

（二）农产品国内外价格倒挂成为新常态

“十二五”以来，我国农产品价格全面飘红，主要农产品已冲开“天花板”，高于国际市场价格。在国际大宗农产品价格延续下跌态势的背景下，农产品国内外价格全面倒挂，进口仍将保持较高水平。

——部分品种价差逐步扩大。农业部数据显示，2014 年 7 月，国内每千克大米、小麦、玉米批发价已分别比进口到岸税后价高 0.14 元、0.4 元和 0.68 元，大豆批发价比进口到岸税后均价高 12%，猪肉、牛肉、羊肉集市均价比进口到岸税后均价高 49%—53%。同年 11 月，三大谷物的国内外价差分别高达每千克 1.08 元、0.58 元、0.52 元，差距有所扩大。

——主要大宗农产品全部转为净进口。2004 年，我国农产品贸易出现逆差并不断扩大，到 2013 年达 511 亿美元，已成为世界上第一大农产品进口国。主要粮食品种中，大豆对外依存度接近 80%，玉米、小麦、大米对外依存度也呈上升趋势。2014 年 1—10 月，广东重点进口粮食、食用油籽和乳品等土地密集型农产品，三者合计占同期全省农产品进口总值的 43.8%。

五、农业补贴逼近约束“黄线”，农业资源环境亮起“红灯”，依靠投入的发展空间越来越小

（一）农业生产和价格补贴政策亮起“黄灯”

“黄箱政策”是政府对农产品的直接价格干预和补贴，干扰市场价格，对生产和贸易会产生扭曲作用，如粮食直补、粮种补贴等。我国加入WTO时承诺的黄箱补贴上线为不超过农业产值的8.5%，除稻谷、小麦有一定空间外，其他粮油产品已逼近世贸组织允许进行补贴的上限，对棉花的支持已超出约束上限。而且农业补贴分散到每个农民身上，补贴边际效应逐步递减，出现了“中央当投入、农民当收入、地方当负担”现象。

（二）农业资源环境“红灯”已经亮起

——农业资源紧缺。广东人多地少，现有人均耕地不足0.4亩，不到全国人均耕地（1.41亩）的三分之一，也远低于联合国粮农组织提出的0.8亩警戒线，粮食自给率不足40%。全省耕地总体质量不高，中低产田面积占60%左右，易受干旱、洪涝等自然灾害的威胁。

——环境污染严重。为增加农产品的产量，广东有限的农业资源存在过度开发利用的问题，而且过量使用化肥、农药以及农业包装物等，导致生态环境严重透支。2013年，广东省政协的《农村环境污染治理调研报告》显示，目前全省农药使用量为40.27千克/公顷，是发达国家对应限值的5.75倍；化肥施用强度高达852.4千克/公顷，是发达国家警戒线的3.8倍。超量的化肥、农药流失到环境中，造成土壤、水源和空气的污染，导致全省清洁土壤只有11%，轻度污染占总耕地数量的77%，重度污染土壤占总量的12%左右。

以新型农业经营主体支撑广东农业发展进入新常态

广东农业正处于从传统农业向现代农业转型升级时期。随着农村劳动力转移，农业缺乏有文化、懂技术、会经营的青壮年劳力，农业副业化、农民兼业化、农村劳动力老龄化的问题日益凸显；农户家庭分散经营，农业生产组织化程度低，“小生产”与“大市场”的矛盾仍然存在；农业集约化、规模化经营水平偏低，社会化服务体系不健全等，这些因素严重制约了广东现代农业的发展。坚持以家庭承包经营为基础、统分结合双层经营体制，培育新型农业经营主体，创新农业经营方式，向农业输入先进的生产要素和现代的经营管理方式，是广东加快推进农业现代化，建设现代农业强省的客观要求。

一、广东培育新型农业经营主体的成效显著

近年来，广东积极培育发展新型农业经营主体，农业种养专业大户、家庭农场、农业龙头企业、农民专业合作社已经成为广东最具活力的农业经营主体和农业现代化的主力军。

（一）专业大户和家庭农场发展迅速，促进农户经营现代化

以家庭承包经营为基础将是我国长期的基本农业经营体制，没有农户家庭经营的现代化，就没有我国的农业现代化。早在20世纪八九十年代，广东就积极培育发展耕田能手为农业种养专业户，提高农业生产技术含量，提高农业专业化生产水平，并鼓励专业户发展适度规模经营，由专业户向专业大户转变。目前全省具有一定规模的种养大户有17多万户。2013年中央1号文提出发展家庭农场，广东各地开展研究扶持家庭农场发展的对策措施。中山市率先出台了发展家庭农场的意见，确定了家庭农场的标准，制定了扶持政策，重点在发展特色种养业、农业产业化、农业标准化、农机购置补贴、贷款贴息等方面给予扶持。同时在农业综合开发、农田水利建设、土地整治、农村道路建设等项目给予优先安排，改善家庭农场的农业生产条件。2014年底，省农业厅出台了扶持发展家庭农场的意见。在多方的扶持下，广东家庭加速发展，目前已达3.75万家。

（二）“公司＋农户”经营模式推进农业产业化经营

云浮市新兴县的温氏公司20世纪80年代率先探索以“公司＋农户”方式发展养鸡

业。“公司＋农户”方式由公司指导农户生产，公司负担产品销售，在很大程度上解决了农产品“卖难”问题，保障了农民收入。“公司＋农户”方式是农业经营组织创新的成功典范，充分发挥了公司在资金、技术、管理、营销方面的优势和农户在耕地、劳动力方面的优势，形成优势互补，实现了资源的优化配置，取得很好成效。广东高度重视温氏公司创造的“公司＋农户”的经营经验，在全省大力推广。目前，“公司＋农户”已经成为全国农业产业化经营最重要的模式。有实力的农业龙头企业（公司），是“公司＋农户”成功的关键。广东一直高度重视农业龙头企业在农业产业化经营中的重要作用，大力扶持发展农业龙头企业。省政府先后印发了重点发展50家、100家农业龙头企业实施方案，在财政、税收、金融、科技、外贸等方面制定了相应的配套政策，支持农业龙头企业发展。省财政1999年到2001年，连续3年每年安排1500万元，用于50家省重点农业龙头企业的贷款贴息；2003年到2007年，连续5年每年安排4000万元，用于100家省重点农业龙头企业的贷款贴息。各地财政也相应安排资金支持市、县重点农业龙头企业贷款贴息。2012年，省政府又专门出台了《关于支持农业产业化龙头企业发展的实施意见》，进一步加大对农业龙头企业的支持力度，增强企业带动农户发展生产增加收入的能力。目前，全省省级以上农业龙头企业550家，其中2014年新增了100家。

（三）农民专业合作社深化了统分结合的农业经营体制

农村“统分结合”的经营体制，“统”通常是指集体经营，农民专业合作社的出现，为农业统一经营赋予了新的内涵。我国农业以家庭经营为基础，如何解决农户的“小生产”与社会的“大市场”的矛盾？“公司＋农户”是一个办法，但公司与农户毕竟是两个不同的利益体，而农户往往处于弱势地位。农民专业合作社，把农民组织起来，形成利益共同体，联合开展生产经营活动，是解决“小生产”与“大市场”矛盾，提高农业经营效益，增加农民收入最有效的手段。2003年，广东颁布实施了《关于加快发展农民专业合作经济组织的意见》，制定了包括财政、税收、信贷、国土等扶持农民专业合作经济组织发展的八条优惠政策，鼓励农民专业合作社发展。国家的《农民专业合作社法》2007年颁布实施后，广东又出台了《关于进一步发展农民专业合作社意见的通知》，建立了发展农民专业合作社联席会议制度，组织开展农民专业合作社示范社创建活动，支持农民专业合作社开展技术推广和培训、农业生产基础设施建设、农产品品牌建设、市场营销、信息服务等。省财政近年加大了对农民合作社的扶持力度，2011年到2013年，连续3年每年安排5000万元建设省级示范社，同时重点对示范社的冷库等农业生产基础设施建设给予扶持。截至2014年底，全省农民专业合作社3.19万家，比2012年底（下同）增长115%；合作社成员总数63万人，增长62%；带动非会员农户178万户，增长35%；资产总额283亿元，增长46%。

二、广东新型农业经营主体发展的困境

广东新型农业经营主体的发展壮大，为加快农业转型升级，建设现代农业作出了积极贡献。但现阶段，仍然存在种养大户和家庭农场现代技术和装备含量低、农业龙头企业综合实力较弱、农民合作社凝聚力不强、农村承包土地流转困难、农业社会化服务不健全、财政金融扶持政策不足等多种制约因素，亟待解决。

（一）农业种养大户和家庭农场数量少、规模小，科技含量水平不高

目前农村十分缺乏懂技术、会经营的新型农民，严重制约了农业种养大户和家庭农场的发展。全省农业种养大户占全省农业经营户总数的比重不足2%，多年来都难以取得突破性发展。家庭农场作为新生事物，还处于发展起步阶段。

（二）农业龙头企业总体实力较弱，带动农户能力不强

全省超过50%的市县龙头企业年销售收入在2000万元以下。上规模上档次的龙头企业不多，市场竞争力不强。农业产业化经营水平普遍较低，未能与农户建立长期有效的紧密型利益共享机制，辐射带动农户发展的作用有待加强。

（三）农民专业合作社凝聚力不强，未能充分有效发挥作用

长期以来，广东农民专业合作社发展在全国处于相对落后状态。2011—2013年在省财政的扶持下，全省农民专业合作社的数量快速增长，但单个社的规模反而减小了，平均每个社只有19.7人。广东参加农民合作社的农户占农户总数的比重只有5%左右，全国超过20%，江苏省超过50%。广东农民合作社普遍存在管理不规范、组织化程度不高、服务能力不足、凝聚力不强等突出问题。还有些合作社成立仅仅是为了获取财政补贴资金和税收优惠政策等，并不是真正的农民合作社。

（四）农村土地流转难，制约了新型农业经营主体发展规模化、集约化经营

土地是农业生产的基本要素，新型农业经营主体的发展壮大，离不开土地。农村实行家庭联产承包责任制后，绝大部分耕地都分散在农户手中。由于农民的社会保障严重缺失，农民对土地的依赖性较强，把承包地视为“保障田”“活命田”，而目前土地流转缺乏明确的法律保障和有效的市场机制，一些农民担心土地流转后收不回承包经营权，即使务工经商的农民，宁可粗放经营或丢荒，也不愿意将承包土地流转出去。新型农业经营主体要发展规模化、集约化经营，却受到土地制约。

（五）缺乏成熟的长效扶持机制，制约了新型农业经营主体的发展壮大

政府对新型农业经营主体在土地使用、财政扶持、税收优惠、金融支持等方面缺乏完善的政策支持体系。一方面，存在支持政策缺失和支持力度不足的问题。如对种养大户、家庭农场欠缺支持政策，对农业龙头企业、农民专业合作社的支持政策不全面、力

度也不足。农业经营主体贷款难问题众所周知，但长期以来都未能得到有效解决。另一方面，政策缺乏协调配套，降低了政策的实施绩效。支持政策缺乏总体设计，政出多门，难以形成完整的政策支持体系。如由于农业企业贷款难，导致了农业龙头企业贷款贴息政策难以落实。

三、加快发展新型农业经营主体的建议

（一）培育发展新型职业农民

新型农业经营主体，需要职业农民，要研究制定职业农民的认定标准，建立健全职业农民教育培训体系。利用好现有农民培训资源，制定专门计划，加强对专业大户、家庭农场经营者、合作社负责人等进行定期培训指导，提高种养技术、市场经济理念和现代经营管理水平。建立职业农民创业基金，对符合条件的中高等学校毕业生、退役军人、返乡农民工务农创业给予补助支持。加强农村社会保障体系建设，制定职业农民社会保障政策。加快推进传统农民向职业农民转化，为发展新型农业经营主体、建设现代农业提供人才保障。

（二）大力发展种养专业大户和家庭农场

把种养专业大户和家庭农场作为广东重要的新型农业经营主体，给予重点扶持。对认定的专业大户和家庭农场，新增农业补贴重点向其倾斜，支持其开展农田基础设施建设，改善农业生产环境和条件；支持其增加技术、资本等生产要素投入，提高专业化、集约化经营水平。家庭农场自产自销的农产品视同农民自产自销，享受同等待遇。适宜种养专业大户和家庭农场申报的农业项目优先安排。鼓励有条件的种养大户进行工商登记，升级为现代家庭农场，力争把有条件的种养大户发展成为现代家庭农场。在农业主产区，着力培育发展一批经营规模较大、经营效益明显、辐射带动力强的家庭农场。

（三）做大做强农业龙头企业

围绕广东特色农业产业，打造一批引领行业发展的大型农业龙头企业，培育一批有影响力的企业著名品牌，提高市场竞争力。政府的扶持重点要放在引导农业龙头企业带动农户上，要建立农业龙头企业扶持政策与带动农户挂钩机制，推动龙头企业与农户建立紧密型利益联结机制，采取保底收购、股份分红、利润返还等方式，让农户更多分享加工销售收益，增加农民收入。鼓励引导龙头企业加大农业科技创新投入，加强与科研院所交流合作，提高企业科技创新能力，加快科技成果转化应用。

（四）提高农民专业合作社发展质量

针对广东农民专业合作社普遍存在的的突出问题，今后发展重点是要扩大专业合作社的规模，吸引更多农户参加专业合作社，充分发挥合作社组织农户联合开展生产经营活动的作用，促进农民专业合作社从量的增长向质的提高转变。要创新合作机制，改进

社员与合作社的农资购销、生产管理、产品交售、盈余分配等利益联结机制，提高合作社的吸引力；规范合作社运作，健全民主管理、议事决策、财务公开等制度，加强合作社与社员之间联合的紧密度，提高合作社的凝聚力。逐步推进财政支持的农村土地整理、农田水利建设、农业综合开发、农业技术推广等项目由合作社承担，支持合作社改善生产经营条件、增强发展能力。

（五）促进农村土地承包经营权流转

农村土地承包经营权确权登记颁证，为农村土地流转奠定了坚实的基础。要充分利用开展确权登记颁证的契机，加强土地流转宣传，使农民明白土地流转有法律保障，流转后原来的承包经营权益不会被侵害，使农民放心流转、主动流转。加强农村土地流转市场和信息化管理平台建设，纳入公益性项目，给予财政支持。逐步健全县、镇、村三级土地流转服务网络，为流转双方提供信息沟通、政策咨询、合同签订、价格评估、纠纷调解仲裁等服务，促进农村土地依法有序流转。

（六）支持发展农业社会化服务

加快培育发展经营性农业服务组织，推进农业社会化服务主体多元化、形式多样化、运作市场化，为农业经营提供低成本、便利化、全方位的社会化服务。积极探索引进经营性服务组织参与公益性服务的机制，全面开展农技推广、农机作业、病虫害防治、产品营销、农资配送、市场信息等服务，提高农业社会化服务水平。

（七）加强金融支持力度

农村合作金融机构、政策性银行、邮政储蓄银行和商业银行要加大对新型农业经营主体发展的金融支持力度，优化农村金融产品和服务，降低农业融资门槛。加快探索农村宅基地、土地承包经营权、地上物等资产抵押办法，切实解决农业贷款难问题。推进农村信用担保体系建设，探索开展农户、家庭农场、农民合作社、农业企业信用等级评定，按照信用等级给予授信额度和利率优惠。探索经营主体以大型农用设施、流转土地经营权等抵押贷款和应收账款、仓单、可转让股权、专利权、注册商标专用权等权利质押贷款。加快发展政策性农业保险和再保险，结合广东实际充实农产品保障险种，扩大保险覆盖范围。

发展“互联网+广东农业”的思路与对策

当前，广东从农资销售、土地流转到农业生产、农产品流通，产业链各环节已出现了互联网的身影，“互联网+”正潜移默化改造广东农业。数据显示，在阿里巴巴平台上，广东农产品商家数量连续多年排名第一，2014年达9.55万家，农产品消费也领先浙江、江苏，位居第一；广东“淘宝村”数量占全国1/4，其中揭阳军埔村2014年电商交易额高达488亿元。另一电商巨头京东已在广东建成县级服务中心30多家，有4000多个乡村推广员，覆盖433个乡镇，6579个行政村，2000多万人口。

广东无论是实现“两个率先”和“四化”同步，还是调结构转方式、建设现代农业强省，都应当、也有条件率先在“互联网+农业”的发展创新方面有所作为，将之作为广东农业实施创新驱动发展战略的重要抓手。应充分把握当前有利的政策环境和市场预期，大力推进“互联网+广东农业”建设，围绕加快农产品电子商务发展的核心任务，重点对农产品、农资的销售流通及配套环节进行互联网改造，带动产业链其他环节与“互联网+”相关技术、设施和商业模式的深度融合，依靠“互联网+”促进广东农业转型升级和提质增效。

一、建设“互联网+广东农业”的基本思路

“互联网+广东农业”建设的总体目标是充分利用“互联网+”机遇全面持续改造广东传统农业，不断提高生产效率和效益，提升产业化经营水平，增加农民生产经营收入，增强农业国内外市场竞争力。在短期，应以发展农产品电商为重点，线上电商平台连接农产品供需，线下物流体系保证农产品“出村进城”，使电商渠道在广东农产品销售环节中占据重要地位；在长期，应引导“互联网+”向广东农业产业链两端的生产和服务延伸，努力打造信息技术支撑、经营管理高效、产品优质安全，资源环境友好的广东现代农业升级版。

（一）积极支持推动

顺应“互联网+农业”不可逆转的趋势，政府管理不应被动适应调整，而是主动引导支持，在关键技术研发、投融资支持、网络设施建设、市场秩序规范、复合人才培养等方面加大工作力度，将广东打造成相关产业创新创业的资本、人才、技术洼地。

（二）突出发展主线

目前，广东农业面临的突出问题是农产品价格“天花板”与成本“地板”的双重挤压，增产不增收的情况时有发生。“互联网+广东农业”建设的首要任务，应放在解决“农产品出村”问题上，以农产品和农资双向流通的电商平台及物流体系建设为主线，降低农业生产成本、提高农产品流通效率，实现农业经营主体增产增收的迫切愿望。以此为基础，稳步推进农村服务与农民生活信息化，以及农业生产物联网化，可达到事半功倍的效果。

（三）注重因势利导

“互联网+”提高了市场信息透明度，市场的资源配置功能更为显著，依靠“互联网+”改造广东农业，必须遵循市场规律，划清政府与市场界限。一方面减少市场行政干预，更多发挥利益杠杆调节作用，提高法制化管理水平，营造尊重创新、鼓励创业、公平竞争、诚实守信的市场环境；另一方面弥补市场不足，注重对“互联网+”前瞻性、倾向性问题的研究，支持引导商业创新和推广。

（四）借力龙头带动

互联网电商门槛不高、但竞争激烈，先发优势和规模优势明显，有报告指出，国内近4000家农产品电商仅1%盈利。广东从头打造互联网平台的投入大、风险高，且缺乏市场经验。许多省内及全国性的农业龙头企业、互联网企业较早完成信息化建设，对农业和互联网行业都有深刻理解和长期积累，可依托资源优势，更快地渗透农村和农业市场。广东与这些企业合作，能够发挥他们“互联网+广东农业”建设排头兵的作用，加快完善农村网络环境、物流环境等基础条件，培育农业经营主体的互联网观念，更有利于带动广东相关产业乃至整个行业的发展升级。

二、建设“互联网+广东农业”的对策建议

广东应主动加强政府在“互联网+广东农业”建设中的顶层规划引导和政策支持，大力发展农产品及农资电子商务，完善农村现代物流配送及综合服务体系，解决农产品标准化、冷链物流仓储等关键问题，全面强化配套设施建设、宣传教育、产品质量监管和信息化服务等方面的工作，为不断深化“互联网+”与广东农业产业链融合创造条件。

（一）鼓励合作创新，加紧探索推广农产品销售电商模式

“互联网+广东农业”建设的当务之急是打通广东特色农产品产地与消费市场间的互联网渠道，探索可持续、可推广的农产品电子商务模式。一是与成熟电商平台合作。依托其影响力、市场占有率、营销拓展能力、综合服务水平等方面的优势，降低传统农产品经营者接入电商领域的门槛和风险。2015年7月，省农业厅与京东集团就开辟广

东农村电商市场开展战略合作。未来应进一步扩大合作面，引入阿里巴巴、中粮集团等更多企业，形成良性竞争，加速市场成熟。二是鼓励创新电商模式。目前，广东农产品电商领域涌现出众多新模式新业态，如 O2O 模式的“千鲜汇”、团购模式的“拼好货”、专注高端农产品的“正谷”等，都是初具模式特色和一定市场规模的专业化农产品电商。应加强对广东创新型电商在投融资、产销对接等方面的支持力度，以利于其更好的成长并服务广东农产品销售。三是加快传统规模经营渠道“触网”转型。鼓励省供销社、农业龙头企业等整合资源，以自建平台或与电商企业合作的方式接入互联网市场，发挥其熟悉农村、贴近农业的优势，适应互联网化的农产品经营需要。四是培养农村网络信息员。与培养大学生村官、鼓励回乡创业等工作结合，以行政村为单位培养一批了解互联网和电商经营的农村网络信息员，将其作为广大农民与电商平台对接的纽带，大力支持植根农村、敢闯敢干的青年互联网创业者成长壮大。

（二）规范销售流通，应用电子商务重塑农资经营监管方式

化肥、农药、种子等农资产品属工业品，标准化程度高，与农产品相比，更利于电商销售流通。电商销售农资产品解决两个问题，一是产品价格因市场信息透明和经销环节压缩而下降，且种类更丰富；二是利于对农资产品质量、流向，以及危化品实名购买等的管理追溯，便于打击假冒伪劣、控制农资滥用。受限于传统购买习惯，农资电商发展速度远落后于农产品电商，亟需提速。建议参照农产品电商的发展思路，通过合作在既有电商平台建立农资市场，大力支持供销社等大型农资流通企业开辟互联网渠道，尽早抢占省内乃至全国的农资电商市场，凭借价格、质量、服务等优势，吸引广大农民逐步转变购买习惯，取代传统农资销售模式，以达到更好地规范农资产业，保障农民利益和农产品质量安全的目的。

（三）延伸网络覆盖，依靠现代物流助力农村电商快速发展

农村物流体系肩负着农产品进城和工业品下乡的双向重任，不断扩大物流网络覆盖面是“互联网 + 广东农业”建设最为重要的基础条件。农产品电商面临的主要困境是物流成本挤占利润，据测算，物流成本约占农产品毛利润的 40—60%。破解这一困境，一方面要着力提高广东特色农产品附加值，另一方面要提高现代物流效率和规模化水平，摊薄农村物流成本。第一，为提高农村物流体系建设效率，可考虑整合现有物流资源，采取多层次分工合作的方式，大型物流企业及电商自有物流已有条件辐射至县和部分镇区，县与镇、村间的货物流通可充分利用农村邮政体系、农资配送系统等，必要时可成立合资合作公司，共同开拓农村市场。第二，应加强物流设施建设规划，合理设置区域物流中心，保证用地，同时考虑农产品保鲜需求，大力支持冷链配送及仓储建设。第三，为更好解决农村物流“最后一公里”难题，可鼓励在镇区及有条件的行政村发展自提点、代收服务点等模式，降低物流配送难度。

（四）突出特色品牌，以互联网思维改造农业生产经营方式

运用互联网思维转变农业生产经营方式应分为两个阶段。第一阶段，根据农产品互联网消费的特点，提高广东农业的特色化、优质化、标准化、品牌化“四化”水平，借助互联网实现农产品溢价，进而形成自我强化的正反馈机制。一是加强县、镇特色农业规划，变“一村一品”为“一镇一品或多品”，提高整体发展能力；二是引导壮大农产品筛选、清洗、封装等初级加工，提高农产品产地的标准化程度；三是鼓励新型经营主体与农产品电商合一或联合，组织带动周边农民提高经营规模，引导特色优势农产品经营者进行产业联合，提高市场价格影响力。第二阶段，以经济效益为中心，充分考虑成本和可持续性，稳妥推进农业生产的高技术化，在有条件的地方开展精准农业、“互联网+”设施农业试点，在畜禽、水产规模化养殖基地推动饲料投放、废弃物回收等智能设备的应用。此外，应把握农业在服务业方向的发展趋势，鼓励培养旅游、休闲、体验农业与互联网结合催生的创新型业态。

（五）加强政策支持，为广东农业互联网创新营造良好环境

“互联网+广东农业”建设需要大量基础性工作的支撑，政府应从以下几方面着手：一是加强网络设施建设，尽快全面实现宽带到村，逐步推进宽带入户，降低农村宽带使用成本；二是加强宣传教育，根据广大农民技术敏感性、互联网意识较低的现状，采取持续、有针对性的宣教方式，注重实际案例的示范作用，重点从农村网络信息员、新型农业经营主体、返乡创业群体中选拔培养电商人才，发挥其推动农业电商发展的纽带作用；三是加强网上农产品质量安全监管，严格规范农产品电商经营行为，维护诚实信用的网络经营环境；四是加强营销推广，定期通过网上产品节、电商地方馆等多种形式对广东特色农产品进行整体营销，树立地区形象；五是加强信息化服务，建立省级农业网络信息中心，全面整合涉农信息并深入挖掘数据潜力，探索定期发布权威市场信息，影响产量、价格等市场预期；六是加强科研创新，加大“互联网+”相关基础性、公益性研究、转化及应用的支持力度，加强技术引进和国内外交流合作。

精准扶持　注重质量
发挥农民合作社联接纽带作用

——梅州梅县区农民合作社发展实践的经验与建议

2007 年 12 月，广东省《关于进一步发展农民专业合作社的意见》制定了“力争至 2013 年，全省农民专业合作社达到 1100 个”的目标。2013 年，广东农民合作社总数达 26540 家，是 2007 年预定目标的 24 倍。调研组在梅州市梅县区调研发现，近年来，广东农民合作社发展取得显著成效，但也存在重数量轻质量、部分合作社“空、假、散、弱、贫”等问题。为真正发挥农民合作社的桥梁和纽带作用，我们建议实施分类指导、推进联合发展、推广政银保、鼓励能人带动、谨慎发展资金互助。现将调研情况汇报如下。

一、梅县区以“五化”推动发展农民合作社

梅县区按照“积极发展、逐步规范、强化扶持、提升素质”的要求，强化指导、扶持和服务，农民合作社呈现持续快速健康发展的态势。

（一）经营组织化

支持龙头企业、农业科技人员和农村经济能人创办或领办农民专业合作社；深入推进示范社的创建，对成员多、规模大、服务好、运行规范、增收明显的合作社予以奖励。2009 年，梅县区在梅州市率先评定并奖励区级示范合作社，目前有国家级、省级、市级和区级示范合作社家分别 6 家、24 家、27 家、40 家。截至 2014 年底，梅县全区在册农民专业合作社 670 家，社员 1.33 万户，入社率达 11%，入社农户收入普遍同比增长 20% 以上，带动农户达 5.3 万户。

（二）生产标准化

农产品生产存在于千家万户，质量参差不齐，特别是大宗产业金柚和茶叶，从种植到管理、收获、产品分级、包装、销售未形成统一的标准。为此，梅县区通过引导合作社走“五统一”，即统一购买农资、统一品种、统一生产技术、统一生产管理、统一产品标准，帮助部分合作社建立了产品可追溯体系，有力促进了农业生产标准化水平，目前全区有“三品”（无公害农产品、绿色食品、有机食品）认证的专业合作社达 38 家，认证面积达 1.5 万亩。

（三）耕作机械化

提高农业生产机械化水平是发展现代农业的必由之路。梅县区将农民合作社作为农业技术推广、技能培训的重要主体，在农民合作社开展农业新技术、新成果的示范推广，例如山地果园运输系统一经研制生产即在合作社推广。目前，梅县区水稻机耕率96%、机收率70%，金柚水肥一体化建设1.8万亩左右，茶园机械喷药达到60%左右。

（四）营销品牌化

充分利用区域农业品牌，结合金柚、枇杷、茶叶、烤烟、蔬菜等专业镇和专业村的建设，增强产品的知名度和市场的认可度。部分农民合作社开展独立品牌建设，拥有自己的品牌名称和品牌标志。合作社通过参加展会和网络等媒体加大宣传，并应用电子商务、农超对接等新型产品销售方式提高市场竞争力。目前全区合作社注册商标40个，拥有“木子”“十记”“嘉应梅龙”等省名牌产品。

（五）服务社会化

2014年3月，梅县区在梅县区松口镇大黄村、石盘村和石扇镇建新村成立了梅州市首批“农业服务超市”。农业服务超市集农资经营、农事服务、农产品购销为一体，不但提供农资、施肥、植保、机耕、机收、加工运输、农产品销售等专项服务，还提供技术、信息等综合性服务。例如，大黄农业服务超市作为梅州首家农业服务超市，拥有300平方米店面，1500平方米仓库，服务本村并辐射周边果园，2014年农资销售金额200多万元，购销金柚（蜜柚）1000万千克。

二、农民合作社“空、假、散、弱、贫”问题凸显

梅县区的农民合作社在推动农业发展、促进农民增收、繁荣农村经济中发挥了重要作用，但部分合作社仍存在组织化程度低、利益联结程度低、可持续发展能力弱等不容忽视的问题，具体表现为以下几个方面。

（一）空：“合而不作”的空壳社大量存在

梅县区将近三分之二的农民合作社空有其名，并没有实际性运作，也被称为僵尸社、挂牌社、休眠社。空壳社存在的原因主要有：成立动机不是合作共赢，而是为了争取国家的优惠政策，套取国家项目资金、免息贷款、征地补偿或者是“自上而下”完成政府下达的指标等；合作社注册门槛低，工商部门无需进行实质审查、不用验资，实际无成员出资、无场地设施、无前置审批手续、无管理机构、无经营活动也可以取得营业执照；缺少监督和退出机制，《农民专业合作社法》及其相关配套法规规定农民专业合作社不年检，也没有设定注销机制。

（二）假：农民合作社偏离初衷出现异化

农民专业合作社是在农村家庭承包经营基础上，同类农产品的生产经营者或者同类

农业生产经营服务的提供者、利用者，自愿联合、民主管理的互助性经济组织。然而，目前存在较多个体合作社、家族合作社、企业合作社，其实质是经营大户或企业为了享受政策支持，增加了合作社的牌子。这些合作社大部分没有设立监事会和社员代表大会或者形同虚设，合作社的管理事务、经营活动、利益分配等重大事项，基本上都由发起人、大股东进行决策，普通农户社员很少真正参与。

（三）散："利益共享，风险共担"的共同体尚未形成

在利润分配方面，大部分合作社的营销大户按约定价格或者市场价格收购社员的农产品，而此后的营销利润与社员基本无关。极少合作社能够按"可分配盈余60%"的法定标准进行"二次返利"，少数合作社提供聚餐、分发物资等象征性的"二次返利"。在风险共担方面，农户的信用意识、契约精神有所欠缺。尽管事先与合作社签订了供货合同，但在外部市场价更高时，时常出现违约行为。一旦合作社出现亏损，一些社员不仅不承担亏损义务，而且会行使"入社自愿，退社自由"的权利，迅速退社。

（四）弱：合作社可持续发展能力弱

"重硬件、轻软件"，大部分合作社对新品种、新技术的引进和产品的精深加工技术等科技投入很少，信息技术、科技含量、品牌效应、商品附加值等均不高，合作社的经营管理水平较低。合作社人才匮乏，懂技术、善经营、会管理、乐奉献的优秀带头人不多。合作内容单一，梅县区超过一半的合作社为水果类合作社，畜牧类水产类等较少，合作社对社员的服务大部分停留在信息服务、技术咨询层面上，少数进行了农资集中采购配送，初级产品加工、包装、销售。

（五）贫：合作社缺少资金且融资困难

合作社资产规模小，而且存在较大水分，缺少可抵押的实物资产。梅县区大部分农民合作社不是现金出资而是农作物（果树）折款，但果树还是农户的，并不属于合作社。贷款准入条件高，需要担保和抵押，但目前农民承包的土地、用于养殖的栏舍、地上附着物无法进行抵押。贷款成本高，有抵押的农业贷款利率一般比基准利率上浮30%以上（目前一般为8%以上），另向担保公司支付约为贷款额2%—3%的担保费，其成本达到了10%以上。

三、规范农民合作社发展的几点建议

在梅县调研后，调研组又前往江门、阳江、茂名等地就相关问题进行调研，发现农民合作社存在的问题与梅县区大致相同。农民合作社是农业产业化经营的重要途径，要发挥其带动作用，必须从追求数量转向数量质量并重，走规范化、组织化、专业化的发展道路。

（一）实施精准扶持，分类指导农民合作社规范发展

根据运营发展情况，农民合作社可以划分为示范社、不规范社、空壳社。应对全省合作社进行一次全面调查，建立动态管理目录，实施精准扶持，分类指导。扶持示范社发展壮大，搭建农产品加工业投资贸易、科企合作、产销对接平台，为示范社发展创造条件；引导不规范社规范发展，落实合作社财务管理、民主议事决策、风险共担利益共享等政策要求；兼并一批有潜力的空壳社，引导那些合作意愿强、有经营产品但经营能力不足、资金人才缺乏的空壳社走兼并或者联合的道路；清理一批套利的空壳社，套利社通过违规得利，不仅挤占了合作社的发展资源，还形成恶劣的影响，应予以清理退出。

（二）整合资源，推动农民合作社联合发展

这方面可借鉴台湾农会经验。台湾农会按照省、县、乡镇三级设立，下级服从上级指导，设有保险部、供销部、信用部、推广部、会计部等，建立了全产业链的农业服务体系。2013 年，台湾农会有 301 个团体会员，个人会员 193.9 万，聘用了 1.7 万员工，其中 21.8% 的雇员为本科以上学历。台湾农会作为综合性社团法人，其组织化、专业化、科学化的运作实现了小农的规模经营。针对广东农民合作社“小、散、弱”的问题，鼓励组建农民合作社联合社，整合更多资源、扩大生产规模、降低交易成本，从更大范围、更深层面提高农民组织化程度。

（三）以第三方评估为抓手推广“政银保”

2009 年至 2015 年，佛山三水首次试点“政银保”模式，即以政府财政投入的基金做担保，农村信用社、银行等金融机构为符合贷款条件的担保对象提供贷款，保险公司为贷款提供保证保险。6 年的探索证明该模式有助于缓解小微企业融资难、融资贵的局面。但受到农业弱质性、缺少抵押物、信用体系不健全等限制，“政银保”推广范围还比较有限。建议推广江门建设小微企业信用体系的经验，打破部门信息壁垒，引入中国人民银行总行认可的第三方信用评级机构，开展中小微企业信用评级，将信用评定结果与对农民合作社的贷款授信结合起来，并推动无抵押贷款。

（四）加强培训发挥能人带动合作社

人才是合作社持续发展的重要支撑，是推动合作社提升素质、健康快速发展的关键。创新培训方法，对合作社带头人、经营管理人员和辅导员、合作社成员、广大农户开展实用对路、有针对性的培训。引导高校毕业生到合作社工作，鼓励村官领办能力较弱的合作社。年轻一代是“互联网 +”的生力军，应通过入股、分红等激励措施鼓励懂专业、懂管理、懂技术、懂经营的人才领办农民合作社。

（五）谨慎发展农村金融合作组织

目前，广州白云、清远佛冈等地开展了农民资金互助社试点，尽管没有发生类似江

浙、河北等地非法融资、卷款潜逃的事件，但仍要防患于未然。必须坚持社员制、封闭性原则，服务“三农”发展。在资金吸纳方面，禁止将与本社无实质性生产经营关系的人员吸收为本社成员；在运营方式方面，禁止农民合作社通过媒体、广告牌、传单、短信等形式向不特定对象进行公开宣传，或者委托代办员、协理员等开展资金业务；在资金投放方面，禁止农民合作社发放信用合作资金给非成员使用。

云浮以“四突破”提升优势农业发展水平

具有较强比较优势和竞争优势的农业产业，是现代农业竞争力的综合体现。云浮农业资源丰富，农业比较优势突出，盛产多种名优特色农产品，是全国闻名的岭南特色农产品种养基地。罗定市是“中国肉桂之乡”，新兴县是“中国果品加工之乡”，郁南县是“中国无核黄皮之乡”。近年来，云浮市作为全国农村改革试验区，以深化改革为动力，在结构调整、园区建设、科技进步、质量安全四方面寻求突破，转变农业发展方式，构建起优势的农业产业体系，显著提升现代农业的竞争力。目前全市形成了优质稻、蔬菜、水果、肉桂、茶叶、蚕桑、松脂、禽畜、水产品、花卉等十大富有特色、优势显著的农业商品基地，种植类农产品达700多万亩，成为全省乃至全国的优势农产品示范基地。2014年，全市粮食产量70.06万吨，增长2.3%。

一、以优化结构为突破，加快传统农业的转型升级

以调整农业生产结构为突破，推动传统农业转向现代农业，大力发展高产、优质、高效农产品，是云浮转变农业发展方式最为成功的法宝。

一是大力发展种养优势产业。针对水果和经济作物产业结构布局不够优化的问题，云浮市加快了调整产业结构的步伐。种植业方面重点发展具有本地特色和高效益的南亚热带水果、蔬菜、花卉、茶叶、南药以及优势园艺品种。养殖业方面重点引导广大养殖户改变养殖方式和结构，养殖一些适销对路的水产新品种，提高养殖产量和经济效益，重点推广了鹭业YY罗非鱼、丰产鲫、西江边鱼（广东鲂）、彭泽鲫、黄颡鱼、南方大口鲶等优良品种；鲟鱼、金钱龟、娃娃鱼等特种水产养殖也逐步兴起和发展。

二是推进“一乡（村）一品”专业化建设。各县（市、区）重点抓好1—2个示范点，其中，云城区、云安区、郁南县重点以沙糖桔产业转型升级为主。把休闲农业与“一乡一品”“一村一品”建设有机结合起来，以特色产业发展为纽带，以农业产业带动休闲农业蓬勃发展。为此，深入做好“一乡一品”“一村一品”的发展调查工作，制订发展规划，围绕优质稻、蔬菜、岭南特色水果（主要是桔柑、无核黄皮、青梅）等特色产业抓好28个“一乡一品”项目建设，大大促进了全国一村一品示范项目建设工作。在2011年、2013年、2014年，罗定市榃滨镇金滩村（肉桂）、郁南县建城镇便民村（郁南无核黄皮）、罗定市泗纶镇（竹蒸笼）分别获批为第一批、第三批全国一村一

品示范村，第四批全国一村一品示范镇。

三是大力发展休闲农业。同时，结合“一乡一品”“一村一品”的产业特色，大力推进休闲农业和乡村旅游，加强服务工作，引导农民主体、社会参与的休闲农业与乡村旅游发展，着力建设一批重点精品项目，打造一批休闲农业品牌，促进人与自然的和谐发展。2013 年，新兴县成为全省唯一获得 2013 年全国“休闲农业与乡村旅游示范县”殊荣的县。罗定市罗镜镇、云安县富林镇被认定为广东省休闲农业与乡村旅游示范镇，云安县大云雾山旅游区等 5 个示范点被认定为广东省休闲农业与乡村旅游示范点。2014 年，罗定市苹塘镇稻田景观获得国家农业部颁发的“中国美丽田园”荣誉。

二、以龙头带动为突破，大力发展高效高质农业

培育带动主体、增强发展动力，实现农业集约化、工厂化、产业化经营，是云浮农业转变发展方式的又一显著特征。

一是龙头企业带动。至 2014 年底，全市农业产业化组织发展到 2425 个，其中省级农业龙头企业 22 个，市级农业龙头企业 89 个，县级农业龙头企业 174 个，农民专业合作社 2006 个。农业产业化经营销售收入达 562.8 亿元，增长 8.1%，带动农户 27.9 万多户，比 2013 年增加 2500 户，户均参与产业化经营收入 10360 元，增长 5.6%。国家级农业龙头企业温氏集团全年销售收入达 380 亿元，增长 7.9%，带动农户 5.3 万户。

二是新型主体带动。主要是创新三种现代农业经营机制。创新“公司 + 现代家庭农场”经营机制。温氏集团在新兴县建成 505 个现代家庭农场，农户平均饲养规模由 7500 只/批提高到 15000 只/批，户均增收 10 万元左右，其饲养规模和收益均达到普通合作户的 1.8 倍以上。创新“公司 + 合作社（理事会）+ 农户”经营机制。开展这项机制探索的公司 83 家，联结乡贤理事会 172 个，联结农民专业合作社 122 家，联结农户 13.84 万户。创新“合作社 + 合作社”经营机制。共有 55 个农民专业合作社以纵向或横向合作方式组成联合社 15 个，联结农户 6850 户，通过此机制联合经营的社员比其他社员收入高出 10% 以上。

三是园区带动。积极推进佛山云浮两地农业产业对接，以“一区一园十大项目”（“一区”即建设佛山云浮园艺产业示范区，“一园”即建设罗定蔬菜农业园区，“十个项目”是海惠生态农业观光园、永盛园艺世界等十个重点项目）的建设重点，推动云浮农业产业转型升级，满足佛山蔬菜和花卉苗木产业外延发展的市场需求。14 个合作项目启动建设，总投资 12.9 亿元，已完成投资 1.5 亿元，云浮花卉园艺产业园、海惠生态农业观光园、温氏肉鸡定点屠宰供应等一批产业项目陆续落地。

三、以推广先进适用技术为突破，构建强大的技术支持体系

紧紧依靠农业产业联盟，突出农业科技引领、带动作用，使新品种、新技术、新成

果得到广泛推广应用，大大提升了农业的生产效率，实现云浮农业效率的根本性提高。

一是大力推广先进适用的农业技术。云浮市紧密依靠省农科院、华南农业大学、华中农学院等农业科技院校，建立产业联盟，结合科技扶贫工作，邀请专家教授讲课、现场指导，大力培养种养专家能手，重点推广应用南亚热带水果、蔬菜、花卉、茶叶、南药以及鹭业 YY 罗非鱼、丰产鲫等养殖技术。例如郁南县 2014 年重点推广柑桔黄龙病防控、沙糖桔生理性黄化树防控与复绿、无核黄皮种植、桑蚕养殖、优质茶种植等先进种养技术，同时积极推进科普基地、科技试验示范基地建设，现建有科技试验示范基地 10 个、科普基地 2 个，实施农业科技计划项目 8 个。

二是建立农技推广新机制。云浮市加快推进基层农技推广服务体系建设，抓好农村劳动力“阳光工程”培训，开展新型适用农业技术培训。2014 年，市农业部门联合省农业厅和各县（市、区）农业部门开展各种农业科技培训 380 多期次，培训人员 3. 1 万多人。例如新兴县，坚持以科技推动农业发展，形成以特色农业带动周边发展的良好势头。2014 年，共开展农业科技下乡活动 900 多场次，建立农业科技示范点 70 多个，重点引进推广农作物优新品种 38 个、实用农业技术 70 多项，培育、引进、示范、推广农作物新品种、新技术 60 多个。

三是大力推进农业机械化。重点是抓好罗定、新兴两个省级农业机械化示范县建设，全市农机总动力达到 112. 23 万千瓦，水稻机械化综合水平 59. 89%。

四是开展粮食高产创建活动。全市共建国家级整建制推进水稻高产示范镇 1 个，共建国家级水稻高产示范片 4 个，全市市、县（市、区）、镇（街）三级领导办点千亩以上水稻高产示范片 92 个，示范面积 21 万亩；国家级马铃薯万亩高产示范片 1 个，示范面积 1 万亩。云浮粮食总产在全省排第 11 位，单产在全省排第 1 位，粮食贡献率达 50% 以上。

四、以强化监管为突破，构建农产品质量安全体系

农产品质量安全是提升农业竞争力的生命线。云浮从 2012 年下半年开始启动国家农产品质量安全创建工作，建立起纵向到底、横向到边的市域农产品质量监管服务平台，成效显著。多年来全市范围内没有发生过重大农产品质量安全事件。

一是建立保障机制，强化监管职责，破解基层监管缺乏力度问题。实施主体功能区规划，建立市、县、镇、村四级农产品质量安全监管和市、县、镇三级农产品检测体系，推进农业综合执法，落实农资管理制度，实行联保通报制度，组建农产品质量安全风险评估专家委员会，健全农产品质量安全应急制度。

二是建立自律机制，强化主体责任，破解企业自律缺乏抓手问题。建立农产品质量安全监管承诺制，推行农业标准化和信息化，引导企业等农业生产经营主体建立质量控制体系，应用物联网技术，实施“黑名单”惩戒制度。

三是建立导向机制，强化产地管理，破解产地监管缺乏主体问题。实施品牌导向、信用导向、奖补导向，把农产品质量安全与信用村信用户评定、自然村基础分类、生态文明村奖补等结合起来。

四是建立共管机制，强化全民监督，破解社会监管缺乏平台问题。落实村民共管责任，应用农产品二维码溯源系统强化信息公开，将农产品质量安全列入市基层便民服务站网上服务平台和农村青年信息服务平台，实施举报奖励制度。

下一步，云浮将按照“稳粮增收、提质增效、创新驱动”的要求，坚持以稳粮增收调结构、提质增效转方式为主线，结合佛山对口帮扶发展高效现代农业，不断优化种养结构、产品结构、区域结构，持续不断夯实农业基础，促进一二三产业融合互动，不断提高农业综合效益和竞争力。

发达国家农业转型升级经验对广东的启示

在广东全面进入以工促农、以城带乡的新阶段，加快改造、转型、升级传统农业，建设产业层次高、经营规模适度、竞争力强的现代农业，对转变农业发展方式、增加农民收入、全面实现农村小康目标意义十分重大。美国、欧盟、日本等发达国家（地区）在过去数百年时间里，在二元经济转型过程中先后完成了农业的转型升级，建立起高度发达的农业现代化体系。相比之下，广东农业转型升级进程较慢，结构性矛盾、尤其是体制机制改革滞后的问题突出，严重制约着现代农业的发展。汲取发达国家农业转型升级的成功经验，可为广东提高农业质量效益、走出广东特色的农业现代化发展道路提供有益的启示。

一、美欧日等发达国家农业转型升级的成功经验

在典型发达国家的农业转型升级过程中，政府发挥了主导、引领、推广的作用，不只是选择了符合本国特色的农业现代化模式，关键是建立起完善强大的支农促农政策服务体系，包括促进农业人口转型转移、推动农业科技进步、建立农民合作组织和促进农业产业化经营、培育优势农业产业等。发达国家农业转型升级的成功经验有多个方面，最值得我们学习的经验主要体现在四个方面：

（一）政府强化对农业的调控与支持

这是传统农业转型升级的有力保障。农业的弱质特性决定了政府在转型升级的基础、主导的地位。在农业现代化过程中，发达国家政府在宏观政策制定及微观制度设计上都发挥了重要的主导作用，不仅决定了农业现代化的模式与发展方向，还在价格支持、财政补贴、信贷税收、对外贸易等方面建立了完善的支农促农体系。如日本政府制定《农业基本法》和《农业现代化资金筹措法》，规定由国家贴息向农户提供长期贷款，促进农业现代化；韩国政府实行农产品价格支持补贴制度，对农产品在流通过程中给予一定的资金补贴，还采取扩大农用贷款规模、支持农业协会发展、限制国外农产品进口、加快基础设施建设等措施，以实现对本国农业发展的支持和保护。

（二）大力推动农业人口转型与转移

这是传统农业转型升级的关键。农业人口转型与转移的最终目的是提质增效。发达

国家人口生育率降低、受教育年限提高，有力地促进了农业人口质量的改善和农业人口的转型，为农业劳动生产率提高提供了保障。发达国家格外重视对农业从业人员的教育，及早谋划，培养了大批有文化、会管理、懂经营的高素质农业从业人员。如美国的农场主大多是各州立大学农学院的毕业生；西欧国家的农民要经过专业培训、考取“绿色证书”后才能成为正式农民。发达国家大力推动农村剩余劳动力向城市地区、向非农产业转移，有力地促进了工业化和城镇化的发展，反过来又进一步带动农村人口的转型，推动了农业生产集约化、机械化，大大提高了农业生产效率。

（三）建立多种形式的农民合作组织

这是传统农业转型升级的强大支撑。农民合作组织是连接农户、生产企业和销售企业的桥梁，也是农业产业化经营的关键环节。发达国家的农业合作组织在农业现代化过程中发挥了重要作用。如美国的农产品协会不仅与政府沟通关于农产品流通相关的政策、建议，还负责组织建立农产品批发市场、定期举办各种活动、开展国际间合作与交流、举办专题培训等，其经营目标不是获取合作社的利润最大化，而是通过为其社员服务，使社员获取最大的收益；日本的农业协同组合（简称农协），是农民共同出资建立的自我服务组织，在农民和会员中享有很高的信誉，其组织系统包括区、县、中央三级，业务范围包括信贷、购买、销售和生产指导等，日本农协批发的农畜产品占批发总量的60%以上。

（四）紧紧依靠农业科技创新

这是传统农业转型升级的强大动力。农业科技发展水平是传统农业与现代农业区分的重要特征。发达国家高度重视农业科技创新和培养农业科技人才。如在水资源利用方面，发达国家大多数实现了喷灌和滴灌技术，以色列喷灌占灌溉面积的90%，美国占1/3。在化肥利用方面，发达国家的化肥有效利用率达到70%以上。在农业科研人员人均经费方面，发达国家在1981—1985年期间就高达85400美元。在农业科技创新模式方面，美国将农业科研机构、农业企业、专业协会、农户及相关涉农机构有机衔接起来，建立产学研联盟，保证了农业科研成果的及时转化，农业科技进步贡献率高达80%；日本则由政府协调沟通农业科研机构与需求部门（如农协、企业）之间的信息，并建立高校、科研机构与企业合作的科学园区，农业科技进步贡献率达75%。

二、对广东的启示与建议

综观发达国家农业转型升级的经验，政策支持、新型农民、合作组织、科技创新、产业培育是关键因素。在学习和借鉴发达国家农业转型升级经验中，针对广东建设农业强省过程中存在的问题，及时调整农业政策目标和农业政策体系，选择合适的农业现代化发展道路非常必要。

（一）加大政策支持，保障农业生产

由于农业具有高风险性，又是关乎国计民生的基础产业，为保护农业生产者的利益和生产积极性，主要发达国家都以法律的形式制定农业政策，包括发展规划、金融支持和保护政策，并依据国情选择适当的农业发展模式。当前广东对支农促农工作越来越重视，对“三农”的投入也逐年增长，现代农业取得了长足的进步，但仍存在相关法律法规不完善，金融保险体系、社会化服务体系、市场体系发展滞后，土地流转机制未规范完善，基础设施建设、研发等投入不足等问题，影响了农业现代化的进程。因此，政府应围绕党中央确立的以工哺农、以城带乡、城乡一体的战略原则要求，深化改革，致力于建立健全农业发展各个关键环节和重要领域的法律制度，消除体制机制因素，逐步完善全方位的惠农支农强农政策体系。

（二）培育新型农民，提高农业效率

发达国家高素质的农业生产劳动力是其农业高度现代化的重要原因。广东农业现代化建设，归根结底，要由千千万万个具体的新型农民来组织实施，新型农民的素质决定了现代农业建设的成效，新型农民的培育是解决农业现代化过程中“谁来种地”这一首要问题的核心。近年来，广东在新型农民培训工作方面取得了初步成效，但培训效果不明显，尤其是各级政府对培育新型农民的重要性、迫切性方面认识不足，推动传统农民转型成为新型农民的力度无法适应现代农业发展阶段要求，“6138”农业从业人员部队在农村中广泛存在。因此，要进一步提高对培育新型农民重大战略意义的认识，把其摆上各级地方政府重要议事日程，纳入政绩考核范围，并以政府为主导，加快制定实施“新型农民培育战略工程”，建立农业、财政、教育、科技等各部门参与的综合协调机构，加大财政支持力度，采取有效举措，多渠道、多层次、多形式培育新型农民，以提高农业效率。

（三）发展农民合作组织，促进产业化经营

供销社、合作社、专业社、协会、联合会等多种形式的农民合作组织，是农民与政府、科研机构、大学、企业之间的桥梁，是发展农业产业化经营的重要纽带，也是政府落实农业政策的一支重要力量。政府通过合作组织这一重要载体能顺利实施农业生产结构调整、农产品收购计划、农业技术推广、低息贷款等政策，实现对农民收入的支持。目前广东农民合作组织的发展质量不尽人意，存在产权不清、运作不规范、管理模式落后等突出问题，难以满足农业产业化发展的需要。据实地调查，农村干部戏称农村中约有三分之二的农民合作社是“僵尸合作社”“沉睡合作社”。因此，各级政府应强化对农民合作组织的引导、支持、管理和服务，确立农民合作组织的市场主体地位，完善运营、监管、服务体系，进一步加大对农民合作组织及产业化经营的扶持力度。

（四）依靠科技创新，推动发展方式转型

发达国家农业现代化的实践经验表明，科技进步是农业现代化的直接动力。推动二元经济转型，转变农业发展方式，必须依靠农业科技创新。当前，我国完备的工业体系、发达的生物技术、信息技术、计算机技术及温室技术，为农业的现代化提供了条件。目前，广东原创重大的农业科研成果少、成果转化推广率较低、投资管理体制滞后、科研人员积极性不高，导致农业科技进步贡献率低于发达国家60%以上的水平。加快农业科技投资、科研管理、农业技术推广体制机制改革创新，已成为广东建立农业科技创新体系的当务之急。